· 国家自然科学基金项目“中国股票市场参与者有向加权网络的关联性与系统性风险的相关关系”(71861029)

· 内蒙古自然科学基金项目“大数据环境下中国股票市场系统性风险的关联性”(2018MS07013)

· 2019年度内蒙古自治区高等学校“青年科技英才计划”项目(NJYT-19-B06)

· 2020年内蒙古大学高端成果培育项目(10000-196206/022)

信息冲击对股市影响的建模与检验

苏木亚 等◎著

MODELING AND TESTING THE IMPACT OF INFORMATION SHOCK ON STOCK MARKET

中国经济出版社
CHINA ECONOMIC PUBLISHING HOUSE
北京

图书在版编目（CIP）数据

信息冲击对股票市场影响的建模与检验／苏木亚等著. --北京：中国经济出版社，2020.12

ISBN 978-7-5136-6350-2

Ⅰ.①信… Ⅱ.①苏… Ⅲ.①股票市场-研究-中国 Ⅳ.①F832.51

中国版本图书馆 CIP 数据核字（2020）第 262925 号

责任编辑　杨元丽
责任印制　巢新强
封面设计　华子图文

出版发行　中国经济出版社
印 刷 者　北京九州迅驰传媒文化有限公司
经 销 者　各地新华书店
开　　本　710mm×1000mm　1/16
印　　张　23.75
字　　数　388 千字
版　　次　2020 年 12 月第 1 版
印　　次　2020 年 12 月第 1 次
定　　价　88.00 元
广告经营许可证　京西工商广字第 8179 号

中国经济出版社 **网址** www.economyph.com **社址** 北京市东城区安定门外大街 58 号 **邮编** 100011
本版图书如存在印装质量问题，请与本社销售中心联系调换（联系电话：010-57512564）

PREFACE

前言

股市变幻莫测的涨跌刺激着股民脆弱的神经，牵动着监管者敏锐的注意力，也激起学术界强烈的好奇心。什么是幸福？对于一位在偏远少数民族地区高校从事金融学教学科研的教师来说，幸福莫过于追随我心，满足好奇心。当然，能够继续由我的好奇心驱动的研究工作离不开各方的大力支持，包括课题资助。从教至今，我有幸得到了两项国家自然科学基金项目、两项内蒙古自治区自然科学基金项目、一项中国博士后科学基金项目和 2019 年度内蒙古自治区高等学校青年科技英才支持计划项目的资助，近期又得到 2020 年内蒙古大学高端成果培育项目的资助，这有助于我们整理近些年关于“信息冲击对股市影响”这一题目的相关成果资料。综观世界股市，几乎每天都发生着各种各样的事情，直接或间接地影响着股市的涨跌。不难发现，以上现象的本质是利好信息和利空信息对股市的影响。其中，对其研究的关键技术问题是，如何根据现有的股票市场公开数据提取利好信息和利空信息。翻阅大量文献后我们认为，已有相关方法的作用都不尽如人意。有鉴于此，我们提出了对数收益率分解模型。经过对比，我们提出的对数收益率分解模型的性能明显优于现有相关模型和方法。首先，我们利用对数收益率分解模型对比分析了利好信息和利空信息的传播特征；其次，我们利用对数收益率分解模型对比分析了危机发生时系统重要性节点与危机传染特征之间的关系。当然，我们也使用一些当下流行的模型和方法检验并观察了具体代表性政策的出台，研究信息冲击对我国股市的影响。

具体来讲，本书共由 8 章组成。第 1 章是利好信息与利空信息的传播特征，由苏木亚和高婷完成；第 2 章是系统中心性与金融危机传染的相关关系，由苏木亚和孙亚菲完成；第 3 章是经济政策不确定性对我国股票收益率的影响，由胡丹完成；第 4 章是我国股市对 ESG 领先指数发布公告的市场反应，由何静完成；第 5 章是 T+1 交易制度对股市隔夜收益率的影响研究，由包敖敏完成；第 6 章是定向降准政策对上市公司融资约束的影响研究，由舒雅完成；第 7 章是利率市场化对企业股价崩盘风险的影响，由刘亚楠完成；第 8 章是房贷利率挂钩贷款基础利率对房地产公司股票价格的影响，由杜青松完成。通过对以上内容的研究，本书得到了一些有价值的结果和有意义的结论，为投资者做出合理的投资决策和监管者制定有效的监管政策提供参考。当然，本书最大的贡献在于提出了对数收益率分解模型，为研究信息冲击对股市的影响提供了一种新的工具和思路。围绕该模型的优缺点取长补短、进行深入研究是我们团队未来几年的工作重点。

感谢国家自然科学基金项目“中国股票市场参与者有向加权网络的关联性与系统性风险的相关关系”（71861029）、内蒙古自治区自然科学基金项目“大数据环境下中国股票市场系统性风险的关联性”（2018MS07013）、2019 年度内蒙古自治区高等学校“青年科技英才计划”项目（NJYT－19－B06）和 2020 年内蒙古大学高端成果培育项目（10000－196206/022）提供的资助。感谢在本书的形成过程中付出辛勤劳动的各位研究生和中国经济出版社的编辑杨元丽。

苏木亚

2020 年 7 月 11 日

呼和浩特

CONTENTS
目录

第 1 章
利好信息与利空信息的传播特征

1.1 绪　论

1.1.1 选题背景与研究意义

中国股票市场始建于 1990 年，至今已有 30 年的发展历史。Wind 数据统计显示，截至 2019 年年底，A 股上市公司总数已达 3760 家，沪深两市总市值达到 59.29 万亿元，刷新了 A 股市场历史市值纪录。同时，科创板开板、沪伦通、A 股“入富”、MSCI 扩容等政策陆续出台，有效提升了市场资源配置和使用效率，加速了资本与资产在全球范围内的流转。

随着股票市场的不断发展，相应的监管也更加严格，尤其是美国次贷危机爆发以后，我国监管部门陆续出台了多项政策，并对金融管理体制进行了多次调整。2010 年，新的金融产品如股指期货提供的双向交易机制，促使股市风险对冲机制进一步完善，引导股价回到真实价值，从而缓解股指频繁波动的状况；2012 年，新股发行制度实施、分红机制重新规划以及新三板扩容等新政策不断推动市场机制有效发挥作用；2017 年，证券监督委员会修订上交所《上市公司股东及董监高减持股份实施细则》，完善其股东权益变动制度与股票回购制度；2018 年，中国银保监会发布的《商业银行理财业务监督管理办法》允许商业银行理财资金入市，深化并购重组市场化改革，支持国企混改和民企并购重组，加快资本市场对外开放步伐。这些监管措施的推行使得中国股票市场的机制建设日益加快，有效降低了金融系统风险对国民经济的影响。

尽管如此，相较国外成熟的股票市场，中国的股票市场成立时间晚，发展进程中依旧存在市场机制不完善、法律法规政策等比较滞后，以及投资者的心理仍不成熟等问题，因此股票市场表现出股价剧烈并且频繁波动的特性。

对于“资产价格为什么会变”，学术界有比较一致的看法：资产价格变动成为新信息在价格中得到反映的外在表现形式，其实质是市场依据新信息对资产价格再次估值的过程[1]。信息是引起股票市场价格变动的首要原因，因而对于信息的研究成为金融领域的热点话题，然而信息不仅包括利好信息（正向收益或波动率），还包括利空信息（负向收益或波动率）。最初关于利好、利空信息的研究基于有效市场假说（EMH），有效市场假说认为股票价格是市场中的参与主体对于其自身获得信息的一种反映。在半强式或强式有效市场中，股票价格将包含全部公共信息，这些信息将在其发布后立即反映在股票价格当中，此时股价未来变化趋势只会受到未来市场中的新信息的影响[2]，因此，在这一理论框架指导下，利好、利空信息通常被认定为对于股市有相同的影响。然而，当处于弱式有效市场时，股市对于新信息的过度反应令股票价格在重大利好、利空信息发布的短时间内出现大幅波动，此时股市对利好及利空信息产生非对称反应。同样，行为金融学的代表人物 Shiller（1981）、DeBondt 和 Thaler（1995）、Jegadeesh 和 Titman（1993）认为，人的决策行为不可能是完全理性的，因为受到自我情绪与心理状态的制约及外界环境因素的干扰，投资者会表现出反应过度或反应不足，市场有时也会给出错误的定价，从而表现出对利好信息和利空信息的非对称反应[3-5]。

作为新兴股市，中国股票市场的发展水平在很大程度上取决于政府的干预，因而通常被称为“政策市”或“消息市”[6]。因此，本章希望从实证角度研究中国上市金融股票市场中不同类型信息的传播特征，以此来探讨中国上市金融股票市场中是否存在非对称反应。如果存在，在股票市场中是存在“好事不出门，坏事传千里”的现象，还是存在“春色满园关不住，一枝红杏出墙来”的现象？

探究中国股票市场中不同类型信息的传播特征，有一定的理论价值及现实意义。从目前关于利好、利空信息在股市中传播特征的研究来看，以往所得研究结论存在一定差异。数据选取局限于收盘价数据，缺乏对复杂金融系统的整体研究和缺乏恰当的信息传播衡量指标等都可能导致研究结论出现偏差。所以，本章完善了在数据选取、构建金融系统网络和提出信息量化指标等方面存在的一些问题。首先选取一些开盘价与收盘价以外的数据，如极值价格（最高价、最低价），通过使用对数收益率分解模型，利用极值价格将收益率分解为利好信息与利空信息的冲击合成；其次构建 Dijkstra 利好信息和 Dijkstra 利空信息网络；最后提出四个指标 *Number*、*Speed*、*Depth*[7] 和 *Connectless*，用于对比分析利好信息和利空信息在所构建的 Dijkstra 网络上的传播特征。在借鉴以往研究的基础上，得出实证结果，因此研究具备一定的理论价值。

从现实意义方面看，对于依赖市场机制稳定运行的券商、投资者和监管者而言，正确理解股票市场信息传播特征非常重要[8]。对于券商而言，本研究可以为其提供一定的决策支持。对于投资者而言，研究利好信息和利空信息在股票市场中的传播特征可以帮助他们更好地把握股市行情，合理地分配资源，以便获取较高收益或将损失降到最低。对于监管者而言，在评估股票市场的整合和成熟度时，有必要研究股票市场的信息传播特征，这不仅是对过去政策实施效果的分析，也可以为未来制定更具针对性的、合理有效的政策提供参考依据。

1.1.2 文献综述

本小节分为四部分，首先梳理相关文献的主要研究方法及结论，其次针对不同的文献内容进行归纳概括。

1.1.2.1 股票市场的非对称反应特征

国外发达金融市场对于不同类型的信息存在非对称反应已经在文献的长期研究中得到验证[9,10]。现有文献关于股市非对称反应的讨论主要基于 GARCH 族模型，其中包括 EGARCH 模型[11]、GJR－GARCH 模型[12]、PGARCH 模型[13]。然而，一些学者认为，GARCH 类模型不能较好地拟合金融时间序列，所以他们提出了一些其他模型，主要包括随机波动率（SV）模型[14,15]、DY 指数[16]。尽管 DY 指数具有多功能性，但它并没有区分由坏的不确定性和好的不确定性导致的溢出效应中的潜在不对称性，于是 Barndorff－Nielsen 等（2010）提出已实现半方差（RS）模型来反映资产价格变动的方向[17]。这些模型的使用带来了大量实证证据，证实了负收益与正收益对市场波动性的非对称反应。随后许多学者针对不同市场、不同国家或地区的波动非对称反应的不同原因进行分析，得出了相似的结论。从不同市场来说，市场包括股票市场[18-20]和商品市场[21,22]、现货市场和衍生品市场[23]。在这些资产中，由于其普遍的经济重要性，原油市场受到了特别关注[24,25]，股票市场是我们关注的重点，我们的目标是针对股市对于利好信息和利空信息的非对称反应背后的潜在现象提出更多见解。从不同国家或地区来说，许多文章集中于一个国家或地区，并考虑了其股票市场对不同消息的非对称性反应[26,27]，基于这些研究，大部分学者认为利空信息带给股市的影响更大。还有一些文章研究不同国家或地区间的非对称反应，如发达国家之间[28,29]、发展中国家同发达国家之间[30-32]以及新兴市场之间[33,34]。可以发现，股票市场的非对称反应不仅存在于发达国家，而且存在于新兴经济体。作为新兴的股票市场代表，对中国市场是否存在这种非对称反应进行探究，显得很有必要。另外，从非对称反应的原因来看，主要的理论解释是波动反馈效应[19]和杠杆效应[35,36]以及前景理论[37,38]。以上研究普遍表明，股票收益在大部分时期确实存在非对称的调整行为，股票市场的波动往往在正面或负面信息发布之后增加，但股市波动往往对负面信息冲击更为敏感，即同等水平的利空信息对于股市的影响程度强于利好信息。

Long 等（2014）的研究结果与上述结论基本一致，同时他还发现，在上海证券交易所的危机后时期和深圳证券交易所的危机前时期，EGARCH 模型和 APARCH 模型的估计并不显著，即在此期间同等水平的利空信息对于股市的影响不一定强于利好信息[39]。对某些子周期波动不对称估计不显著的一个可能解释是，尽管模型预测了非对称反应的存在，但中国股市有别于其他股市，投资者追逐利好信息的典型行为可能仍旧占据主导地位，尤其是在危机期间[40,41]。李红权等（2011）基于信息溢出视角，使用 CCF 方法探究美国股票市场对于 A 股的溢出强度，认为美国股票市场对于 A 股不存有下跌风险溢出效应，这表示我国 A 股市场易于接收到美股走强的利好信息却习惯于忽视美股走弱的利空信息。这类对于信息的非对称反应也许和美国次贷危机对我国实体经济作用较轻及政府高额的财政赤字计划所引起的中国经济快速恢复的市场预期具有一定关系，这在某种程度上符合先前的猜想：危机期间中国投资者倾向于表现出追逐利好信息的行为特征[42]。随后，学者们开始通过划分不同的样本期来研究利好信息、利空信息给股票市场带来的影响，提出研究新信息的发布给股票市场的影响就应当区别研究股票市场所处的不同市场态势，于是将市场划分为“牛市”与“熊市”两个阶段，探究中国股市在

“牛市”和“熊市”行情下对于利好、利空信息的非对称反应，结果显示，在“牛市”阶段股票市场对于利好信息存在反应不足，在“熊市”阶段股票市场对于利好信息的过度反应更明显[43]。与之相反的是，陆蓉和徐龙炳（2004）选用 EGARCH 方法探究了中国股市处于“牛市”与“熊市”行情下对于利好信息、利空信息的非对称反应，发现在“牛市”阶段利好信息给股票市场带来的冲击强于利空信息，“熊市”阶段利空信息给股票市场带来的冲击强于利好信息[44]。之后学者们把融资、融券这类新信息冲击考虑在内，研究其对于股市的稳定性产生的作用，结果发现股市暴跌主要由融券增加引致[45]，这使得卖空机制的放开更能抑制暴跌，而不能有效抑制暴涨[46]，因而，在卖空机制放开期间，利好信息状态下的买入和利空信息状态下的卖出都会大量增加，而且前者比后者增加速度更快[47]。总之，以上研究学者们得到了与之前相反的结论，即中国股票市场上利好信息的影响要大于利空信息。

1.1.2.2　股票市场的有效性研究

由此可见，对于利好信息、利空信息对我国股市的影响大小，国内外理论和实证研究仍存在争议，所以研究利好信息、利空信息在我国股市上的传播特征对于了解这种非对称反应具有重要意义。这种非对称反应体现出市场中投资者存在对新消息反应过度的不理性行为，这种信息反应过度很大程度上与金融市场的有效性相关。而国内学者们关于股市对信息的反应的研究也得出不同的结论。邹永杰等（2014）的研究结论表明，我国股市具有某种程度的渐进有效性[48]。随后学者为了证明这种有效性，选择沪深两市的股票数据作为样本，结果显示沪深两市呈现显著的收益反转特征，说明中国股市对于信息存在反应过度现象[49]。除了反应过度，中国股市还表现出短暂的动量效应，说明中国市场具有信息反应不足的特征[50,51]。总体来看，大多数学者认为股市普遍存在对信息反应过度或不足，这意味着中国股市处于弱式有效或者尚未达到弱式有效[51]。关于金融市场运行效率研究的经典计量方法大多局限于使用收盘价和开盘价信息[52-55]，导致其他的交易价格信息被忽略。而这种做法只是出于对研究及数据处理便利性的考量，并无理论证据表明这种数据处理方法是必需的。另外，已有的研究发现极值价格（如最高价、最低价）中包含收盘价所不能涵盖的信息，而且可以影响投资者的决策行为[56,57]。极值价格中一般包含资产价格流动性信息，因而用极值价格构成的买卖价差是很好的波动率估计量，要优于其他的估计量[58,59]，其中极值价格中的历史高价有助于提高股市收益率的可预测性[60]。除了对信息进行整体建模外，由于投资主体在面对不确定性的损失及收益时存在差异性风险偏好，那么通过极值价格将收益率信息分解为利好信息、利空信息的冲击合成，有助于分析两种信息对市场的冲击差异[1,61]。由此可见，将极值价格信息纳入既有的计量方法框架之下，从新的角度来审视金融市场的运行效率，以此来探究中国股市的非对称反应显得尤为必要，这有助于我们了解中国股市的信息传播特征。

1.1.2.3 信息传播网络特征

上述研究中，学者们通过研究股票市场对利好信息、利空信息的反应在不同的国家或地区、市场、理论模型、市场态势条件下以及不同类型数据中的实施，得出了不同的结论，这些研究对国际金融市场间的波动非对称传递做出了贡献。然而他们中大多数是把每个市场的互动集中在一个微观的角度，对不同市场间的紧密联系缺乏系统的思考。由于各主体之间的相互作用，不同金融市场组成一个庞大而复杂的体系，仅用经济学方法分析复杂金融系统中各主体之间的相互作用十分困难。而网络的使用可以提供关于一组复杂金融关系的整体结构的独特信息特征，通过对网络结构的深入研究，可以对不同市场条件下金融风险因素之间的相互依存度、溢出效应的方向性以及溢出效应的传递和接受等问题有深刻的认识，系统的结构决定了属性数据的表现更具有分析价值[62,63]，所以有必要研究金融系统的结构特征。现在信息网络研究的主要特点是，在股票市场波动率等金融时间序列上，基于线性格兰杰因果关系检验模型[64-67]、VaR 模型[68]、CoVaR 模型[69,70]、相关—偏相关关系[71]、贝叶斯方法[72]、DCC - MVGARCH 模型[73]和方差分解[7]等不同的计量模型来构建网络，描述构建的信息传播网络的拓扑特征，探讨网络中不同主体的溢出效应。对于股票网络，在构建网络后，大多数文献围绕着度分布(包括入度和出度)[74-76]、网络直径和平均路径长度[77]、复杂性和集中性[78]等一些常见的网络拓扑指标，分析股票网络的拓扑结构，从而研究股票市场的风险和稳定性，以探索最强的相互依赖性和信息风险溢出效应的方向性。在上述方法中，本章选择了一种简单而常用的方法——线性格兰杰因果关系检验方法来构建网络。

1.1.2.4　研究评述

综上所述，在利好信息和利空信息在股市中的传播特征的相关研究中，已经涌现大量的相关性文献，现有相关研究或者基于收益率数据观察价格在不同国家或地区、市场、板块或股市间的传导[79,80]，或者采用不同的理论模型和数据来刻画波动率在不同研究对象间的溢出效应，或者描述所构建信息传播网络的拓扑特征。

现有研究虽然丰富了人们对于投资者行为的认识，但采用的计量方法大都使用收盘价和开盘价数据，这些交易价格忽略了其他交易价格所包含的信息，如极值价格（最高价、最低价）。目前鲜有研究全面利用极值价格将收益率分解成利好信息和利空信息的冲击合成，并区分研究利好信息和利空信息在网络上的传播特征，这也正是本章要研究的重点。这将有助于我们从金融网络结构整体出发，系统地思考不同类型的信息在股市中的传播特征。

1.1.3　研究方法与框架结构

1.1.3.1　研究方法

本章使用的研究方法是定量分析法，包括对数收益率分解模型、线性格兰杰因果关系检验模型、Dijkstra 算法、已实现半方差模型。

本章首先根据收盘价、最高价、开盘价和最低价时间序列，利用对数收益率分解模型提取每只股票的利好信息序列和利空信息序列；其次，利用线性格兰杰因果关系检验模型分别构建利好信息传播网络和利空信息传播网络，并利用 Dijkstra 算法找出信息传播网络内每一对节点之间的最短距离，进而构建利好信息 Dijkstra 网络和利空信息 Dijkstra 网络；最后，在以上工作的基础上，分别借助本章提出的四个指标 *Number*、*Speed*、*Depth* 和 *Connectless*，利用中国股票市场数据实证对比分析利好信息和利空信息在所构建的 Dijkstra 网络上的传播特征，并将上述方法得到的结果与已实现半方差模型得到的相应结果进行对比。

1.1.3.2　框架结构

第一节是绪论。结合我国股票市场发展历程介绍了本章的选题背景，并且从券商、投资者和监管者三个方面介绍研究的意义。在此基础上，本章总结国内外学者在计量方法、不同市场条件以及信息网络等相关领域的研究现状，在现有研究的基础之上，提出本章的研究方法与框架结构，并且分析创新点与有待改进的方面。

第二节是理论基础。主要包括有效市场理论、杠杆理论以及行为金融学的部分理论，试图基于相关理论对本章的结论进行解释。

第三节是计量方法。首先介绍对数收益率分解模型，该模型通过使用极值价格将收益率分解为利好信息与利空信息的冲击合成；其次简单介绍线性格兰杰因果关系检验模型，并分别构建利好信息传播网络和利空信息传播网络；最后介绍 Dijkstra 算法，并利用 Dijkstra 算法找出信息传播网络内每一对节点之间的最短距离，进而构建利好信息 Dijkstra 网络和利空信息 Dijkstra 网络，为后文研究利好信息和利空信息在所构建的 Dijkstra 网络上的传播特征做准备。

第四节是实证分析。首先，针对所使用的数据完成描述性统计；其次，介绍本章提出的四个指标 *Number*、*Speed*、*Depth* 和 *Connectless*；再次，刻画利好信息与利空信息在整个样本数据中的传播特征；最后，对利好信息和利空信息在不同类型的股票间的传播特征进行比较。

第五节是稳健性检验与对比实验。首先对整个样本数据以及不同类型间的股票进行阈值 $p = 0.10$ 的稳健性检验；其次利用已实现半方差模型进行对比实验。

第六节是研究结论与政策建议。对上述实证分析部分的结果进行梳理总结，并针对券商、投资者和监管者提出相应的政策与建议。

1.2 理论基础

中国股票市场历时较短，各类信息发布机制尚不完善，相比成熟市场价格变动更加剧烈。市场刚起步时，股价波动频繁且剧烈，市场不能充分发挥其定价及资源配置导向的功能，并且投机风气严重。然而经过 30 年的发展，我国股市进一步走向规范化，逐步表现出国民经济“晴雨表”的作用。因为传统金融理论的基础是“有效市场假说”，所以传统金融理论无法对股票市场的非对称现象进行合理的解释。因此，本节从分析我国市场的运行效率、行为金融和上市公司财务杠杆的角度出发，试图解释本节实证部分得到的结果，从而揭示出中国股市的特殊性。

1.2.1　有效市场理论

尤金·法玛在1970年提出"有效市场理论"[2]，该理论假设市场参与主体是足够理性的人，能立即对市场中的全部信息做出合理反应，此时市场中的信息交流、竞争是不存在障碍的，偶尔出现的新信息可以被市场参与者快速地消化吸收，且新信息会及时充分地反映在股票价格中，市场参与者根据股价进行股票的买进或卖出，此时市场上的股价包括所有可获得的有价值的信息，反映出该股票的内在价值，我们将这类市场称作"有效市场"。通常，人们根据市价对于有关信息的反映力度大小，将有效市场划分成弱式有效市场、半强式有效市场与强式有效市场。

弱式有效市场：这种市场的特征体现为股票价格包含所有历史信息，如成交价格和成交量等。在这类市场上，技术分析方法失效，投资主体无法根据股票的历史行情分析获取超额收益。但是此时基本分析方法和内幕信息有效，即投资主体能够以关注上市公司对外披露的有关营运前景方面的信息和从高管处获取的内部信息来赚得超额收益。

半强式有效市场：这种市场的主要特征表现为，股票价格不但反映历史信息，还包含公开披露的营运前景信息。在这类市场上，技术分析方法和基本面分析均失效，但此时投资主体仍旧能通过获取内幕消息来赚得超额收益。

强式有效市场：这种市场的典型特征表现为，股票价格中已经体现出全部信息，包括历史信息、公开信息及内幕信息。此时技术分析、基本面分析和内幕信息分析均失效，市场中的所有投资主体都无法赚取超额收益。这时对于投资主体而言，更好的抉择是采取被动型投资战略以获得平均收益，如指数类基金。

"有效市场理论"认为，股市的价格往往是无法预测的，而且符合无规律随机游走特征，股价已经完全体现出全部的可获取信息。有效市场中投资者是具有理性预期的，他们明察秋毫，无所不知，使得市场消除掉信息不对称性。我国股票市场自1990年成立后，专家们针对股市的有效性研究存在不同的结论，结论大致可以分为三类：具备弱式有效性、不具备弱式有效性、弱式有效性在不断演进。但基本一致的是，由于我国股票市场中存在信息泄露与内幕交易行为，股市只能具备弱式有效性，并不具备半强式有效性或强式有效性，因此我国股市呈现出弱式有效市场的特征，即股票价格无法反映全部信息，股市存在对新信息出现过度反应的情况。这样使得每当市场释放重大利好、利空信息时，股价在短期会出现大幅波动，即股票市场对利好信息与利空信息的反应呈现非对称性。

1.2.2 行为金融学

行为金融学突破已有金融理论，强调投资主体的非理性决策，认为投资者在心理和认知水平上存有某种程度的缺陷，从而导致心理决策偏差成为人的固有特征。行为金融学从投资主体真实决策心理入手，针对投资者心理预期给决策行动带来的影响进行分析，发现其实际决策心理对资产价格变动发挥了作用。

中国股票市场历时较短，股市中的投资者们大部分都是非理性的，从而导致我国市场存在严重的投机性。大部分散户进入市场的首要目标是利用股票的低买高卖赚取差价，从而进行短线操作，只存在少数投资者基于长期持有的方式来赚取上市企业的股息红利，这就导致股市常常存在短线操作、追涨杀跌、跟风明显等现象。此外，我国股市的投资者们本身金融理论知识匮乏，对市场缺乏了解，导致采用的投资策略、分析技巧合理性不足。他们往往是依靠跟庄、股评、亲友举荐或“小道传闻”等贸然买入，而基本不对自身取得信息的准确程度进行分析，从而使投资决策更易表现出冲动性特征。我们有理由相信，中国股市中非理性投资者占据主导，他们自身心理与认知水平上的缺陷会引起股市价格的变动，主要有以下表现形式。

1.2.2.1 处置效应

处置效应是前景理论在股市的具体应用。Tversky（1979）认为，投资者更注重资产盈利或亏损的变化量而非当前资产的市场价格，当面临损失的时候更习惯于冒险赌博，往往不愿止损，而愿意等待直到亏损股票上涨至原来水平，这时大部分投资者属于风险偏好者；而对同等条件下的盈利，其习惯于抛售股票，承受确定性的利润，这时的投资者属于风险厌恶者，他们感觉从盈利中获得的愉悦感远远超过损失带来的痛苦[37]。这类投资心理被命名为“处置效应”，是指投资主体担心未来后悔，往往习惯于手持亏损性股票而较早出售盈利性股票。前景理论的“S”形效用函数能够对此种效应作出合理解释。价值函数在利得时呈现凹性，在损失时则呈现凸性。这表明投资主体前一个单位增加的利得而带来的效用增量高于后一个单位，然而前一个单位增加的损失所引发的效用减少量则低于后一个单位。由此可见，投资者在盈利阶段存在风险规避倾向，在亏损阶段存在风险追求倾向。例如，某人在月初用 50 元购买了股票 A，月末价格跌至 40 元，预计这只股票将来或是上涨 10 元或是下跌 10 元。此时投资者有两种取舍方式，其一为立刻卖出此股票，当即确认 10 元的损失；其二为继续手持此股票，有一半的概率另亏损 10 元，一半的概率能够挽回损失。依据价值曲线判断投资者此时处在损失区域，应该展现出风险偏好。因而投资者不希望确定亏损，反而选择持续持有该股票以获取一种挽回损失的可能性。同样，如果股票 A 月末价格涨至 60 元，预计将来该股或是上涨 10 元或是下跌 10 元。那么投资者在利得状态下表现出风险规避的态度，愿意将股票立即卖出实现盈利，见好就收。

起初国内关于处置效应的文章较少，而且多数借鉴国外学者的研究方法。其中，王永宏和赵学军是最先分析处置效应的，他们使用 Odean（1998）的“卖盈卖亏比法”[81]，发现投资者出售收益型股票的概率大约为出售损失型股票概率的 2 倍，且本国投资者比外国投资者存在更加严重的处置效应[49]。同样，在使用个人账户上，史永东等（2009）也发现了个人投资者会表现出处置效应[82]。另外，这种处置效应可能表现为前面的二元单调形式，也有可能是非对称“V”形的，即投资者的买入和卖出意愿随着投资者在该股的“未实现”盈利或“未实现”亏损的绝对值增大而增强，且一般情况下投资者的卖出意愿都强于买入意愿，因此总体表现出卖出意愿[83]。

总体来说，在股市中的投资者都会在一定程度上受到处置效应的干扰，因而造就了我国股市波动非对称性的特殊性。即当股票价格上涨时，部分投资者为了锁定利润，解套后偏向于立即抛出所持股票，此时市场抛售活跃，股市波动加剧；而当股票价格下跌时，大多数投资者偏向于持有，等待解套，此时交易低迷，股市波动减缓。

1.2.2.2　“羊群行为”

金融市场的“羊群行为”（herd behaviors），又被称作“羊群效应”（herd effect）或“从众心理”。这是一类特别的非理性决策行为，即当信息不对称时，易受其他投资主体行为的干扰，投资者模仿他人决策，而忽略自身获得的信息。中国股市发展仅30年，投资者欠缺成熟的投资理念，有些投资者做出的投资决策，往往是依靠跟庄、股评、亲友举荐或“小道传闻”等贸然买入。国内学者中，最早是孙培源和施东晖（2002）基于资本资产定价模型，利用个股收益率分散度指标检验出我国股市存在某种程度的“羊群效应”[84]。股票市场中如果存在“羊群效应”，那么一旦利好信息释放引起股市骤然繁荣，投资者们就会一拥而入，进而促使股票价格进一步上涨。之后，卞曰瑭等（2013）也认为，由于投资者具有有限理性和固有模仿性的特征，会表现出“羊群行为”[85]。姚禄仕和吴宁宁（2018）使用LSV模型对投资者“羊群行为”进行检验，发现无论是机构投资者还是个人投资者，均存在一定的从众心理[86]。由此可知，我国股票市场确实具有显著的“羊群效应”。

因为受到这种从众心理的影响，投资者倾向于追随大流同时买卖一类股票，使得此股票的买进卖出压力超出市场对流动性的能力，致使股价在短期内持续大幅波动。例如，2006—2007年中国股市出现的过度繁荣，在一定程度上与投资者的“羊群行为”有着密切的关联。

从以上对中国投资者投资心理的剖析能够看出，投资者心理对股市非对称反应是有影响的。但是非对称程度大小如何，即究竟是利空信息对市场造成的冲击大，还是利好信息对其冲击大，这也是本章后面需要进一步探讨的。

1.2.3 杠杆理论

现有理论站在公司基本面与投资者心理反应的角度上对股票市场的非对称性提出了两种广为流行的解释理论：“杠杆效应说”和“波动反馈效应说”。这两类学说成为当前理论界对证券市场资产价格波动的非对称性形成机制的主要理论解释。本章主要运用杠杆效应对结论进行解释，在此主要介绍杠杆理论。

股票收益率往往呈现非正态分布的特征，具体表现为左偏分布。对于如何测量这类因偏态性引发的股市收益的非对称性波动，学术界公认的方法之一是结合企业的财务杠杆进行分析。根据Black（1976）和Christie（1982）的实证结果可知，股价下滑引起的波动性更强，进而对股市会产生更为显著的影响[35,87]。针对这种非对称现象，公司的财务杠杆理论能够给出合理的说明：股价下跌投资者损失严重，导致公司权益资本减少，而杠杆是通过负债权益比体现的，因此杠杆比率提高。这会加大投资者持股风险，使得股票价格收益率的波动性加大，于是这一波动特性被称作“杠杆效应”[88]。

从上市公司的角度出发，若是市场释放利空信息，该信息反映在股价中，股价会呈现下跌趋势，相应的公司权益资本随之减少。因为利空信息变化引发了负向收益率变动，负债产权比率会上升，公司面临财务危机的可能性上升，那么将来就会融资能力不足，经营风险提高，最后导致大幅度的股票收益率波动。若是市场释放利好信息，该信息反映在股价中，会引发正向收益率变动，负债产权比率会下降，此时公司财务杠杆比率降低，公司将来的股价波动幅度变小。由此可知，因利空信息释放而引发的股价偏离真实价值的幅度远大于利好信息引发的效果，而这种影响是通过财务杠杆传导机制产生效用的，因此被命名为“杠杆效应”。

非对称性反应指的是，当金融市场遭受不同类型信息的冲击时，利好信息与利空信息对股价波动的作用效果是有差别的，若是利空信息对股市的影响强于利好信息，说明市场存在正向杠杆效应；与之对应，若是利空信息对股市的影响弱于利好信息，说明市场存在反向杠杆效应。

1.3　计量方法

本节由四部分组成，分别介绍了实证研究中需要使用的四个模型。首先介绍对数收益率分解模型，其次简单介绍线性格兰杰因果关系检验模型，再次介绍 Dijkstra 算法，最后介绍已实现半方差模型。

1.3.1　对数收益率分解模型及其性能对比

金融学理论认为，资产价格变动是新信息在资产价格中得到反映的外在表现。若当前的资产对数价格为 C_t，下一期的资产价格为 C_{t+1}，新信息对市场造成的冲击为 μ_{t+1}，那么资产价格的变动可以用如下过程来描述：

$$C_{t+1} = C_t + \mu_{t+1} \tag{1-1}$$

与既有的研究思路不同，文章假定利好信息促使资产价格上涨（$\mu_{t+1} > 0$），利空信息促使资产价格下跌（$\mu_{t+1} < 0$），如果市场对于利好信息及利空信息的反应是不同的，那么对 μ_{t+1} 的统一建模容易造成模型设定的偏差。因此，

本书利用对数收益率分解模型（CHOLO 模型），对对数收益率进行如下分解：

$$\mu_{t+1} = C_{t+1} - C_t = G_{t+1} + B_{t+1} + ON_{t+1} \quad (1-2)$$

其中，G_{t+1}、B_{t+1} 和 ON_{t+1} 分别表示市场对净利好信息、净利空信息和隔夜信息的反应。

对数收益率分解模型利用当日最高对数价（H_t）、最低对数价（L_t）、对数开盘价（O_t）和对数收盘价（C_t）及其出现顺序及前一日的对数收盘价（C_{t-1}）进行分解。根据股价中开盘价、最高价、最低价和收盘价出现的顺序，可分成八种情形进行讨论，具体如图 1－1 所示。开盘价、最高价、最低价和收盘价出现的时间分别记为 t_O、t_H、t_L、t_C。下面根据 t_O、t_H、t_L、t_C 的大小对股票的走势进行分类。

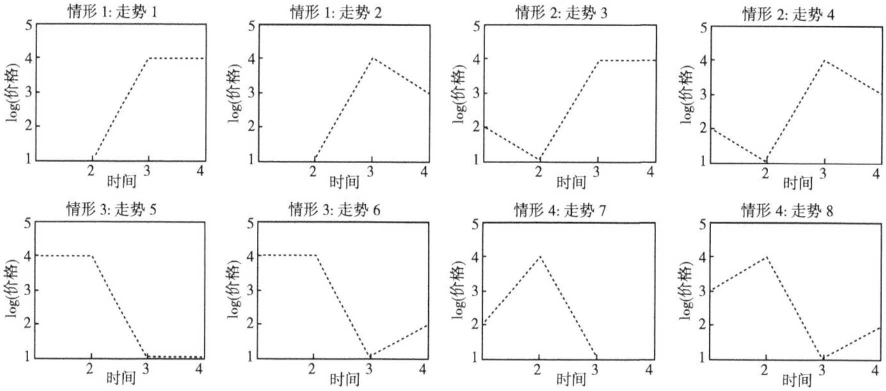

图 1－1　股票价格的八种走势

图 1－1 的第一张图实为从左向右的一条斜线，为了显示其开盘价、最高价、最低价和收盘价，画成了上述图形，下面几种情况也类似。基于时间顺序的图 1－1 的表达式如下：

走势 1：$t_O = t_L < t_H = t_C$

走势 2：$t_O = t_L < t_C < t_H$

走势 1 和走势 2 的特点是 $t_O = t_L$，对应的收益率分解如下：

$$\begin{cases} G_{t+1} = H_{t+1} - O_{t+1} \\ B_{t+1} = C_{t+1} - H_{t+1} \\ ON_{t+1} = O_{t+1} - C_t \end{cases} \quad (1-3)$$

走势 3：$t_L < t_O < t_H = t_C$

走势 4：$t_L < t_O < t_C < t_H$

走势 3 和走势 4 的特点是 $t_L < t_O < \min\{t_H, t_C\}$，对应的收益率分解如下：

$$\begin{cases} G_{t+1} = H_{t+1} - L_{t+1} \\ B_{t+1} = L_{t+1} - O_{t+1}, t_H = t_C \\ ON_{t+1} = O_{t+1} - C_t \end{cases} \tag{1-4}$$

$$\begin{cases} G_{t+1} = H_{t+1} - L_{t+1} \\ B_{t+1} = (L_{t+1} - O_{t+1}) + (C_{t+1} - H_{t+1}), t_H < t_C \\ ON_{t+1} = O_{t+1} - C_t \end{cases} \tag{1-5}$$

走势 5：$t_O = t_H < t_L = t_C$

走势 6：$t_L < t_C < t_O = t_H$

走势 5 和走势 6 的特点是 $t_O = t_H$，对应的收益率分解如下：

$$\begin{cases} G_{t+1} = C_{t+1} - L_{t+1} \\ B_{t+1} = L_{t+1} - O_{t+1} \\ ON_{t+1} = O_{t+1} - C_t \end{cases} \tag{1-6}$$

走势 7：$t_L = t_C < t_O < t_H$

走势 8：$t_L < t_C < t_O < t_H$

走势 7 和走势 8 的特点是 $t_O < t_H < \min\{t_L, t_C\}$，对应的收益率分解如下：

$$\begin{cases} G_{t+1} = H_{t+1} - O_{t+1} \\ B_{t+1} = C_{t+1} - H_{t+1}, t_L = t_C \\ ON_{t+1} = O_{t+1} - C_t \end{cases} \tag{1-7}$$

$$\begin{cases} G_{t+1} = (H_{t+1} - O_{t+1}) + (C_{t+1} - L_{t+1}) \\ B_{t+1} = L_{t+1} - H_{t+1}, t_L < t_C \\ ON_{t+1} = O_{t+1} - C_t \end{cases} \tag{1-8}$$

通过对上述股票价格可能存在的八种走势的分析，本章将利好信息界定为可以促使股票价格上涨的信息，将利空信息界定为可能引起股票价格下跌的信息。下面借助对数收益率分解模型分解对数收益率，并分析利好信息和利空信息在股票市场中的传播特征。

1.3.1.1 CLO 模型

基于对以上问题的考虑，谢海滨、范奎奎和周末（2015）在股市对利好信息和利空信息的反应的差异研究中提出了 CLO 对数收益率分解模型[1]。该模型利用历史交易价格中的高价、低价等极值价格信息对 μ_{t+1} 进行分解，在两个连续交易日股票价格中引入最低价格，并将两日收盘价之差分解为股票价格对净利好信息、净利空信息和隔夜信息三种信息的反应。具体模型如下：

$$\mu_{t+1} = C_{t+1} - C_t = G_{t+1} + B_{t+1} + ON_{t+1} = (C_{t+1} - L_{t+1}) + (L_{t+1} - O_{t+1}) + (O_{t+1} - C_t) \quad (1-9)$$

其中，C_t、L_t 和 O_t 分别表示对数收益率分解后的开盘价、最低价和收盘价；G_{t+1} 表示市场从最低价到收盘价，所有信息在股票价格中的累积反应净值；B_{t+1} 表示市场从开盘价到最低价，所有信息在股票价格中的累积反应净值；ON_{t+1} 表示从当日收盘价到次日开盘价，所有信息在股票价格中的累积反应净值。

1.3.1.2 CHO 模型

谢海滨、顾霞和魏云捷（2017）在香港股市运行效率研究中提出了 CHO 模型。将 μ_{t+1} 进行重新分解，在两个连续交易日股票价格中引入最高价格，并将两日收盘价之差分解为股票价格对净利好信息、净利空信息和隔夜信息三种信息的反应。具体模型如下：

$$\mu_{t+1} = C_{t+1} - C_t = B_{t+1} + G_{t+1} + ON_{t+1} = (C_{t+1} - H_{t+1}) + (H_{t+1} - O_{t+1}) + (O_{t+1} - C_t) \quad (1-10)$$

其中，C_t 和 O_t 的定义同模型（1－9），H_t 表示对数收益率分解后最高价；G_{t+1} 表示市场从开盘价到最高价，所有信息在股票价格中的累积反应净值；B_{t+1} 表示市场从最高价到收盘价，所有信息在股票价格中的累积反应净值；ON_{t+1} 同模型（1－9），表示从当日收盘价到次日开盘价，所有信息在股票价格中的累积反应净值。

CLO 模型和 CHO 模型分别对 μ_{t+1} 进行分解，引入最低价格和最高价格将股市价格分解为市场对利好信息、利空信息和隔夜信息的反应。但是两个模型均未对市场存在的所有可能情况进行分析，存在一定局限性。具体表现为，CLO 模型未考虑股票最高价格高于开盘价和收盘价等情形；CHO 模型未考虑股票最低价格低于开盘价和收盘价等情形。

1.3.1.3　对数收益率分解法比较

为了验证 CHOLO 模型的可靠性，本章在仿真数据集上对 CHOLO、CHO 和 CLO 三种对数收益率分解方法性能进行了检验。

表 1－1 给出了与图 1－1 所示的八种趋势相对应的原始模拟数据，包括开盘价、最高价、最低价、收盘价及其出现顺序。

表 1－1　原始行情仿真数据

走势	情形	开盘价	最高价或最低价	最高价或最低价	收盘价
1	1	2.7183	2.7183	54.5982	54.5982
2	1	2.7183	2.7183	54.5982	20.0855
3	2	7.3891	2.7183	54.5982	54.5982
4	2	7.3891	2.7183	54.5982	20.0855
5	3	54.5982	54.5982	2.7183	2.7183
6	3	54.5982	54.5982	2.7183	7.3891
7	4	7.3891	54.5982	2.7183	2.7183
8	4	20.0855	54.5982	2.7183	7.3891

表 1－2 展示了 CHOLO 模型、CHO 模型和 CLO 模型的对数收益率分解结果。在表 1－2 中，第 3 列和第 4 列是 CHOLO 模型的结果，第 5 列和第 6 列是 CHO 模型的结果，第 7 列和第 8 列是 CLO 模型的结果。由于三种模型计算隔夜信息反应的方法相同，表 1－2 中省略了这一点。

表 1－2　CHOLO、CHO（丢失波谷）和 CLO（丢失波峰）的计算结果

走势	情形	利好信息	利空信息	利好信息	利空信息	利好信息	利空信息
		CHOLO	CHOLO	CHO	CHO	CLO	CLO
1	1	3	0	3	0	3	0
2	1	3	－1	3	－1	2	0
3	2	3	－1	2	0	3	－1
4	2	3	－2	2	－1	2	－1
5	3	0	－3	0	－3	0	－3
6	3	1	－3	0	－2	1	－3
7	4	2	－3	2	－3	0	－1
8	4	2	－3	1	－2	1	－2

从表 1－2 中我们不难发现，在八种趋势中，CHOLO 模型正确地计算了

所有利好信息和利空信息市场反应。而 CHO 模型只能正确计算走势 1、走势 2、走势 5、走势 7 的利好信息和利空信息市场反应，CLO 模型只能正确计算走势 1、走势 3、走势 5、走势 6 的利好信息和利空信息市场反应。这说明 CHO 的缺点是容易丢失波谷信息，CLO 的缺点是容易丢失波峰信息。

综上所述，CHOLO 模型的性能优于 CHO 模型和 CLO 模型。因此本章采用 CHOLO 模型对对数收益率进行分解，进而分析中美股票市场的格兰杰因果关系。

1.3.2 线性格兰杰因果关系检验模型

Sims 提出可以建立 VaR 模型下的格兰杰因果关系检验[89]，包含两个随机内生变量的 VaR 模型如下：

$$X_t^K = \alpha_1 + \sum_{i=1}^{m} \beta_{1,i} X_{t-i}^K + \sum_{i=1}^{n} \gamma_{1,i} Y_{t-i}^K + \varepsilon_{1,t}^K \tag{1-11}$$

$$Y_t^K = \alpha_2 + \sum_{i=1}^{p} \beta_{2,i} X_{t-i}^K + \sum_{i=1}^{q} \gamma_{2,i} Y_{t-i}^K + \varepsilon_{2,t}^K \tag{1-12}$$

$X_t^K = (x_t, x_{t+1}, \cdots, x_{t+K-1})$ 和 $Y_t^K = (y_t, y_{t+1}, \cdots, y_{t+K-1})$ 代表长度为 K 的两个平稳时间序列；α_j，β_j，γ_j（$j=1$，2）为待估计参数；$\{\varepsilon_{j,t}\}$（$j=1$，2）是残差项，$\{\varepsilon_{j,t}\} \sim i.i.N(0,1)$；$m$，$n$，$p$，$q$ 为自回归项的最大滞后阶数。在 VaR 模型框架下，通过自回归项系数的联合显著性检验变量之间的线性格兰杰因果关系。如果式（1－11）中的原假设 $\gamma_{i,t}=0$，$i=1$，2，…，n 被拒绝，意味着 Y_t^K 是 X_t^K 的格兰杰原因。同理，如果式（1－12）中的原假设被拒绝，意味着 X_t^K 是 Y_t^K 的格兰杰原因。如果两个原假设同时被拒绝，X_t^K 与 Y_t^K 之间存在双向的格兰杰因果关系[90,91]。

格兰杰因果关系检验方法被广泛应用于经济和金融研究当中[64,92]。本章采用线性格兰杰因果关系检验方法构建未加权定向金融网络。

1.3.3 Dijkstra 算法

荷兰知名的计算机科学家 Dijkstra 于 1959 年提出 Dijkstra 算法[93]。该算法是计算一个源节点到其余节点的所有最短路径算法，主要被用来解决有向图中最短路径问题。Dijkstra 算法的典型特征是从初始点向外进行一层层延伸，当扩展到终点时才停止。假定 $G=(V, E)$ 作为一个有向图，其中 V 为节点集合，E 为边集合。求解 G 的最短路径时，需先确定源节点 s，即从 s 开始计算。引入两个集合 S 与 U，S 记录已经求出的到 s 最短路径的节点以及相对应节点到 s 的最短距离值，U 记录还未求出最短路径的节点以及这些节点到 s 的距离。Dijkstra 算法的具体步骤如下：

第一步：初始时，S 只包含源节点 s，即 $S=\{v\}$，v 到 s 的距离为 0。U 涵盖排除 v 以外的剩余节点，即 $U=$｛其余节点｝，若是 v 同 U 当中的节点 u 有公共边，那么 $<u, v>$ 是正常有权值，倘若 u 并不属于 v 的出边邻接点，那么 $<u, v>$ 权值为∞。

第二步：选择 U 中距 v 最短的节点 k，将 k 增加进 S 当中（这个被选择的距离就视为 v 与 k 之间的最短路径距离）。

第三步：将 k 作为重新认定的中心节点，修正 U 中其余节点间的距离；倘若源节点 v 与节点 u 的距离（途经节点 k）近于原本距离（未途经节点 k），那么需要修正节点 u 的距离值大小，此时修正完成的距离值大小是节点 k 的距离与边上的权之和。

第四步：重复上述第二步和第三步，直到 S 当中包含 U 中全部的节点。

通常，Dijkstra 算法用于网络分析中，以快速搜索网络中两个节点间的最短距离[94]。

1.3.4　已实现半方差模型

已实现半方差（RS）是一种被用于估计固定时间段内资产价格的事后方差。Barndorff - Nielsen 等（2010）通过使用已实现半方差的估计量，测量与正收益和负收益相对应的对数价格的波动[17]。考虑对数价格 p_t，$r_i=p_i-p_{i-1}$ 的连续时间随机过程，这些估计量的定义如下：

$$RS^{+}=\sum_{i=1}^{n} r_i^2 I(r_i>0)$$

$$RS^{-}=\sum_{i=1}^{n} r_i^2 I(r_i<0) \tag{1-13}$$

以这些估计量对 RS 进行完全分解，即 $RS=RS^{+}+RS^{-}$。这种分解对于任意 n 以及极限状态都成立[95]。

1.4　实证分析

本节包括四部分。第一部分为样本数据选取和描述性统计，第二部分提出有效性指标，第三部分是基于整个样本数据刻画利好信息和利空信息的传播特征，第四部分比较不同类型的股票间利好信息和利空信息的传播特征。

1.4.1 描述性统计

随着市场经济的不断发展，资源配置越来越金融化，金融已经成为整个经济体系的中枢系统，2008 年次贷危机中，金融机构风险的外部性影响也进一步凸显出金融业的重要性，以银行、保险、券商为主的金融行业整体成为股市的主力军，某种程度上，对金融行业的研究具有一定的代表性。另外，由于工作条件的限制，本书只考虑了信息在中国金融类上市公司间的传播特征。本章拟选取中国证券监督管理委员会（CSRC）行业划分中金融业所属的 225 只股票（6 只 CSRC 保险业股票、138 只 CSRC 房地产业股票、27 只 CSRC 货币金融服务类股票、11 只 CSRC 其他金融业股票和 43 只 CSRC 资本市场服务类股票）中的 130 只股票（6 只 CSRC 保险业股票、78 只 CSRC 房地产业股票、16 只 CSRC 货币金融服务类股票、5 只 CSRC 其他金融业股票和 25 只 CSRC资本市场服务类股票）进行实证分析。以上信息详见附表 1 - 1 ~ 附表1 -5。我们注意到，1.3.1 小节中提到的对数收益率分解模型利用开盘价、收盘价、最高价、最低价及其出现顺序来分解对数收益率。由于本章的数据集不包含任何出现时间顺序的信息，所以我们利用高频数据集来确定低频数据集中四种价格的出现时间顺序。本章选择的较低时间频率的数据是每日数据，而较高的时间频率是 60 分钟，即在每个交易日的 10：30、11：30、14：00 和15：00分别记录上述股票的开盘价、最高价、最低价和收盘价等信息。时间范围是 2016 年 7 月 1 日至 2018 年 6 月 29 日，共两年时间。在以上时间段，225 只股票最多有 1948 个交易记录［1948 ÷ 4 = 487 （天）］、最少有 32 个交易记录［32 ÷ 4 = 8 （天）］。因为本章利用线性格兰杰因果关系检验模型构建网络，其前提是提取所分析数据的共有交易日数据。所以，为了尽可能多地保留股票的交易信息，选取 130 只交易记录在 1900 个［1900 ÷ 4 = 475 （天）］以上的 315 个共有交易日的股票数据进行下一步分析。①

通过使用对数收益率分解模型从原始的开盘价序列、最高价序列、最低价序列、收盘价序列及其出现顺序提取出利好信息序列和利空信息序列。

① 本章数据选自 Wind 数据库，https://www.wind.com.cn/。

在315个共有交易日数据上利用对数收益率分解模型分解出的利好信息序列和利空信息序列的描述性统计分别如表1-3和表1-4所示。

表1-3　利好信息序列的描述性统计

行业	符号	股票数	均值	标准差	最大值	最小值
保险业	INS	6	0.0248	0.0192	0.1596	0.0000
房地产业	REI	78	0.0228	0.0201	0.2613	0.0000
货币金融服务	MFS	16	0.0159	0.0126	0.1444	0.0000
其他金融业	OFI	5	0.0250	0.0219	0.1920	0.0000
资本市场服务	CMS	25	0.0192	0.0149	0.1478	0.0000

表1-4　利空信息序列的描述性统计

行业	符号	股票数	均值	标准差	最大值	最小值
保险业	INS	6	-0.0230	0.0159	0.0000	-0.1366
房地产业	REI	78	-0.0223	0.0174	0.0000	-0.1884
货币金融服务	MFS	16	-0.0148	0.0110	0.0000	-0.1139
其他金融业	OFI	5	-0.0246	0.0188	0.0000	-0.1272
资本市场服务	CMS	25	-0.0190	0.0131	0.0000	-0.1293

由表1-3和表1-4可知，利好信息序列和利空信息序列中对应行业的均值、标准差、最大值和最小值都大致相近。

1.4.2　有效性指标

将N个研究对象间的利好信息Dijkstra网络和利空信息Dijkstra网络分别记为$G_{N\times N}$和$B_{N\times N}$。$i, j\in[1, 2, \cdots, N]$，根据1.3.1小节中的对数收益率分解模型得到$G_{i,j}$是第i个正向收益与第j个正向收益之间的最短路径。同理，我们可以定义$B_{N\times N}$。本章分别利用*Number*、*Speed*、*Depth*和*Connectless*四个指标度量信息的传播特征。四个指标的定义如下：

$Number_{Good} = \dfrac{\{|G_{ij} > B_{ij}||\ i,j \in [1,2,\cdots,N]\}}{N\times N}$表示$G_{N\times N}$网络的元素大于$B_{N\times N}$网络中对应位置元素的个数所占比例，分子表示$G_{ij}$大于$B_{ij}$的个数，$Number_{Good}$代表利好信息传播相对强度的平均个数指标。

$Number_{Bad} = \dfrac{\{|B_{ij} > G_{ij}||\ i,j \in [1,2,\cdots,N]\}}{N\times N}$表示$B_{N\times N}$网络的元素大于

$G_{N\times N}$ 网络中对应位置元素的个数所占比例，分子表示 B_{ij} 大于 G_{ij} 的个数，$Number_{Bad}$代表利空信息传播相对强度的平均个数指标。

$Speed_{Good}=\frac{\sum_{i,j}^{N}G_{ij}}{N\times N}$代表利好信息传播速度的平均距离指标，数值越大，表示速度越慢。

$Speed_{Bad}=\frac{\sum_{i,j}^{N}B_{ij}}{N\times N}$代表利空信息传播速度的平均距离指标，数值越大，表示速度越慢。

$Depth_{Good}=\max\{G_{ij}\mid i,j=1,2,\cdots,N\}$代表利好信息传播深度的指标，指标值越大，表示传播得越远。

$Depth_{Bad}=\max\{B_{ij}\mid i,j=1,2,\cdots,N\}$代表利空信息传播深度的指标，指标值越大，表示传播得越远。

$Connectless_{Good}=\frac{\{|G_{ij}=\infty|\mid i,j\in[1,2,\cdots,N]\}}{N\times N}$表示 $G_{N\times N}$ 网络中最短距离为 ∞ 的边的个数所占的比例，分子是 $G_{ij}=\infty$ 元素的个数，$Connectless_{Good}$代表利好信息无法成功传播的平均个数指标。

$Connectless_{Bad}=\frac{\{|B_{ij}=\infty|\mid i,j\in[1,2,\cdots,N]\}}{N\times N}$表示 $B_{N\times N}$ 网络中最短距离为 ∞ 的边的个数所占的比例，分子是 $B_{ij}=\infty$ 元素的个数，$Connectless_{Bad}$代表利空信息无法成功传播的平均个数指标。

1.4.3 利好信息和利空信息在整个样本数据中的传播特征比较

在本小节中，我们研究利好信息与利空信息在以下五组数据中的传播特征：第1组至第5组包含的股票分别为130只（其他金融业、保险业、货币金融服务、资本市场服务和房地产业）、125只（保险业、货币金融服务、资本市场服务和房地产业）、119只（货币金融服务、资本市场服务和房地产业）、103只（资本市场服务和房地产业）和78只（房地产业），在每个小组中，交易日长度为 $315-10\times N$，$N=0$，1，…，19。

在每组选定的样本数据中，首先，利用线性格兰杰因果关系检验模型分别构建利好信息传播网络和利空信息传播网络；其次，利用 Dijkstra 算法找出信息传播网络内每一对节点之间的最短距离，进而构建利好信息 Dijkstra 网络和利空信息 Dijkstra 网络；最后，分别借助本章提出的四个指标对比分析利好信息和利空信息在所构建的 Dijkstra 网络上的传播特征。

图 1 - 2 ~ 图 1 - 5 为阈值 p = 0. 01 时，五个组相对应的 *Number*、*Speed*、*Depth* 和 *Connectless* 指标值。

图 1 - 2 中 100 个位置上有 93 个位置对应的 $Number_{Good} - Number_{Bad}$ 大于 0，相减得到的最大的差值为 0. 2794，最小的差值为 - 0. 0453。所以，利好信息的多数 *Number* 值比利空信息对应的 *Number* 值大。

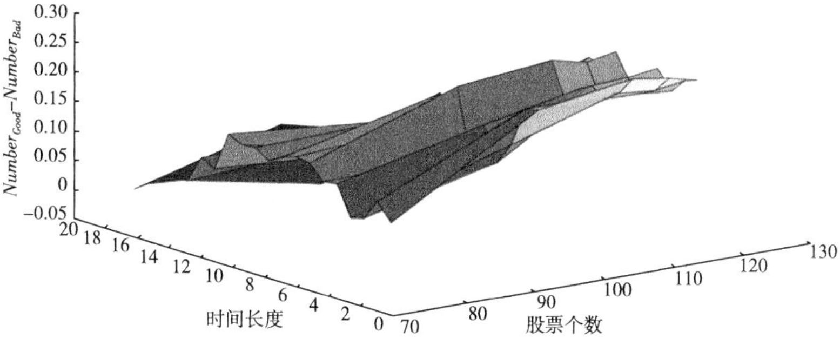

图 1 - 2　$Number_{Good}$ - $Number_{Bad}$ （p = 0. 01）

图 1 - 3 中 100 个位置上有 93 个位置对应的 $Speed_{Good} - Speed_{Bad}$ 大于 0，相减得到的最大的差值为 0. 8119，最小的差值为 - 0. 0705。所以，利好信息的多数 *Speed* 值比利空信息对应的 *Speed* 值大。

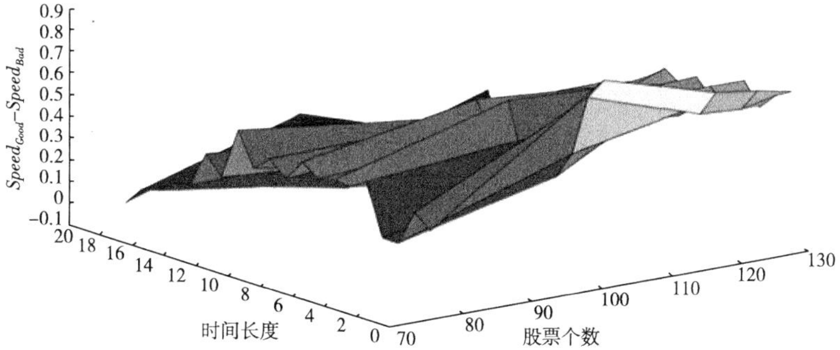

图 1 - 3　$Speed_{Good}$ - $Speed_{Bad}$ （p = 0. 01）

图 1 -4 中 100 个位置上有 77 个位置对应的 $Depth_{Good} - Depth_{Bad}$ 大于 0，相减得到的最大的差值为 6，最小的差值为 -2。所以，利好信息的多数 *Depth* 值不小于利空信息对应的 *Depth* 值。

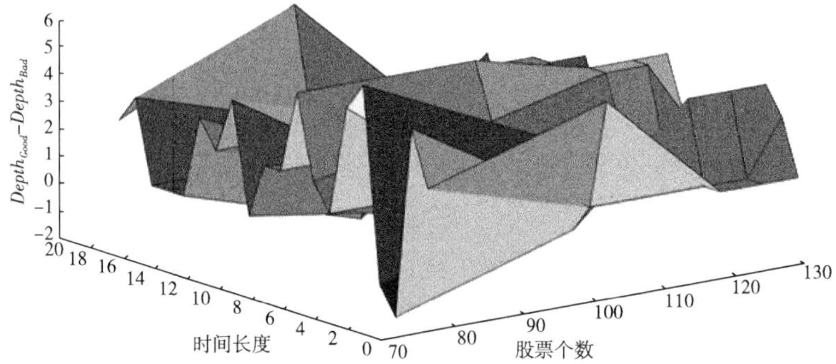

图 1 -4　$Depth_{Good} - Depth_{Bad}$ (p = 0.01)

图 1 -5 中 100 个位置上有 93 个位置对应的 $Connectless_{Good} - Connectless_{Bad}$ 大于 0，相减得到的最大的差值为 0.2888，最小的差值为 -0.0632。所以，利好信息的多数 *Connectless* 值不小于利空信息对应的 *Connectless* 值。

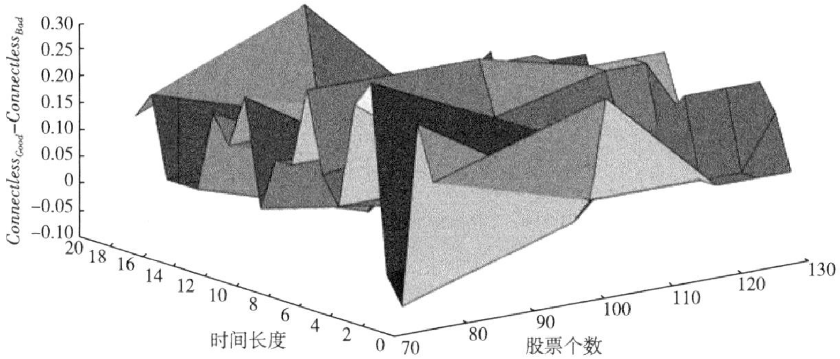

图 1 -5　$Connectless_{Good} - Connectless_{Bad}$ (p = 0.01)

综上所述，在图 1 -2 ~ 图 1 -5 的多数位置上，利好信息的四种指标值大于利空信息的对应指标值。

1.4.4　利好信息和利空信息在不同类型的股票间的传播特征比较

下面比较利好信息和利空信息在五种不同类型的股票间的传播特征。如前所述，房地产业包含 78 只股票、资本市场服务包含 25 只股票、货币金融服务包含 16 只股票、保险业包含 6 只股票、其他金融业包含 5 只股票。表 1－5～表 1－8 分别是利好信息和利空信息对应的四种指标 *Number*、*Speed*、*Depth* 和 *Connectless* 在五个类型间的对比结果。

在本小节中，*Number*、*Speed* 和 *Connectless* 指标的分母是 $M \times N$，其中 M 和 N 分别是两个类包含的股票个数。

表 1－5　五类股票间的 $Number_{Good} - Number_{Bad}$（p＝0.01，315 天）

	REI	CMS	MFS	INS	OFI
REI	0.2824	0.3231	0.5072	－0.0427	0.0487
CMS	0.3108	0.3200	0.4150	－0.0133	0.1680
MFS	0.0801	－0.0400	0.4414	－0.1250	－0.0250
INS	0.0385	－0.1600	0.2188	－0.0556	0.0000
OFI	0.1564	0.2960	0.4375	－0.0333	0.0400

由表 1－5 可知，REI→INS、CMS→INS、MFS→INS、INS→INS、OFI→INS、MFS→CMS、MFS→OFI 和 INS→CMS 的值为负数，最大值为－0.0133，最小值为－0.1600，其余 $Number_{Good} - Number_{Bad}$ 的值均非负数，最大值为 0.5072，最小值为 0.0000。

表 1－6　五类股票间的 $Speed_{Good} - Speed_{Bad}$（p＝0.01，315 天）

	REI	CMS	MFS	INS	OFI
REI	0.6810	0.7267	1.0849	－0.0726	0.4615
CMS	0.7718	0.7360	0.9950	－0.0133	0.7040
MFS	0.1787	－0.0100	0.7070	－0.2396	0.0875
INS	0.0534	－0.1333	0.4167	－0.0833	0.1667
OFI	0.2641	0.5600	0.9000	－0.0667	－0.0400

由表 1－6 可知，REI→INS、CMS→INS、MFS→INS、INS→INS、OFI→INS、MFS→CMS、INS→CMS 和 OFI→OFI 的值为负数，最大值为－0.0100，最小值为－0.2396，其余 $Speed_{Good} - Speed_{Bad}$ 的值均非负数，最大值为 1.0849，最小值为 0.0534。

表 1-7　五类股票间的 $Depth_{Good} - Depth_{Bad}$（p=0.01，315 天）

	REI	CMS	MFS	INS	OFI
REI	1	1	3	0	2
CMS	2	3	4	1	2
MFS	0	1	2	-2	0
INS	1	0	2	0	2
OFI	0	1	2	0	1

由表 1-7 可知，MFS→INS 的数值为 -2，其余 $Depth_{Good} - Depth_{Bad}$ 的数值均非负数，最大值为 4，最小值为 0。

表 1-8　五类股票间的 $Connectless_{Good} - Connectless_{Bad}$（p=0.01，315 天）

	REI	CMS	MFS	INS	OFI
REI	0.0113	0.0000	0.0000	0.7543	-0.0051
CMS	0.0118	0.0000	0.0000	0.7000	0.0000
MFS	-0.0465	-0.0625	-0.0586	0.7708	-0.0625
INS	0.1688	0.1667	0.1667	0.7222	0.1667
OFI	-0.1795	-0.2000	-0.2000	0.4667	-0.1600

表 1-8 中有 11 个正数、9 个负数和 5 个等于 0 的数。正数的最大值为 0.7708，最小值为 0.0113。负数的最大值为 -0.0051，最小值为 -0.2000。

综上所述，利好信息和利空信息在不同类型的股票间的传播特征与 1.3 节所得结论基本一致。不同类型股票之间，在多数位置上，利好信息的四种指标值大于利空信息的相应指标值。

1.5　稳健性检验与对比实验

本节包括稳健性检验与对比实验两个部分。首先对整个样本数据以及不同类型间的股票进行阈值 p=0.10 的稳健性检验；其次利用已实现半方差模型进行对比实验。

1.5.1　稳健性检验

本小节包括两部分，第一部分是对整个样本数据的稳健性检验，第二部分是不同类型的股票间的稳健性检验。在本小节中，p 值设置为 0.10。

1.5.1.1　整个样本数据的稳健性检验

对整个样本数据的稳健性检验如图1－6～图1－9所示。

图1－6中100个位置 $Number_{Good} - Number_{Bad}$ 均大于0，相减得到的最大的差值为0.2069，最小的差值为0.0479。所以，利好信息的所有 *Number* 值均比利空信息对应的 *Number* 值大。

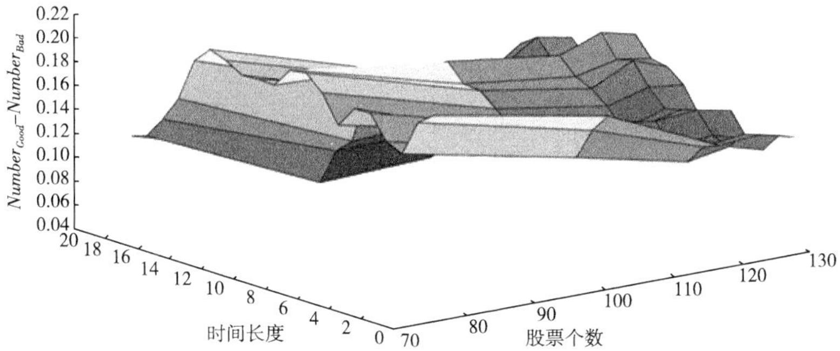

图1－6　$Number_{Good} - Number_{Bad}$（p＝0.10）

图1－7中100个位置 $Speed_{Good} - Speed_{Bad}$ 均大于0，相减得到的最大的差值为1.9326，最小的差值为0.0601。所以，利好信息的所有 *Speed* 值均比利空信息对应的 *Speed* 值大。

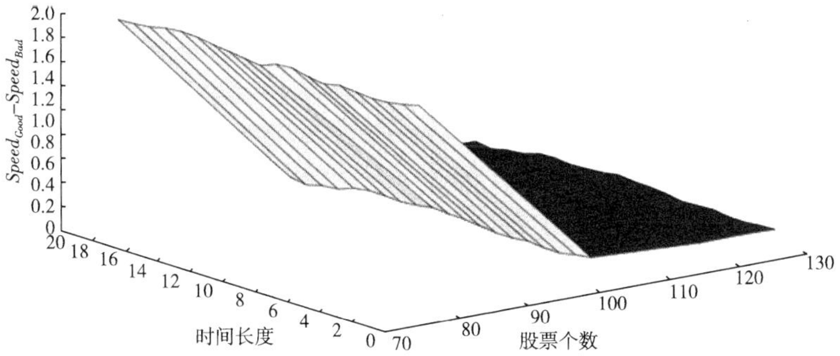

图1－7　$Speed_{Good} - Speed_{Bad}$（p＝0.10）

图1－8中100个位置上有52个位置对应的 $Depth_{Good} - Depth_{Bad}$ 大于0，48个位置对应的 $Depth_{Good} - Depth_{Bad}$ 等于0，相减得到的最大的差值为1，最小的差值为0。所以，利好信息的所有 *Depth* 值均不小于利空信息对应的 *Depth* 值。

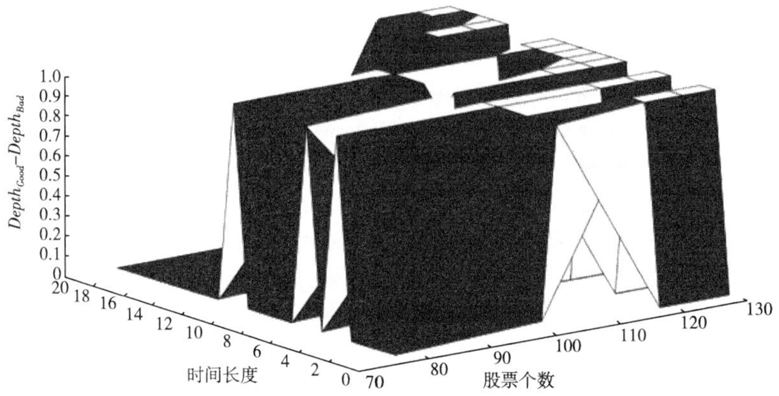

图 1－8　$Depth_{Good}$ － $Depth_{Bad}$ （p＝0. 10）

图 1－9 中 100 个位置对应的 $Connectless_{Good}$ － $Connectless_{Bad}$均不大于 0。其中 96 个位置对应的 $Connectless_{Good}$ － $Connectless_{Bad}$等于 0，相减得到的最大的差值为 0，最小的差值为－0. 0127。所以，利好信息的多数 *Connectless* 值等于利空信息对应的 *Connectless* 值。

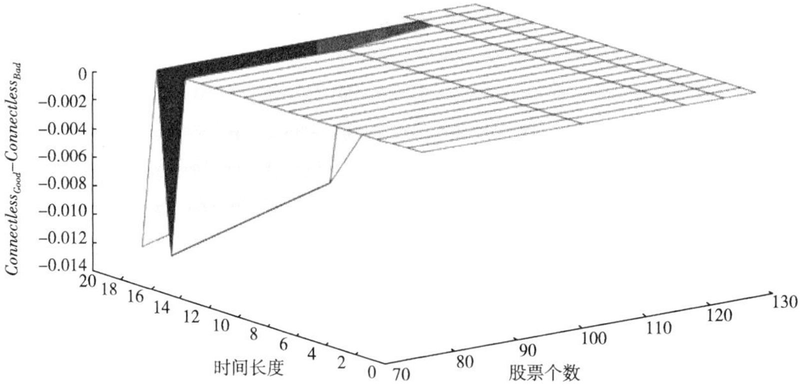

图 1－9　$Connectless_{Good}$ － $Connectless_{Bad}$ （p＝0. 10）

由此可见，图 1－6～图 1－9 显示的结果与相对应的图 1－2～图 1－5 的结果非常接近。

1. 5. 1. 2　不同类型的股票间的稳健性检验

不同类型的股票间的稳健性检验结果见表 1－9～表 1－12。

表 1-9　五类股票间的 $Number_{Good}-Number_{Bad}$（p=0.10，315 天）

	REI	CMS	MFS	INS	OFI
REI	0.1550	0.1067	0.2188	0.3568	0.1385
CMS	0.1703	0.0992	0.1050	0.4933	0.1280
MFS	-0.0072	-0.2100	0.2227	0.3438	-0.3000
INS	0.0256	-0.1400	0.0417	0.2500	0.1667
OFI	0.0385	0.1760	0.2750	0.2667	0.0000

由表 1-9 可知，MFS→REI、MFS→CMS、MFS→OFI 和 INS→CMS 的值为负数，最大值为 -0.0072，最小值为 -0.3000，其余 $Number_{Good}-Number_{Bad}$ 的值均非负数，最大值为 0.4933，最小值为 0.0000。

表 1-10　五类股票间的 $Speed_{Good}-Speed_{Bad}$（p=0.10，315 天）

	REI	CMS	MFS	INS	OFI
REI	0.1709	0.1200	0.2308	0.4530	0.1513
CMS	0.1954	0.1056	0.1275	0.6267	0.1520
MFS	-0.0048	-0.2125	0.2227	0.4375	-0.3125
INS	0.0256	-0.1267	0.0417	0.2778	0.1667
OFI	0.0385	0.1920	0.2875	0.3333	0.0000

由表 1-10 可知，MFS→REI、MFS→CMS、MFS→OFI 和 INS→CMS 的值为负数，最大值为 -0.0048，最小值为 -0.3125，其余 $Speed_{Good}-Speed_{Bad}$ 的值均非负数，最大值为 0.6267，最小值为 0.0000。

表 1-11　五类股票间的 $Depth_{Good}-Depth_{Bad}$（p=0.10，315 天）

	REI	CMS	MFS	INS	OFI
REI	0	0	0	0	0
CMS	0	0	0	1	0
MFS	0	0	0	0	0
INS	0	1	0	1	0
OFI	0	0	0	0	-1

由表 1-11 可知，OFI→OFI 的值为 -1，其余 $Depth_{Good}-Depth_{Bad}$ 的值均非负数，最大值为 1，最小值为 0。

表 1－12　五类股票间的 $Connectless_{Good}-Connectless_{Bad}$（p＝0.10，315 天）

	REI	CMS	MFS	INS	OFI
REI	0.0000	0.0000	0.0000	0.0000	0.0000
CMS	0.0000	0.0000	0.0000	0.0000	0.0000
MFS	0.0000	0.0000	0.0000	0.0000	0.0000
INS	0.0000	0.0000	0.0000	0.0000	0.0000
OFI	0.0000	0.0000	0.0000	0.0000	0.0000

显而易见，表 1－12 中的所有值均等于 0.0000。

由于 p＝0.05 的稳健性结果与 p＝0.10 的稳健性结果相似，限于篇幅，此处不再赘述。

1.5.2　对比实验

在本小节中，我们将前文得到的结果与已实现半方差得到的相应结果进行比较。首先，将已实现半方差（*RS*）拆分为已实现负半方差（RS^-）和已实现正半方差（RS^+）两个部分，分别测量与正收益和负收益相对应的对数价格的波动。其次，利用线性格兰杰因果关系检验模型构建网络。再次，运用 Dijkstra 算法找出每一对节点之间的最短路径。最后，分别借助本书提出的四个指标对比分析利好信息和利空信息在所构建的 Dijkstra 网络上的传播特征。

由于篇幅有限，本小节在这里仅展示 p ＝ 0.01 的结果。

图 1－10 中 100 个位置上有 72 个位置对应的 $Number_{Good}-Number_{Bad}$ 小于 0，其余 28 个位置上对应的 $Number_{Good}-Number_{Bad}$ 大于 0。相减得到的最大的差值为 0.2535，最小的差值为－0.4040。

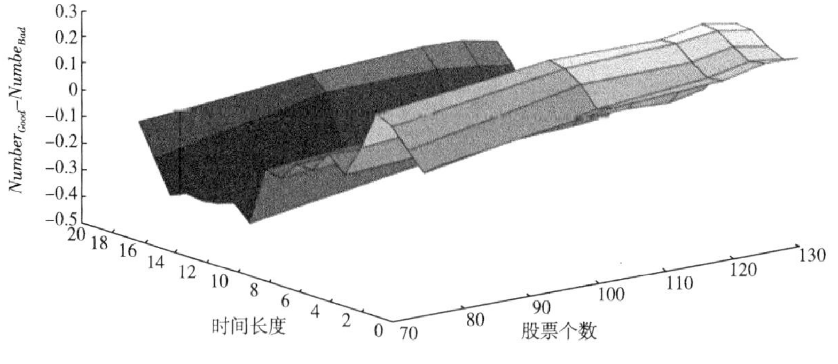

图 1－10　$Number_{Good}-Number_{Bad}$（*RS*）

图 1 - 11 中 100 个位置上有 71 个位置对应的 $Speed_{Good}$ - $Speed_{Bad}$ 小于 0，其余 29 个位置上对应的 $Speed_{Good}$ - $Speed_{Bad}$ 大于 0。相减得到的最大的差值为 0.3683，最小的差值为 -0.7438。

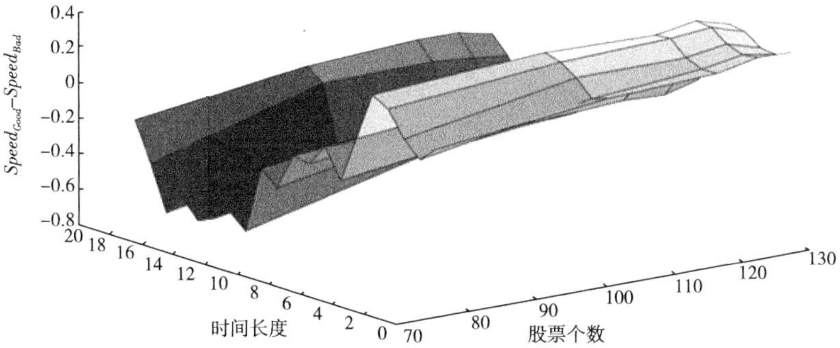

图 1 - 11　$Speed_{Good}$ - $Speed_{Bad}$（RS）

图 1 - 12 中 100 个位置上有 38 个位置对应的 $Depth_{Good}$ - $Depth_{Bad}$ 小于 0，有 50 个位置对应的 $Depth_{Good}$ - $Depth_{Bad}$ 等于 0，其余 12 个位置对应的 $Depth_{Good}$ - $Depth_{Bad}$ 大于 0。相减得到的最大的差值为 1，最小的差值为 -3。

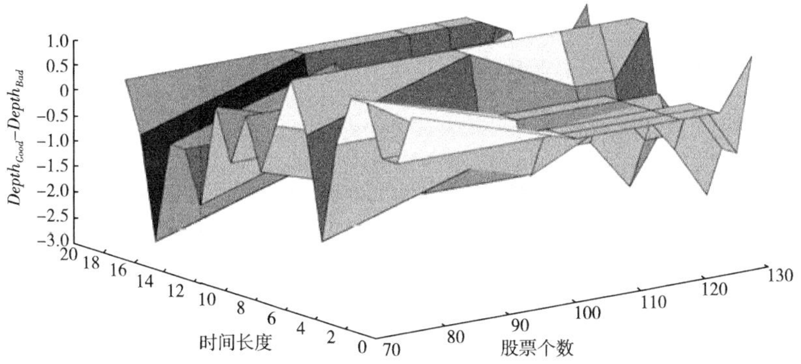

图 1 - 12　$Depth_{Good}$ - $Depth_{Bad}$（RS）

图 1 - 13 中 100 个位置上有 52 个位置对应的 $Connectless_{Good}$ - $Connectless_{Bad}$ 小于 0，有 28 个位置对应的 $Connectless_{Good}$ - $Connectless_{Bad}$ 等于 0，其余 20 个位置对应的 $Connectless_{Good}$ - $Connectless_{Bad}$ 大于 0。相减得到的最大的差值为 0.0376，最小的差值为 -0.0385。

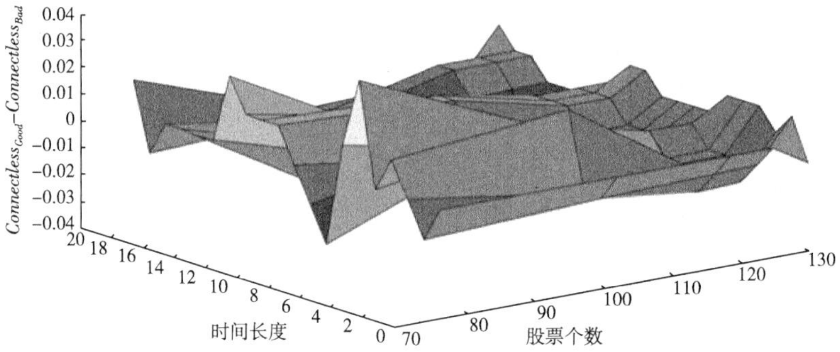

图 1 −13　$Connectless_{Good}$ − $Connectless_{Bad}$ (RS)

从图 1 −10 ~ 图 1 −13 可以看出，与图 1 −2 ~ 图 1 −5 的结果相比，利用已实现半方差得到的结果不存在规律性。对于四个指标，有的指标正对数收益率波动的指标值大于对应的负对数收益率波动的指标值，有的指标正对数收益率波动的指标值小于对应的负对数收益率波动的指标值。因此，在此我们省略了不同类型的股票间的比较。

1.6　研究结论与政策建议

1.6.1　结果分析与结论

1.6.1.1　结果分析

为了对比分析利好信息与利空信息的传播特征，本章首先利用对数收益率分解模型将股票对数收益率分解为利好信息序列与利空信息序列。其次借助线性格兰杰因果关系检验模型分别构建了利好信息传播网络和利空信息传播网络，在此基础上构造利好信息 Dijkstra 网络和利空信息 Dijkstra 网络。再次基于中国金融类上市公司数据，通过所构造的四个指标 *Number*、*Speed*、*Depth* 和 *Connectless* 对比分析了利好信息和利空信息的传播特征。复次进行稳健性检验。最后通过已实现半方差来提取正收益的波动和负收益的波动并将得到的相应结果与上述结果进行比较。

对比图 1 −2 ~ 图 1 −5 对应的 $p = 0.01$ 和图 1 −6 ~ 图 1 −9 对应的 $p = 0.10$ 的结果后发现，$p = 0.10$ 时在每个位置上 *Number* 指标和 *Speed* 指标的差值比 $p = 0.01$ 时更明显。同时，$p = 0.01$ 时在每个位置上 *Depth* 指标和 *Connectless* 指标的

差值比 p =0.10 时更明显。根据 p =0.10 时 *Number* 指标值和 *Speed* 指标值、p = 0.01 时 *Depth* 指标值和 *Connectless* 指标值，我们得出以下结论：

（1）从个数角度看，利空信息比利好信息更容易传播

由图1－6所示的 *Number* 指标值可知，在每个位置上，利好信息的 *Number* 值均大于利空信息的 *Number* 值。这表明，所有利空信息经过更少的边后可达到网络内的其他节点，即利空信息比利好信息更容易传播。

（2）从速度角度看，利空信息的传播速度快于利好信息

由图1－7所示的 *Speed* 指标值可知，在每个位置上，利好信息的 *Speed* 值均大于利空信息的 *Speed* 值。这表明，平均而言，利空信息经过更少的边后可达到网络内的其他节点，即利空信息比利好信息传播得更快。这里的速度快慢是指信息在节点间传播时经过的边数量的多少，而不是所需时间的长短。

（3）从深度角度看，利好信息比利空信息传播得更远

由图1－4所示的 *Depth* 指标可知，大多数位置上利好信息的 *Depth* 指标值比利空信息的 *Depth* 指标值大。由此可知，利好信息比利空信息传播得更远。

（4）从成功率角度看，利空信息比利好信息更容易传播至网络内其他节点

由图1－5所示的 *Connectless* 指标可知，大多数位置上利好信息的 *Connectless* 指标值均比利空信息的 *Connectless* 指标值大。由此可知，利空信息较利好信息更容易传播至网络内其他节点。

（5）利空信息在同一类型股票中的传播比在不同类型股票之间的传播更容易

表1－9对角线上的所有 $Number_{Good} - Number_{Bad}$ 值均不小于0，非对角线上20个 $Number_{Good} - Number_{Bad}$ 值中有4个是小于0的。所以，利空信息在同一类型股票中的传播比在不同类型股票之间的传播更容易。

（6）利空信息在同一类型股票中的传播速度比在不同类型股票之间的传播速度快

表1－10对角线上的所有 $Speed_{Good} - Speed_{Bad}$ 值均不小于0，非对角线上20个 $Speed_{Good} - Speed_{Bad}$ 值中有4个是小于0的。所以，利空信息在同一类型股票中的传播速度比在不同类型股票之间的传播速度快。

（7）利好信息在同一类型股票中传播比在不同类型股票之间传播得更远

表1－7对角线上的所有 $Depth_{Good} - Depth_{Bad}$ 值均不小于0，非对角线上的20个 $Depth_{Good} - Depth_{Bad}$ 值中有1个是不大于0的。所以，利好信息在同一类型股票中传播比在不同类型股票之间传播得更远。

（8）利空信息在同一类型股票中传播至网络内其他节点的成功率要高于在不同类型股票之间传播的成功率

表1－8对角线上的5个 $Connectless_{Good} - Connectless_{Bad}$ 值有2个小于0，非对角线上的20个 $Connectless_{Good} - Connectless_{Bad}$ 值中有7个是小于0的。所以，利空信息在同一类型股票中传播至网络内其他节点的成功率要高于在不同类型股票之间传播的成功率。

（9）上述结论是稳健的

在不同数量的股票（130只、125只、119只、103只和78只）、20个不同时间长度［$315 - 10 \times N$（天），$N = 0, 1, \cdots, 19$］和不同显著性阈值（$p = 0.01$ 和 $p = 0.10$）中，我们可以得到相似的结论。

（10）从信息传播的角度来看，对数收益率分解模型的效果优于已实现半方差模型

根据图1－2～图1－5、图1－6～图1－9和表1－5～表1－8、表1－9～表1－12可知，使用对数收益率分解模型，我们可以得到更有规律的结果。然而，已实现半方差模型的结果并没有太多的规律可循。

综上可知，在中国金融类上市公司中，相比利好信息，利空信息的传播更容易、更快速、成功率更高，但是利好信息能传播得更远。

1.6.1.2 结论

（1）中国上市金融股票市场中存在非对称反应

本章希望探讨中国上市金融股票市场中是否存在非对称反应；如果存在，在股票市场中是存在“好事不出门，坏事传千里”的现象还是存在“春色满园关不住，一枝红杏出墙来”的现象。通过分析可知，在中国金融类上市公司中，相比利好信息，利空信息的传播更容易、更快速、成功率更高，但是利好信息能传播得更远。我们的结果直接回答了第一个问题，中国上市金融股市中的确存在一定的非对称反应。

有效市场假说指出，若市场处于弱式有效市场，则市场针对新信息会出现过度反应，这导致股价在利好信息或利空信息发布的短时间内发生大幅波动，由此产生股市对于利好信息与利空信息的非对称反应。这与国内外大多数学者得到的结论一致，中国股市目前确实处于弱式有效市场，或更准确地说是仅存在一定程度的有效性，所以也会呈现出弱式有效市场对信息反应非对称性的特征。

另外，从行为金融学的角度也可以解释这种非对称反应。该理论指出，一个人的决策行为不可能是完全理性的，由于受自身情绪和心理等条件的制约和外界环境的影响，投资者会表现出过度反应或反应不足的行为特征，市场有时也会给出错误的定价。由于中国的股票市场历时较短，仅仅有 30 年的发展历史，从而存在不成熟的地方，这种不成熟的一个重要体现在于投资者的心理不成熟，针对利好信息和利空信息的发布，投资者总是会表现出非对称的不理性投资现象。

（2）利空信息的传播更容易、更快速、成功率更高

结果显示，在中国金融类上市公司中，相比利好信息，多数利空信息不需要走更远的路就能传播至网络内其他节点，即利空信息的传播更容易、更快速、成功率更高。这表明中国上市金融股票市场对于不同信息的反应具有非对称性特征，主要表现为对于利空信息的反应更明显。由杠杆效应可知，若利空信息对市场股价波动的影响程度强于利好信息的作用效果，则称“市场具有正向杠杆效应”。而股票价格波动体现了全部市场参与者对于自身所获取信息的反应，因此我们认为中国金融股票市场具有明显的杠杆效应，即从杠杆效应的角度在一定程度上可以解释本章得出的关于股票市场中利空信息的传播特征。

（3）利好信息能传播得更远

结果显示，在中国金融类上市公司中，利好信息比利空信息传播得更远。我们推测这与中国股市所呈现出的追涨杀跌现象是相符合的。就追涨行为来说，追涨引发“羊群效应”，扩大信息传播面，引起股价进一步上升。由于是新兴市场，股市中的投资者缺乏理性，当市场释放利好信息时误以为是盈利机会到来，从而反应狂热，情绪过分乐观。此时投资者因受到获利欲望的驱使，往往未进行高效、准确的基本面分析就去随意投资，使得风险于股价上

涨过程中得到积累和加强。这个现象表明中国投资者仍旧普遍存在着追涨行为，前景乐观时更容易进行非理性投资，出现“羊群效应”。由于“羊群行为”具有传染性，倘若接连发生两个及以上一模一样的行动，那么后面的投资者会倾向于模仿前面投资者的行为。正是由于这种模仿行为才导致价格的剧烈波动在不同市场中迅速传递，某种程度上促进了利好信息的进一步传播。就杀跌行为来说，就是指股市下跌的时候，不管当初股票买入的价格是多少，都立刻卖出，以求避免更大的损失。然而前景理论指出人们面临得失时存在差异化的风险偏好，当面临损失时表现出风险追求。即认为利空信息引发股价下跌，而投资者处置效应引起的惜售心理，会遏制股价的进一步下跌，这在某种程度上阻止了利空信息的进一步传播。因此，这种惜售行为可能导致追涨的程度要大于杀跌的程度，进而与本章得出的结论相一致，利好信息相比利空信息传播得更远。

1.6.2 政策建议

正确理解股票市场的信息传播特征非常重要。本章指出在中国金融类上市公司中，相比利好信息，利空信息的传播更容易、更快速、成功率更高，但是利好信息能传播得更远。由此我们可以得出结论，中国上市金融股票市场的确存在非对称反应。这种非对称反应一方面可以解释为我国股市处于弱式有效市场阶段的一种固有特征，对此我们针对政府和券商提出建议，以不断加强中国股票市场的运行规范性，完善市场的有效性；另一方面可以解释为行为金融学中的非理性投资行为，对此我们针对投资者给出一些建议，在此基础上做出更合理的投资选择。

1.6.2.1 监管者角度

（1）把握政策出台时间点

信息的快速传播需要经历一个“发酵期”，即当系统中相信信息的人数增加到一定数量的时候，信息才能在系统中快速传播。本章通过实证分析得出相比利好信息，利空信息的传播更容易、更快速且成功率更高。通常利空信息会借助互联网平台飞速传播，造成股市剧烈波动，严重影响投资者对股票市场的信心。因此，政府应通过加强对股市的监控来达到对利空信息快速传播的控制，最好在利空信息“发酵期”做出迅速反应并采取相应的措施，例如，出台一些利好政策来增强股民信心，从而减少利空信息快速传播对股市的不利影响。

（2）加强信息披露机制

尽管一直在讨论信息披露问题，但是根据实证结果可知，我国上市金融股市利好信息和利空信息的传播具有非对称性，而信息的可得性是引起股市非对称反应的重要原因之一。具体来说，因为我国股票市场在信息发布、加工、传递等环节还不太完善，间接导致了投资者的非理性投资行为。因为受到虚假信息的影响，市场对信息的消化出现障碍，从而加大了其对利好、利空信息的反应非对称性，股价波动幅度也随之加大，使其偏离了内在价值。换言之，市场信息的低效率运行将不利于股市的价格发现功能以及市场资源优化配置功能的有效实现，将阻碍股市的进一步发展。所以，监管部门应加大上市公司信息披露制度的审核力度，使政府信息披露机制能够规范化，以确保市场信息能够及时、有效、真实、完整地为广大投资者提供合理的参考，使得股票的内在价值可以准确地通过股票价格反映出来。

（3）减少政府干预

政府过度干预普遍存在于我国股市当中，政府应当主要承担宏观调控及兜底角色，过度干预会加剧市场股价波动，不利于金融股票市场的健康发展。伴随着股票市场的逐步成熟，政府应当尽量减少行政政策干预，充分发挥股票市场自身调节作用。每当政府出台一些政策法规，市场对此总是反应强烈，具体表现为股价的大幅波动，这为投机者提供了合适的契机。所以监管部门应当把市场行为主体转为政策法规的影响对象，用间接调控的方式影响股票市场，完成从政府外推作用模式向市场自身健全机制发挥作用模式的转变，充分发挥“看不见的手”的作用，以保证股票市场拥有足够的成长空间，有效提升市场效率，从而降低股市对于利好、利空信息的反应非对称性。

（4）丰富金融衍生产品品种

丰富市场金融工具的品种，能够帮助投资者有效地规避风险。当股票市场中存在较少的金融产品选择时，投资者也就缺乏进行适当风险管理的条件，此时需加快金融产品的创新，如上证 50 现货指数、沪深 300 三大期权等，从而丰富我国衍生品市场品种。产品结构的层次化可丰富我国股市的投资组合品种，能够完善我国金融市场体系，且具有稳定金融市场的作用，进而提升市场的运行效率，完善市场机制在定价与风险补偿方面的功能，从而降低股市对于利好信息、利空信息的反应非对称性。投资者需要规避风险时，利用资产组合能够分散投资风险，所以丰富金融衍生产品品种对我国金融市场的发展有着积极作用。

1.6.2.2 券商角度

（1）提升券商从业人员业务能力

各券商均拥有自己的分析师队伍，他们根据自身的知识、技能找出存在潜在投资价值的股票，成为股票投资大趋势的“领头羊”。此外，我国股票市场存在明显的分析师关注效应，即分析师关注程度较低的股票存在较强的反转效应[96]，这说明分析师可以帮助投资者降低过度反应频率，从而降低此种反应引发的定价误差。由本章结果可知，利空信息的传播更容易且速度更快，分析师作为最重要的信息中介，会比投资者更快接收到利空信息。分析师集中跟进导致的信息溢出会引发股价间联动，在一定程度上加速利空信息的传播。因此加强分析师队伍建设时需要提高从业人员准入门槛，加强行业资质认证和能力培训。日常工作中需要培养分析师正确解读利空信息的能力，要求其谨慎发布预测报告，从而能更显著地缓解资产误定价现象，为投资者提供准确的投资参考意见。

（2）定期开展投资者教育课程

股市的投资者非理性行为加剧了市场的波动和投机泡沫。根据前面的分析我们发现，我国投资者中普遍存在“羊群行为”及处置效应，这使得股市对于利好信息和利空信息反应的非对称性更加明显。券商需要通过案例分析以及专家讲解等方式定期开展投资者教育课程，旨在传授投资者通过查阅公司年报与重大事项披露来判断公司潜在价值的能力，从而有效识别虚假信息。此外，通过课程内容来提醒投资者“羊群效应”及投机心理产生的根源和危害，使得广大投资者的投资更为理性，从而更好地将投机交易转化为理性的价值投资。

1.6.2.3 投资者角度

（1）增加专业知识，摆正投资心态

投资者往往在不了解公司的情况下，对国家有关政策进行过度解读，存在随意跟风投资的行为特征。本章通过实证分析得出利好信息相比于利空信息传播得更远，利好信息到来时投资者通常反应狂热。此时投资者首先应克服认知偏差，对股票进行精准的基本面分析，从而避免“羊群效应”引发的利好信息的进一步传播，有效防止风险在股价上涨过程中的积累和加强。其次应当持续反思自己的决策依据的合理性，检查自己是否由于太过自信而忽略了一些不利的负面投资信息，是否因自己投资时的处置效应太明显而持有亏损性股票太久。在可能导致股价下跌的利空信息到来前，投资者要及时解套，迅速抛出手中股票来达到止损的效果。最后应摆正投资心态，理性地进行长线性的价值投资，不计较一时的盈亏，不尝试以小博大，树立正确的投资理念，只在工作、学习、家庭、社交之余抽取部分闲置资金进行投资。

（2）分散行业投资，合理地进行资源配置

在进行投资前，投资者应当尽量收集投资对象的有关信息，形成自己的价值判断，对不同投资品种做到心中有数，尽量选择多元化投资。虽然现阶段我国资本市场尚不完善，创新金融产品品种较少，但是我们可以选择购买期权、期货等金融衍生工具来对冲风险，或是选择购买相关性较弱的不同类型的股票，把“鸡蛋”置于不同地方的“篮子”里来分散风险。至于如何制定具体的资金分配方案，则需要依据目标公司经营效益与发展前景来进行谨慎判断，理性地选择目标行业进行投资可降低投资者面临的风险水平。在分散风险的同时，理性行为占据主导，投资者会相应地减少“羊群效应”及处置效应引发的非理性行为，这样一方面可以避免“羊群效应”引发的利好信息的进一步传播，有效防止股价上涨过程中风险的积累和加强；另一方面可以避免利空信息到来时，因处置效应太明显而持有亏损性股票太久。

1.6.3　展望

本章虽然发现了一些有趣的现象，但是还有很多问题有待完善。由于受到工作条件等限制，本章只考虑了信息在中国金融类上市公司间的传播特征。基于中国所有上市公司数据进行对比分析是一个值得思考的问题。本次研究选取的是小时数据，在更高频率的数据上我们的结论是否成立还有待验证。到目前为止，我们只是刻画了利好信息和利空信息在网络上的传播特征，但是传播特征背后的机理有待探究。这些是我们下一步要研究的问题。

本章小结

古语曰："好事不出门，坏事传千里。"那么在股票市场中是否存在这样的现象呢？了解股票市场中利好信息和利空信息的传播特征有助于投资者和监管者做出最佳决策。然而，现有研究大多从微观的角度关注市场间的互动关系，缺乏对整个市场的系统性研究。因此，系统性地研究利好信息和利空信息在整个市场中的传播特征是很有必要的。本章基于中国证券监督管理委员会（CSRC）行业划分中金融业所属的上市公司股票数据分别刻画了利好信息和利空信息的传播特征。首先，利用对数收益率分解模型提取每只股票的利好信息序列与利空信息序列；其次，利用线性格兰杰因果关系检验模型分别构建利好信息传播网络和利空信息传播网络；再次，利用 Dijkstra 算法找出信息传播网络内每一对节点之间的最短路径，进而构建利好信息 Dijkstra 网络和利空信息 Dijkstra 网络；最后，在以上工作的基础上，分别借助本章提出的四个指标 *Number*、*Speed*、*Depth* 和 *Connectless* 对比分析利好信息和利空信息在所构建的 Dijkstra 网络上的传播特征。比较结果显示，在中国金融业所属的上市公司中，相比利空信息，利好信息能传播得更远，但是利空信息的传播具有更容易、更快速、成功率更高的特征。相比在不同类型股票中的传播，利好信息在同一类型股票中传播得更远，而利空信息在同一类型股票中的传播具有更容易、更快速、成功率更高的特征。从信息传播的角度来看，对数收益率分解模型的效果优于已实现半方差模型。

附　录

附表 1-1　CSRC 保险业股票及其交易记录

序号	股票	交易记录	序号	股票	交易记录	序号	股票	交易记录
1	中国平安	1944	3	西水股份	1948	5	中国太保	1948
2	天茂集团	1948	4	新华保险	1948	6	中国人寿	1948

附表 1-2　CSRC 房地产业股票及其交易记录

序号	股票	交易记录	序号	股票	交易记录	序号	股票	交易记录
1	深深房 A	212	32	海航基础	1526	63	迪马股份	1902
2	深深房 B	212	33	海航投资	1536	64	京投发展	1902
3	SST 前锋	212	34	ST 宏盛	1553	65	中交地产	1907
4	南都物业	389	35	京汉股份	1616	66	美好置业	1908
5	中房股份	620	36	粤泰股份	1639	67	鲁商置业	1910
6	舜喆 B	812	37	中行善达	1672	68	荣安地产	1912
7	东沣 B	831	38	浙江广厦	1695	69	保利地产	1918
8	全新好	976	39	泛海控股	1720	70	华远地产	1918
9	中天金融	1012	40	ST 岩石	1723	71	泰和集团	1919
10	云南城投	1024	41	阳光股份	1724	72	华发股份	1919
11	新梅	1046	42	万业企业	1739	73	世联行	1921
12	ST 天业	1100	43	金科股份	1754	74	万科 A	1922
13	中弘股份	1232	44	香江控股	1758	75	西霞建设	1926
14	中粮地产	1236	45	陆家嘴	1771	76	大名城 B	1926
15	卧龙地产	1238	46	陆家 B 股	1771	77	三湘印象	1929
16	城投控股	1339	47	苏州高新	1774	78	嘉凯城	1929
17	万泽股份	1388	48	宁波富达	1779	79	新湖中宝	1930
18	我爱我家	1400	49	南山控股	1809	80	新黄浦	1930
19	国创高新	1401	50	万通地产	1833	81	华夏幸福	1932
20	中洲控股	1416	51	福星股份	1837	82	亚太实业	1933
21	莱茵体育	1440	52	长春经开	1843	83	新城控股	1934
22	信达地产	1452	53	绿景控股	1852	84	深物业 B	1935
23	中体产业	1454	54	临港 B 股	1858	85	海创 B 股	1935
24	中华企业	1471	55	上海临港	1859	86	世茂股份	1938
25	天津松江	1472	56	广宇发展	1872	87	南京高科	1939
26	深振业 A	1480	57	阳光城	1877	88	格力地产	1939
27	西藏城投	1483	58	苏宁环球	1877	89	荣丰控股	1941
28	皇庭 B	1487	59	蓝光发展	1896	90	海南高速	1941
29	皇庭国际	1512	60	中南建设	1897	91	津滨发展	1941
30	新光圆成	1513	61	中国武夷	1901	92	天保基建	1941
31	财信发展	1517	62	大港股份	1901	93	招商蛇口	1941

续表

序号	股票	交易记录	序号	股票	交易记录	序号	股票	交易记录
94	世荣兆业	1941	109	光明地产	1942	124	金地集团	1943
95	广宇集团	1941	110	凤凰股份	1942	125	华丽家族	1943
96	荣盛发展	1941	111	中国高科	1942	126	绿地控股	1943
97	合肥城建	1941	112	上实发展	1942	127	浦东新桥	1943
98	滨江集团	1941	113	京能置业	1942	128	天地源	1943
99	南国置业	1941	114	北辰实业	1942	129	珠江实业	1943
100	凌云 B 股	1941	115	市北 B 股	1942	130	深物业	1948
101	大名城	1942	116	金桥 B 股	1942	131	沙河股份	1948
102	华业资本	1942	117	中国国贸	1943	132	华联控股	1948
103	天房发展	1942	118	冠城大通	1943	133	华侨城 A	1948
104	黑牡丹	1942	119	宋都股份	1943	134	金融街	1948
105	海航创新	1942	120	大龙地产	1943	135	渝开发	1948
106	市北高新	1942	121	雅戈尔	1943	136	粤宏远 A	1948
107	光大嘉宝	1942	122	北京城建	1943	137	新华联	1948
108	电子城	1942	123	首开股份	1943	138	顺发恒业	1948

附表 1-3　CSRC 货币金融服务类股票及其交易记录

序号	股票	交易记录	序号	股票	交易记录	序号	股票	交易记录
1	江苏租赁	328	10	贵阳银行	1820	19	华夏银行	1948
2	成都银行	392	11	江苏银行	1860	20	民生银行	1948
3	张家港行	1348	12	北京银行	1914	21	招商银行	1948
4	吴江银行	1548	13	兴业银行	1928	22	农业银行	1948
5	上海银行	1584	14	南京银行	1940	23	交通银行	1948
6	杭州银行	1640	15	光大银行	1944	24	工商银行	1948
7	无锡银行	1696	16	平安银行	1948	25	建设银行	1948
8	常熟银行	1696	17	宁波银行	1948	26	中国银行	1948
9	江阴银行	1736	18	浦发银行	1948	27	中信银行	1948

附表 1-4　CSRC 其他金融业股票及其交易记录

序号	股票	交易记录	序号	股票	交易记录	序号	股票	交易记录
1	新力金融	1104	2	仁东控股	1412	3	爱建集团	1627

续表

序号	股票	交易记录	序号	股票	交易记录	序号	股票	交易记录
4	陕国投	1648	7	熊猫金控	1920	10	中航资本	1948
5	五矿资本	1792	8	九鼎投资	1940	11	安信信托	1948
6	民生控股	1876	9	海德股份	1948			

附表 1－5　CSRC 资本市场服务类股票及其交易记录

序号	股票	交易记录	序号	股票	交易记录	序号	股票	交易记录
1	中信建投	32	16	申万宏源	1848	31	长江证券	1948
2	南京证券	48	17	国海证券	1848	32	山西证券	1948
3	华西证券	380	18	第一创业	1878	33	国信证券	1948
4	财通证券	672	19	国投资本	1904	34	中信证券	1948
5	浙商证券	996	20	太平洋	1908	35	国金证券	1948
6	中国银河	1396	21	方正证券	1908	36	西南证券	1948
7	中原证券	1452	22	华创阳安	1920	37	海通证券	1948
8	华安证券	1528	23	西部证券	1924	38	哈投股份	1948
9	越秀金控	1556	24	东方证券	1924	39	招商证券	1948
10	吉艾科技	1648	25	国元证券	1928	40	东兴证券	1948
11	华鑫股份	1700	26	兴业证券	1928	41	国泰君安	1948
12	绿庭 B 股	1706	27	锦龙股份	1936	42	华泰证券	1948
13	绿庭投资	1708	28	东吴证券	1940	43	光大证券	1948
14	中油资本	1712	29	东北证券	1948			
15	国盛金控	1752	30	广发证券	1948			

参考文献

[1]谢海滨，范奎奎，周末．中国股市对利好和利空信息反应的差异研究[J]．系统工程理论与实践，2015，35(7)：1777－1783.

[2]B. G. Malkiel，F. Fama. Efficient capital markets：A review of theory and empirical work [J]. Journal of Finance，1970，25 (2)：383－417.

[3]R. J. Shiller. Do stock prices move too much to be justified by subsequent changes in dividends[J]. American Economic Review，1981(71)：421－436.

[4]W. F. M. DeBondt，R. Thaler. Does the stock market overreact[J]. Journal of Finance，

1995(40): 793 - 805.

[5] N. Jegadeesh, S. Titman. Returns to buying winners and selling losers: Implications for stock market efficiency[J]. Journal of Finance, 1993(48): 65 - 91.

[6] J. Chen, F. Jiang, G. S. Tong. Economic policy uncertainty in China and stock market expected returns[J]. Accounting and Finance, 2017, 57(5): 1265 - 1286.

[7] F. X. Diebold, K. Yilmaz. On the network topology of variance decompositions: Measuring the connectedness of financial firms[J]. Journal of Econometrics, 2014, 182(1): 119 - 134.

[8] R. Maderitsch. Information transmission between stock markets in Hong Kong, Europe and the US: New evidence on time - and state - dependence[J]. Pacific - Basin Finance Journal, 2015 (35): 13 - 36.

[9] R. S. Pindyck. Risk, inflation, and the stock market[J]. American Economic Review, 1984, 74(3): 335 - 351.

[10] K. R. French, G. W. Schwert, R. F. Stambugh. Expected stock returns and volatility [J]. Journal of Financial Economics, 1987, 19(1): 3 - 29.

[11] D. B. Nelson. Conditional heteroskedasticity in asset returns: A new approach [J]. Econometrica, 1991, 59(2): 347 - 370.

[12] L. R. Glosten, R. Jagannathan, D. E. Runkle. On the relation between the expected value and the volatility of the nominal excess return on stocks[J]. The Journal of Finance, 1993, 48 (5): 1779 - 1801.

[13] Z. Ding, C. W. J. Granger, R. F. Engle. A long memory property of stock market returns and a new model[J]. Journal of Empirical Finance, 1993, 1(1): 83 - 106.

[14] M. K. P. So, W. K. Li, K. Lam. A threshold stochastic volatility model[J]. Journal of Forecasting, 2002, 21(7): 473 - 500.

[15] H. Tanizaki, S. Hamori. Volatility transmission between Japan, UK and USA in daily stock returns[J]. Empirical Economics, 2009, 36(1): 27 - 54.

[16] F. X. Diebold, K. Yilmaz. Better to give than to receive: Predictive directional measurement of volatility spillovers[J]. International Journal of Forecasting, 2012, 28 (1): 57 - 66.

[17] O. E. Barndorff - Nielsen, S. Kinnebrock, N. Shephard. Measuring downside risk - realised semivariance[A]//T. Bollerslev, J. Russell, M. Watson. Volatility and time series econometrics: Essays in honor of robert engle [M]. Cambridge, MA: Oxford University Press, 2010: 117 - 136.

[18] K. H. Bae, G. A. Karolyi. Good news, bad news and international spillovers of stock re-

turn volatility between Japan and the US[J]. Pacific – Basin Finance Journal, 1994, 2(1): 405 – 438.

[19] J. Campbell, L. Hentschel. No news is good information: An asymmetric model of changing volatility in stock returns[J]. Journal of Financial Economics, 1992, 31(3): 281 – 318.

[20] L. Yarovaya, M. C. K. Lau. Stock market comovements around the global financial crisis: Evidence from the UK, BRICS and MIST markets[J]. Research in International Business and Finance, 2016(37): 605 – 619.

[21] S. Radchenko. Oil price volatility and the asymmetric response of gasoline prices to oil price increases and decreases[J]. Energy Economics, 2005, 27(5): 708 – 730.

[22] Q. Ji, J. F. Guo. Market interdependence among commodity prices based on information transmission on the Internet[J]. Physica A: Statistical Mechanics and its Applications, 2015(426): 35 – 44.

[23] J. S. Kim, D. Ryu. Intraday price dynamics in spot and derivatives markets[J]. Physica A: Statistical Mechanics and its Applications, 2014(394): 247 – 253.

[24] T. Chikashi. Return transmission and asymmetric volatility spillovers between oil futures and oil equities: New DCC – MEGARCH analyses[J]. Economic Modelling, 2018(74): 167 – 185.

[25] M. S. Sanusi, D. Mcmillan. Investigating the sources of Black's leverage effect in oil and gas stocks[J]. Cogent Economics and Finance, 2017, 5(1): 1 – 13.

[26] J. BaruníK, E. KoíEnda, L. Vácha. Asymmetric connectedness on the US. stock market: Bad and good volatility spillovers [J]. Journal of Financial Markets, 2016(27).

[27] P. Srinivasan, K. Srinivasan, M. Deo. Impact of derivatives and asymmetric effect on Indian stock market volatility[J]. Asia Pacific Business Review, 2009, 5(3):11 – 18.

[28] G. G. Booth, T. Martikainen, Y. Tse. Price and volatility spillovers in Scandinavian stock markets[J]. Journal of Banking and Finance, 1997, 21(6): 811 – 823.

[29] D. Gjika, R. Horvath. Stock market comovements in Central Europe: Evidence from asymmetric DCC model[J]. Economic Modelling, 2013, 33(2): 55 – 64.

[30] A. Worthington, H. Higgs. Transmission of equity returns and volatility in Asian developed and emerging markets: A multivariate GARCH analysis[J]. International Journal of Finance and Economics, 2004, 9(1): 71 – 80.

[31] S. Kundu, N. Sarkar. Return and volatility interdependences in up and down markets across developed and emerging countries[J]. Research in International Business and Finance, 2016(36): 297 – 311.

[32]H. H. Lean, K. T. Teng. Integration of world leaders and emerging powers into the Malaysian stock market: A DCC－MGARCH approach[J]. Economic Modelling, 2013(32): 333－342.

[33] S. Celik. The more contagion effect on emerging markets: The evidence of DCC－GARCH model[J]. Economic Modelling, 2012, 29(5): 1946－1959.

[34]H. Li. The impact of China's stock market reforms on its international stock market linkages[J]. Quarterly Review of Economics and Finance, 2012, 52(4):358－368.

[35]F. Black. Studies of stock market volatility changes[J]. Proceedings of the American Statistical Association Bisiness and Economic Statistics Section, 1976:177－181.

[36]T. Bollerslev, J. Litvinova, G. Tauchen. Leverage and volatility feedback effects in high frequency data[J]. Journal of Financial Econometrics, 2006, 4(3): 353－384.

[37]K. A. Tversky. Prospect Theory: An analysis of decision under risk[J]. Econometrica, 1979, 47(2): 263－292.

[38]张维,张海峰,张永杰,等. 基于前景理论的波动不对称性[J]. 系统工程理论与实践,2012(3):458－465.

[39]L. Long, A. K. Tsui, Z. Zhang. Conditional heteroscedasticity with leverage effect in stock returns: Evidence from the Chinese stock market[J]. Economic Modelling, 2014(37): 89－102.

[40]Y. H. Yeh, T. S. Lee. The interaction and volatility asymmetry of unexpected returns in the greater China stock markets[J]. Global Finance Journal, 2000(11): 129－149.

[41]张维,张小涛,熊熊. 上海股票市场波动不对称性研究——GJR与VS－GARCH模型的比较[J]. 数理统计与管理,2005(6):96－102.

[42]李红权,洪永淼,汪寿阳. 我国A股市场与美股、港股的互动关系研究:基于信息溢出视角[J]. 经济研究,2011(8):15－25.

[43]何兴强,李涛. 不同市场态势下股票市场的非对称反应——基于中国上证股市的实证分析[J]. 金融研究,2007(8):131－140.

[44]陆蓉,徐龙炳."牛市"和"熊市"对信息的不平衡性反应研究[J]. 经济研究,2004(3):65－72.

[45]刘烨,方立兵,李冬昕. 融资融券交易与市场稳定性:基于动态视角的证据[J]. 管理科学学报,2016,19(1):102－116.

[46]许红伟,陈欣. 我国推出融资融券交易促进了标的股票的定价效率吗?——基于双重差分模型的实证研究[J]. 管理世界,2012(5):52 － 61.

[47]蔡向高,邓可斌. 无消息即坏消息:中国股市的信息不对称[J]. 管理科学学报,2019,22(4):75－91.

[48]邹永杰,李红刚. 上证综合指数弱式有效性的时变性研究[J]. 系统工程理论与实践,2014(34):32-39.

[49]王永宏,赵学军. 中国股市"惯性策略"和"反转策略"的实证分析[J]. 经济研究,2001(6):56-61.

[50]朱战宇,吴冲锋,王承炜. 不同检验周期下中国股市价格动量的盈利性研究[J]. 世界经济,2003(8):62-67.

[51]陈蓉,陈焕华,郑振龙. 动量效应的行为金融学解释[J]. 系统工程理论与实践,2014(3):71-80.

[52] R. Aloui, M. S. B. Aissa, D. K. Nguyen. Global financial crisis, extreme interdependences, and contagion effects[J]. Journal of Banking and Finance, 2011(35): 130-141.

[53] R. Bhuyana, M. G. Robbanib, B. Talukarc, et al. Information transmission and dynamics of stock price movements: An empirical analysis of BRICS and US stock markets[J]. International Review of Economics and Finance, 2016(46): 180-195.

[54] P. Singh, B. Kumar, A. Pandey. Price and volatility spillovers across? North American, European and Asian stock markets[J]. International Review of Financial Analysis, 2010(19): 55-64.

[55] H. Lehkonen, K. Heimonen. Timescale - dependent stock market comovement: BRICs vs. developed markets[J]. Journal of Empirical Finance, 2014(28):90-103.

[56] T. J. George, C. Hwang. The 52-week high and momentum investing[J]. Journal of Finance, 2004, 59(5): 2145-2176.

[57] S. Huddart, M. Lang, M. H. Yetman. Volume and price patterns around a stock's 52-week highs and lows: Theory and evidence[J]. Management Science, 2009, 5(1): 16-31.

[58] S. A. Corwin, P. Schultz. A simple way to estimate bid-ask spreads from daily high and low prices[J]. Journal of Finance, 2012, 67(2): 719-760.

[59]唐勇,刘徽. 加权以实现极差四次幂变差分析及其应用[J]. 系统工程理论与实践,2013,33(11):2766-2775.

[60] J. Li, J. F. Yu. Investor attention, psychological anchors, and stock return predictability[J]. Journal of Financial Economics, 2012, 104(2): 401-419.

[61]谢海滨,顾霞,魏云捷. 基于信息分解视角的香港股市运行效率研究[J]. 系统工程理论与实践,2017,37(6):1432-1440.

[62] M. E. J. Newman. The structure and function of complex networks[J]. SIAM Review, 2003, 45(2): 167-256.

[63]X. Y. Liu, H. Z. An, H. J. Li ,et al. Features of spillover networks in international financial markets: Evidence from the G20 countries[J]. Physica A: Statistical Mechanics and its Applications, 2017(479): 265 – 278.

[64]M. Billio, M. Getmansky, A. W. Lo, et al. Econometric measures of connectedness and systemic risk in the finance and insurance sectors[J]. Journal of Financial Economics, 2012, 104(3): 535 – 559.

[65]李政,梁琪,涂晓枫. 我国上市金融机构关联性研究——基于网络分析法[J]. 金融研究,2016(8):95 – 110.

[66]S. Lyócsa, T. Výrost, E. Baumohl. Return spillovers around the globe: A network approach [J]. Economic Modelling, 2019(77):133 – 146.

[67]G. J. Wang, C. Xie, K. He, et al. Extreme risk spillover network: Application to financial institutions[J]. Quantitative Finance, 2017, 17(9): 1 – 23.

[68]F. Betz, N. Hautsch, T. A. Peltonen, et al. Systemic risk spillovers in the European banking and sovereign network[J]. Journal of Financial Stability, 2016(25): 206 – 224.

[69]W. Hardle, W. Wang, L. Yu. Tenet:Tail – Event driven network risk[J]. Journal of Econometrics, 2016(46): 62 – 69.

[70]W. Q. Huang, X. T. Zhuang, S. Yao, et al. A financial network perspective of financial institutions' systemic risk contributions[J]. Physica A: Statistical Mechanics and Its Applications, 2016(456):183 – 196.

[71] M. Anufriev, V. Panchenko. Connecting the dots: Econometric methods for uncovering networks with an application to the Australian financial institutions [J]. Journal of Banking and Finance, 2015, 61(2):S241 – S255.

[72]A. Gandy, L. A. M. Veraart. A bayesian methodology for systemic risk assessment in financial networks[J]. Management Science, 2017, 63(12): 4428 – 4446.

[73]K. D. Yin, Z. Liu, P. D. Liu. Trend analysis of global stock market linkage based on a dynamic conditional correlation network [J]. Journal of Business Economics and Management, 2017, 18(4): 779 – 800.

[74] D. Acemoglu, V. M. Carvalho, A. E. Ozdaglar, et al. The network origins of aggregate fluctuations[J]. Econometrica, 2012, 80(5): 1977 – 2016.

[75] W. Mensi, F. Z. Boubaker, K. H. Ai – Yahyaee, et al. Dynamic volatility spillovers and connectedness between global, regional, and GIPSI stock markets[J]. Finance Research Letters, 2018(25): 230 – 238.

[76]F. X. Diebold, K. Yilmaz. Trans – Atlantic equity volatility connectedness: US. and European financial institutions, 2004 – 2014[J]. Journal of Financial Econometrics, 2016, 14(1): 81 – 127.

[77]I. Aldasoro, D. Delli Gatti, E. Faia. Bank networks: Contagion, systemic risk and prudential policy[J]. Journal of Economic Behavior and Organization, 2017(142): 164 – 188.

[78]P. Gai, A. Haldane, S. Kapadia. Complexity, concentration and contagion[J]. Journal of Monetary Economics, 2011, 58(5): 453 – 470.

[79]S. Lahmiri. Asymmetric and persistent responses in price volatility of fertilizers through stable and unstable periods[J]. Physica A: Statistical Mechanics and its Applications, 2016(466):405 – 414.

[80]N. Ai Rahahleh, M. I. Bhatti. Co – movement measure of information transmission on international equity markets[J]. Physica A: Statistical Mechanics and its Applications, 2017(470): 119 – 131.

[81]T. Odean. Are investors reluctant to realize their losses? [J]. The Journal of Finance, 1998, 53(5):1775 – 1798.

[82]史永东,李竹薇,陈炜. 中国证券投资者交易行为的实证研究[J]. 金融研究,2009(11):133 – 146.

[83]陈浪南,陈文博. 中国股市非对称V字形处置效应的实证研究[J]. 管理工程学报,2020,1(34):63 – 78.

[84]孙培源,施东晖. 基于CAPM的中国股市"羊群行为"研究[J]. 经济研究,2002(2):64 – 70.

[85]卞曰瑭,李金生,何建敏,等. 网络近邻择优策略下的股市"羊群行为"演化模型及仿真[J]. 中国管理科学,2013,21(3):40 – 49.

[86]姚禄仕,吴宁宁. 基于LSV模型的机构与个人"羊群行为"研究[J]. 中国管理科学,2018,226(7):55 – 62.

[87]A. Christie. The stochastic behavior of common stock variances:Value,leverage and interest rate effects[J]. Joural of Financial Economics, 1982(10): 407 – 432.

[88]陈永伟. 股市波动的杠杆效应检验:一种新的方法[J]. 中国管理科学,2012,10(20):31 – 36.

[89]C. A. Sims. Macroeconomics and reality[J]. Econometrica, 1980, 48(1): 1 – 48.

[90]C. W. J. Granger. Investigating causal relations by econometric models and cross – spectral methods[J]. Econometrica, 1969, 37(3): 424 – 438.

[91]S. Borjigin, Y. Yang, X. Yang, et al. Econometric testing on linear and nonlinear dynamic relation between stock prices and macroeconomy in China[J]. Physica A: Statistical Mechanics and its Applications, 2017(493):107 – 115.

[92]F. H. Wen, J. H. Xiao, C. X. Xia, et al. Interaction between oil and US dollar exchange rate: nonlinear causality, time – varying influence and structural breaks in volatility[J]. Applied Economics, 2018, 50(3):319 – 334.

[93]E. W. Dijkstra. A note on two problems in connexion with graphs[J]. Numerische Mathematik, 1959, 1(1): 269 – 271.

[94]M. Xu, S. Llang. Input – output networks offer new insights of economic structure [J]. Physica A: Statistical Mechanics and its Applications, 2019(527):121 – 178.

[95]A. J. Patton, K. Sheppard. Good volatility, bad volatility: Signed jumps and the persistence of volatility[J]. Review of Economics and Statistics, 2015, 97(3): 683 – 697.

[96]何诚颖,陈锐,蓝海平,等. 投资者非持续性过度自信与股市反转效应[J]. 管理世界,2014(8):44 – 54.

第2章
系统中心性与金融危机传染的相关关系

2.1 绪 论

2.1.1 选题背景及研究意义

党的十一届三中全会以来，我国坚持对外开放的基本国策，放开国门加大力度建设经济。短时间内实现了从封闭、半封闭到对外开放的历史性转变，为国家经济社会的发展注入了强劲的动力，创造了令人惊叹和瞩目的中国奇迹。1978年我国实行改革开放以来，金融市场的改革步伐逐步加快。在这个不断加快的金融业开放过程中，国民享受到了金融全球化及经济全球化的益处。扩大资本市场的开放，有利于吸引外国资本流入我国，带来资金的增量，激发证券市场活力，提高国内金融机构在国际市场的竞争力。中国奉行互利共赢的开放战略，不仅把世界的机遇变成了中国的机遇，更是把中国的机遇打造成了世界的机遇，让中国成为推动世界经济增长的重要动力源泉。但是，对外开放给经济带来了机遇的同时也带来了新的挑战。2007年美国次贷危机对一系列金融机构产生了重大影响。雷曼兄弟（Lehman Brothers）和美国国际集团（AIG）倒闭后，由于相互之间的财务关联，引发“多米诺骨牌效应”，金融危机在全球范围内迅速蔓延，对我国以及世界其他经济体产生了重大影响，许多金融机构因此产生经营危机而倒闭。美国政府当初估计到了放任金融机构破产会产生风险，但并未预计到其破产所产生的系统性风险的破坏力如此之大。这场金融危机的发生，给全球金融系统带来了不可估量的损失，其背后潜在的系统性风险也逐渐暴露。过去银行监管、以个人金融风险为核心的微观审慎监管方式，凸显出谬误和不足。世界各国开始加强对系统性风险的防范。2010 年 7 月，美国国会通过了 20 世纪 30 年代以来最全面的金融改革法案《多德—弗兰克法案》，并成立了金融稳定监督委员会，通过这两个举措来预防和监管一直以来对美国金融稳定造成威胁的系统性风险。2010 年 9 月，欧盟成立欧洲系统性风险委员会，防范系统性金融风险，维护成员国金融稳定。国际货币基金组织（IMF）、国际清算银行（BIS）和金融稳定委员会（FSB）公布了具有系统重要性的金融机构名单。2017 年 11 月，国务院金融稳定发展委员会成立，其主要职责之一是研究系统防范、处置金融风险和维护金融稳定的重大政策。这一系列事件都暗示了各国对监管变化的反应。

现实中的危机总是通过金融市场渠道在危机发生国和与其联系密切的国家之间蔓延[1]。在经济全球化以及金融自由化进程加快的背景下，全球经济金融体系之间的联系也越来越紧密。经济全球化浪潮下引发的信息传播问题也是金融危机在全球迅速蔓延并且不断扩大的重要原因[2]。一方面，各国之间的联系在全球化的背景下变得十分密切，信息传播透明度也显著提高，导致关于美国次贷危机的各种信息短时间内在世界各地传播，引发了全球金融体系的反应；另一方面，在全球化的强大作用之下，世界经济的复杂程度提高，信息传播复杂程度也随之提高，投资者和政府都难以完全识别、获取真实信息，金融危机发生后也可能做出错误决策，一定程度上引发市场恐慌心理，使得美国次贷危机逐步蔓延、扩大成为全球范围的经济危机[3]。股票市场是金融业的重要组成部分，在金融全球化的背景下，股市之间的信息互动更加频繁。一国股市的波动通常会导致关联国家股市的波动，从而容易引发大范围金融危机的传染，使宏观经济受到巨大冲击[4]。证券价格是资本市场中相关信息的及时反映，证券价格变化是信息冲击在证券价格上的外在表现[5]。资本市场中利好信息和利空信息的传播都会影响公众预期。信息传播导致机构投资者之间发生的“行为传染”，被认为是金融危机重要的导火索。历次金融危机中出现的市场恐慌与抛售恶性循环就与这种信息传播引发的恐慌密切相关[6]。

世界各国是一个“你中有我、我中有你”的命运共同体，在经济全球化的背景下，经济金融危机的全球性传染事件不会是最后一次。发生金融危机的国家担心利空信息的传播会使股市变得更加糟糕，同时希望利好消息能够提振股票市场。股票市场通过信息传播构成一个网络，不同市场在网络中扮演着不同的角色。系统中心性节点是一类系统重要性节点。本章利用对数收益率分解模型，将股票收益率指数分解为利好信息和利空信息的冲击合成，构建利好信息传播网络和利空信息传播网络；识别相关国家在两种信息传播网络中的系统中心性，通过分析金融危机传染国家的系统中心性，探究系统中心性与金融危机传染的相关关系。

探究系统中心性与金融危机传染的相关关系，具有一定的理论意义与现实意义。本章的研究是具有理论意义的。一方面，从不同股票市场之间的金融危机传染的相关研究来看，我们发现，以往研究数据选取方面局限于收盘价数据对股票收益率整体直接建模，这种数据处理和建模方式虽然具有简单、直观等优点，但是忽略了股票市场对不同信息冲击具有不同反应特征的可能。所以，本章弥补了前人在数据处理与模型构建等方面的不足，通过使用对数收益率分解模型，将股票收益率分解为利好信息与利空信息的冲击合成，构建利好信息传播网络和利空信息传播网络。另一方面，从研究金融危机传染过程中相关国家是否扮演系统中心性的角色来看，本章对宏观金融风险在金融网络中的传染机制的研究有一定的参考价值，可以作为对系统重要性机构在系统性金融风险传染方面作用的研究补充，为后面关于系统重要性机构研究提供一定启示。

从现实意义方面看，本章的研究对监管部门、金融机构和投资者都十分重要。经历金融危机的相关国家股市会受到各种信息的冲击，金融危机由于财务之间的关联会在国际股票市场之间迅速蔓延。监管部门、金融机构和投资者担心利空信息的传播会使股市变得更加糟糕，同时希望利好信息能够提振股票市场。所以在利好信息和利空信息传播网络中研究系统中心性与金融危机传染关系，对监管部门、金融机构和投资者具有重要意义。对监管部门来说，有助于监管者加深对全球性金融危机传染问题的理解，完善关于系统重要性机构的监管体系；对金融机构来说，有助于金融机构管理与其他金融机构的风险敞口，进一步提升对金融系统性风险的防控能力；对投资者来说，有助于投资者更加合理有效地配置资源。因此本章研究具有一定的现实意义。

2.1.2　文献综述

本章探究了系统中心性与金融危机传染的相关关系。系统中心性节点是一类系统重要性节点。本小节从系统重要性的识别研究对前人的文献进行综述。

在实体经济与金融体系面临的风险不断上升、全球金融体系的复杂性与多面性的问题日益凸显的背景下，各国政府、金融监管机构和学术界已开始反思过去以个人金融风险为核心的微观审慎监管方式，同时对整个金融体系的宏观审慎监管方式已引起广泛关注[7,8]。2010 年 7 月，美国国会通过了金融改革法案《多德—弗兰克法案》，并成立了金融稳定监督委员会，通过这两个举措来预防和监管一直以来对美国金融稳定造成威胁的系统性风险。2010 年 9 月，欧盟成立欧洲系统性风险委员会，防范系统性金融风险，维护成员国金融稳定。国际货币基金组织（IMF）、国际清算银行（BIS）和金融稳定委员会（FSB）公布了具有系统重要性的金融机构名单以及旨在解决系统性银行“太大而不能倒”问题的新规则，都暗示了各国对监管变化的反应[9]。宏观审慎监管的前提是需要对系统性金融风险有一个清晰的认识和衡量[10]：由一个金融机构倒闭或者金融市场的崩溃导致的其他金融机构或市场的崩溃，影响到整个金融体系中公众的信心，并对整个金融体系的稳定性有影响[11]。系统性风险的核心在于风险的传染性和外溢效应[12]。具有系统重要性的金融机构一旦崩溃，就会引发巨大的系统性风险。这也是系统重要性机构识别的前提。系统重要性金融机构被认为是系统性风险转移过程中起到关键作用的载体[13]。美国联邦储备委员会理事 Daniel Tarullo 给出了系统重要性的金融机构（SIFIs）的典型定义：“如果一家公司不能履行其对债权人和客户的义务，将对金融体系和更广泛的经济产生严重的负面影响，那么金融机构在系统上就是重要的！”[14]这个定义十分有用，因为它突出了两个重要的概念：第一，核心问题是当一家公司处于困境时，如资本不足时，它在提供金融服务方面存在困难；第二，系统重要性金融机构的标准取决于它对更广泛经济领域的影响程度。

在学术界，关于系统重要性金融机构的识别研究长期以来备受关注。一系列文献从系统重要性机构的影响因素方面进行了探索。以前，金融风险管理者可能更多地关注系统重要性机构的个体特征，如具有系统性风险的机构应该是规模较大的（“太大而不能倒”）[15]。巴塞尔银行监督委员会和金融稳定委员会提出了衡量全球系统重要性银行机构的指标，包括五个一级指标与十二项细化指标。五个一级指标分别为规模、关联性、可替代性、复杂性和跨境活动，其中，规模的权重为 20%，在国内其被看作评估系统重要性银行机构最主要的指标之一[16]。因此，规模的大小被赋予首要地位。这些研究主要结合金融风险的发生机制，主要集中于银行等稳定性较高的金融机构。从银行合并和收购的角度来看，银行系统具有“太大而不能倒”的系统重要性[17]。在金融体系中，如果一家机构的规模较大，市场中的参与者（如债权人）会对规模较大的金融机构持有更大的信心，愿意为这些金融机构提供比之前更低的资金成本，同时，这些因素还会反过来影响存款人的行为决策，为这些金融机构创造活力，使其规模变得更大、框架变得更复杂。所以，当规模较大的金融机构存在破产的可能性时，政府部门需要被迫进行干预，如对该机构进行金融救助或是为未投保的债权人提供担保。通过以上分析可以看出，规模较大的金融机构对金融体系的稳定运行至关重要。所以，我们可以对金融机构的规模设置上限要求，从而降低其系统重要性，防止金融机构发生违约风险[21]。但是，越来越多的证据表明，在过去的金融危机中规模因素可能不是系统性风险的持续决定因素[22]，也不是大型国际银行间的显著传染因素[23, 24]。仅关注“太大而不能倒”容易忽略金融体系中其他参与机构之间的相互关系和交互作用的影响因素[25]。

继 2008 年金融危机中对一系列金融机构产生重大影响的雷曼兄弟和美国国际集团的倒闭事件后，“太过关联而不能倒”和“太过中心而不能倒”等特征也相继显现，很多学者研究发现，金融机构的规模不能作为决定其系统重要性的唯一因素，对关联性这一特征的研究也越来越受到关注[26, 27]。在一个金融体系中，如果有金融机构发生经济危机而倒闭，由于机构之间的财务关联以及相互作用而导致危机在整个金融系统内传染，这时整个金融系统处于会随时崩溃的状态[28]。因此金融机构之间的关联性越强，该机构的系统重要性就越大。一般情况下，大多数具有系统重要性特征的金融机构，相互之间的关联度也比较高[29]。例如，雷曼兄弟和美国国际集团的破产，以及欧洲银行主权违约风险敞口的加大等，这些事件的发生涉及多个国家金融系统的稳定与安全[2]。一系列金融文献显示了国际股票市场联动性的研究流[30, 31]。随着国际资本流动的加强与融合，人们对股市之间关联性的研究产生了持续的好奇心[32]。特别是经历了 1987 年 10 月股市崩溃，以及随后发生的较小规模的金融危机，例如 1994—1995 年的墨西哥危机、1997 年的亚洲金融危机和 1998 年的俄罗斯金融危机，人们对这一研究的兴趣似乎有所增加[33, 34]。Tumminello 等（2006）、Tabak 等（2010）、Cheong 等（2012）针对美国、日本、韩国等国家股票市场建立复杂网络，并利用平均路径长度、节点介数和度数、幂律性质等拓扑指标揭示出股票市场的演变规律。Alexia（2018）使用 Kendall 的 tau 相关系数考察了希腊债务危机、人民币贬值危机发生前后股票收益之间的跨市场关联程度，结果表明，这两次危机短期内都产生了强烈的传染效应[38]。从数据处理和建模方式方面看，过去大多数研究都依赖于对收益率整体直接建模。Yarovaya 等（2017）利用收盘价数据，通过非对称因果关系检验发达市场和新兴市场之间的收益和波动率的传递[39]。Kundu 和 Sarkar（2016）利用两个发达国家和四个新兴国家的股票日收益率数据，提出 VaR－TGARCH－M 型模型，分析不同股票市场中收益和波动溢出行为[40]。还有学者认为，除了日间信息，短时间内某个市场隔夜价格信息和开闭价格信息变动也会对国际股票市场收益和波动的关联性产生影响，于是将日间收益率（close-to-close）分为隔夜收益（previous close-to-open）和日间收益（open-to-close）来探究其对股市收益关联性的影响[41]。

事实上，一直以来不断发生的金融动荡引发了一个广泛的共识：金融体系应该被看作一个复杂的网络整体[42]。金融体系从整体层面表现出一些网络结构的特征，金融市场参与者是网络的节点，金融市场参与者之间的关系为网络的边[43]。运用网络结构分析金融体系可以生动地呈现金融系统中的内部关联，还能够充分、具体地分析金融市场参与者之间的互动和联系[44]。在对金融体系的系统性风险研究中使用网络模型，能够从全球而非局部层面反映金融体系的本质特征，从而有助于管理者在金融监管中采取宏观审慎的政策框架[45]。利用网络模型分析系统风险可以为金融监管提供决策支持[46]。从事件/决策时间角度看，网络分析法又分为两种研究过程[47,48]：一种过程为事前分析，另一种过程为同期分析。事前分析通常利用不同的网络结构模拟金融机构间网络，并比较风险传染的破坏力，例如，预测违约和倒闭的影响度，这样可以帮助监管部门提前对风险进行识别，预测系统性风险并提前采取预防措施[49]；同期分析通常包括系统重要性分析、系统稳定性分析（脆弱性、弹性）和系统性风险的传染特征分析，同期分析可以帮助金融机构在危机期间合理分配资源，帮助监管部门制订合理的救助计划，以使系统损失最小化[50]，例如，新国际规则对全球具有系统重要性银行市值的影响研究[51]、单点进入策略在系统重要性银行资本破产重组中的有效性研究[52]等。现实中，所有金融系统性事件发生的共同特征是，它们与所面临的金融系统参与者之间形成了复杂的关联和相互作用。因此对这个变化的趋势能够进行衡量与甄别，是系统重要性机构评估识别的模型需要具备的条件。在金融体系的研究中使用网络模型分析法，多围绕系统重要性机构的识别和金融危机的传染两个方面展开。Elliott 等（2012）和 Acemoglu 等（2015）分析了在相互依存金融机构里倒闭机构的传染性以及网络结构对系统稳定性的影响[56, 57]。Varotto 和 Zhao（2018）针对小规模银行进行了系统重要性银行的识别[58]。利用网络分析法结合金融风险的发生机制研究金融网络的某些微观特征以及展现的宏观结构的文献也越来越多[59, 60]。Fang 等（2019）应用一种新技术来识别全球网络中具有系统重要性的区域，结果表明，这些区域的集中度有所降低，并呈现多中心结构[13]。Poledna 等（2015）利用墨西哥银行系统数据构建敞口多层次网络，研究不同层次网络对系统风险的贡献[61]。Kanno（2015）利用关联矩阵的网络中心性构建了银行间借贷网络来衡量银行之间的关联度[62]。

金融网络呈现出异构性，节点在结构和功能上扮演着截然不同的角色。基于“太大而不能倒”“太过关联而不能倒”和“太过中心而不能倒”这三种表现形式，Yun 等（2019）结合网络分析法将系统重要性节点的识别研究分为三个层级[63]。第一层级的系统重要性节点表现出的形式是“太大而不能倒”。这一层网络结构仅涵盖来自节点的信息。它依赖于一种拓扑方法，在这种方法中，实体之间的连接可能存在，也可能不存在。第二层级的系统重要性节点表现出的形式是“太过关联而不能倒”，它不仅覆盖了来自节点的信息，还覆盖了邻近节点的边缘信息。这一层网络结构包括权重或者权重和方向连接，一个连接就代表实体之间的直接交互，如金融机构之间的事务、所有权以及信贷关系。第三层级的系统重要性节点表现出的形式是“太过中心而不能倒”，它覆盖了来自整个网络的信息。这一网络结构为节点分配了一定的自由度，这些节点通过非拓扑变量来塑造网络。第一层级节点只涵盖来自节点的信息，由于其直接性而相关研究较少[64]。现有研究主要集中于第二层级系统重要性节点的识别——“太过关联而不能倒”。一部分研究主要集中于银行这一类稳定性较高的金融机构[65]。例如，银行间太过关联而引发的金融传染研究[66]，具有系统重要性的商业银行、抵押品构成与分散风险之间的关系[67]，全球系统重要性银行对澳大利亚银行的传染性研究[68]，基于预期违约算法的系统性重要银行识别[69]等。另一部分研究主要集中于股票、债券等资本市场，例如，CDS 指数市场与具有系统重要性金融机构样本股票回报率之间的联系[70]，系统重要性交易商对公司债券市场交易行为的影响研究[71]，具有系统重要性股票市场的识别研究[72]，原油行业对股票收益的风险贡献[73]以及资本市场评估《多德—弗兰克法案》对具有系统重要性的金融公司的经济影响研究[74]等。

然而，学术界关于“太过中心而不能倒”的关注才刚刚开始。有学者认为存在这样一种可能：一家金融机构可能处于至关重要的位置，尽管这个金融机构很小或者与其他机构的关联并不紧密（“太过中心而不能倒”，不等于“太大而不能倒”，亦不等于“太过关联而不能倒”）。例如，抵押担保公司的规模是相对较小的，但是在整个金融系统中有巨大的外部性，这是因为许多因素可以使一个机构具有系统重要性[63]。中心性的研究起源于社会网络[75]，Freeman 等的工作是最具代表性的[76]。中心性衡量的是节点在网络的中心化程度。金融网络中，如果一个节点在网络中占据中心位置，则代表着该节点在很大程度上参与了系统风险的传播，在风险传染过程中发挥着关键作用。通过梳理国内外金融与经济的现有文献，有大量学者基于中心性思想，开发演化出一系列测度系统中心性机构的度量指标。例如，用于识别贷款中的系统重要性节点的 DebtRank 算法[42]，用于识别支付体系中系统重要性银行的 SinkRank 算法[77]等。此外，国外涌现了一系列研究流，显示出中心性度量方法在金融领域的成功应用。Thurner 和 Poledna（2013）显示中心性度量方法可以有效用于筛选合同或金融交易中的对方，以减少破产或者总损失[78]。Kuzubas 等（2014）宣称中心性测量方法在预测系统重要性机构中性能良好[79]。特征向量中心性和 PageRank 算法都是中心性重要度量指标。PageRank 算法与第三层级的研究一致，不只涵盖来自节点的信息，还考虑该节点对金融网络中其他节点的影响，涵盖了来自整个网络的信息。通过 PageRank 算法识别节点在整个系统的中心性，能够体现该节点在金融风险传染网络中扮演角色的重要程度。

系统性风险以金融危机迅速蔓延的方式在世界经济史上多次出现，大量学者从系统重要性金融机构识别角度进行了一系列研究，尝试降低系统性风险对金融体系的冲击。目前，学术界也不再固守传统金融市场系统性风险的度量模型，对系统性风险有了开发出更多理解视角和更为贴近市场的研究方法。除此之外，国内外大量学者开发出了许多指标和度量方法，在此领域已经取得了相当丰富的成果。本章首先从研究系统重要性影响因素的相关文献出发，基于金融机构的规模、关联性及系统中心性这三个影响因素对以往文献进行梳理，发现学者们对系统重要性机构的识别因素的研究在不断地总结与创新。规模因素不是系统重要性机构的唯一识别因素，关联性和中心性也是系统重要性机构的重要特征。其次总结了关于网络分析法在金融领域的应用研究，发现运用网络结构分析金融体系可以生动地呈现金融系统中的内部关联，能够从全球而非局部层面反映金融体系的本质特征。同时，从股市关联性的数据处理与建模方面的文献梳理中我们发现，大部分学者依赖于对股票收益率整体直接进行建模，具有数据容易获取与数据处理简单等优点。最后总结了对“太过中心而不能倒”这一表现形式的相关研究。发现目前学术界关于“太过中心而不能倒”的研究主要围绕节点系统中心性的度量展开。网络结构中的系统中心性指标涵盖了来自整个网络的信息，相较于其他指标更能反映网络节点的系统重要性。国内外关于系统重要性机构的研究比较丰富，本章在前人研究的基础之上，从以下两个方面作进一步分析与改善。

第一，在以往关于股票市场的研究中，大多数研究都依赖于开盘价和收盘价，对股票收益率整体直接建模，这种数据处理和建模方式虽然具有简单、直观等优点，但是容易忽略其他交易价格的信息，如极值价格（最高价、最低价），而且忽略了股票市场对不同信息的冲击具有不同反应特征的可能性。所以，本章弥补了前人在数据处理与模型构建等方面的不足，选取一些开盘价与收盘价以外的数据，如极值价格（最高价、最低价），通过使用对数收益率分解模型，利用极值价格将股票收益率分解为利好信息与利空信息的冲击合成。

第二，很少有研究探索系统中心性与金融危机传染的相关关系。股票市场通过信息传播构成一个网络，不同市场在网络中可能扮演不同的角色。当金融危机发生时，金融危机相关国家的股票市场是不是信息传播中心？本章对这一问题进行了探究。我们希望通过对二者关系的判断，为金融危机时期股票市场与信息传播中心的关系提供科学阐释，给系统重要性金融机构的识别研究提供一种新思路。

2.1.3 本章结构

本章的整体框架结构如下：

第一节是绪论。这一节首先阐述了在中国深化对外开放与经济全球化的背景下金融危机对世界各国经济金融领域的影响并阐述研究意义，其次对系统重要性机构识别的相关文献进行了整理并做了研究评述，再次就本章的研究思路和结构安排进行了说明，最后总结了创新点与不足。

第二节是 PageRank 算法。首先介绍对数收益率分解模型，这是本章进行股票收益率分解的模型，也是构建利好信息传播网络和利空信息传播网络的基础。其次介绍 PageRank 算法，这是本章对相关国家进行系统中心性识别的方法。

第三节是系统中心性节点的动态识别研究。这一节首先对本章数据来源和样本选取进行了介绍，其次对本章数据处理和参数设置的基本情况进行了详细说明，再次介绍实证检验结果并进行对比分析，最后进行实证结果的讨论。

第四节是结论与展望。这一节对实证研究部分的讨论进行了总结，并得出本章结论，然后根据研究结论提出具有针对性的政策与建议以及展望。

2.2 PageRank 算法

在金融体系中，系统性风险主要通过两个方面聚集：一方面是具有系统性影响的机构成为网络的中心，一旦这些作为中心节点的金融机构发生动荡，将会引发整个体系的不稳定；另一方面是金融体系各个节点的相互关联程度不断提高，一个节点的动荡也会产生“多米诺骨牌效应”，触发整个金融网络的动荡。因此，在一个具有复杂借贷关系的金融网络体系中，当一家借款银行从具有系统重要性的银行融资，那么该借款银行节点也会成为更具有系统重要性的风险机构。因为借款银行一旦违约就将引发贷款银行违约。这种风险的网络传染机制与 PageRank 算法思想具有相似性。

Page 和 Brin 于 1999 年提出 PageRank 算法[86]。随着网页数量的不断增加，基于用户需求与高质量的页面呈现变得非常困难。现实生活中存在这样一种情况：一个网上冲浪者在浏览网页的时候，会对网页之间的链接感到厌烦，在移动了几下之后，他会选择随机尝试另一个网页。PageRank 算法就是基于随机冲浪模型的算法，与用户随机选择的概率有关[87]。它的计算过程不仅需考虑网络节点本身，还需考虑邻居节点，具有计算复杂度低、运行效率高的特点。PageRank 算法是一个函数，可以对 Web 中的每个网页赋予一个实数值，并对网站和网页按照分数进行排名[88]。它的意图在于衡量网页的中心性。网页的 PageRank 值越高，网页在网络结构中的排名就越靠前，越具有系统重要性。PageRank 算法背后的模型为：网站的每一个外链数量都包含在 PageRank 排名计算中，网站的外链数量越多，且链接的质量越高、价值越高，PageRank 值就越高。根据 Sen 和 Chaudhary（2017）的研究，PageRank 算法的表达式如下[89]：

$$PR(u) = (1 - d) + d \sum_{u \in B(u)} \frac{PR(u)}{N_u} \qquad (2-1)$$

其中，$B(u)$ 是链接到页面 u 的页面总和，$PR(u)$ 表示 PageRank 算法分配给页面 u 的分数，N_u 表示页面 u 的外链数量，d 表示阻尼系数，通常等于 0.85。为了这个算法的实现，所有的节点将从一个基本的权值开始，通常是 $\frac{1}{n}$，其中 n 是节点的总数。

考虑到 Web 页面是一个大型的图表，因此 PageRank 算法被看作以图为基础的算法。事实上，接受来自其他网站的链接，对于提高该网站自身的 PageRank 排名是非常重要的，其背后的中心思想是“从许多重要的网页链接过来的网页，必定还是重要网页”。基于这样的回归关系，通过迭代递归计算来更新每个页面节点的 PageRank 得分，直到得分稳定为止[90]。PageRank 计算得出的结果是网页的重要性评价。PageRank 值越大，PageRank 值排名越靠前，代表该节点在网络中的系统中心性越高。这里借鉴 PageRank 算法，对相关国家在信息传播网络的系统中心性进行排名。在此基础上，通过分析金融危机相关国家在信息传播网络中的系统中心性排名，探究在历次金融危机传染过程中，相关国家是否扮演着系统中心性节点角色。

2.3 系统中心性节点的动态识别研究

本节的实证研究由四部分组成。首先，介绍数据来源并进行样本选取；其次，进行数据处理和参数设置；再次，进行实证检验；最后，进行研究结果讨论。

2.3.1 数据来源与样本选取

2.3.1.1 数据来源

本章所有数据均来自 Wind 数据库（https：//www. wind. com. cn/）。选取 MSCI 指数（摩根士丹利资本国际指数）作为研究基础。MSCI 指数是摩根士丹利资本国际公司（在中国又称“明晟公司”）所编制的一系列股价指数，覆盖不同的行业、国家及地区，是机构投资者使用最为广泛的国际股票指数之一。MSCI 指数在考虑指数的组成部分时，以流通股市值为依据，纳入各行业中最具有代表性的公司。

2.3.1.2 样本选取

（1）数据集的数据选取

由于本章使用线性格兰杰因果关系检验模型来构造信息传播网络，所以有必要提取分析数据中的共有交易数据。为了尽可能多地保留股票的共有交易信息，本章从 1995 年亚洲金融危机前开始研究。数据样本的期间为 1995 年 1 月 2 日至 2019 年 8 月 5 日，时间跨度为 25 年，共包含 49 个国家/地区，49 只股票指数，804 个共有交易周。具体国家/地区指数详见附表 2 - 1。

（2）系统中心性排名主要相关国家的选取

本章数据集的时间跨度为 1995—2019 年，在此期间主要发生过五次全球性金融危机，故选取经历五次全球性金融危机的相关国家为研究对象。对这些国家在利好信息传播网络和利空信息传播网络中的系统中心性进行排名分析。

在 1995—2019 年的 25 年中，全球金融市场共经历过五次金融危机，涉及主要相关国家共 11 个。它们分别是：亚洲金融危机（1997—1998 年，以泰国、菲律宾和马来西亚为主要相关国家）、俄罗斯金融危机（1998—1999 年，以俄罗斯为主要相关国家）、阿根廷金融危机（2001—2002 年，以阿根廷为主要相关国家)、美国次贷危机（2007—2009年，以美国为主要相关国家）和欧洲主权债务危机（2009—2011年，以葡萄牙、意大利、爱尔兰、希腊和西班牙为主要相关国家）。具体如表2-1所示。

表2-1　不同金融危机涉及的主要相关国家

序号	全球性金融危机	发生时间	主要相关国家
1	亚洲金融危机	1997—1998年	泰国、菲律宾、马来西亚
2	俄罗斯金融危机	1998—1999年	俄罗斯
3	阿根廷金融危机	2001—2002年	阿根廷
4	美国次贷危机	2007—2009年	美国
5	欧洲主权债务危机	2009—2011年	葡萄牙、意大利、爱尔兰、希腊、西班牙

此外，为研究我国市场与全球金融危机传染的相关关系，我们将中国也列为研究对象之一。所以，本章涉及的主要相关国家一共为12个。

2.3.2　数据处理和参数设置

本章的研究目的是探究系统中心性与金融风险传染的相关关系。利好信息和利空信息传播网络的构建是本章实证研究的基础。因此本章需要对数据作两部分处理：第一部分为提取顺序信息，第二部分为划分滚动时间窗口。在此基础上分三步对历次金融危机期间主要相关国家进行实证检验。第一步，使用对数收益率分解模型将股票收益率进行分解，提取利好信息时间序列和利空信息时间序列；第二步，将利好信息时间序列和利空信息时间序列划分为滚动窗口，在每个滚动窗口中，结合使用线性格兰杰因果关系检验模型来构建利好信息传播网络和利空信息传播网络；第三步，利用PageRank算法识别相关国家在两种信息传播网络中的系统中心性并排名，从而分析相关国家系统中心性与金融危机传染的相关关系。

2.3.2.1　数据处理

(1) 提取顺序信息

本章弥补了前人在数据处理与模型构建等方面的不足，选取一些开盘价与收盘价以外的数据，如极值价格（最高价、最低价），利用对数收益率分解模型将股票收益率分解为利好信息与利空信息的冲击合成。由于周度频率数据中不包含股票价格走势中的最高价格和最低价格，无法通过价格走势获取关于本章需要的时间顺序信息，因此本章需要从高频数据集中获取价格走势信息，然后捕捉开盘价、收盘价、最高价和最低价的顺序信息。具体操作如下：首先，建立日度频率数据集，选取开盘价、收盘价、最高价和最低价，标记它们出现的时间；其次，根据原开盘价格序列、最高价格序列、最低价格序列、收盘价格序列及其出现时间，利用对数收益率分解模型，提取出利好信息时间序列和利空信息时间序列。

（2）划分滚动时间窗口

对整个时间跨度的股票收益率时间序列进行线性格兰杰因果关系检验，不能从动态角度刻画整个时间跨度内五次金融危机期间相关国家系统中心性的变化情况。为了克服这一困难，本章使用滚动时间窗口划分与线性格兰杰因果关系检验模型相结合的办法，来刻画相关国家的系统中心性地位变化的动态情形。具体操作如下（以利好信息时间序列为例）：第一步，选取一定的窗口长度 L，设置相邻窗口的区间长度（步长）为 m，截取一个国家与另一个国家利好信息时间序列的第 1 个至第 L 个数据，得到两个长度相同的子序列；第二步，检验这两个子序列之间的线性格兰杰因果关系；第三步，向后移动 m 步后截取一个国家与另一个国家利好信息时间序列的第 m 个至第 $L+m$ 个数据，按照上述方法检验两个新的子序列之间的线性格兰杰因果关系。在此基础上，在每个动态窗口运用线性格兰杰因果关系模型构建信息传播网络。

2.3.2.2 参数设置

在参数设置方面，本章将线性格兰杰因果关系检验的置信系数设置为 $p=0.01$。滚动时间窗口中的每个时间窗口长度设置为 30（周），相邻窗口区间长度（步长）设置为 2（周）。

2.3.3 系统中心性节点的动态识别

2.3.3.1 描述性统计

利用对数收益率分解模型，从原开盘价格序列、最高价格序列、最低价格序列和收盘价格序列及其出现顺序中提取出利好信息序列和利空信息序列。通过对 804 个周度共有交易周数据进行对数收益率分解，得到了 49 个利好信息序列和 49 个利空信息序列。MSCI 指数数据集（一）的描述性统计如表 2－2 所示。

表 2－2　MSCI 指数数据集（一）的描述性统计

序列	个数	共有交易周	起始时间	结束时间	最大值	最小值	平均值	标准差
利好信息序列	49	804	1995 年 1 月 2 日	2019 年 8 月 5 日	0.1053	0.0000	0.0031	0.0014
利空信息序列	49	804	1995 年 1 月 2 日	2019 年 8 月 5 日	0.0000	－0.1175	－0.0030	0.0015

表 2－2 显示，1995 年 1 月 2 日至 2019 年 8 月 5 日，MSCI 指数共包含 804 个共有交易周。粗略计算，1995 年 1 月 2 日至 2019 年 8 月 5 日，MSCI 指数应该包含 1200 个共有交易周，数据信息损失在可接受范围内。利好信息序列的最大值为 0.1053，最小值为 0.0000，平均值为 0.0031，标准差为 0.0014。利空信息序列的最小值为－0.1175，最大值为 0.0000，平均值为－0.0030，标准差为 0.0015。

2.3.3.2　结果描述

在对 49 个国家/地区的 MSCI 指数完成描述性统计后，本章利用 PageRank 算法对金融危机的主要相关国家在信息传播网络中的系统中心性进行识别。探究在历次金融危机传染过程中，相关国家是否扮演了系统中心性节点角色。用 PageRank 值衡量网络中节点的系统中心性。这一指标越大，相关国家在信息传播网络中的排名就越靠前，系统中心性就越大，在网络中充当信息传播中心的可能性越大。图 2－1 和图 2－2 为 PageRank 值动态排名结果。其中，图 2－1 是利空信息传播网络的 PageRank 值的动态排名，图 2－2 是利好信息传播网络的 PageRank 值的动态排名。

（1）相关国家在利空信息传播网络的 PageRank 值动态排名

1995 年以来，发生金融危机的主要国家在利空信息传播网络中的 PageRank 值动态排名如图 2－1 所示。横轴表示滚动窗口，纵轴表示 PageRank 值的排名。亚洲金融危机期间，MSCI 泰国的 PageRank 值的排名在 20～40，MSCI 菲律宾和 MSCI 马来西亚的 PageRank 值的排名在 1～49 不规则排列；在其他四次金融危机期间，MSCI 泰国的 PageRank 值的排名也在 20～40，MSCI 菲律宾和 MSCI 马来西亚的 PageRank 值的排名在 1～49 不规则排列。俄罗斯金融危机期间，MSCI 俄罗斯的 PageRank 值的排名也大多在 1～49 不规则排列；在其他四次金融危机期间，MSCI 俄罗斯的 PageRank 值的排名也大多在 1～49 不规则排列。阿根廷金融危机期间，MSCI 阿根廷的 PageRank 值的排名大多在

1～49 不规则排列；在其他四次金融危机期间，MSCI 阿根廷的 PageRank 值的排名也大多在 1～49 不规则排列。美国次贷危机期间，MSCI 美国的 PageRank 值的排名大多接近 44；在其他四次金融危机期间，MSCI 美国的 PageRank 值的排名也大多接近 44。欧洲主权债务危机期间，MSCI 葡萄牙的 PageRank 值的排名多数在 20～49，MSCI 意大利的 PageRank 值的排名大部分在 10～20，MSCI 爱尔兰的 PageRank 值的排名多数在 1～49，MSCI 希腊和 MSCI 西班牙的 PageRank 值的排名在 20～40；在其他四次金融危机期间，排名值也是如此。在五次金融危机期间，MSCI 中国的 PageRank 值的排名均在 1～10。

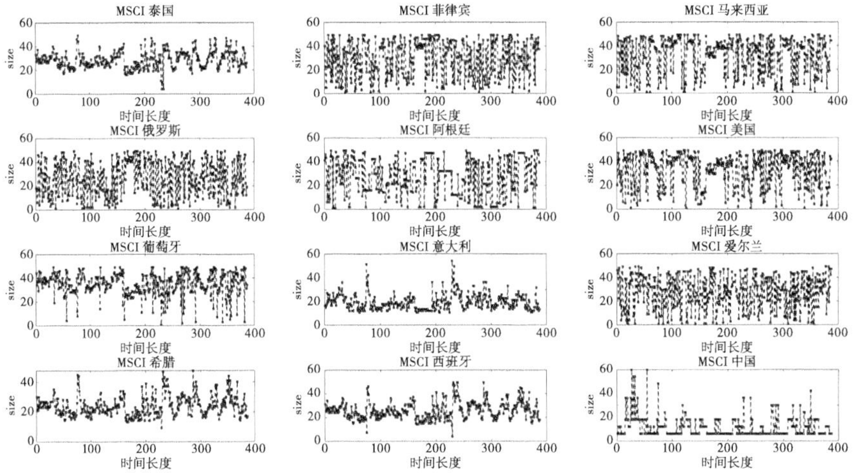

图 2－1　利空信息传播网络 PageRank 值的动态排名（长度＝30，步长＝2，p＝0.01）

（2）相关国家在利好信息传播网络的 PageRank 值动态排名

1995 年以来，发生金融危机的主要国家在利好信息传播网络中的 PageRank 值动态排名如图 2－2 所示。横轴表示滚动窗口，纵轴表示 PageRank 值的排名。亚洲金融危机期间，MSCI 泰国的 PageRank 值的排名也大部分在 20 左右，MSCI 菲律宾和 MSCI 马来西亚的 PageRank 值的排名大多在 1～49 不规则排列；在其他四次金融危机期间，MSCI 泰国的 PageRank 值的排名也大部分在 20 左右，MSCI 菲律宾和 MSCI 马来西亚的 PageRank 值的排名大多在 1～49 不规则排列。俄罗斯金融危机期间，MSCI 俄罗斯的 PageRank 值的排名也大多在1～49 不规则排列；在其他四次金融危机期间，MSCI 俄罗斯的 PageRank 值的排名也大多在 1～49 不规则排列。阿根廷金融危机期间，MSCI 阿根廷的PageRank 值的排名也大多在 1 ~49 不规则排列；在其他四次金融危机期间，MSCI 阿根廷的 PageRank 值的排名也大多在 1 ~49 不规则排列。美国次贷危机期间，MSCI 美国的 PageRank 值的排名大部分接近 49；在其他四次金融危机期间，MSCI 美国的 PageRank 值的排名也大部分接近 49。欧洲主权债务危机期间，MSCI 葡萄牙的 PageRank 值的排名多数在 20 ~49，MSCI 意大利的 PageRank 值的排名均低于 20，MSCI 爱尔兰的 PageRank 值的排名大部分在 1 ~49，MSCI 希腊和 MSCI 西班牙的 PageRank 值的排名大部分在 1 ~30；在其他四次金融危机期间，排名情况与之类似。在五次金融危机期间，MSCI 中国的 PageRank 值的排名均在 1 ~6。

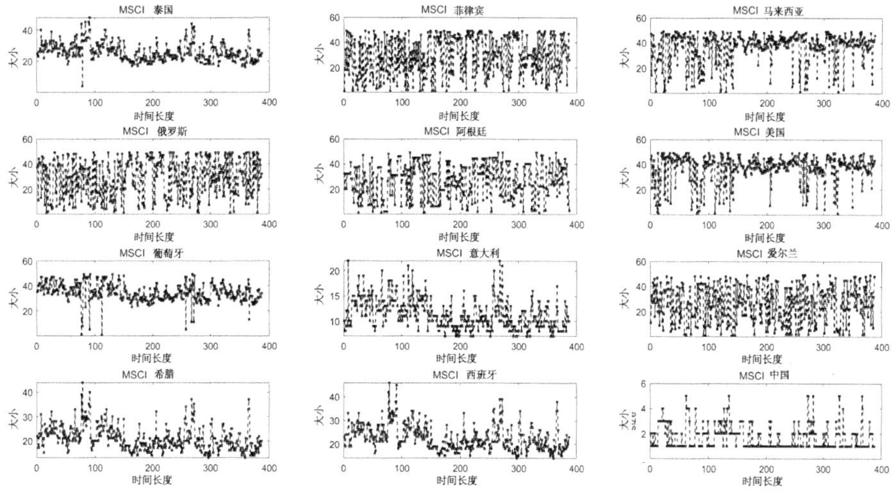

图 2 －2　利好信息传播网络 PageRank 值的动态排名（长度 =30，步长 =2，p =0. 01）

2. 3. 3. 3　结果比较

已实现波动率分解模型可以从高频时间序列中提取利好信息和利空信息，与本章使用的对数收益率分解模型更为相似。因为本章使用的 Wind 数据库只提供短期高频数据，本章中的日度频率数据不适用已实现波动率分解模型，所以，我们只比较不同数据集中的结果。基于以上分析，首先，本章比较了全球指数中周度对数收益率分解的动态 PageRank 的结果；其次，将本章的结果与 MSCI 指数中日对数度收益率的动态 PageRank 进行比较；最后，将本章的结果与全球指数中日度对数收益率的动态 PageRank 进行比较。

（1）全球指数中周度对数收益率分解的动态 PageRank

本章采用的另一个数据集为全球指数数据集，具体全球指数数据集详见附表 2－2。全球指数数据集的描述性统计如表 2－3 所示。表 2－3 显示，数据起止日期为 1996 年 1 月 22 日至 2019 年 7 月 22 日，共包含 259 个共有交易周、44 个利好信息序列和 44 个利空信息序列。利好信息序列的最大值为 0.1192，最小值为 0.0000，平均值为 0.0040，标准差为 0.0024。利空信息序列的最小值为 －1.8106，最大值为 0.0000，平均值为 －0.0041，标准差为 0.0164。根据粗略计算，1996 年 1 月 22 日至 2019 年 7 月 22 日，全球指数应包含 1200 个共有交易周，数据信息损失比较大。由于全球指数数据集信息损失较大，本章不深入讨论全局索引中全球指数对数收益率分解的PageRank值的动态排名结果，只展示图 2－3 和图 2－4 中的 PageRank 值动态排名结果。其中，图 2－3 为利空信息传播网络中经历金融危机的主要相关国家股票市场的 PageRank 值的动态排名结果，图 2－4 为利好信息传播网络中经历金融危机的主要相关国家股票市场的 PageRank 值的动态排名结果。

表 2－3　全球指数数据集的描述性统计

序列	个数	共有交易周	起始时间	结束时间	最大值	最小值	平均值	标准差
利好信息序列	44	259	1996 年 1 月 22 日	2019 年 7 月 22 日	0.1192	0.0000	0.0040	0.0024
利空信息序列	44	259	1996 年 1 月 22 日	2019 年 7 月 22 日	0.0000	－1.8106	－0.0041	0.0164

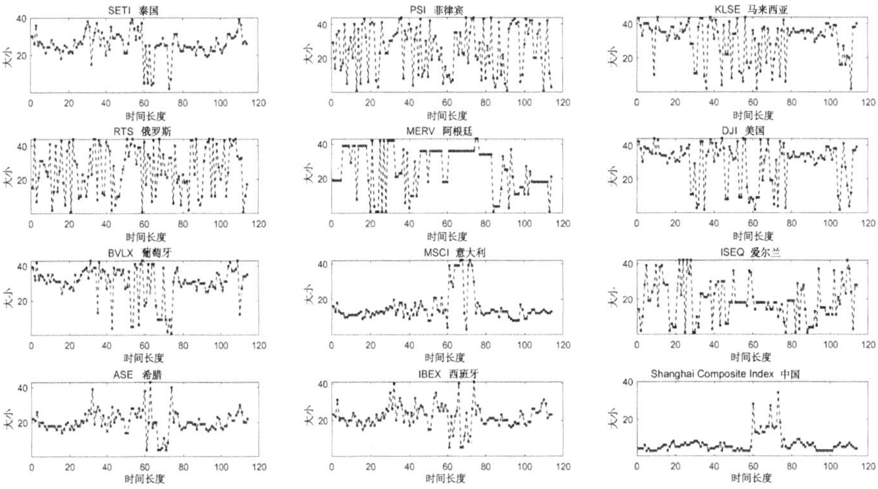

图 2－3　利空信息传播网络 PageRank 值的动态排名（长度＝30，步长＝2，p＝0.01）

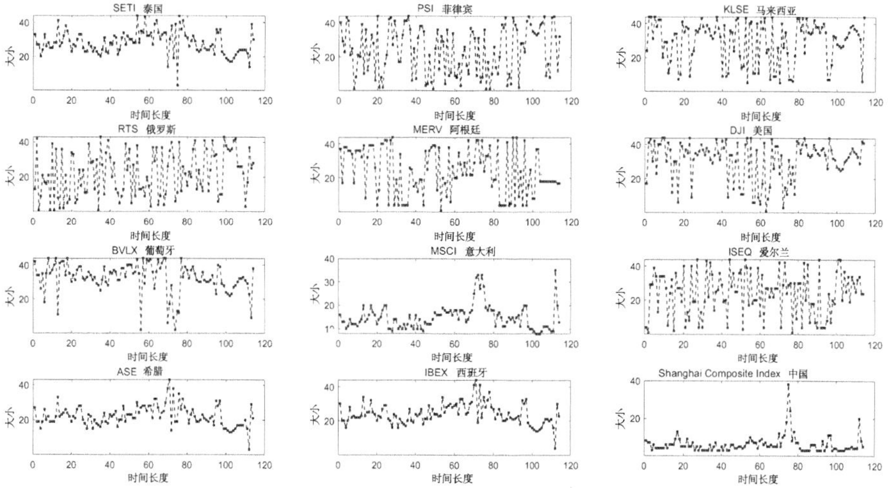

图 2-4　利好信息传播网络 PageRank 值的动态排名（长度=30，步长=2，p=0.01）

（2）MSCI 指数中日度对数收益率的动态 PageRank

将本章的结果与 MSCI 指数中日度收益率的动态 PageRank 进行比较。

如图 2-5 所示，亚洲金融危机期间，MSCI 泰国的 PageRank 值的排名也大部分在 20～40，MSCI 菲律宾和 MSCI 马来西亚的 PageRank 值的排名大部分在 1～49 不规则排列；在其余四次金融危机期间，MSCI 泰国的 PageRank 值的排名也大部分在 20～40，MSCI 菲律宾和 MSCI 马来西亚的 PageRank 值的排名大部分在 1～49 不规则排列。

俄罗斯金融危机期间，MSCI 俄罗斯的 PageRank 值的排名大部分在 1～49 不规则排列；在其余四次金融危机期间，MSCI 俄罗斯的 PageRank 值的排名也大部分在 1～49 不规则排列。阿根廷金融危机期间，MSCI 阿根廷的 PageRank值的排名大部分在 1～49 不规则排列；在其余四次金融危机期间，MSCI 阿根廷的 PageRank 值的排名也大部分在 1～49 不规则排列。美国次贷危机期间，MSCI 美国的 PageRank 值的排名大部分接近 44；在其余四次金融危机期间，MSCI 美国的 PageRank 值的排名也大部分接近 44。欧洲主权债务危机期间，MSCI 葡萄牙的 PageRank 值的排名大部分在 40 左右，MSCI 意大利的 PageRank 值的排名大部分在 10～20，MSCI 爱尔兰的 PageRank 值的排名大部分在 1～49，MSCI 希腊和 MSCI 西班牙的 PageRank 值的排名大部分在 20～40；在其余四次金融危机期间，MSCI 葡萄牙、MSCI 意大利、MSCI 爱尔兰、MSCI

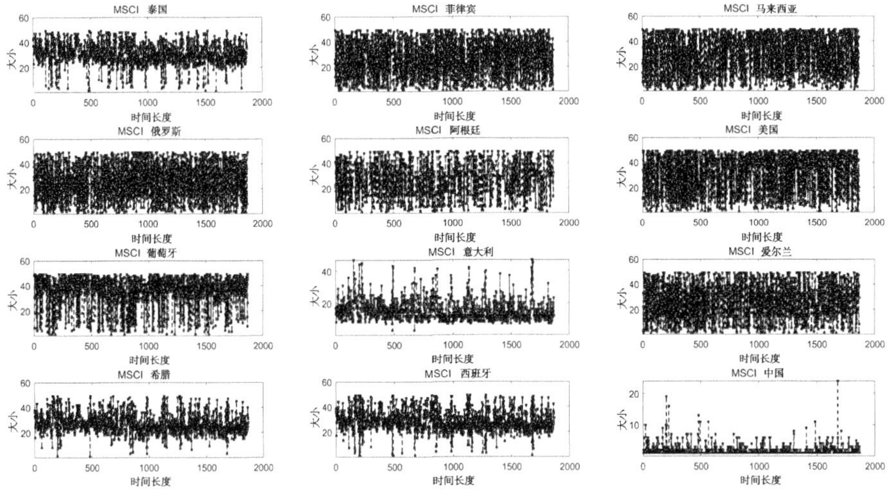

图 2 - 5　MSCI 指数日度收益率的动态 PageRank 值（长度 =30，步长 =2，p =0.01）

希腊和MSCI西班牙的 PageRank 值的排名情况没有实质性的不同。在五次金融危机期间，MSCI 中国的 PageRank 值的排名大部分在 10 以下。

（3）全球指数中日度对数收益率的动态 PageRank

由于全球股票指数数据集损失了太多信息，与前文类似，本章不深入讨论全局索引中全球指数对数收益率的 PageRank 值动态的排名结果，只展示如图 2 - 6 所示的 PageRank 值动态排名结果。

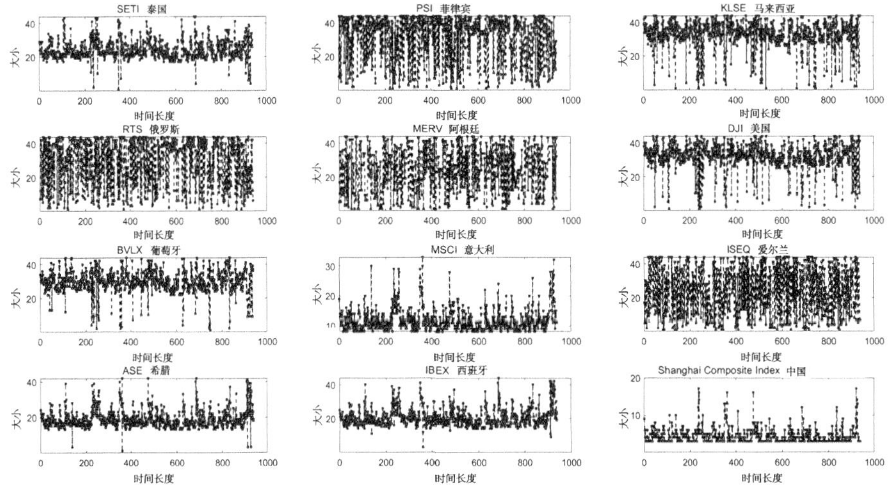

图 2 - 6　全球指数日度收益率的动态 PageRank 值（长度 =30，步长 =2，p =0.01）

2.3.3.4　稳健性检验

在本部分，我们将进行两种稳健性检验。第一种，更改参数设置，检验不同参数设置下，经历金融危机的主要相关国家股票市场的 PageRank 值动态排名变化情况。第二种，更换数据集，检验不同数据集下，经历金融危机的主要相关国家股票市场的 PageRank 值动态排名变化情况。

（1）更改参数设置

本部分设置的参数包括滚动窗口的长度、相邻窗口的区间长度（步长）和线性格兰杰因果关系检验的置信参数。首先，不改变置信水平，将滚动窗口的长度设置为 20（周），相邻窗口的区间长度（步长）设置为 3（周），测试二者变动对金融危机期间的主要相关国家在信息传播网络中的 PageRank 值排名的影响。其次，滚动窗口的长度和相邻窗口的区间长度（步长）不变，分别为 30（周）和 2（周），检验置信水平 $p=0.05$ 时，金融危机期间的主要相关国家在利好信息和利空信息传播网络中的 PageRank 值排名变化。

在 2.3.3.2 部分中，进行实证检验时，置信水平设置为 $p=0.01$，每个滚动窗口的长度设置为 30（周），相邻两个窗口的步长设置为 2（周）。本部分，我们改变滚动窗口的长度和相邻两个窗口的步长值，置信水平不变。将每个滚动窗口的长度设置为 20（周），相邻两个窗口的步长设置为 3（周），置信水平设置为 $p=0.01$。稳健性检验结果如图 2－7 和图 2－8 所示。其中，图 2－7 是利空信息传播网 PagcRank 值的动态排名，图 2－8 是利好信息传播网络 PageRank 值的动态排名。横轴为滚动窗口，纵轴为 PageRank 值的排名。从图 2－7 和图 2－8 可以看出，金融危机时期主要相关国家的PageRank值动态排名情况与 2.3.3.2 部分基本一致。

接下来，将每个窗口的长度设置为 30（周），相邻两个窗口的步长设置为 2（周），置信水平设置为 $p=0.05$。主要相关国家的周度 MSCI 指数对数收益率分解的动态 PageRank 值如图 2－9 和图 2－10 所示。其中，图 2－9 是利空信息传播网络 PageRank 值的动态排名，图 2－10 是利好信息传播网络 PageRank 值的动态排名。横轴为滚动窗口，纵轴为 PageRank 值的排名。从图 2－9 和图 2－10 中可以看出，金融危机期间主要相关国家的 PageRank 值动态排名情况与 2.3.3.2 部分基本一致。

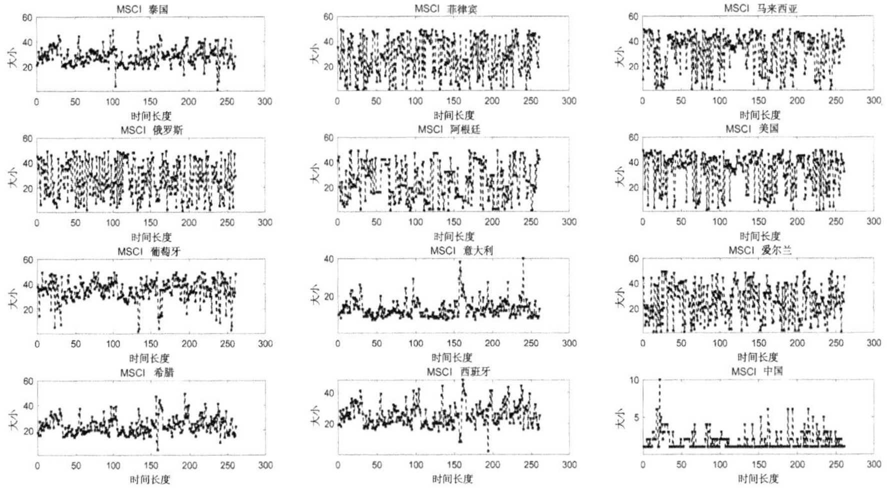

图 2 -7　利空信息传播网络 PageRank 值的动态排名（长度 =20，步长 =3，p =0.01）

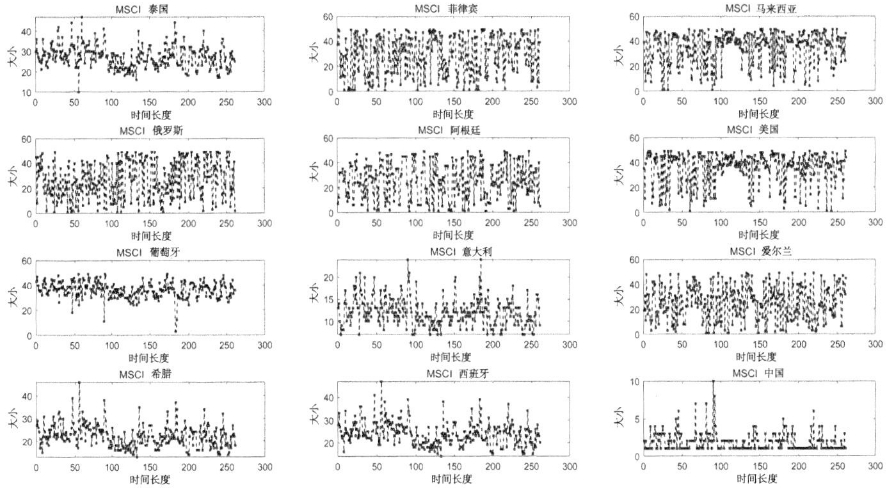

图 2 -8　利好信息传播网络 PageRank 值的动态排名（长度 =20，步长 =3，p =0.01）

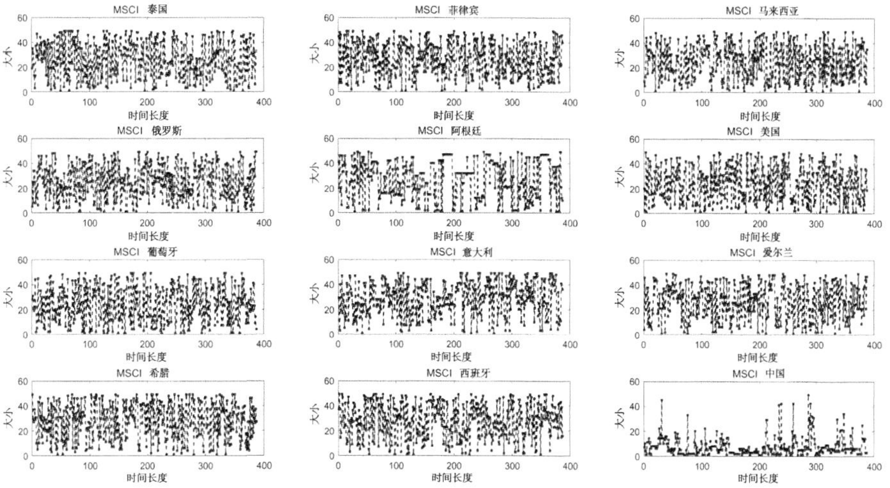

图 2－9　利空信息传播网络 PageRank 值的动态排名（长度 =30，步长 =2，p =0.05）

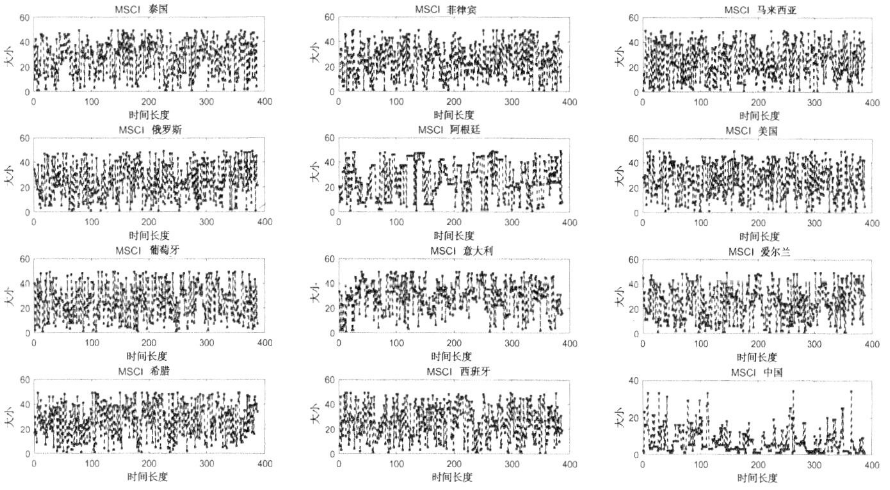

图 2－10　利好信息传播网络 PageRank 值的动态排名（长度 =30，步长 =2，p =0.05）

（2）更换数据集

在本部分，重新选取 67 只 MSCI 国家指数，构建 MSCI 指数数据集（二），具体国家指数详见附表 2－3，描述性统计如表 2－4 所示。从表 2－4 中可以看出，提取共有交易周之后，该数据集的最终起始时间为 2009 年 8 月 17 日，数据集的结束时间为 2019 年 8 月 5 日，共包含 518 个共有交易周、67

个利好信息序列和67个利空信息序列。利好信息序列的最大值为0.0563，最小值为0.0000，平均值为0.0028，标准差为0.0011。利空信息序列的最小值为-0.0894，最大值为0.0000，平均值为-0.0027，标准差为0.0013。

表2-4　MSCI指数数据集（二）的描述性统计

序列	个数	共有交易周	起始时间	结束时间	最大值	最小值	平均值	标准差
利好信息序列	67	518	2009年8月17日	2019年8月5日	0.0563	0.0000	0.0028	0.0011
利空信息序列	67	518	2009年8月17日	2019年8月5日	0.0000	-0.0894	-0.0027	0.0013

首先，在周度频率下，识别金融危机相关国家在信息传播网络中的系统中心性。每个窗口的长度设置为30（周），相邻两个窗口的步长设置为2（周），置信水平设置为p=0.01。主要国家的周度频率MSCI指数对数收益率分解的动态PageRank值如图2-11和图2-12所示。其中，图2-11是利空信息传播网络对应的PageRank值的动态排名，图2-12是利好信息传播网络对应的PageRank值的动态排名。横轴为滚动窗口，纵轴为PageRank值的排名。从图2-11和图2-12中可以看出，金融危机期间主要相关国家的PageRank值动态排名情况与2.3.3.2部分图2-1和图2-2基本一致。

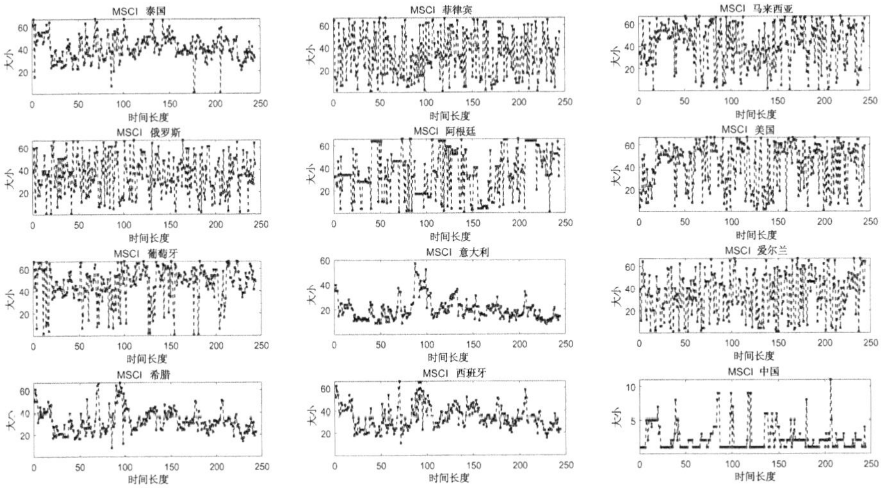

图2-11　利空信息传播网络PageRank值的动态排名（长度=30，步长=2，p=0.01）

其次，在日度频率下对MSCI指数数据集（二）进行稳健性检验。每个窗口的长度设置为30（周），两个相邻窗口的步长设置为2（周），置信水平

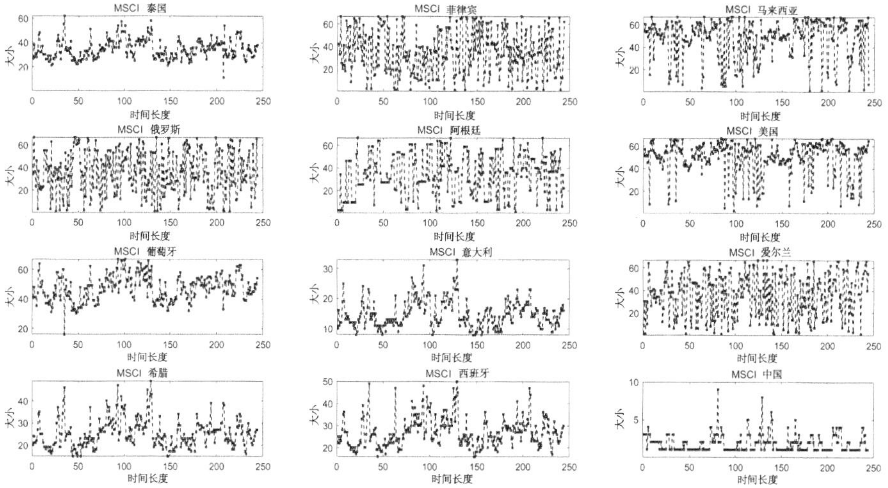

图 2－12　利好信息传播网络 PageRank 值的动态排名（长度＝30，步长＝2，p＝0.01）

设置为 p＝0.01。1995 年以来发生金融危机的 12 个主要相关国家的日度频率 MSCI 指数的 PageRank 值动态排名情况如图 2－13 所示。横轴为滚动窗口，纵轴为 PageRank 值的排名。从图 2－13 中可以看出，1995 年以来发生金融危机的 12 个主要相关国家的 PageRank 值的排名大部分在 1～67，呈不规则排列。稳健性检验结果与 2.3.3.2 部分的结果基本一致。

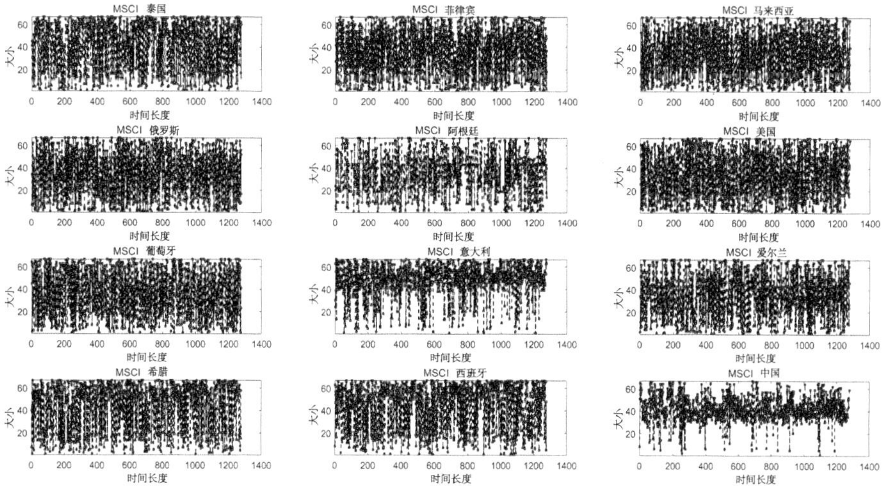

图 2－13　日度频率 MSCI 指数数据集（二）
PageRank 值动态的排名（长度＝30，步长＝2，p＝0.01）

2.3.4 研究结果讨论

在2.3.3小节中，本章对系统中心性与金融危机传染的相关关系进行了实证研究。一共分为三步：第一步，利用对数收益率分解模型，将股票收益率指数分解为利好信息和利空信息的冲击合成，然后使用线性格兰杰因果关系检验模型构建利好信息传播网络和利空信息传播网络。第二步，在构建好的信息传播网络中，利用PageRank算法识别相关国家的系统中心性。第三步，稳健性检验。将MSCI指数数据集中的实证结果与全球指数数据集、高频数据集中的结果进行对比，验证实证结果是否可靠。在本小节中，我们对2.3.3小节的实证结果进行讨论。

本章使用对数收益率分解模型对股票收益率指数进行分解，构建利好信息传播网络和利空信息传播网络。通过对金融危机国家在信息传播网络中的系统中心性识别，探究系统中心性与金融危机传染的相关关系。初步发现，无论在利好信息传播网络还是利空信息传播网络中，经历金融危机的11个主要相关国家的PageRank值排名均始终无明显规律，包括在金融危机期间和不发生金融危机期间。中国（不包含港澳台地区）在利好信息传播网络和利空信息传播网络中的PageRank值排名始终比较靠前。在此基础上，为确保实证结果的准确性，本章在全球股票指数数据集和日度频率数据集中，再次运用PageRank算法对主要相关国家的系统中心性进行排名，并与之前的实验结果进行对比。对比之后发现，与之前的实证结果类似，无论在利好信息传播网络还是在利空信息传播网络中，经历金融危机的11个主要相关国家的PageRank值排名均始终无明显规律，包括金融危机期间和不发生金融危机期间。中国（不包含港澳台地区）在信息传播网络中的PageRank值排名始终比较靠前。最后，我们通过以上分析论证得出两个较为重要的结论：通常情况下，在历次金融危机传染过程中相关国家在利好信息传播网络和利空信息传播网络中均不扮演系统中心性节点角色；在大多数情况下，中国（不包含港澳台地区）在利好信息传播网络和利空信息传播网络中均扮演着系统中心性节点角色。

2.4　结论与展望

2.4.1　研究结论与政策建议

金融危机与系统重要性金融机构的研究一直是学术界、监管部门和投资者关注的热点问题。股票市场通过信息传播构成一个网络，全球金融市场经历了数次危机。在历次金融危机的传染过程中，相关国家的股市是否扮演着系统中心性节点角色？本章对这一问题进行了探究。近几次金融危机的实证研究结果表明：通常情况下，在历次金融危机传染过程中，相关国家在利好信息传播网络和利空信息传播网络中均不扮演系统中心性节点角色；在大多数情况下，中国（不包含港澳台地区）在利好信息传播网络和利空信息传播网络中均扮演着系统中心性节点角色。通过这一实证检验结论我们得知：当金融危机发生时，金融危机相关国家与信息传播中心没有明显的内在联系，包括利好信息传播网络和利空信息传播网络。这一实证结论再次揭示了全球金融危机的错综复杂性和多面性。对于相关国家的股票市场在信息传播中发挥着怎样的作用，在利好信息和利空信息交织的金融市场环境中，充当信息传播中心的角色究竟是利大于弊还是弊大于利，目前学术界还没有一致的结论。我国以及世界各国监管部门都应最大限度地发挥其中的有利影响，并尽量避免由此产生的不利影响，提高金融市场抵御风险的能力，在金融全球化背景下，防范系统性金融风险的发生。

对此，本章提出如下政策与建议：

第一，在对金融机构进行监管时，考虑系统中心性的影响因素，逐步完善关于系统重要性机构的监管体系。金融稳定委员会对系统重要性金融机构的定义为：因为自身的规模、关联性和复杂程度，其无序的破产会对金融系统和经济活动的正常运行产生破坏。《巴塞尔协议Ⅲ》对金融机构资本充足率也提出了下限要求。可以看出，规模因素在金融机构系统重要性评估中十分重要。通过本章的研究我们发现，规模因素不是金融风险传染的唯一因素，系统中心性在一定程度上能够反映金融危机的传播。决策者可以在设计金融监管方案时利用系统中心性的度量方法识别系统重要性节点，分析系统中心性节点在金融危机传染过程中的作用并预测可能的结果。通过识别系统重要性节点，及时有效地配置资源，缩小系统性风险扩散的范围，减小危机带来的损失。因此，监管者可以考虑一个反映金融机构系统重要性的附加措施，逐步完善关于系统重要性机构的监管体系。

第二，加强监控国际股市异动，完善股票市场信息披露机制。通过探究系统中心性与金融危机传染的相关关系，我们发现，在利好信息和利空信息传播网络中，信息传播中心是不固定的。各国股票市场都有成为信息传播中心的可能，所以世界各国应加强对股票市场的监管。一方面，应该完善股票市场信息披露机制。信息传播是一把“双刃剑”。股票价格是市场中相关信息的及时反映。在一定程度上，利好信息可以稳住市场信心，有利于经济平稳运行；利空信息的传播在一定程度上容易引发公众恐慌。因此，世界各国应加强股票市场的信息披露机制建设，发挥信息传播的积极作用，防止负外部信息给国家内部股市造成负面效应。另一方面，应加强监控国际股市异动。金融危机的传导途径之一就是股市泡沫，加上避险情绪、资本流出等影响因素，股票市场走势更加不明确。世界各国应加强对与其联系密切国家的股票市场波动情况的关注，在危机发生时可以快速反应，截断或采取预防措施，以防止风险在各市场中的传递与蔓延。

第三，加强经济治理，营造良好的外部金融环境。从宏观层面看，全球经济下行的压力依然较大，金融领域的潜在风险正在不断积累。世界各国应结合政府自身的宏观调控能力，让财政政策手段与市场机制有机结合，发挥两种驱动作用。一方面，世界各国应重视宏观审慎监管策略，将金融体系化作一个整体，从宏观层面管理系统性风险。宏观审慎政策也是对货币政策的有益补充，二者能够相互协作以弥补监管漏洞，有效预防和化解潜在的系统性风险，维护金融稳定。另一方面，各国政府应积极引导金融机构利用系统中心性不断评估和调整自己的系统重要性地位。这样金融机构不仅可以节省额外资本要求的成本，还能够管理与其他金融机构的风险敞口。通过增强金融机构的直接融资作用，进一步支持实体经济，从而打通金融与实体经济循环的通道，以减轻经济下行时期资本流动对实体经济产生的冲击。

在特殊时期，世界各国休戚与共，每个国家都有责任采取积极措施进行预防和应对。各国各地区在推进金融开放的同时，应合作联手切实防范风险。营造良好的外部环境，提升公众对市场的信心。通过与微观经济金融主体积极配合，抵消经济危机带来的下行影响，防范系统性金融风险的发生。

2.4.2 展望

Barndorff - Nielsen 等（2008）与 Patton 和 Kerin（2015）提出已实现波动率分解模型，能够从高频数据集中提取信息序列[91, 92]。相比于已实现波动率分解模型，对数收益率分解模型能够从低频数据集中提取利好信息序列与利空信息序列，具有一定的普适性。本章的实证研究部分也证明了这一点。在接下来的研究中，将着重进行以下两点探索：第一，在高频数据集中对比分析对数收益率分解模型和已实现波动率分解模型的结果；第二，在公司层面验证实证结果。

本章小结

股票市场通过信息传播构成一个网络，不同市场在网络中扮演着不同的角色。识别网络中系统重要性节点，能够帮助金融监管部门和投资者有效地配置资源。系统中心性节点是一类系统重要性节点。全球金融市场经历了数次危机，那么，在历次金融危机的传染过程中，相关国家是否扮演了系统中心性节点角色？

本章基于对数收益率分解模型，将股票收益率分解为利好信息与利空信息的冲击合成，构建利好信息传播网络和利空信息传播网络。通过识别金融危机传染相关国家在两种信息传播网络的系统中心性，探究系统中心性与金融危机传染的相关关系。首先，本章收集了最高价、最低价、开盘价与收盘价以及它们出现的时间，使用对数收益率分解模型将股票收益率分解为利好信息序列和利空信息序列；其次，为了从动态角度研究系统中心性节点的特征，将利好信息序列和利空信息序列划分为滚动窗口；再次，在每个滚动窗口利用线性格兰杰因果关系检验模型构建动态信息传播网络；最后，使用 PageRank 算法对相关国家在两种信息传播网络中的系统中心性进行识别。实证检验结果表明：通常情况下，在历次金融危机传染过程中，相关国家在利好信息传播网络和利空信息传播网络中均不扮演系统中心性节点角色。在大多数情况下，中国（不包含港澳台地区）在利好信息传播网络和利空信息传播网络中均扮演着系统中心性节点角色。

附　录

附表 2-1　MSCI 指数数据集（一）

序号	国家/地区	MSCI 指数	起始日期
1	阿根廷	MSCI 阿根廷	1994 年 5 月 31 日
2	埃及	MSCI 埃及	1994 年 12 月 30 日
3	爱尔兰	MSCI 爱尔兰	1987 年 12 月 31 日
4	奥地利	MSCI 奥地利	1969 年 12 月 31 日
5	澳大利亚	MSCI 澳大利亚	1994 年 5 月 31 日
6	巴基斯坦	MSCI 巴基斯坦	1994 年 5 月 31 日
7	巴西	MSCI 巴西	1987 年 12 月 31 日
8	比利时	MSCI 比利时	1994 年 5 月 31 日
9	波兰	MSCI 波兰	1994 年 5 月 31 日
10	丹麦	MSCI 丹麦	1969 年 12 月 31 日
11	德国	MSCI 德国	1994 年 5 月 31 日
12	俄罗斯	MSCI 俄罗斯	1994 年 12 月 30 日
13	法国	MSCI 法国	1994 年 5 月 31 日
14	菲律宾	MSCI 菲律宾	1994 年 5 月 31 日
15	芬兰	MSCI 芬兰	1981 年 12 月 31 日
16	哥伦比亚	MSCI 哥伦比亚	1992 年 12 月 31 日
17	韩国	MSCI 韩国	1994 年 5 月 31 日
18	荷兰	MSCI 荷兰	1994 年 5 月 31 日
19	加拿大	MSCI 加拿大	1969 年 12 月 31 日
20	捷克	MSCI 捷克	1994 年 12 月 30 日
21	马来西亚	MSCI 马来西亚	1994 年 5 月 31 日
22	美国	MSCI 美国	1969 年 12 月 31 日
23	秘鲁	MSCI 秘鲁	1994 年 5 月 31 日
24	摩洛哥	MSCI 摩洛哥	1994 年 12 月 30 日
25	墨西哥	MSCI 墨西哥	1987 年 12 月 31 日
26	南非	MSCI 南非	1994 年 5 月 31 日
27	挪威	MSCI 挪威	1969 年 12 月 31 日
28	葡萄牙	MSCI 葡萄牙	1987 年 12 月 31 日

续表

序号	国家/地区	MSCI 指数	起始日期
29	日本	MSCI 日本	1981 年 12 月 31 日
30	瑞典	MSCI 瑞典	1994 年 5 月 31 日
31	瑞士	MSCI 瑞士	1981 年 12 月 31 日
32	斯里兰卡	MSCI 斯里兰卡	1994 年 5 月 31 日
33	中国台湾	MSCI 中国台湾	1994 年 5 月 31 日
34	泰国	MSCI 泰国	1994 年 5 月 31 日
35	土耳其	MSCI 土耳其	1994 年 5 月 31 日
36	西班牙	MSCI 西班牙	1994 年 5 月 31 日
37	希腊	MSCI 希腊	1987 年 12 月 31 日
38	中国香港	MSCI 中国香港	1981 年 12 月 31 日
39	新加坡	MSCI 新加坡	1981 年 12 月 31 日
40	新西兰	MSCI 新西兰	1994 年 5 月 31 日
41	匈牙利	MSCI 匈牙利	1994 年 12 月 30 日
42	以色列	MSCI 以色列	1994 年 5 月 31 日
43	意大利	MSCI 意大利	1981 年 12 月 31 日
44	印度	MSCI 印度	1994 年 5 月 31 日
45	印度尼西亚	MSCI 印度尼西亚	1994 年 5 月 31 日
46	英国	MSCI 英国	1994 年 5 月 31 日
47	约旦	MSCI 约旦	1994 年 5 月 31 日
48	智利	MSCI 智利	1987 年 12 月 31 日
49	中国 （不包含港澳台地区）	MSCI 中国	1994 年 5 月 31 日

附表 2－2　全球指数数据集

序号	国家/地区	全球指数	起始日期
1	阿根廷	阿根廷 MERV	1988 年 1 月 4 日
2	爱尔兰	爱尔兰 ISEQ	1987 年 1 月 2 日
3	奥地利	奥地利 ATX	1986 年 1 月 8 日
4	澳大利亚	澳大利亚 AORD	1979 年 12 月 31 日
5	巴西	巴西 IBOVESPA	1990 年 1 月 2 日
6	比利时	比利时 BFX	1991 年 1 月 2 日

续表

序号	国家/地区	全球指数	起始日期
7	波兰	波兰 WIG	1991年4月16日
8	丹麦	丹麦 KAX	1989年12月4日
9	德国	德国 GDAXI	1959年10月5日
10	俄罗斯	俄罗斯 RTS	1995年9月4日
11	法国	法国 FCHI	1987年7月9日
12	菲律宾	菲律宾 PSI	1987年1月5日
13	芬兰	芬兰 HEX	1987年1月5日
14	韩国	韩国 KS11	1980年1月4日
15	荷兰	荷兰 AEX	1983年1月10日
16	加拿大	加拿大 GSPTSE	1919年1月1日
17	捷克	捷克 PX	1994年4月11日
18	黎巴嫩	黎巴嫩 BLOM	1996年1月22日
19	马来西亚	马来西亚 KLSE	1977年1月10日
20	美国	美国 DJI	1900年1月8日
21	墨西哥	墨西哥 MXX	1991年11月11日
22	挪威	挪威 OSEAX	1996年1月8日
23	葡萄牙	葡萄牙 BVLX	1988年1月5日
24	日本	日本 N225	1970年1月12日
25	瑞典	瑞典 OMXSPI	1980年3月31日
26	瑞士	瑞士 SSMI	1988年7月1日
27	沙特阿拉伯	沙特阿拉伯 SASEIDX	1994年1月31日
28	泰国	泰国 SETI	1987年7月6日
29	土耳其	土耳其 XU100	1988年1月4日
30	委内瑞拉	委内瑞拉 IBVC	1993年12月30日
31	西班牙	西班牙 IBEX	1987年1月12日
32	希腊	希腊 ASE	1987年1月5日
33	新加坡	新加坡 STI	1988年1月4日
34	新西兰	新西兰 NZSE	1992年3月30日
35	匈牙利	匈牙利 BUX	1991年1月2日
36	以色列	以色列 TA100	1992年1月6日
37	意大利	MSCI 意大利	1982年1月20日

续表

序号	国家/地区	全球指数	起始日期
38	印度	印度 SENSEX	1979 年 4 月 9 日
39	印度尼西亚	印度尼西亚 JKSE	1983 年 4 月 11 日
40	英国	英国 FTSE	1984 年 1 月 9 日
41	智利	智利 IPSA	1989 年 1 月 2 日
42	中国 （不包含港澳台地区）	上证综指	1990 年 12 月 24 日
43	中国台湾	中国台湾加权 TWII	1967 年 1 月 9 日
44	中国香港	中国香港恒生 HSI	1964 年 8 月 31 日

附表 2-3　MSCI 指数数据集（二）

序号	国家/地区	MSCI 指数	起始日期
1	阿根廷	MSCI 阿根廷	1994 年 5 月 31 日
2	阿拉伯联合酋长国	MSCI 阿拉伯联合酋长国	2005 年 5 月 31 日
3	阿曼	MSCI 阿曼	2005 年 5 月 31 日
4	埃及	MSCI 埃及	1994 年 12 月 30 日
5	爱尔兰	MSCI 爱尔兰	1987 年 12 月 31 日
6	爱沙尼亚	MSCI 爱沙尼亚	2002 年 5 月 31 日
7	奥地利	MSCI 奥地利	1969 年 12 月 31 日
8	澳大利亚	MSCI 澳大利亚	1994 年 5 月 31 日
9	巴基斯坦	MSCI 巴基斯坦	1994 年 5 月 31 日
10	巴林	MSCI 巴林	2005 年 5 月 31 日
11	巴西	MSCI 巴西	1987 年 12 月 31 日
12	保加利亚	MSCI 保加利亚	2005 年 5 月 31 日
13	比利时	MSCI 比利时	1994 年 5 月 31 日
14	波兰	MSCI 波兰	1994 年 5 月 31 日
15	丹麦	MSCI 丹麦	1969 年 12 月 31 日
16	德国	MSCI 德国	1994 年 5 月 31 日
17	俄罗斯	MSCI 俄罗斯	1994 年 12 月 30 日
18	法国	MSCI 法国	1994 年 5 月 31 日
19	菲律宾	MSCI 菲律宾	1994 年 5 月 31 日
20	芬兰	MSCI 芬兰	1981 年 12 月 31 日

续表

序号	国家/地区	MSCI 指数	起始日期
21	哥伦比亚	MSCI 哥伦比亚	1992 年 12 月 31 日
22	哈萨克斯坦	MSCI 哈萨克斯坦	2005 年 11 月 30 日
23	韩国	MSCI 韩国	1994 年 5 月 31 日
24	荷兰	MSCI 荷兰	1994 年 5 月 31 日
25	加拿大	MSCI 加拿大	1969 年 12 月 31 日
26	捷克	MSCI 捷克	1994 年 12 月 30 日
27	卡塔尔	MSCI 卡塔尔	2005 年 5 月 31 日
28	科威特	MSCI 科威特	2005 年 5 月 31 日
29	克罗地亚	MSCI 克罗地亚	2002 年 5 月 31 日
30	肯尼亚	MSCI 肯尼亚	2002 年 5 月 31 日
31	黎巴嫩	MSCI 黎巴嫩	2002 年 5 月 31 日
32	罗马尼亚	MSCI 罗马尼亚	2005 年 11 月 30 日
33	马来西亚	MSCI 马来西亚	1994 年 5 月 31 日
34	毛里求斯	MSCI 毛里求斯	2002 年 5 月 31 日
35	美国	MSCI 美国	1969 年 12 月 31 日
36	秘鲁	MSCI 秘鲁	1994 年 5 月 31 日
37	摩洛哥	MSCI 摩洛哥	1994 年 12 月 30 日
38	墨西哥	MSCI 墨西哥	1987 年 12 月 31 日
39	南非	MSCI 南非	1994 年 5 月 31 日
40	尼日利亚	MSCI 尼日利亚	2002 年 5 月 31 日
41	挪威	MSCI 挪威	1969 年 12 月 31 日
42	葡萄牙	MSCI 葡萄牙	1987 年 12 月 31 日
43	日本	MSCI 日本	1981 年 12 月 31 日
44	瑞士	MSCI 瑞士	1994 年 5 月 31 日
45	瑞典	MSCI 瑞典	1981 年 12 月 31 日
46	斯里兰卡	MSCI 斯里兰卡	1994 年 5 月 31 日
47	斯洛文尼亚	MSCI 斯洛文尼亚	2002 年 5 月 31 日
48	中国台湾	MSCI 中国台湾	1994 年 5 月 31 日
49	泰国	MSCI 泰国	1994 年 5 月 31 日
50	突尼斯	MSCI 突尼斯	2004 年 5 月 31 日
51	土耳其	MSCI 土耳其	1994 年 5 月 31 日

续表

序号	国家/地区	MSCI 指数	起始日期
52	乌克兰	MSCI 乌克兰	2006 年 5 月 31 日
53	西班牙	MSCI 西班牙	1994 年 5 月 31 日
54	希腊	MSCI 希腊	1987 年 12 月 31 日
55	中国香港	MSCI 中国香港	1981 年 12 月 31 日
56	新加坡	MSCI 新加坡	1981 年 12 月 31 日
57	新西兰	MSCI 新西兰	1994 年 5 月 31 日
58	匈牙利	MSCI 匈牙利	1994 年 12 月 30 日
59	以色列	MSCI 以色列	1994 年 5 月 31 日
60	意大利	MSCI 意大利	1981 年 12 月 31 日
61	印度	MSCI 印度	1994 年 5 月 31 日
62	印度尼西亚	MSCI 印度尼西亚	1994 年 5 月 31 日
63	英国	MSCI 英国	1994 年 5 月 31 日
64	约旦	MSCI 约旦	1994 年 5 月 31 日
65	越南	MSCI 越南	2006 年 11 月 30 日
66	智利	MSCI 智利	1987 年 12 月 31 日
67	中国（不包含港澳台地区）	MSCI 中国	1994 年 5 月 31 日

参考文献

[1]蒋志平，田益祥，杜学锋．中国与欧美金融市场间传染效应的动态演变——基于欧债危机与次贷危机的比较分析[J]．管理评论，2014，26(8)：63－73.

[2]周小川．金融政策对金融危机的响应——宏观审慎政策框架的形成背景、内在逻辑和主要内容[J]．金融研究，2011(1)：5－18.

[3]范奎，赵秀娟，汪寿阳．全球主要股市间信息溢出的变异性研究[J]．管理科学学报，2010，13(9)：87－97.

[4]鲍勤，孙艳霞．网络视角下的金融结构与金融风险传染[J]．系统工程理论与实践，2014，34(9)：2202－2211.

[5]郭白滢，周任远．信息互动、投资决策与股票价格——基于机构投资者信息网络的分析[J]．金融研究，2019，472(10)：188－206.

[6]蔡向高，邓可斌．无消息即坏消息：中国股市的信息不对称[J]．管理科学学报，

2019, 22(4): 75 -91.

[7]V. V. Acharya, H. L. Pedersen, T. Philippon, et al. Measuring systemic risk[J]. The Review of Financial Studies, 2016(30): 2 -47.

[8] A. Haldane, R. May. Systemic risk in banking ecosystems [J]. Nature, 2011, 469 (7330): 351 -355.

[9]P. Bongini, L. Nieri, M. Pelagatti. The importance of being systemically important financial institutions[J]. Journal of Banking & Finance, 2015(50): 562 -574.

[10]D. Bisias, M. Flood, W. A. Lo, et al. A survey of systemic risk analytics[J]. Annual Review of Financial Economics, 2012, 4(76): 119 -131.

[11]O. De Bandt, P. Hartmann. Systemic risk: A survey[R]. Frankfurt: European Central Bank Working Paper, 2000(35): 1 -77.

[12]黄玮强，郭慧敏，姚爽. 尾部风险网络视角下的金融机构系统性风险贡献研究[J]. 运筹与管理, 2016, 28(3): 118 -126.

[13]L. Fang, J. Cheng, F. Su. Interconnectedness and systemic risk: A comparative study based on systemically important regions[J]. Pacific -Basin Finance Journal, 2019(54): 147 -158.

[14]V. Acharya, R. Engle. Capital shortfall: A new approach to ranking and regulating systemic risks[J]. American Economic Review, 2012: 59 -64.

[15]陆静，胡晓红. 基于规模视角的系统重要性银行研究[J]. 系统工程理论与实践, 2014, 34(8): 1953 -1962.

[16]BCBS. Global systemically important banks: Assessment methodology and the additional loss absorbency requirement[R]. Basel Committee on Banking Supervision Consultative Document, 2011.

[17]P. Molyneux, K. Schaeck, T. M. Zhou. Too systemically important to fail' in banking -Evidence from bank mergers and acquisitions[J]. Journal of International Money and Finance, 2014 (49): 258 -282.

[18]F. Moshirian. The future and dynamics of global systemically important banks [J]. Journal of Banking & Finance, 2012, 36(10): 2675 -2679.

[19]K. Ueda, B. W. Mauro. Quantifying structural subsidy values for systemically important financial institutions[J]. Journal of Banking & Finance, 2013, 37(10): 3830 -3842.

[20]U. O. Osili, A. Paulson. Crises and confidence: Systemic banking crises and depositor behavior[J]. Journal of Financial Economics, 2014, 111(3): 646 -660.

[21]F. Vallascas, K. Keasey. Bank resilience to systemic shocks and the stability of banking

systems:Small is beautiful[J]. Journal of International Money & Finance, 2012(5): 1745 - 1776.

[22]G. N. F. Weiss, D. Bostandzic, S. Neumann. What factors drive systemic risk during international financial crises? [J]. Journal of Banking & Finance, 2014, 41(4): 78 - 96.

[23] López - Espinosa, et al. Good for one, bad for all: Determinants of individual versus systemic risk[J]. Journal of Financial Stability, 2013, 9(3): 287 - 299.

[24] G. Lopez - Espinosa, A. Moreno, A. Rubia. Short-term wholesale funding and systemic risk: A global CoVaR approach[J]. Journal of Banking & Finance, 2012, 36(12): 3150 - 3162.

[25]I. Aldasoro, D. D. Gatti, E. Faia. Bank networks: Contagion, systemic risk and prudential policy[J]. Journal of Economic Behavior & Organization, 2017(142): 164 - 188.

[26]G. Michael. Efficiency and stability of a financial architecture with too interconnected to fail institutions[J]. Journal of Financial Economics, 2012, 124(1): 113 - 146.

[27]范小云，王道平，刘澜飚．规模、关联性与中国系统重要性银行的衡量[J]．金融研究，2012(11): 16 - 30.

[28]P. Glasserman, H. Young. How likely is contagion in financial networks? [J]. Journal of Banking & Finance, 2014(1): 383 - 399.

[29]李政，梁琪，涂晓枫．我国上市金融机构关联性研究——基于网络分析法[J]．金融研究，2016(8): 95 - 110.

[30]C. Eun, S. Shim. International transmission of stock market movements[J]. Journal of Financial and Quantitative Analysis, 1989(24): 241 - 256.

[31] P. Theodossiou, U. Lee. Mean and volatility spillovers across major national stock markets: Further empirical evidence[J]. Journal of Financial Research, 1993, 16(4): 337 - 350.

[32]M. B. S. Mandigma. Stock market linkages among the ASEAN5 + 3 countries and US: Further evidence[J]. Management & Administrative Sciences Review, 2014, 3(1): 53 - 68.

[33]M. D. Maggio, A. Kermani, Z. Song. The value of trading relations in turbulent times [J]. Journal of Financial Economics, 2017, 124(2): 266 - 284.

[34]A. Spelta, N. Pecora, P. R. Kaltwasser. Identifying systemically important banks: A temporal approach for macroprudential policies [J]. Journal of Policy Modeling, 2019, 41 (1): 197 - 218.

[35]M. Tumminello, T. Aste, T. D. Matteo. A tool for filtering information in complex systems [J]. Proceedings of the National Academy of Sciences of the United States of America, 2005, 102 (30): 10421 - 10426.

[36]S. Cheong, Ann. The Japanese economy in crises: A time series segmentation study [J].

Ssrn Electronic Journal, 2012, 6(5): 1 -81.

[37]Benjamin, M. Tabak. Topological properties of stock market networks: The case of Brazil [J]. Physica A: Statistical Mechanics and its Applications, 2010, 389(16): 3240 -3249.

[38]A. Alexia. Testing for financial contagion: New evidence from the Greek crisis and yuan devaluation[J]. Research in International Business and Finance, 2018(45): 499 -511.

[39] L. Yarovaya, B. Janusz, K. M. L. Chi. Asymmetry in spillover effects: Evidence for international stock index futures markets [J]. International Review of Finacial Analysis, 2017 (53): 94 -111.

[40] S. Kundu, N. Sarkar. Return and volatility interdependences in up and down markets across developed and emerging countries [J]. Research in International Business and Finance, 2016, 36(1): 297 -311.

[41]B. Rafiqul, G. R. Mohammad, T. Bakhtear, et al. Information transmission and dynamics of stock price movements: An empirical analysis of BRICS and US stock markets[J]. International Review of Economics and Finance, 2016(46): 180 -195.

[42]S. Battiston, M. Puliga, R. Kaushik, et al. DebtRank: Too Central to Fail? Financial networks, the FED and systemic risk[J]. Scientific Reports, 2012(2): 1 -6.

[43]高波，任若恩．基于 Granger 因果网络模型的金融机构系统重要性评估[J]．管理评论，2013(6)：5 -12,60.

[44]李岸，粟亚亚，乔海曙．中国股票市场国际联动性研究——基于网络分析方法[J]．数量经济技术经济研究，2016(8)：113 -127.

[45]F. Allen, A. Babus. Networks in finance[J]. Network - based Strategies and Competencies, 2009, 6(1): 383 -419.

[46] S. Battiston, J. D. Farmer, A. Flache, et al. Complexity theory and financial regulation [J]. Science, 2016, 351(6275): 818 -819.

[47]N. Erlend, J. Yang, T. Yorulmazer, et al. Network models and financial stability [J]. Journal of Economic Dynamics and Control, 2007, 31(6): 2033 -2060.

[48]S. Erol, G. Ordonez. Network reactions to banking regulations[J]. Journal of Monetary Economics, 2017(89): 51 -67.

[49]S. K. Mohanty, A. Akhigbe, A. Basheikh, et al. U. R. the Dodd - Frank Act and Basel Ⅲ: Market-based risk implications for global systemically important banks[J]. Journal of Multinational Financial Management, 2018(47 -48): 91 -109.

[50]张来军，杨治辉，路飞飞．基于复杂网络理论的股票指标关联性实证分析[J]．中

国管理科学, 2014, 22(12): 85-92.

[51]S. C. Moenninghoff, S. Ongena, A. Wieandt. The perennial challenge to counter Too-Big-to-Fail in banking: Empirical evidence from the new international regulation dealing with Global Systemically Important Banks[J]. Journal of Banking & Finance, 2015(61): 221-236.

[52]Kupiec, P. Wallison. Can the "Single Point of Entry" strategy be used to recapitalize a systemically important failing bank? [J]. Journal of Financial Stability, 2015(20): 184-197.

[53]B. Monica, G. Mila, A. W. Lo, et al. Econometric measures of connectedness and systemic risk in the finance and insurance sectors[J]. Journal of Financial Economics, 2012(104): 535-559.

[54]Merton, M. Billio, M. Getmansky, et al. On a new approach for analyzing and managing macrofinancial risks[J]. Financial Analysts Journal, 2013, 69(2): 22-33.

[55]P. Gottardi, F. Vega-Redondo, A. Cabrales. Risk sharing and contagion in networks[J]. Social Science Electronic Publishing, 2014, 30(9): 3086-3127.

[56]M. Elliott, B. Golub, M. O. Jackson. Financial networks and contagion[J]. Social Science Electronic Publishing, 2012, 104(10): 3115-3153.

[57]D. Acemoglu, A. Ozdaglar, Tahbaz-Salehi, A. Systemic risk and stability in financial networks[J]. Nber Working Papers, 2015, 105(2): 564-608.

[58]S. Varotto, L. Zhao. Systemic risk and bank size[J]. Journal of International Money and Finance, 2018(82): 45-70.

[59]贾彦东. 金融机构的系统重要性分析——金融网络中的系统风险衡量与成本分担[J]. 金融研究, 2011(10): 21-37.

[60]王林, 张婧婧. 复杂网络的中心化[J]. 复杂系统与复杂性科学, 2006(1): 13-20.

[61]S. Poledna, L. J. Molina-Borboa, Martinez-Jaramillo S., et al. The multi-layer network nature of systemic risk and its implications for the costs of financial crises[J]. Journal of Financial Stability, 2015(20): 70-81.

[62]Kanno, Masayasu. Assessing systemic risk using interbank exposures in the Global Banking System[J]. Journal of Financial Stability, 2015(20): 105-130.

[63]T. S. Yun, D. Jeong, S. Park. Too central to fail systemic risk measure using PageRank algorithm[J]. Journal of Economic Behavior and Organization, 2019(162): 251-272.

[64]C. Castro, S. Ferrari. Measuring and testing for the systemically important financial institutions[J]. Journal of Empirical Finance, 2014(25): 1-14.

[65]李智，牛晓健．具有货币中心结构的银行网络模型研究[J]．管理评论，2018，30(4)：12－19.

[66]R. Iyer, J. L. Peydró. Interbank contagion at work: Evidence from a natural experiment [J]. Review of Financial Studies, 2011, 24(4): 1337－1377.

[67]Alexis, Derviz. Collateral composition, diversification risk, and systemically important merchant banks[J]. Journal of Financial Stability, 2014(14): 23－24.

[68]D. Kevin, S. Akhter. Contagion risk for Australian banks from global systemically important banks: Evidence from extreme events[J]. Economic Modelling, 2017(63): 191－205.

[69]Y. Z. Yao, J. P. Li, X. Q. Zhu, et al. Expected default based score for identifying systemically important banks[J]. Economic Modelling, 2017(64): 589－600.

[70]C. Giovanni. CDX and iTraxx and their relation to the systemically important financial institutions: Evidence from the 2008－2009 financial crisis[J]. Journal of International Financial Markets, Institutions & Money, 2014, 32(9): 20－37.

[71]M. Dungey, S. Hurn, S. Shi, et al. Information flow in times of crisis: The case of the european banking and sovereign sectors[J]. Econometrics, 2019, 7(1): 1－20.

[72]L. B. Fang, B. Chen, H. Yu, et al. Identifying systemic important markets from a global perspective: Using the ADCC Δ CoVaR approach with skewedt distribution[J]. Finance Research Letters, 2018(24): 137－144.

[73]H. H. Yu, D. L. Du, L. B. Fang, et al. Risk contribution of crude oil to industry stock returns[J]. International Review of Economics and Finance, 2018(58): 179－199.

[74] Y. Gao, L. Scott, X. Wang. Capital markets' assessment of the economic impact of the Dodd-Frank Act on systemically important financial firms[J]. Journal of Banking & Finance, 2018(86): 204－223.

[75]L. Emmanuel, S. Wasserman, F. Katherine. Social network analysis: Methods and applications[J]. Revue Française De Sociologie, 1995, 36(4): 781.

[76]L. C. Freeman. Centrality in social networks'conceptual clarification[J]. Social Networks, 1979, 1(3): 215－239.

[77] K. Soramaki, S. Cook. Sinkrank : An algorithm for identifying systemically important banks in payment systems[J]. Economics, 2013, 7(3): 111－125.

[78] S. Thurner, S. Poledna. DebtRank-transparency: Controllling systemic risk in financial networks[J]. Scientific Reports, 2013, 3(1): 1888.

[79]T. U. Kuzubas, I. Omercikoglu, Saltoglu B. Network centrality measures and syetem risk:

An application to the Turkish financial crisis[J]. Physica A, 2014(405): 203 -215.

[80]徐超. 系统重要性金融机构识别方法综述[J]. 国际金融研究, 2011(11): 59 -66.

[81]陈守东, 王妍. 我国金融机构的系统性金融风险评估——基于极端分位数回归技术的风险度量[J]. 中国管理科学, 2014, 22(7): 10 -17.

[82]程棵, 陆凤彬, 杨晓光. 次贷危机传染渠道的空间计量[J]. 系统工程理论与实践, 2012, 32(3): 483 -494.

[83]F. Fama, B. G. Malkiel. Efficient capital markets: A review of theory and empirical work [J]. Journal of Finance, 1970, 25(2): 383 -417.

[84]S. Borjigin, Y. Yang, X. Yang, et al. Econometric testing on linear and nonlinear dynamic relation between stock prices and macroeconomy in China[J]. Physica A, 2018(493): 107 -115.

[85]C. Granger. Investgating causal ralations by econometric models and cross-specteal methods[J]. Econometrica, 1969(37): 424 -438.

[86]L. Page, S. Brin, R. Motwani, et al. The PageRank citation ranking: Bringing order to the web[J]. Stanford InfoLab, 1999.

[87]F. A. Massucci, D. Docampo. Measuring the academic reputation through citation networks via PageRank[J]. Journal of Informetrics, 2019, 13(1): 185 -201.

[88]R. S. Wills. Google's pagerank[J]. Math Intelligencer, 2006(28): 6 -11.

[89] T. Sen, D. K. Chaudhary. Contrastive study of Simple PageRank, HITS and Weighted PageRank algorithms: Review[J]. International Conference on Cloud Computing, Data Science & Engineering Confluence, 2017: 721 -727.

[90]V. Nicosia, R. Criado, M. Romance, et al. Controllingcentrality in complex networks [J]. Science Report, 2012.

[91]O. E. Barndorff-Nielsen, S. Kinnebrock, Shephard, N. Measuring downside risk - realised semivariance[J]. Social science Electronic Publishing, 2008(1): 1 -21.

[92]A. J. Patton, S. Kevin. Good volatility, bad volatility: Signed jumps and the persistence of volatility[J]. Review of Economics and Statistics, 2015, 3(97): 683 -697.

第 3 章
经济政策不确定性对我国股票收益率的影响

3.1 绪　论

3.1.1 选题背景和意义

在我国从计划经济转变为市场经济的过程中，资源配置主要依赖于市场，在此期间，我国政府不仅要保持经济的稳定，同时要保持经济的增长，面临着双重挑战。与一些西方发达国家不同的是，中国政府在经济运行中扮演着更加重要的角色。虽然我国一直以来在强调简政放权，但政府仍然干预着我国的资源配置和经济运行情况，并且对其有很强的调控能力。我国沪、深两大证券交易所分别于 1990 年年底和 1991 年年初成立，截至 2019 年年底，共计有 3584 家上市公司在我国两大交易所上市，股票筹资额达 11378 亿元，总市值达到 434924. 03 亿元。我国股票市场的规模因为市场化改革进程的推进也在不断加大，近 5 年来，“牛熊市”交替出现数次，使得我国股票市场极不稳定，政府出台的相应经济政策也出现不确定的情况。与此同时，世界各国的经济政策和走势均出现不确定现象。然而与西方发达国家相比较，当前我国仍然处于经济转型期，经济的发展在很大程度上仍然较多地依赖外部的干预，无法依靠自身的市场调节机制来实现目标。与此同时，国家在调整改变我国经济政策时的成本较低，这越发加重了我国经济的不确定程度，使我国股票出现明显的“政策市”特征。因此，当前越来越多的国内外专家学者们开始对我国经济政策不确定性所产生的影响进行研究。

从实践背景来看，2015 年以来，在国内外存在诸多不确定性的环境下，我国经济政策不确定性的变动较为频繁。变动的主要原因有国内、国外两个方面。国内方面的影响主要是由于我国政府出台多项政策导致股票价格波动剧烈，如 2015 年我国出现产能过剩的问题，政府对内进行债务置换，推行供给侧结构性改革，继续推行积极的经济政策，对外扩大外需。2016 年开始实施“三去一降一补”的相关政策，更加强调“降杠杆”，人民币也在当年正式加入“一揽子”货币。2017 年是金融严监管年，房地产行业迎来史上最严调控力度，政府发布了一系列资管新规意见稿。2019 年我国设立了科创板，加速推进了注册制改革，我国资本市场功能得到进一步提升。国外方面的影响则是外部因素导致的经济政策不确定性，包括 2018 年以来的中美贸易摩擦以及英国脱欧等国际事件的影响。2018 年上半年，美国宣布对我国加征关税，相应地，我国也制定了一系列税收政策。2019 年我国与美国积极进行贸易磋商，在两国的共同努力下，双方在平等互利的基础上就中美经贸协定第一阶段的协议达成了共识。这些内外部因素共同决定着我国经济政策不确定性指数的大小。中美贸易摩擦对中美两国乃至世界经济的影响都是极其巨大的，给我国的经济带来了巨大的不确定性。同时，中美贸易摩擦导致的经济政策不确定性也吸引了投资者、学术研究人员和决策者的注意。这些不确定性事件均对我国的股票市场产生了影响。

从学术背景来看，风险可以从狭义和广义两个角度来看，分别指的是发生损失的可能性与事件的不确定性。如果某一事件一定发生，不确定性是不会出现的，即风险是不会发生的。一件事情在未来不能被预测出来时可以被称为经济政策不确定性，也是一种系统性风险。由 CAPM 可知，风险是影响股票收益的因素，风险包括系统性风险和非系统性风险两部分，因而经济政策不确定性引发的系统性风险与股票收益是存在关联的。本章将对二者的影响进行研究。用经济政策不确定性指数作为不确定性的量化指标，具体探讨其如何对股票产生影响。在研究时，本章对沪市与深市两大证券交易市场进行对比研究，分析经济政策不确定性如何影响各自市场收益率，以便更好地、因地制宜地进行管理。

就我国而言，我国的证券市场发展历程相对于发达国家来说还比较短，因此，相关的市场标准、制度和相关理论还不够成熟，我国经济政策不确定性水平由于国内和国际的经济形势不确定性的影响极不稳定。如表 3－1 所示，通过对每年的经济政策不确定性指数进行算术平均后发现，自 2015 年起，经济政策不确定性指数偏高，对股票市场必然会产生影响。随着股票市场规模的扩大，我们有必要对股票市场进行一些理论与实证方面的研究，从而对股市的现状和未来进行分析，并相应地给出合理的建议。本章通过对二者的研究，探究其影响机制，以推动证券市场又好又快的发展和规范证券市场的秩序，同时，也为政策制定者、企业管理者和投资者提供更加合理的建议，丰富投资者的投资依据和投资策略。

表 3－1　2013—2019 年经济政策不确定性指数

年份	2013	2014	2015	2016	2017	2018	2019
指数	113.8974	123.6349	181.2866	364.8328	363.874	460.4698	791.8737

现有研究中关于股票收益率的影响大多从企业方面入手，少有从经济政策不确定性方面来研究。经济政策不确定性作为一种系统性风险[2]，会对股票收益率产生影响，但这种相关关系究竟是正相关、负相关还是不确定，现在学术界还未能给出一致的答案。同时，少有研究者对控股股东的性质进行细化研究并对不同的行业进行分类来研究二者的影响。因此，将理论与实际进行结合，将经济政策不确定性与我国证券市场结合进行分析，让政府与市场更加有效地达到经济发展的目的，同时对目前的研究进行拓展，有利于我国股票市场的长远发展。

我国的股票市场自 20 世纪 90 年代建立到现在，一直处在快速发展的进程中，但将其与西方发达的证券市场相比较，还存在诸多不足之处，比如一些证券方面的法律法规仍然不够完善，政府对市场干预偏多，监管方面也存在不足之处。自从 2008 年金融危机发生后，世界各国都开始促进本国经济的恢复，包括我国政府，采取了一系列促进经济发展的政策，对在危机中受到重创的行业进行扶持。但政府干预并不是越多越好，政策的频繁变动会让投资者对未来预期不明晰，不利于企业的稳定、长远发展。一般而言，宏观经济情况的好坏能够反映在股票市场中，如股市每日更新价格、成交量等信息，从中可以较为容易地得到相关信息，而且获得的信息也较为完整。越来越多的投资者根据股票市场来判断一国的经济情况。因此研究经济政策不确定性对证券市场的影响不仅能对我国的股票市场做出解释，也有助于政策制定者、投资者做出合理的判断。

本章对我国经济政策不确定性与股票市场进行研究，从宏观微观影响因素对股票收益率的影响进行分析，解释变量为经济政策不确定性，以国内生产总值增长率、货币供应量增长率、汇率、通货膨胀率、企业杠杆率、企业规模、盈利能力、股权集中度、换手率作为控制变量。使用混合回归对面板数据进行分析，拓宽了关于研究中国股票市场风险和收益关系的新思路。通过本章的研究可以帮助投资者进行风险控制、理性选择股票，对于加强我国股票市场监管、规范市场秩序、提高证券监管部门决策效率具有重要意义。

3.1.2 文献综述

3.1.2.1 经济政策的不确定性研究

30多年来，众多专家学者一直在研究经济政策的不确定性所带来的影响。尤其是在金融危机以后，各国为恢复本国经济，纷纷制定了相应的经济政策，政策不确定性增强，于是研究经济政策不确定性成为热门课题。目前，大多数学者都是从企业活动层面[3,4]和宏观经济层面[5]来研究经济政策不确定性的影响。经济政策不确定性增加时常常会使企业减少资本投资，对宏观经济有不利影响[5]。原因是频繁变动的经济政策会使企业难以对未来形成合理稳定的预期，大大降低企业的投资热情[6,7]，从而降低企业的实体投资支出，导致产出、价格、消费等宏观经济指标有所下降，对经济复苏有不利影响[5]。尽管企业会因此降低实体投资支出，但对于金融资产等虚拟投资支出却有所增加[8]。虚拟投资主要是指对股票市场中金融资产的投资。一直以来，我国股票市场波动较大，波动较大也就意味着风险较高[9]，而经济政策不确定性作为一种系统性风险，通过对随机贴现因子产生影响，从而改变股票风险特征[2]。在股票市场中，高风险也就意味着需要高收益来进行补偿[10]。

现如今，全球经济增长速度放慢、增长不平衡的加剧导致国际经济形势越来越多变。因此，对于我国而言，将来我国的经济政策不确定性也会越来越复杂。

3.1.2.2 股票收益率的研究

基于当前的经济形势，根据以往的经验，本章在总结前人研究成果的基础上阐述影响股票收益率的因素有哪些，并研究它们和收益率存在怎样的关系，为以后的研究提供理论参考依据。

在 Ross 提出套利定价模型（APT）[11]之前，对股票收益率的研究大多数都是以资本资产定价模型（CAPM）[12]，即股票的收益率由市场组合的风险溢价决定的单因素模型为基础。套利定价理论的形成在资本资产定价模型之外提出了另一种不同的看法，认为股票收益率由多因素模型解释更加有效。随后，Fama 和 French 分别在 1992 年和 2015 年提出了三因子模型[13]和五因子模型[14]来解释股票市场的超额收益率。基于此，国内外许多学者继续研究影响股票收益的其他因素，并从宏观经济层面和微观企业层面继续开展了诸多研究。

从宏观经济的角度来看，研究者们通过理论论证和实证分析，探讨了影响股票收益率的众多宏观经济变量。衡量一国经济水平最重要、最全面的经济指标是国内生产总值，投资者会根据整体经济水平对股票进行投资。当国家繁荣时，表现为 GDP 增长更快，从而影响上市公司的经营业绩[15]，进一步对股票市场产生影响[16]。而股票市场可以较好地作为一国宏观经济情况的代表，因此宏观经济的状态会在股市的总体运行中反映出来，从而影响股票收益率[15]。另外，学者们还分别研究了单个宏观经济变量的影响。从货币供应量方面来看，依据古典经济学原理，政府通过调节货币政策来改变货币供应量，从而使一国的经济水平受到影响，最终货币供应量会通过调节一国的经济水平间接地对金融市场资产回报产生影响[16]。在汇率对股票收益率的影响方面，古典经济学的相关理论表明，汇率和股市之间是存在显著相关关系的。自我国实行相对灵活浮动的汇率制度以来，汇率在我国市场上发挥着越来越重要的作用，我国的证券市场从最初的相对独立的状态逐渐走向与全球紧密相关的状态[17]。在通货膨胀的影响方面，大量研究发现，股票收益率和通货膨胀之间有显著的负相关关系[18,19,20]。对此，学者们做出了以下解释：一种解释是“代理效应假说”，认为投资者对货币的需求水平由对未来的经济预期决定，预期衰退时会减少对货币的需求，通货膨胀水平有所提高，对收益率产生不利影响[18]；另一种解释是“不确定性假说”，认为当通货膨胀水平较高时会产生更大的通货膨胀不确定性[19]，从而使企业提高提现率[20]，收益率降低[21]。但同时赵蓉（2000）对美国通货膨胀和纽约证券交易所股价指数做回归分析，认为二者存在正相关关系[22]。也有研究表明，我国股票收益率与通货膨胀之间的关系取决于是供给冲击导致的还是需求冲击导致的通货膨胀，即无法确定二者的关系[23]，因此通货膨胀与股票收益率之间的关系并不确定。

从微观企业的角度来看，公司内部的财务指标和股票收益率也存在相关关系。资产收益率作为重要的财务指标可以很好地反映一个企业的盈利能力，综合性也很强，该指标值越大代表投资的效率越高，从而股票收益率也越高[24]。对于资产负债率的影响而言，一个公司的资产负债率代表了本公司的资产负债水平，该值与一个公司的偿债能力水平相关。资产负债率越低，利用财务杠杆进行融资的可能性越大，公司的经营效益水平越高，投资者对该公司的股票需求会因此而上升，从而使得股票收益率增加[25]。在影响股票收益率的诸多因素中，影响收益率的一个重要因素是投资者情绪[26]。投资者在进行投资活动时并不都是完全理性的。根据“羊群效应”，投资者进行股票的买卖时会有从众心理，当大量的投资者对某一股票产生同一种买卖行为时，股票收益率的波动幅度会大大增加。一般换手率可以在一定程度上反映投资者情绪，它与股票收益率呈正相关关系[27]。此外，股权集中度、企业规模均对收益率有影响[25]。对于股权集中度的研究，大部分研究基于股权集中度与企业绩效之间的关系。当所有权与经营权分离时，股权越分散对公司进行监督管理越不利，而当股权集中度较高时，公司治理若出现分歧则大股东会与经营者共同做出对公司有利的决定[28]。

3.1.2.3　经济政策不确定性与股票的研究

通过对以往文献的分析，我们发现对经济政策不确定性和股票收益研究结论出现了不一致，总体结果有以下三类：第一类认为经济政策不确定性与股票收益之间存在正相关关系。国外的研究成果有：Campbell（1987）[29]将不确定性作为一种市场波动所带来的不确定，认为市场波动不仅会给金融资产投资者带来风险，高风险也可能伴随着丰厚的收益。投资者会在股票市场行情较好时获得买入持有收益，在市场行情较差时获得卖空的收益。Segal 等（2015）[30]的研究同样表明，无论是在好还是坏的不确定性下，股票都会出现风险溢价的情况。对于我国股票市场的研究成果有：汪弘等（2018）[31]将经济政策不确定性视为逆周期变量，发现若投资者承担了经济不确定性所带来的风险，那么对风险溢价补偿的要求就较高。通过进一步深入研究，发现经济政策不确定性和未来 3 个月的股票市场预期收益呈显著的正相关关系，即我国股票收益率随着经济政策不确定性的增加会有正向溢价作用。第二类认为经济政策不确定性与收益呈负相关关系[32,33]。研究人员发现，在美国，经济政策不确定性与股票收益存在显著的负相关关系，尤其是在极端动荡时期，这种影响更为强烈和持久。第三类认为经济政策不确定性与股票收益的关系不确定。许均华和李启亚（2001）[34]通过对中国股票市场的调查发现，尽管中国政策和股票市场之间存在弱的正相关性，但该政策几乎不能解释股票的回报率。虽然我国经济的运作会受到短期政策的影响，但政治事件对我国股票市场的影响正在逐渐减弱，我国有关股票市场相关的政策法规也在逐渐走向成熟。

3.1.2.4 文献评述

总结和分析以前的科学家的研究结果，我们可以看到，国外开始研究不确定性的影响时间较早，并且研究体系比较完整。大多数国家研究人员的研究都是基于国外提出的研究方法。在现有文献中，研究经济政策不确定性与股票之间的关系时，有的将股票市场分为沪市和深市，有的讨论 A 股和 B 股，得出的结论也存在差异。而关于经济政策不确定性对股票收益率的影响的结论也出现了分歧，有正相关、负相关及关系不确定三种，因此为了具体了解经济政策不确定性在我国股票市场上的影响，本章展开相关研究。目前的研究主要有以下不足：

第一，目前学者们对股票收益受到经济政策不确定性的影响的研究尚未达成一致。因此本章对二者关系做进一步的研究，探究经济政策不确定性指数对于我国 A 股市场的影响到底如何。

第二，对宏观经济政策对股票收益的影响的研究更多地处在宏观经济层面，从微观角度对二者关系的研究较少，而企业个体之间存在差异，对微观因素的研究可以使得结果更符合企业情况。本章基于宏观与微观两个角度来具体研究经济政策不确定性对股票收益率的影响。

3.1.3　研究方法及框架结构

3.1.3.1　研究方法

本章将展开关于经济政策不确定性和股票收益率的关系方面的研究，首先简单介绍了我国股票市场的发展以及政府制定的经济政策的情况，明确本章的背景和意义所在。其次通过对国内外文献进行对比分析，发现经济政策不确定性对股票收益率的影响出现了不一致。因此，下文将对这个问题进行具体的验证与分析。

本章使用的是理论分析与实证分析相结合的方式，首先根据现有的文献进行分析，明确本章的解释变量及被解释变量。对于被解释变量的选择，采用比较广泛的对数收益率。而对于解释变量经济政策不确定性的选择，由于经济政策自身的复杂性，所以受到诸多国内外学者的关注，目前已经有很多学者提出了表示经济政策不确定性的方法。本章使用的经济政策不确定性指数是斯坦福大学与芝加哥大学联合建立的，探讨其对收益率影响的方向与程度，在得出经济政策不确定性对股票有正向影响的结论之后进行内生性检验，选择将已有的经济政策不确定性指数滞后一期进行研究。之后对选取算术平均法计算的经济政策不确定性指数进行稳健性检验。进行拓展性分析时将股票按照所有权性质以及行业进行划分，同时加入经济政策不确定性与企业规模、换手率的交互项对其与股票收益率关系进行进一步研究，得出相应的结论。本章最后一节对上文的结论进行总结，之后针对政府及监管机构、企业管理者、投资者以及媒体报道者分别提出相应的建议，并对本章的不足进行阐述。

3.1.3.2　框架结构

本章对宏观经济政策不确定性和股票收益率关系的研究主要由以下六个部分组成。

第一节为绪论。首先，引出本章要研究的对象，即经济政策不确定性与股票收益率，提出研究二者之间关系的必要性。其次，对国内、国外现有的文献进行分析，梳理经济政策不确定性与股票市场等方面的研究成果，探索研究二者关系的理论和现实意义，并对二者现有的研究文献进行归纳总结。最后，具体地介绍本章的研究方法、结构以及创新点和不足之处，表明对二者的研究是有必要的。

第二节明确经济政策不确定性与股票的含义并提出相应的理论。首先，对经济政策不确定性与股票收益率进行概念的阐释。其次，把相关理论的分析作为实际建模的理论基石，分析经济政策不确定性与股票收益率的理论传导机制。

第三节为研究设计。首先根据文献回顾与理论依据对经济政策不确定性与股票收益率的关系进行阐述，提出本章的研究假设。其次对本章所采用的样本数据以及数据处理方式进行简要的介绍。最后对模型进行构建，在实证部分利用构建的模型进行回归分析。

第四节为具体的实证分析。首先，根据本章研究的问题选择解释变量和被解释变量并对所选数据进行总体的描述性统计，并根据上一节设计的回归模型来做实证回归，检验经济政策不确定性与股票收益率之间的关系。其次，在此基础上对上述研究进行内生性检验与稳健性检验，证明结果的可靠性。最后，基于基本问题进行拓展性分析，对企业性质以及行业进行细分，同时加入经济政策不确定性与企业规模和换手率的交互项，看其对股票收益率的影响是否有放大作用，对研究结果进行进一步分析。

第五节对本章的研究进行总结，同时提出相应的几点建议。总结出本章在实证中所得出的相关结论，从而针对政府以及监管机构对宏观经济政策的调控提出相关建议和可行性意见，为企业管理者、投资者提供相关建议，并阐述本章尚存在的不足，为后人提供研究思路与方向。

3.2 相关定义与理论分析

3.2.1 相关定义

3.2.1.1 经济政策不确定性

一般而言，经济政策的含义是一国政府为了实现本国既定的宏观经济目标以及解决在经济发展中可能出现的问题而制定的相应准则。适度的经济政策的调整可以促进本国经济又好又快的发展，从而有助于本国社会整体的经济福利得到进一步提高。经济政策通常具有不同程度的不确定性，可能是由于自身内部的特征，也可能是由于外部因素，例如，本国政府调节经济采用的财政以及货币政策，或者改变政策的实施方法等都会对一国的经济政策产生不确定的影响。根据 Baker 等（2016）[1]的研究，政府在未来制定的政策不明确会导致经济政策的不确定性。一般而言，主要有两方面的原因会引起经济政策不确定性的变化：一方面是由外部因素的冲击（如战争、国际金融危机以及恐怖组织袭击等）所引起的本国经济的衰退；另一方面是由于一国的经济处于经济周期的衰退时期自身内生性政策引发的不确定性。从外部因素来看，Bloom（2009）[35]通过研究本国政策不确定性与外部不确定性冲击之间的关系，发现二者基本上会同时出现。而对于后者而言，Pastor 等（2011）[36]指出，在经济不景气阶段，由于政府需要通过对政策做出更多尝试性调整以摆脱经济衰退，会导致经济政策不确定性程度增加，而在经济景气阶段，政府不需要对经济做过多的干预便可以实现宏观的经济目标。

3.2.1.2　股票收益率

股票收益率指的是一段时间内股票价格的变化率，一般投资者购买股票时最关心的就是股票的收益水平，它用来衡量股票收益的多少。根据 CAPM，股票收益率由系统性风险和非系统性风险两部分因素决定，而股票的风险越大，收益就越大。基于此，本章研究由经济政策不确定性引起的系统性风险与股票收益率之间的关系。由上文分析得知，股票收益率的影响因素包括国内生产总值增长率、货币供应量增长率、汇率、通货膨胀率、企业杠杆率、企业规模、盈利能力、股权集中度、换手率等众多宏观、微观变量。

3.2.2　理论分析

3.2.2.1　经济政策不确定性指数

一般来说，“不确定性”可以定义为未知的预期结果和未知的概率[18]，不确定性随时间和主题而变化。为了了解不确定性的具体影响程度，研究人员尝试将经济的不确定性以一种指标来量化，因此经济政策不确定性指数（EPU）应运而生。通过总结现有的研究，我们发现目前主要有以下三种方式被用来衡量经济政策的不确定性：第一种方法是对不连续的事件进行分析，例如，对比在大选以及任免或更换国家地方官员前后发生的事件判断政策是否符合预期，分析事件前后的经济表现。第二种方法是使用连续性分析法，用经济学家和投资者对经济的预期和实际值之间的差异来构建经济政策不确定性的连续性指标，如对一国的宏观经济指标（如国内生产总值增长速度、货币供应量增速以及消费者物价指数等）进行分析。第三种方法是建立一个经济政策不确定性指数，该指数基于对经济政策或具有不确定性的经济绩效事件的新闻报道频率，具有广泛性。第一种方法是比较关键事件前后的市场数据，以探究这些事件对经济的影响。缺点是主要对关键的事件进行了分析而没有对非关键的事件进行分析，可能导致结果不够完整，容易出现误差，同时要保证事件的连续性也不容易做到。第二种方法是在经济绩效与实际绩效存在差异时认为存在不确定性，从而构建经济不确定性指标。它可能达不到预期，也不一定来自经济政策的变化，所以这种方法也是有问题的。第三种方法是基于新闻报道的经济政策不确定性指标。许多学者在此基础上进行了经济金融方面的分析[3,4]。

本章根据2005—2019年的香港《南华早报》中相关报道的关键词每月出现的频率和次数来制定我国的经济政策不确定性指数，其他国家的经济政策不确定性指数的编制同样采取这种方法。将其通过经济政策不确定性网址发布后，得到了许多研究者的青睐[6,8]。这表明在一定程度上Baker等基于新闻报道的方式制定的衡量经济政策不确定性的指标是可行的。

3.2.2.2 有效市场理论

若股票市场中所有的信息都可以反映在股票价格中，这个市场就是有效的。这个市场上有许多理性的投资者在努力使利润最大化，每个人都在努力预测特定股票的未来价格，并且很容易获得当前的信息。但是实际上，并非所有投资者都是理性的，因而所获得的信息不一定总是有效的。有效的市场假说主要有以下几种：

（1）弱式有效市场假说

在有效性较差的情况下，有关证券价格的历史信息全都包含在价格中。

（2）半强式有效市场假说

市场价格中包含了有关公司业务前景的企业公布的盈利报告或专业的机构公开发表的报告等公开披露的所有财务信息，如交易价格、交易量、利润信息、利润预测值和公司的运营状况。

(3) 强式有效市场假说

该假说认为股价完全反映了有关公司的包括已公开的和未公开的所有信息。

有效的市场假说是中国股票市场有效运行的基础，因此加强市场效率的相关研究有助于投资者了解股票市场，并进一步提高我国股票市场的市场效率。

3.2.2.3　资本资产定价理论

现代金融学研究的基础是 Markowitz 于 1952 年提出的投资组合理论(MPT)[37]。随后在 1964 年，Sharpe 以此为基础建立了资本资产定价模型(CAPM)，这是 20 世纪 60 年代发生的一场真正的金融理论革命，它描述了市场风险与所有类型的资产（金融和实物资产）的预期收益之间的关系并得到了广泛应用。CAPM 解释了市场均衡的出现，将预期资产收益率与预期风险以线性关系表达出来，表明预期资产收益率与预期风险之间存在正相关关系。用 β 值衡量该资产的风险程度，此时资产的预期收益由无风险利率和市场投资组合的风险溢价两部分构成。

CAPM 的出现使投资组合选择的计算过程得到极大简化，同时也使 Markowitz 的理论朝着实际应用方面迈出了更加坚实的一步——从以前的规范分析到实证分析，从定性分析到定量分析，再到对理论研究和证券投资的实际功能产生影响。资本资产定价理论是一种表示风险资产的均衡价格的理论，CAPM 探讨了股票收益的决定因素，明确了股票收益和风险二者的关系，不仅仅是现代金融理论的基础，也极大地促进了整个金融理论的发展，使金融理论的发展得到了实际的应用。

3.2.2.4　套利定价理论

Ross（1976）[11]对资本资产定价模型提出了重要的反对意见，认为资本资产定价模型中唯一可检验的是市场代理的方差效率，同时认为股票收益率不能局限于单一因素即市场组合的资本资产定价模型，因而提出了套利定价模型（APT）。套利定价理论是用另一种模型来解释股票收益和风险之间的关系。APT 与 CAPM 不同的是，其限制较少，它假定每个投资者都将拥有一个独特的投资组合，并拥有自己特定的敏感系数，而不是相同的市场投资组合，可以更加有效地表示股票收益率的影响因素。在提出 APT 后，学者们一直致力于研究影响股票的各种因素。Roll 和 Ross（1980）[38]、张玉华等(2016)[39]以 APT 为基础，实证检验了上市股票的影响因素，即 GDP 增速、M2 增长率、工业生产指数、通货膨胀率、净资产收益率、资产负债率等宏观、微观因素会影响股票收益率。由于我国股票市场与发达国家相比起步较晚，因此在股票市场发展初期有很多理论都是借鉴国外的经验，但完全依据国外理论模型进行的分析不一定适合我国的股票市场。本章具体结合我国的实际情况，基于多因素模型，从宏观角度和微观角度来识别股票收益率的影响因素。

3.2.2.5 股市价值发现功能

1990 年证券交易所成立以来，它就扮演着调节每个公司资金余缺的中介人的角色，将资金盈余者与资金紧缺者联系起来，实现互利互惠。证券交易所不仅提供有关价格的信息，还影响上市公司对社会的影响以及股东对现在和未来的预期。它显示了公司的面貌及其内部发展，这些信息为投资者进行投资提供了方向，使投资者对企业和行业有更多了解，从而形成理性的判断进而进行理性投资。股票市场的起伏往往每分每秒都会发生重大变化，一些行业的股票价格上涨的同时会有一些行业的股票价格下跌。股票的这些变化将反映在股票市场上，使投资者能够接收此信息，从而做出买卖决策。在人们了解到政府制定的经济政策的走向后，投资者做出相应的回应，政策信息将会反映在股票市场上。因此，证券交易所提供的价格信息对于整个经济市场起着至关重要的作用。证券交易所是一个信息市场，股票的价格变化中包括信息对证券交易所的影响。

3.2.2.6 信息不对称性理论

信息不对称的概念由 Arrow 和 Debreu（1954）[40]提出，指的是没有将参与经济行为的各方之间的信息进行均匀分配，也就是说，个体之间所了解到的信息是不完全相同的。这是信息经济学的主要研究内容。主要有客观与主观两个方面的原因会导致信息不对称性的产生：第一，每个人获取信息的能力存在差异，这将直接影响其获取信息的多少。第二，社会中一些因素也会导致不对称性的出现，其中最重要的是社会工作的专业化和分工。随着专业化程度的不断提高以及社会分工的具体化，人们获得的信息也会出现不完全相同的情况。

以上几种理论奠定了本章的理论基础。经济政策不确定性指标的编制是将经济政策不确定性作为替代变量的基础。我国股票市场并不是完全有效市场，呈现出的是弱式有效特征以及“政策市”特征，会受到政府经济政策的影响。本质上，不确定性会引起系统性风险的发生[40]。根据资本资产定价理论以及套利定价理论，风险与收益具有正相关关系，要想获得更高的收益就要承担更大的风险。对于股票市场而言，股市价值发现功能揭示了当经济政策发生变动时股票市场的价格会发生变化，从而会使股票的收益率发生变化。而信息不对称性理论说明，在市场中人们从政策的变动中所获得的信息是不一致的，从而导致收益率的差异。

3.3　研究设计

3.3.1　研究假设

根据现有的文献，经济政策不确定性会引发系统性风险[2]，股票的系统性风险会随着经济政策不确定性的增加而增加[40]。根据资本资产定价模型，风险与收益成正比，即风险越大时，所要求的预期收益率越大。从行为金融学角度来看，不确定性增加时投资者会推迟行使期权的权利，未来的预期收益也会增加。Campbell（1987）[29]对美国市场进行研究时发现，用股票波动代表的经济政策不确定性与股票收益率正相关。汪弘等（2018）[31]对我国股票市场进行研究同样发现，政策不确定性的提高增加了股票收益。基于此，笔者提出假设1。

假设1：在控制其他影响收益率变量因素的情况下，经济政策不确定性对A股市场收益率具有正向影响。

在我国，国家为保持公有制的主体地位，会控制部分上市公司的所有权，因此国有企业的运作和投资决策更容易受到政策的影响。当企业之间的企业所有权性质存在差异时，经济政策不确定性对股票的影响对于拥有不同所有权的企业在面对政府的政策变化时可能会有差异，国有企业更有可能改变经营和投资决策，以更好地满足政策的要求；而民营企业由于具有强大的自治能力，因此它们更多是满足自身的利润目标，而不是满足政策要求。从这个角度来看，在政治不确定性的影响下，国有企业将更愿意进行业务调整，从而增加股票的风险。但是，相较于民营企业，国有企业的规模通常更大，信息资源更多，因此其股价更能够承受不确定性风险。国有企业由政府控制，而且这些公司的第一大股东往往就是国家，因而国有企业的管理者较少受到控股股东的监督和限制。这意味着国有企业的管理者更喜欢风险，更愿意获得额外的投资并更加偏好风险[41]。据此，提出假设2。

假设2：企业所有权性质不同时，经济政策不确定性对股票收益率的影响程度存在异质性。

一个新政策的发布对于不同规模的公司来说，也会有不同的效果。笔者以总资产的自然对数作为衡量公司规模的指标，并做出以下假设：

假设3：经济政策不确定性对收益率的影响随着公司规模的增加而增加。

一般而言，换手率与股票的个股波动率呈正相关，股票波动率与经济政策的不确定性成正比[43]。在散户投资者主导的市场结构中，一般交易行为具有明显的趋势特征，他们的投资目标相对来说是偏投机性的，风险也相对较高，因此预期的股票回报率也更大。

假设4：换手率越高，经济政策不确定性对股票收益率影响越大。

3.3.2 数据处理

3.3.2.1 数据来源

本章选取2015年第一季度至2019年第三季度的企业的相关数据进行分析。股票收益率用 R 表示。经济政策不确定性指数的月度数据来自网站 http://www.policyuncertainty.com/china_ monthly.html，在进行分析前将选取的数据做了以下几点处理：

①由于金融和保险行业的报表结构和一些会计项目可能无法与其他行业相比较，因此本章只选取了非金融行业的数据，根据证监会2012年行业分类将金融数据去掉。

②为了保持数据的完整性，剔除缺失的数据以及ST股票，最终得到15808个数据。

③为避免经济不确定性指数内生性影响，本章参考陈胜蓝等（2018）[46]

的研究，在进行研究时将经济政策不确定性指数滞后一期。

④为剔除异常值可能造成的估计偏差，在进行分析之前，所有连续变量双侧1%和99%做了Winsorize缩尾处理。同时为了便于比较，本章对所有的控制变量进行了标准化处理。

对数据进行处理后，最终得到832家企业的数据。本章所选取的解释变量、被解释变量、控制变量等均来源于Wind数据库。使用Excel 2007对数据进行初步处理，对数据进行实证分析时使用EViews 10.0与Stata 16.0计量分析软件。

3.3.2.2　变量选取

（1）被解释变量

现有关于股票价格收益率的表示方法主要有两种。第一种为简单算术收益率，计算方法为：

$$R_{i,t} = \frac{p_{i,t} - p_{i,t-1}}{p_{i,t-1}} \tag{3-1}$$

第二种为对数收益率，计算方法为：

$$R_{i,t} = \ln(p_{i,t}) - \ln(p_{i,t-1}) \tag{3-2}$$

现有研究发现，由于对数收益率具有许多优势，例如，相比算术收益率，其可直接相加，而且其范围是没有限制的，而算术收益率最小值为-1，其被广泛应用于金融统计和计量中。

由于本模型选取季度作为计量时间单位，因而这里的股票价格收益率是指股价每季度的收益率。本章选取沪深A股季度收益率作为被解释变量。

（2）解释变量

本章选取经济政策不确定性指数作为解释变量，具体数据为2015年1月至2019年9月的月度数据，根据现有的加权平均法将其转换为季度变量（Gulen and Ion，2016）[44]，具体算法如下：

$$EPU_t = \frac{3EPU_m + 2EPU_{m-1} + EPU_{m-2}}{6} \tag{3-3}$$

其中，m取值为3、6、9、12。由此得出的经济政策不确定性指数偏高，因此为使其与股票收益率处于同一数量级，并在结果汇报中更加方便，将EPU除以100作为解释变量。为防止极值的影响，对连续变量EPU进行双侧缩尾。

（3）控制变量

本章借鉴李力等（2018）[9]的研究从宏观、微观两个方面对影响股票收益率的因素进行分析。

首先，对宏观控制变量的选择是以它能否正确预测出宏观经济的转变特点为依据的。本章遵照宫汝凯等（2019）[45]、张玉华等（2016）[39]的做法，主要选择对股票市场很重要的四个方面来进行分析：用 GDP 同比增速、M2 同比增速分别表示国内生产总值增长率与货币供应量增长率，汇率采取美元兑人民币汇率（*EXR*），用通货膨胀率来表示居民消费价格水平（*CPI*）。

其次，选取能够反映上市公司的基本情况的微观控制变量，主要包括：

财务杠杆（*LEV*）：本部分的杠杆率用负债与资产的比率代表，用来反映企业的债务偿还程度，其对股票收益率具有重要影响，因此加入影响收益率的控制变量中，主要依照李凤羽和杨墨竹（2015）[4]的研究。

企业规模（*SIZE*）：计算方法为对企业总资产求对数，企业的规模对股票收益率具有重要影响，主要依照李凤羽和杨墨竹（2015）[4]的成果。

盈利能力（*ROA*）：为营业利润除以总资产，盈利能力的大小会直接影响股票收益率，主要参考陈胜蓝和刘晓玲（2018）[46]的成果。

股权集中度（*TOP*10）：用公司前十大股东持有股数的总和占所有股东持有股数总和的比例来表示。股权集中度一定程度上代表企业的股权分布状态。参考李凤羽和杨墨竹（2015）[4]的研究作为控制变量加入，反映公司的股权集中程度。

换手率（*TR*）：换手率指的是股票买卖流通的次数，代表股票的流动性。一般而言，换手率与股票波动性成正比，对股票收益率同样有重要影响，主要借鉴李力等（2018）[9]的方法。

行业效应（*Industry*）：控制由于行业不同所导致的差异。

时间效应（*Quarter*）：用于控制不随时间变化且不可观测的企业固有特征和仅随时间变化的宏观环境的变化。

变量的定义与计算如表 3－2 所示。

表 3-2　变量的定义与计算

变量类型	变量名称	变量符号	计算方法
被解释变量	股票收益率	R	$\ln p_t - \ln p_{t-1}$
解释变量	经济政策不确定性指数	EPU	$(3EPU_m + 2EPU_{m-1} + EPU_{m-2})/6$
控制变量	国内生产总值增长率	GDP	$(GDP_t - GDP_{t-1})/GDP_{t-1}$
	货币供应量增长率	$M2$	$(M2_t - M2_{t-1})/M2_{t-1}$
	汇率	EXR	美元兑人民币汇率
	通货膨胀率	CPI	$(CPI - 100)/100$
	股权集中度	$TOP10$	前十大股东持股比例的平方
	企业规模	$SIZE$	总资产的自然对数，季度数据
	财务杠杆	LEV	总负债／总资产，季度数据
	盈利能力	ROA	营业利润／总资产，季度数据
	换手率	TR	成交量/流通总股数，季度数据

3.3.3　模型的构建

本章基于现有文献，通过构建线性多元回归模型与非线性多元回归模型来分析经济政策不确定性和股票收益率的关系。通过线性多元回归发现不确定性如何影响收益率，而构建非线性多元回归模型则主要为了探究股票收益率是否先随经济政策不确定性的增加而增加，当达到一定临界值后随经济政策不确定性的增加而减少。

3.3.3.1　APT

CAPM 将所有的资产组合考虑在内，阐明了资产组合产生的风险与资产组合回报率之间的关系，认为要想取得更高的投资回报只能从更高的风险中获得，其中非系统性风险可以通过高度分散的投资组合来规避，因此认为只有系统性风险才能获得足够的收益。

$$E(R_i) = R_f + \beta_i[E(R_m) - R_f] \tag{3-4}$$

其中，$E(R_i)$ 表示市场上一股股票的预期收益；$E(R_m)$ 是市场投资组合的预期收益；R_f为无风险利率。处于均衡状态时，$E(R_m) - R_f$是投资者为了获得超过无风险报酬（即风险价格）的平均市场风险所需的额外报酬。

以 CAPM 为基础逐步发展出了 APT，它是由 Ross 于 1976 年提出的，为解释收益与风险之间的关系提供了另一种模型。APT 认为资产的预期收益与资产的风险之间同样存在正相关关系，可以用多因素组成的线性关系来表示二者之间的关系。在实际应用过程中，风险资产不仅受到市场指标变化的影响，同时风险资产的价值很大一部分会受到其他经济因素的影响。CAPM 对投资组合的定义是，资本资产所需的收益率取决于外部因素，而不是内部因素（如 GDP 增长和通货膨胀）的市场组合。投机者可以从证券或者资产的价格变化中获取利益的行为被称为“套利”。APT 为：

$$R_j = \partial_j + b_{j1}F_1 + b_{j2}F_2 + \cdots + b_{jn}F_n + \varepsilon_j \tag{3-5}$$

其中，b_{j1}为第 F_1个因素对第 j 个股票的敏感系数，b_{jn}为第 F_n个因素对第 j 个股票的敏感系数，即风险资产的预期收益与各种经济因素之间存在线性关系。资产的价值等于每个因素与其敏感度系数的乘积加上无风险收益率。对于具体问题的研究，这些因素尚不确定，需要投资者自行决定。

虽然 CAPM 和 APT 之间存在明显的冲突，但仍有一些共性。在某些情况下，CAPM 可被视为 APT 的特例，APT 也可被视为扩展的 CAPM。但是，使用 APT 可以减少一些 CAPM 中较难满足的假设，使得资产的预期收益率更加接近真实的数据。另外，影响预期资产收益率的因素数量不尽相同。CAPM 是单因素模型，认为除 β 值以外的其他变量均无权解释股票的预期收益。而 APT 作为一种多因素模型，描述了市场风险与所有类型的资产（金融和实物资产）的预期收益之间的关系。Roll 和 Ross [38] 指出，这些因素包括通货膨胀水平、国民生产总值、投资者信心指数以及收益率曲线的变化。由于收益还与其他风险度量（包括公司特定风险）相关，因此与只考虑资产组合单一因素相比，从多个因素考虑影响股票收益率的 APT 更加完整。本章对经济政策不确定性引起的系统性风险[41]与股票收益率的关系进行研究，借鉴张玉华等（2016）[39]的研究，从宏观和微观角度建立了一个影响股票收益率的多因素模型，以探索经济政策不确定性对股票收益率的影响。

3.3.3.2 线性回归模型

在构建经济政策不确定性与股票收益率的线性回归模型时，参考李凤羽和杨墨竹（2015）[4]的线性回归模型，具体模型如下：

$$R_i - R_f = \beta_0 + \beta_1 EPU_{t-1} + \beta_2 GDP_{i,t} + \beta_3 M2_{i,t} + \beta_4 EXR_{i,t} + \beta_5 CPI_{i,t} +$$

$$\beta_6 TOP10_{i,t} + \beta_7 SIZE_{i,t} + \beta_8 LEV_{i,t} + \beta_9 ROA_{i,t} + \beta_{10} TR_{i,t} + \sum Quarter + \sum Industry + \varepsilon_{i,t} \quad (3-6)$$

其中，R_i 为被解释变量，R_f为季度无风险收益率，EPU_{t-1}为解释变量，$GDP_{i,t}$、$M2_{i,t}$、$EXR_{i,t}$、$CPI_{i,t}$、$TOP10_{i,t}$、$SIZE_{i,t}$、$LEV_{i,t}$、$ROA_{i,t}$、$TR_{i,t}$、$Quarter$、$Industry$ 为控制变量；ε 为随机项；i、t 分别代表企业和时间。

3.3.3.3　非线性回归模型

在构建经济政策不确定性与股票收益率的多元非线性回归模型时，借鉴 McConnell 与 Servaes（1995）[47]的非线性回归模型，具体模型如下：

$$R_i - R_f = \beta_0 + \beta_1 EPU_{t-1} + \beta_2 EPU_{t-1}^2 + \beta_3 GDP_{i,t} + \beta_4 M2_{i,t} + \beta_5 EXR_{i,t} + \beta_6 TOP10_{i,t} + \beta_7 CPI_{i,t} + \beta_8 SIZE_{i,t} + \beta_9 LEV_{i,t} + \beta_{10} ROA_{i,t} + \beta_{11} TR_{i,t} + \sum Quarter + \sum Industry + \varepsilon_{i,t} \quad (3-7)$$

其中，二次函数中系数β_1、β_2为经济政策不确定性的估计系数，通过β_2可以知道二次曲线的方向。因此将上述公式简化，令 y 代表股票收益率，x 代表经济政策不确定性，则式（3－7）求导后变为：

$$y = \beta_0 + \beta_1 x + \beta_2 x^2 \quad (3-8)$$

式（3－8）为求顶点，令 $\frac{\partial y}{\partial x} = 0$，则：

$$\frac{\partial y}{\partial x} = \beta_1 + 2\beta_2 x = 0 \qquad x = -\frac{\beta_1}{2\beta_2} \quad (3-9)$$

根据实际可知，若β_1符号为正，则假设 1 成立，即经济政策不确定性与股票收益率呈正相关，若β_2符号为负，则曲线呈倒“U”形。

3.4　实证分析

3.4.1　变量描述性统计

整理样本数据后，利用 Stata 16.0 计量软件对变量进行描述性统计，统计结果见表 3－3。

表 3-3　变量描述性统计

变量	均值	标准差	最大值	最小值	p25	p50	p75	观测数
R	-0.019	0.206	1.114	-2.345	-0.119	-0.014	0.056	15808
EPU	3.832	2.139	8.167	1.190	2.139	3.161	5.257	15808
GDP	6.742	0.258	7.300	6.200	6.700	6.800	6.900	15808
*M*2	10.174	1.914	13.400	8.000	8.300	9.400	11.800	15808
CPI	1.884	0.435	2.883	1.190	1.463	1.817	2.143	15808
LEV	0.497	0.213	1.258	0.046	0.333	0.522	0.642	15808
SIZE	22.942	1.417	28.296	17.641	21.993	22.840	23.792	15808
ROA	0.025	0.044	0.456	-0.949	0.005	0.017	0.039	15808
*TOP*10	0.575	0.161	1.010	0.133	0.456	0.573	0.691	15808
TR	3.727	1.976	7.448	1.187	1.934	3.012	5.268	15808

表 3-3 是对所选取的数据进行处理后得出的相关变量的描述性统计结果。由表 3-3 可知，股票收益率（*R*）最大值为 1.114，最小值为 -2.345，相差的幅度较大，说明我国股票收益率的变动还是比较大的。对于经济政策不确定性，我们发现其变动的范围为 1.190～8.167，变动的幅度也很大，比较符合现实情况，同时其他变量的结果均与现实较为符合。

3.4.2　回归分析

3.4.2.1　线性多元回归模型估计

本章基于现有文献，通过构建解释变量经济政策不确定性和被解释变量股票收益率之间的线性多元回归模型和非线性多元回归模型，来验证假设 1 是否为真。其中，构建线性多元回归模型是为了探究经济政策不确定性每变动 1 单位如何影响股票收益率的变动，而构建非线性多元回归模型则主要为了探究股票收益率是否先随经济政策不确定性的增加而增加，当达到一定临界值后随经济政策不确定性的增加而减少。

表 3-4 的各列数据展示了根据式（3-6）运用线性多元回归模型得到的关于经济政策不确定性指数（*EPU*）和股票收益率（*R*）的回归结果。由于采用的数据为包含时间和截面数据的面板数据类型，而经济政策存在较

显著的季度特征，且当行业不同时可能会有不同的情况，因此将季度固定效应、行业固定效应也加入本部分的模型中，对季度、行业进行控制。回归结果中列（1）为全部 A 股检验结果，列（2）为上海证券交易所 A 股检验结果，列（3）为深圳证券交易所 A 股检验结果。从表 3 - 4 中的三个结果来看，列（3）中的 F 统计量很大，远远大于10，表明拟合效果很好。经济政策不确定性对股票收益率具有显著的正向影响。经济政策不确定性指数在 1% 置信水平上显著，说明滞后一期的经济政策不确定性与当期的股票收益率成正比。经济政策不确定性指数每变动 1 个单位就会使相应的股票收益率变动 0. 0852 个单位，说明假设 1 是成立的。这表明随着经济政策不确定性指数的增加，通过影响宏观的经济波动从而影响企业的经营，企业的经营状况会随着政策走向的不确定性而变得不明朗，从而投资者不能对企业的未来进行判断，对于企业未来的信息也了解较少。那么投资者无法准确进行投资，此时投资的风险较大，因此投资者要求的预期收益率要比信息明朗时更高。另外，分地区来看，经济政策不确定性对深圳证券交易所 A 股的股票收益率的影响大于上海证券交易所的 A 股股票。同时考察控制变量发现，国内生产总值、货币供应量、汇率、股权集中度、企业规模、财务杠杆、盈利能力、换手率均对股票收益率具有正向影响，说明随着这些宏观以及微观变量的增长，股票收益率在不断增加，股票市场作为我国经济的“晴雨表”，能够较好地反映经济的变化，与现实基本符合。而通货膨胀与股票收益呈负相关关系。具体来看，一般通货膨胀的发生会导致经济衰退，从而增加政府的财政赤字和货币供应，进一步加剧通货膨胀。这些宏观经济变量的变化会反映在股票市场中，从而导致股票收益与通货膨胀之间关系的反向变化。因此，本章结果表明，通货膨胀率对股票收益率具有负向影响是与现实情况相符的。对于杠杆率而言，由于企业自身杠杆率越高，在一定区间内企业的价值也会相应越高，从而可知在股票市场中杠杆率对于企业股票收益率具有正向影响。

表 3－4　经济政策不确定性对股票收益率的回归结果（一）

变量	(1)	(2)	(3)
EPU	0.0852*** (0.00317)	0.0755*** (0.00360)	0.122*** (0.00684)
GDP	0.157*** (0.00842)	0.137*** (0.00928)	0.231*** (0.0202)
M2	0.00440 (0.00994)	−0.00893 (0.0111)	0.0563** (0.0235)
EXR	0.0532*** (0.00778)	0.0333*** (0.00871)	0.121*** (0.0204)
CPI	−0.0824*** (0.00380)	−0.0707*** (0.00429)	−0.124*** (0.00854)
LEV	0.000399 (0.00130)	−0.000240 (0.00146)	0.00901** (0.00359)
ROA	0.0155*** (0.00164)	0.0145*** (0.00187)	0.0215*** (0.00338)
SIZE	0.00517*** (0.00151)	0.00517*** (0.00171)	0.00417 (0.00362)
*TOP*10	0.0151*** (0.00158)	0.0125*** (0.00178)	0.0203*** (0.00312)
TR	0.0404*** (0.00241)	0.0354*** (0.00271)	0.0544*** (0.00351)
_cons	−0.319*** (0.0230)	−0.290*** (0.0246)	−0.420*** (0.0480)
行业固定效应	控制	控制	控制
季度固定效应	控制	控制	控制
N	15808	12464	3344
R^2	0.460	0.412	0.644
F	125.7	80.47	92.76

注：**、***分别代表回归系数在5%和1%水平上显著；括号内为t值。

3.4.2.2　非线性多元回归模型估计

为探究经济政策不确定性与股票收益率之间是否存在倒“U”形关系，即是否存在股票收益率最优水平，本部分加入经济政策不确定性的平方项进行分析。表3-5的各列数据展示了根据式（3-7）运用非线性多元回归模型对经济政策不确定性指数（*EPU*）和股票收益率（*R*）关系的研究结果。由于采用的数据为包含时间和截面数据的面板数据类型，而经济政策存在较显著的季度特征，且当行业不同时可能会有不同的情况，因此将季度固定效应、行业固定效应也加入本部分的模型中，对季度、行业进行控制。表3-5中列（1）为全部A股检验结果，列（2）为上海证券交易所A股检验结果，列（3）为深圳证券交易所A股检验结果。从回归结果来看，经济政策不确定性指数的回归系数在1%置信水平上显著为正，而经济政策不确定性指数的二次项的回归系数在1%水平上显著为负，说明在沪、深两市中经济政策不确定性与股票收益率之间具有倒"U"形关系。但分开来看，在上海证券交易所中交易的A股与经济政策不确定性之间的确存在倒"U"形关系，而深圳证券交易所中A股与经济政策不确定性之间却不存在倒"U"形关系，说明上海证券交易所相比深圳证券交易所，能够更好地代表我国内地股票市场的发展情况。这也是很多学者在对我国股票市场进行研究时选取上证综指的原因[48]。严太华、陈明玉（2009）[48]认为上海股市相对于深圳股市而言具有开市早、市值高的特征，而且股票对各类冲击反应较为敏感，因此相较于深圳证券交易所能更好地拟合中国股市的波动。

表3-5　经济政策不确定性对股票收益率的回归结果（二）

变量	(1)	(2)	(3)
EPU	0.0868***	0.0916***	0.0714***
	(0.00797)	(0.00887)	(0.0201)
EPU^2	-0.000121	-0.00124*	0.00389**
	(0.000626)	(0.000697)	(0.00162)
GDP	0.158***	0.142***	0.214***
	(0.00808)	(0.00884)	(0.0192)
M2	0.00603	0.00786	0.00383
	(0.00830)	(0.00930)	(0.0171)
EXR	0.0538***	0.0395***	0.102***
	(0.00559)	(0.00623)	(0.0142)

续表

变量	(1)	(2)	(3)
CPI	-0.0824*** (0.00375)	-0.0710*** (0.00423)	-0.123*** (0.00839)
LEV	0.000399 (0.00130)	-0.000240 (0.00146)	0.00901** (0.00359)
ROA	0.0155*** (0.00164)	0.0145*** (0.00187)	0.0215*** (0.00338)
SIZE	0.00517*** (0.00151)	0.00517*** (0.00171)	0.00417 (0.00362)
*TOP*10	0.0151*** (0.00158)	0.0125*** (0.00178)	0.0203*** (0.00312)
TR	0.0404*** (0.00241)	0.0354*** (0.00271)	0.0544*** (0.00351)
_cons	-0.322*** (0.0273)	-0.322*** (0.0294)	-0.321*** (0.0615)
行业固定效应	控制	控制	控制
季度固定效应	控制	控制	控制
N	15808	12464	3344
R^2	0.460	0.412	0.644
F	125.7	80.47	92.76

注：**、***分别代表回归系数在5%和1%水平上显著；括号内为t值。

3.4.3 内生性检验

为保证结果的准确性，这部分内容主要对解释变量滞后一期进行内生性检验。由于解释变量经济政策不确定性并不完全符合外生变量的特点，一般外生变量都具有严格的条件限制，因此在此处加入滞后一期的工具变量对模型进行重新回归分析，采取的方式为将使用的经济政策不确定性指数滞后一期进行重新回归分析（陈胜蓝、刘晓玲，2018）[46]。出于时间的考虑，滞后两期的经济政策不确定性指数满足工具变量要求的相关性条件，而且滞后两期的经济政策不确定性指数符合外生性的条件，对公司的经营状况以及企业决策并无太大影响，可以进行内生性检验，对其与股票收益率进行回归。表3-6给出了工具变量的回归结果。

表 3 - 6　经济政策不确定性对股票收益率的内生性检验结果

变量	(1)	(2)	(3)
*EPU*1	3.323*** (0.123)	2.945*** (0.140)	4.742*** (0.267)
GDP	9.998*** (0.373)	8.859*** (0.424)	14.28*** (0.808)
*M*2	-6.240*** (0.237)	-5.544*** (0.269)	-8.857*** (0.509)
EXR	8.589*** (0.318)	7.599*** (0.362)	12.30*** (0.689)
CPI	-4.277*** (0.156)	-3.789*** (0.177)	-6.112*** (0.335)
LEV	0.000399 (0.00130)	-0.000240 (0.00146)	0.00901** (0.00359)
ROA	0.0155*** (0.00164)	0.0145*** (0.00187)	0.0215*** (0.00338)
SIZE	0.00517*** (0.00151)	0.00517*** (0.00171)	0.00417 (0.00362)
*TOP*10	0.0151*** (0.00158)	0.0125*** (0.00178)	0.0203*** (0.00312)
TR	0.0404*** (0.00241)	0.0354*** (0.00271)	0.0544*** (0.00351)
_cons	-13.88*** (0.519)	-12.31*** (0.590)	-19.78*** (1.122)
行业固定效应	控制	控制	控制
季度固定效应	控制	控制	控制
N	15808	12464	3344
R^2	0.460	0.412	0.644
F	125.7	80.47	92.76

注：**、***分别代表回归系数在5%和1%水平上显著；括号内为t值。

可以发现表 3 - 6 与表 3 - 4 结果区别不大，变量的符号基本相同，即经济政策不确定性对股票收益率的影响仍为正向作用。回归结果中列（1）为全部 A 股检验结果，列（2）为上海证券交易所 A 股检验结果，列（3）为深圳证券交易所 A 股检验结果。从二者的回归结果来看，经济政策不确定性指数每增加 1 个单位，股票收益率增加 3.323 个单位。上海证券交易所 A 股与深圳证券交易所 A 股的检验结果也相同，即经济政策不确定性滞后值对股票收益率影响仍为正向作用。同时，在表 3－6 中，3 个 F 值均远远大于 10，表明检验结果是显著的。

3.4.4 稳健性检验

本小节主要使用对被解释变量经济政策不确定性指数进行替换的方法进行稳健性检验。首先，使用经济政策不确定性指数的算术平均来代替经济政策不确定性指数的加权平均。具体的计算方法借鉴 Gulen 和 Ion（2016）[44]，计算公式为：

$$EPU_t = \frac{EPU_m + EPU_{m-1} + EPU_{m-2}}{3} \tag{3-10}$$

其中，*EPU* 为月度数据，为与其他变量保持一致性将其除以 100；为防止极值的影响，对连续变量 *EPU* 进行双侧缩尾。

表 3－7 为简单加权平均结果，其中，列（1）为全部 A 股结果，列（2）为上海证券交易所 A 股结果，列（3）为深圳证券交易所 A 股结果。结果显示，经济政策不确定性对股票收益率具有正向影响，与原结论一致，其他变量的系数符号也与原结论一致，证明原结论是稳健的。

表 3－7　经济政策不确定性对股票收益率的稳健性检验结果（一）

变量	(1)	(2)	(3)
EPU2	0.134***	0.119***	0.627***
	(0.00497)	(0.00565)	(0.0322)
GDP	0.276***	0.242***	0.383***
	(0.0125)	(0.0139)	(0.0274)
M2	0.0112	－0.00282	－1.265***
	(0.00982)	(0.0109)	(0.0808)
EXR	0.135***	0.106***	－0.898***
	(0.00873)	(0.00977)	(0.0522)
CPI	－0.0757***	－0.0648***	－0.0631***
	(0.00381)	(0.00429)	(0.00927)

续表

变量	(1)	(2)	(3)
LEV	0. 000262 (0. 00128)	-0. 000472 (0. 00144)	0. 00719 * (0. 00382)
ROA	0. 0160 * * * (0. 00161)	0. 0151 * * * (0. 00181)	0. 0171 * * * (0. 00330)
SIZE	0. 00505 * * * (0. 00146)	0. 00515 * * * (0. 00164)	0. 00221 (0. 00348)
*TOP*10	0. 0146 * * * (0. 00154)	0. 0121 * * * (0. 00171)	0. 0203 * * * (0. 00341)
TR	0. 0400 * * * (0. 00239)	0. 0351 * * * (0. 00269)	0. 0499 * * * (0. 00533)
_ cons	-0. 522 * * * (0. 0279)	-0. 469 * * * (0. 0305)	-1. 869 * * * (0. 108)
行业固定效应	控制	控制	控制
季度固定效应	控制	控制	控制
N	15808	12464	3344
R^2	0. 460	0. 411	0. 629
F	217. 2	138. 9	76. 8

注：*、* * *分别代表回归系数在 10%和 1%水平上显著；括号内为 t 值。

同时，在进行稳健性检验时，参考宫汝凯等（2019）[45]的方法，在表 3-8中加入股票收益率滞后一阶项后，基于动态面板数据模型再考察经济政策不确定性对股票收益率的影响。

$$R_i - R_f = \beta_0 + \beta_1 R_{t-1} + \beta_2 EPU_{t-1} + \beta_3 GDP_{i,t} + \beta_4 M2_{i,t} + \beta_5 EXR_{i,t} + \beta_6 TOP10_{i,t} + \beta_7 CPI_{i,t} + \beta_8 SIZE_{i,t} + \beta_9 LEV_{i,t} + \beta_{10} ROA_{i,t} + \beta_{11} TR_{i,t} + \sum Quarter + \sum Industry + \varepsilon_{i,t} \quad (3-11)$$

表 3-8　经济政策不确定性对股票收益率的稳健性检验结果（二）

变量	(1)	(2)	(3)
EPU	0. 0330 * * * (0. 00813)	0. 0185 * * (0. 00900)	0. 0991 * * * (0. 0183)

续表

变量	(1)	(2)	(3)
$R(-1)$	-0.192*** (0.00957)	-0.191*** (0.0108)	-0.157*** (0.0206)
GDP	0.0395** (0.0154)	0.0165 (0.0170)	0.151*** (0.0359)
M2	0.475*** (0.0742)	0.538*** (0.0818)	0.142 (0.171)
EXR	0.0300*** (0.00524)	0.0277*** (0.00572)	0.0416*** (0.0123)
CPI	-0.0828*** (0.00415)	-0.0766*** (0.00470)	-0.105*** (0.00830)
LEV	0.000571 (0.00128)	-0.000311 (0.00143)	0.00684* (0.00366)
ROA	0.0201*** (0.00160)	0.0189*** (0.00180)	0.0256*** (0.00363)
SIZE	0.00746*** (0.00144)	0.00715*** (0.00162)	0.00649* (0.00351)
TOP10	0.0187*** (0.00150)	0.0169*** (0.00166)	0.0199*** (0.00319)
TR	0.0463*** (0.00237)	0.0415*** (0.00267)	0.0564*** (0.00486)
_cons	0.322*** (0.105)	0.440*** (0.115)	-0.255 (0.240)
行业固定效应	控制	控制	控制
季度固定效应	控制	控制	控制
N	14976	11808	3168
R^2	0.474	0.430	0.636
F	228.5	146.9	78.9

注：*、**、***分别代表回归系数在10%、5%、1%水平上显著；括号内为t值。

在动态回归中加入股票收益率的滞后一阶项之后，结果显示，股票收益率滞后一阶项的系数为负，说明历史收益率对当前收益率具有反转效应[49]；经济政策不确定性指数为0.033，表明经济政策不确定性每变动1个单位，股票收益率会增加0.033个单位，即经济政策不确定性对股票收益率的影响仍然为止，列（2）、列（3）分别为上海证券交易所、深圳证券交易所A股股票结果，同样显示经济政策不确定性对股票收益率具有正向影响。再看其他控制变量，除通货膨胀水平对股票收益率为负向影响外，其他控制变量均对股票收益率有正向影响，这与我们在表3-4中得出的结果一致，且三个结果的F值均较大，说明其他结果同样稳健。

3.4.5　拓展性分析

本小节首先主要研究不同性质的企业经济政策不确定性对股票收益率的影响，探究在不同性质下对股票收益率和经济政策不确定性进行分别回归的结果是否会有所不同。为了能够对二者的关系有更加全面、充分的认识，本小节将企业分为六大类。

表3-9为按控股人性质进行分类后的结果。表中列（1）、列（2）分别为中央和地方国有企业的分析结果，列（3）为民营企业分析结果，列（4）为外资企业分析结果，列（5）为公众企业分析结果，列（6）为集体企业分析结果。如表3-9所示，六个结果中中央和地方国有企业以及民营企业的F值都远远大于10，而且在国有企业中经济政策不确定性指数的回归系数略大于其他企业。在国有企业中，政府占股较大，对于公司的治理以及公司的监督有着更加重要的作用，因而经济政策不确定性增加对国有企业的股票收益率自然是有利的。一般来说，国有企业是国民经济的主导，政府的经济政策往往优先考虑国有企业，相对而言，中小企业则难以获得政策红利，因此在国有企业中随着经济政策不确定性的上升会要求更高的回报率。

表3-9　经济政策不确定性对股票收益率的分企业性质的回归结果

变量	(1)	(2)	(3)	(4)	(5)	(6)
EPU	0.0822***	0.0919***	0.0774***	0.0743***	0.0873***	0.0498
	(0.00693)	(0.00447)	(0.00627)	(0.0200)	(0.0261)	(0.0384)
GDP	0.172***	0.168***	0.136***	0.110**	0.157**	0.0459
	(0.0174)	(0.0119)	(0.0171)	(0.0531)	(0.0709)	(0.114)

续表

变量	(1)	(2)	(3)	(4)	(5)	(6)
M2	-0.0236 (0.0205)	-0.0365*** (0.0139)	0.0856*** (0.0204)	-0.0498 (0.0689)	0.0853 (0.0719)	0.163 (0.138)
EXR	0.0563*** (0.0160)	0.0314*** (0.0115)	0.0920*** (0.0146)	-0.0687 (0.0629)	0.109** (0.0523)	0.0543 (0.0771)
CPI	-0.0739*** (0.00832)	-0.0799*** (0.00538)	-0.0934*** (0.00739)	-0.0302 (0.0262)	-0.113*** (0.0291)	-0.0488 (0.0419)
LEV	0.000680 (0.00305)	0.00197 (0.00179)	-0.00198 (0.00270)	0.00297 (0.00767)	-0.0226* (0.0115)	0.00520 (0.0230)
ROA	0.0115*** (0.00360)	0.0168*** (0.00217)	0.0128*** (0.00344)	0.0215** (0.0106)	0.0180 (0.0150)	0.0117 (0.0266)
SIZE	0.00558 (0.00396)	0.00398** (0.00198)	0.00738*** (0.00274)	-0.00330 (0.0126)	0.00217 (0.0128)	0.0184 (0.0163)
*TOP*10	0.0162*** (0.00369)	0.0159*** (0.00224)	0.0113*** (0.00291)	0.00338 (0.0106)	0.0220 (0.0197)	0.0154 (0.0283)
TR	0.0445*** (0.00534)	0.0430*** (0.00359)	0.0341*** (0.00459)	0.0128 (0.0140)	0.0523*** (0.0143)	0.0472 (0.0312)
_cons	-0.271*** (0.0552)	-0.390*** (0.0318)	-0.249*** (0.0411)	-0.303*** (0.100)	-0.300** (0.140)	-0.121 (0.209)
固定效应	控制	控制	控制	控制	控制	控制
N	3273	6972	4485	494	317	95
R^2	0.435	0.522	0.421	0.271	0.484	0.467
F	43.76	132.4	54.70	5.253	7.636	2.038

注：*、**、***分别代表回归系数在10%、5%、1%水平上显著；括号内为t值。

为了进一步检验前文假设3、假设4中经济政策不确定性对于股票收益率的交互影响，我们在基准回归中分别引入经济政策不确定性指数与公司规模、换手率的交互项，探究*EPU*对股票收益率的放大作用。回归结果如表3-10所示。

表3-10　经济政策不确定性对股票收益率的回归结果（三）

变量	(1)	(2)
EPU	0.0851*** (0.00318)	0.0848*** (0.00315)

续表

变量	(1)	(2)
EPU × SIZE	0.00149 * * * (0.000564)	
EPU × TR		0.00354 * * * (0.000755)
GDP	0.157 * * * (0.00843)	0.157 * * * (0.00842)
M2	0.00351 (0.00993)	0.0136 (0.0102)
EXR	0.0531 * * * (0.00777)	0.0602 * * * (0.00795)
CPI	−0.0824 * * * (0.00380)	−0.0835 * * * (0.00379)
LEV	0.000463 (0.00130)	0.000380 (0.00130)
ROA	0.0154 * * * (0.00164)	0.0154 * * * (0.00164)
SIZE	−0.000764 (0.00295)	0.00553 * * * (0.00151)
*TOP*10	0.0150 * * * (0.00158)	0.0143 * * * (0.00157)
TR	0.0405 * * * (0.00241)	0.0261 * * * (0.00387)
_cons	−0.319 * * * (0.0230)	−0.315 * * * (0.0230)
行业固定效应	控制	控制
季度固定效应	控制	控制
N	15808	15808
R^2	0.461	0.462
F	124.1	126.0

注：* * *代表回归系数在1%水平上显著；括号内为 t 值。

列（1）、列（2）分别为加入两个交互项的结果。经济政策不确定性指数与公司规模、换手率的交互项的回归系数均显著为正，即公司规模、换手率等因素的增加会使经济政策不确定性对股票收益率的影响加大。第一，公司规模和经济政策不确定性交互项对于股票收益率有正向影响，说明对于大规模的公司，与小规模的公司相比经济政策不确定性能带来更大的股票收益，即公司规模越大越能够强化经济政策不确定性对股票收益率的正向影响。这可能是由于规模大的公司能够抵抗更强的风险，因而对股票收益率的要求更高。第二，随着换手率的加大，经济政策不确定性对股票收益率的影响会加大，可能的原因是经济政策不确定性增加时，投资者对未来政策变化的走向不了解，无法合理做出判断，根据“羊群效应”的心理，可能会出现盲目跟风投资从而导致过度交易的行为，从而加大了股票的换手率，因此对股票的预期收益率会增加。

接下来根据证监会2012年版的行业分类对各个不同的行业进行回归（剔除金融保险业），探究经济政策不确定性对不同行业的股票收益率的影响是否存在差异。在分析时将数量较少、代表性较差的行业去掉，分析结果见表3－11。

表3－11　经济政策不确定性对股票收益率的分行业回归结果

行业	*EPU*	N	R^2
水利、环境和公共设施管理业	0.129***	169	0.651
住宿和餐饮业	0.104**	95	0.586
信息传输、软件和信息技术服务业	0.101***	426	0.35
制造业	0.0958***	8284	0.467
批发和零售业	0.0860***	1416	0.456
租赁和商务服务业	0.0823***	189	0.583
电力、热力、燃气及水生产和供应业	0.0797***	1009	0.481
房地产业	0.0750***	1117	0.669
交通运输、仓储和邮政业	0.0684***	928	0.403
建筑业	0.0672***	554	0.419
文化、体育和娱乐业	0.0656**	233	0.438
综合	0.0544**	244	0.69

续表

行业	*EPU*	N	R^2
采矿业	0.0507***	776	0.443
农、林、牧、渔业	0.0441*	264	0.583

注：*、**、***分别代表回归系数在10%、5%、1%水平上显著。

从表3-11中各行业回归的结果来看，R^2基本都在0.6以下，表明模拟效果都很好。具体来看，经济政策不确定性对水利、环境和公共设施管理业以及住宿和餐饮业的收益率影响较大，且在5%的水平上都有显著影响。其原因一方面是涉及一些水利项目、公共环境与城市公用事业的项目大多都是由政府管控出资建设，主要目的是能够对当地的经济起到带动作用，从而改善当地人民群众的生活质量，是保障民生的基础事业。这些行业由政府进行支持建设，因此行业与政府的经济政策的走向是息息相关的。当前我国的经济发展面临着诸多困难，国家为了大力发展经济会支持基础设施的建设，为行业的发展创造了重大机遇。另一方面是这些行业的规模均比较大，通过投资可以实现快速的发展，在经济增速放缓以及出现过剩产能的大背景下，越来越多的投资者看好这些行业的发展。近年来，随着旅游行业快速发展带动住宿行业持续增长，同时住宿营销模式在逐渐便捷化，除携程、美团等第三方在线交易平台外，越来越多的在线营销方式也在改变传统的店内前台营销方式，如借助微信、支付宝等软件来预订房源，搭乘互联网的顺风车，为住宿行业的发展带来新的机会，在为住宿企业降低成本的同时也可以达到更加有效的宣传效果。随着我国居民消费水平的提高，消费市场对住宿业的划分以及消费的质量提出了更高的要求。同时，“85后”消费群体逐渐成为市场主体，他们在住宿领域的独特消费需求尚未得到充分满足。未来住宿行业将集中于增加服务的消费，以改善我国的消费结构。餐饮行业作为与民生息息相关的行业，对我国的经济同样有着重大影响，而且我国消费潜力巨大，极大地促进了餐饮行业的发展，尤其在制定《食品安全法》以后，市场监管体系逐渐完善，餐饮行业的发展逐步走向规范化，同时随着人们对外卖需求的增加，越来越多的人开始选择订外卖的用餐方式，这些都推动了我国餐饮行业的快速发展。在经济政策不确定的环境下，作为衣食住行中的刚需产业，餐饮行业的预期收益率是随着经济政策不确定性的增加而增加的。而经济政策不确定性对农、林、牧、渔业的收益率影响较小，可能的原因是宏观经济对这些行业的影响相对较小。这些行业的弹性比较小，所以一般而言，这些行业属于比较稳定的行业，人们对其产品的市场需求相对稳定，受宏观经济周期性波动影响较小。因此对这些行业来说，经济政策不确定性对它们的股票收益率影响较小。

3.5 结论与建议

3.5.1 主要结论

本章基于2015—2019年季度数据，选取沪、深两市A股股票为样本，运用Baker等[1]编制的经济政策不确定性指数作为代理变量，实证检验其对股票收益率的影响。首先，构建面板数据线性以及非线性模型，发现经济政策不确定性对股票收益率具有正向影响，同时二者间具有倒“U”形关系，即股票收益率先随着经济政策不确定性的增加而增加，达到最优平衡点时，再随着经济政策不确定性的增加而减少。同时将股票按照企业的不同性质、行业进行分类，来研究经济政策不确定性对股票收益率的不同影响。本章还引入了经济政策不确定性与公司规模、换手率的交叉变量，来研究它们对经济政策不确定性与股票收益率之间关系的影响程度如何变化。通过研究经济政策不确定性与股票收益率之间的关系，发现二者有显著的正相关关系，即经济政策不确定性对股票收益率具有显著的正向影响，即随着经济政策不确定性的增加，股票收益率也在增加，且这种影响在国有企业更加明显。分行业来看，经济政策不确定性对水利、环境和公共设施管理业以及住宿和餐饮业的影响较大，对农、林、牧、渔业的影响较小。公司规模、换手率的增加会增强经济政策不确定性对股票收益率的影响。

3.5.2 建议

通过本章的研究结果发现，经济政策不确定性与股票收益率存在正相关关系。接下来从以下四个方面提出建议：

3.5.2.1 对政府及监管机构的建议

从结论中得出政府对市场适度的干预是有必要的，但要避免对市场进行过度的政策干预。从研究结果来看，股票收益率在适度的经济政策不确定性水平下会随着不确定性的增加而增加，但倒“U”形曲线表明并不是政府制定的政策越多或者政策不确定程度越大越好。在适度情况下政府对市场的干预是有效的，但若政府频繁地改变经济政策，可能会对股票市场产生不利影响，即达到最优水平后股票收益率会随着经济政策不确定性的增加而减少。虽然当前我国股票市场仍然具有明显的“政策市”以及“消息市”的特征，政府经济政策在很大程度上会对投资者行为产生影响，但是，证券市场是一个高度市场化的交易平台，不应该过多地依靠政府行为来进行调控。因此应平衡好政府调节与市场自身调节之间的关系，正确发挥政府应有的作用，为股票市场保驾护航。

对于一些涉及城市公用事业、水利项目、环境管理和公用事业管理等国家和地方的重大基础设施建设领域的行业以及住宿和餐饮业等基础性行业来说，由于经济政策不确定性对这些行业的影响较大，因此政府在制定政策时应将对这些行业的影响充分考虑进去，并根据外部环境的变化及时调整行业的相关政策。对于一些刚需产业，政府应避免过多的干预，以有利于我国政府制定的经济政策能够更加有效地发挥作用。

3.5.2.2　对企业管理者的建议

对于一个企业而言，可以反映一个企业价值大小最直接的方式就是看其股票收益率。通过本章的结论发现，经济政策不确定性对一个企业股票的收益率具有正向影响，但当经济政策不确定性过大时，也会产生使企业股票收益率逐渐递减的效果，因此企业的负责人应多关注经济政策的变动，适时调整企业的发展战略，以有利于公司的长远发展，从而让投资者对企业的发展更有信心。

3.5.2.3　对个人投资者的建议

作为个人投资者，应当多关注国内以及国外的一些政策、事件，尤其是经济政策的变动，要对自己的投资策略进行及时的调整。很多投资者一味按照政府政策引导进行投资决策，对政府信用深信不疑，倒“U”形曲线说明这种做法是不可取的。股票收益率并不会一直随着经济政策不确定性的增加而增加，只有适度的干预才是有利的，应该做一个理性的投资者。

3.5.2.4 对媒体报道者的建议

由于经济政策不确定性指数的衡量主要来自媒体报道，因此有必要规范经济政策报道的准确性和客观性以及在社交媒体上公开信息，特别是在中美贸易谈判等国际动荡阶段，我们应该加强对微信公众号、证券交易所和其他私人媒体的监督，以防止谣言的传播；同时，我们应通过官方媒体及时披露危机形势下的相关经济政策，并客观详尽地分析形势，以最大限度地减少个人投资者的过度反应。

3.5.3 展望

本章通过对我国经济政策不确定性与上市公司股票收益率关系的研究，虽然通过理论分析与实证分析得出了相应的结论，但仍有不完美的地方。如选取的样本有限，不能很好地代表整个股票市场情况，也未能将经济政策不确定性进行细分。学者们可以将经济政策根据货币政策、财政政策、外汇政策、贸易政策划分为不同的种类，进而考察不同的政策对于股票收益率的影响是否存在差异。

本章小结

中国的股票市场从无到有，逐渐呈现出弱式有效以及明显的“政策市”特征。政府为了适应经济发展的不同阶段、实现不同的宏观经济目标，会适时调整采用的经济政策的政策工具组合及实施力度等，而经济政策在调整的过程中必然会影响股票市场的发展。近几年，越来越多的投资者和研究人员开始关注二者之间的关系。研究经济政策不确定性与股票收益率之间的关系对于我国维持股票市场的稳定以及改善政策的制定与监管有着重要的意义。

本章以 2015 年第一季度到 2019 年第三季度为研究区间，选取沪、深两市 A 股股票为样本，运用 Baker 等编制的经济政策不确定性指数来研究其与股票收益率之间的关系，同时将其按照企业的不同性质、行业进行分类，来研究经济政策不确定性对股票收益率的影响的不同。另外，本章引入经济政策不确定性与公司规模、换手率的交叉变量，来研究它们对经济政策不确定性与股票收益率的关系的影响程度如何变化。

研究发现，经济政策不确定性对股票收益率具有显著的正向影响，即随着经济政策不确定的增加，股票收益率也在增加，且这种影响在国有企业更加明显。分行业来看，水利、环境和公共设施管理业以及住宿和餐饮业等行业中经济政策不确定性对股票收益率影响较大，而在农、林、牧、渔业中影响较小。公司规模、换手率的增加会放大经济政策不确定性对股票收益率的影响。

参考文献

[1]S. R. Baker, B. Nicholas, S. J. Davis. Measuring economic policy uncertainty[J]. The Quarterly Journal of Economics, 2016, 131(4): 1593 - 1636.

[2]陈国进，张润泽，赵向琴. 经济政策不确定性与股票风险特征[J]. 管理科学学报，2018, 21(4): 1 - 27.

[3]王红建，李青原，邢斐. 经济政策不确定性、现金持有水平及其市场价值[J]. 金融研究，2014(9): 53 - 68.

[4]李凤羽，杨墨竹. 经济政策不确定性会抑制企业投资吗？——基于中国经济政策不确定指数的实证研究[J]. 金融研究，2015(4): 115 - 129.

[5]许志伟，王文甫. 经济政策不确定性对宏观经济的影响——基于实证与理论的动态分析[J]. 经济学(季刊)，2019, 18(1): 23 - 50.

[6]宋全云，李晓，钱龙. 经济政策不确定性与企业贷款成本[J]. 金融研究，2019(7): 57 - 75.

[7]贾倩，孔祥，孙铮. 政策不确定性与企业投资行为——基于省级地方官员变更的实证检验[J]. 财经研究，2013, 39(2): 81 - 91.

[8]徐光伟，孙铮，刘星. 经济政策不确定性对企业投资结构偏向的影响——基于中国EPU指数的经验证据[J]. 管理评论，2020, 32(1): 246 - 261.

[9]李力，官蕾，王博. 经济政策不确定性冲击与股市波动率——来自宏观与微观两个层面的经验证据[J]. 金融学(季刊)，2018, 12(4): 94 - 126.

[10]F. Sharpe, William. Capital asset prices: A theory of market equilibrium under conditions of risk[J]. The Journal of Finance, 1964, 19(3): 425 - 442.

[11]S. A. Ross. The arbitrage theory of capital asset pricing[J]. Journal of Economic Theory, 1976, 13(3): 341 - 360.

[12]R. C. Merton. A simple model of capital market equilibrium with incomplete information[J]. Journal of Finance, 1987, 42(3): 483 - 510.

[13]E. F. Fama, K. R. French. The cross - section of expected stock returns[J]. The Journal of Finance, 1992, 47(2): 427 - 465.

[14]E. F. Fama, K. R. French. A five-factor asset pricing model[J]. Journal of Finance Economics, 2015, 116(1): 1 - 22.

[15]郭琨, 周炜星, 成思危. 中国股市的经济晴雨表作用——基于热最优路径法的动态分析[J]. 管理科学学报, 2012, 15(1): 1 - 10.

[16]杨建明. 我国货币供应量对产出、物价预测能力的实证研究[J]. 南开经济研究, 2003(1): 8 - 13.

[17]李广众, 杨子晖, 杨铠维. 汇率波动性与股市收益率联动性——来自国际样本的经验证据[J]. 金融研究, 2014(7): 16 - 31.

[18] F. Knight. Risk, Uncertainty and Profit[J]. Vernon Press Titles in Economics, 2013 (4): 682 - 690.

[19]B. G. Malkiel. The capital formation problem in the united states[J]. Journal of Finance, 1979, 34(2): 291 - 306.

[20]罗兰兰, 陈收, 邹自然. 支付具不确定性的贴现率期限结构研究[J]. 管理科学学报, 2018, 21(1): 48 - 57.

[21]王宇伟, 丁慧, 盛天翔. 股票收益率与通货膨胀预期的动态影响关系研究——基于 TVP - VaR - SV 模型的实证研究[J]. 南开经济研究, 2018(6): 129 - 148.

[22]赵蓉. 试论中国股票市场失衡及其与宏观经济运行态势的背离[J]. 南开管理评论, 2000(6): 48 - 56.

[23]王一鸣, 赵留彦. 通货膨胀与股票收益: 需求冲击与供给冲击效应分解[J]. 系统工程理论与实践, 2010, 30(12): 2190 - 2202.

[24]赵志君. 股票价格对内在价值的偏离度分析[J]. 经济研究, 2003(10): 66 - 75.

[25]王宜峰, 王燕鸣, 等. 公司投资对股票收益的影响研究[J]. 管理评论, 2015, 27 (1): 103 - 113.

[26]部慧, 解峥, 李佳鸿, 等. 基于股评的投资者情绪对股票市场的影响[J]. 管理科学学报, 2018, 21(4): 86 - 101.

[27]杨晓兰, 沈翰彬, 祝宇. 本地偏好、投资者情绪与股票收益率: 来自网络论坛的经验证据[J]. 金融研究, 2016(12): 143 - 158.

[28]颜爱民, 马箭. 股权集中度、股权制衡对企业绩效影响的实证研究——基于企业生命周期的视角[J]. 系统管理学报, 2013, 22(3): 385 - 393.

[29]J. Y. Campbell. Stock returns and the term structure[J]. Journal of Financial Economics,

1987, 18(8): 373-399.

[30]G. Segal, I. Shaliastovich, A. Yaron. Good and bad uncertainty: Macroeconomic and financial market implications[J]. Journal of Financial Economics, 2015, 117(2): 369-397.

[31]汪弘，宋登辉，陈立慧．经济政策不确定性与股票收益[J]. 金融学(季刊), 2018, 12(4): 1-20.

[32]L. Pastor, P. Veronesi. Uncertainty about government policy and stock prices [J]. Journal of Finance, 2012, 67(4): 1219-1264.

[33]J. Brogaard, A. Detzel. The asset-pricing implications of government economic policy uncertainty[J]. Management Science, 2015, 61(1): 3-18.

[34]许均华，李启亚．宏观政策对我国股市影响的实证研究[J]. 经济研究, 2001(9): 12-21.

[35]N. Bloom. The impact of uncertainty shocks[J]. Econometrica, 2009, 77(3): 623-685.

[36]L. Pastor, P. Veronesi. Uncertainty about government policy and stock price [J]. Journal of Finance, 2011, 67(4): 1219-1264.

[37]H. Markowitz. Portfolio selection[J]. Journal of Finance, 1952(4): 77-91.

[38]R. Roll, S. A. Ross. An empirical investigation of the arbitrage pricing theory[J]. The Journal of Finance, 1980, 35(5): 1073-1103.

[39]张玉华，宋韫赟，张元庆．基于空间面板数据模型的股票收益率影响因素分析[J]. 中国软科学, 2016(5): 172-183.

[40]K. J. Arrow, G. Debreu. Existence of an equilibrium for a competitive economy [J]. Econometrica, 1954, 22(3): 265-290.

[41]杨子晖，陈里璇，陈雨恬．经济政策不确定性与系统性金融风险的跨市场传染——基于非线性网络关联的研究[J]. 经济研究, 2020, 55(1): 65-81.

[42]史宇鹏，周黎安．地区放权与经济效率：以计划单列为例[J]. 经济研究, 2007(1): 17-28.

[43]雷立坤，余江，魏宇，等．经济政策不确定性与我国股市波动率预测研究[J]. 管理科学学报, 2018, 21(6): 88-98.

[44]H. Gulen, M. Ion. Policy uncertainty and corporate investment[J]. The Review of Financial Studies, 2016, 29(3): 523-564.

[45]宫汝凯，徐悦星，王大中．经济政策不确定性与企业杠杆率[J]. 金融研究, 2019(10): 59-78.

[46]陈胜蓝，刘晓玲．经济政策不确定性与公司商业信用供给[J]. 金融研究, 2018

(5): 172 - 190.

[47] J. J. McConnell, H. Servaes. Equity ownership and the two faces of debt[J]. Journal of Financial Economics, 1995, 39(1): 131 - 157.

[48] 严太华, 陈明玉. 基于马尔科夫切换模型的上证指数周收益率时间序列分析[J]. 中国管理科学, 2009, 17(6): 33 - 38.

[49] 田利辉, 王冠英, 谭德凯. 反转效应与资产定价:历史收益率如何影响现在[J]. 金融研究, 2014(10): 177 - 192.

第 4 章 我国股市对 ESG 领先指数发布公告的市场反应

4.1 绪 论

4.1.1 研究背景与研究意义

近年来，全球都在大力提倡发展绿色金融，我国资本市场开放也在稳步推进，过去全力发展经济带来的环境污染、资源紧张、生态退化等现实问题也日益凸显。我们逐渐认识到问题的严峻性，引导我国企业转型是当前的必然选择。因此，可持续发展投资理念在我国受到的关注度和认可度不断提升，代表可持续发展的 ESG 投资理念也在我国开始受到重视，ESG 相关指数应运而生。ESG（Environmental, Social and Governance）代表环境、社会责任和公司治理，是一个综合衡量企业非财务绩效的指标，以评估企业的经营和投资活动对环境、社会的影响，以及公司治理是否完善。将这三个因素整合，得出的评分即企业 ESG 得分，基于企业的 ESG 得分编制的指数即 ESG 指数，具体做法是在一定的样本空间中选取在环境、社会责任、公司治理三个方面具有较好表现的公司作为最终样本股，以反映此类公司的 ESG 整体表现。ESG 指数是引导资金流向的重要风向标。

其实，ESG 理念在国外很早就兴起了，而在我国起步较晚，这与国家的经济发展阶段有关。ESG 理念在欧美市场已经较为成熟，联合国环境规划署在 1992 年就已经提出希望金融机构做出业务决策时将 ESG 纳入考虑范围，并且制定了比较严格的标准。公司在做决策的时候，会把提高企业 ESG 水平放在比较重要的位置，投资者决策也会受到非财务指标的影响。全球报告倡议组织（GRI）提出的“全球倡议报告指引”已经成为全球多个国家ESG信息披露共同参考的原则，而且全球可持续发展投资规模在过去几年也有较大的增长，全球可持续发展投资联盟（GSIA）作出的报告显示，截至2016年年初，全球资产管理总额中可持续投资规模占26%，由此可见，ESG投资理念在全球受到了广泛关注。对于发展中国家而言，这种理念近几年才刚刚开始兴起，现有ESG标准基本上都只适用于欧美体系，对尚处于起步阶段的我国，ESG投资仍面临诸多难点。

虽然我国ESG起步较晚，但是一直在积极探索。自2018年6月起，MSCI将中国A股逐步纳入MSCI指数。据MSCI的选股标准，上市公司的ESG信息披露情况将作为非财务指标被纳入考量。如果A股的上市公司希望在MSCI的评价系统中有良好的形象，获得海外机构的关注，提升国际竞争力，就需要更积极主动地去关注社会责任及相关报告的披露。由此可见，随着我国A股市场逐渐走向国际化，A股将受到更多外商投资者的关注，而要想更好地融入国际资本市场，经受住更多考验，就要大力发展ESG投资理念，这也有利于本国ESG投资的发展。国家层面也在加强对企业非财务绩效的关注和监管，近年来，我国监管部门积极推动上市公司ESG投资基本制度的建立，以期提高信息披露质量，进而提高企业在ESG方面的表现。例如，2006年和2008年，沪、深交易所分别发布了与企业社会责任信息披露相关的指引性文件；其他相关部门也相继发布了《社会责任指南》和《社会责任报告编写指南》等，这些指南初步建立了企业《社会责任报告》的披露规范和要求；2017年8月，经过审议通过了《关于加快构建绿色金融体系的指导意见》。做好ESG投资基本制度的构建，有利于引导资本投入ESG表现优异的企业，进而为金融服务实体经济做出积极的贡献。

2019年6月5日，中证指数公司公布了关于“中证—中财沪深100领先指数”的发布公告，该指数是以ESG为主题的股票指数，可以反映ESG表现较好的企业的整体水平，是中央财经大学绿色金融国际研究院（以下简称“中财大绿金院”）与中证指数公司联合发布的。虽然在此之前，也有一些ESG相关主题指数推出，但是其评价标准和体系多采用国外的评分原则，而这次的ESG领先指数以我国研发的评分标准为依据。这套评分体系是中财大绿金院根据我国实际情况研发制定的，更加符合我国国情，能够更准确地反映我国企业 ESG 表现的情况，具有更强的适用性，值得参考和研究。

总之，我国经济在逐渐向可持续发展的方向转型，A 股市场也逐步走向国际化。在这样的背景下，企业 ESG 表现的重要性显而易见，而且 ESG 领先指数的发布公告为本章的研究提供了很好的契机。反映企业 ESG 表现的指数发布事件能否引起市场及时的反应，这不仅取决于企业 ESG 表现对企业价值的影响，也取决于投资者对于这一投资理念的认可和关注。公司被纳入 ESG 领先指数意味着向 A 股市场传达了公司 ESG 综合表现优异的信息。本章试图探索 A 股市场对 ESG 指数发布公告的反应，丰富我国 ESG 相关理论体系，并为 ESG 实践提供参考。

在我国，ESG 投资理念的兴起相对较晚，所以理论和实践仍处于初步探索阶段。相关理论研究大多停留在企业环境表现、社会责任和公司治理的某一个方面，对企业 ESG 综合表现的研究比较缺乏。实践方面，虽然我国出台了一系列鼓励企业注重可持续发展的政策，制定了一些相关制度框架，但是企业和投资者如何将 ESG 理念纳入运营和投资决策过程，还处于初步摸索阶段。因此，本章基于 ESG 指数发布事件，探究企业 ESG 综合表现对股票收益率的影响，对我国 ESG 投资理论体系的完善、企业可持续发展、投资者决策以及市场稳定等方面都具有重要意义。

在 ESG 理论体系的完善方面，本章研究的 ESG 指数包含的成份股都是 ESG 评分较高的公司，即这些公司都是 ESG 综合表现较好的公司。指数发布公告是否会引起成份股股票价格的变化，体现了市场对此信息的敏感度，如果市场对公告有正向反应，说明较好的 ESG 表现对股票价格有正面影响，而如果市场对公告有负向反应，说明较好的 ESG 表现对股票价格有负面影响。本章的结论丰富了关于企业 ESG 表现对企业影响的相关理论研究，能为今后 ESG 投资理论体系的完善和发展提供支持。

本章研究结论也可以指导 ESG 投资实践。对于市场投资者而言，投资都是以收益最大化为主要目标的。如果 ESG 指数的发布会影响到投资者的决策，说明市场对企业的 ESG 表现有一定关注度，企业 ESG 信息披露会引起股价波动，投资者的投资收益必将受到影响。因此投资者需要顺应发展趋势，调整投资理念，加强对 ESG 信息的关注，将 ESG 表现纳入投资决策，合理构造投资组合，对冲风险，提高投资收益。对于企业而言，其在发展过程中除了以利益最大化为主要目标外，还承担着一部分保护环境、促进社会发展的责任，而且公司治理水平的高低也影响着公司的经营。随着 ESG 投资理念的兴起，企业需要了解市场和投资者对其 ESG 表现的反应，充分认识市场投资者在非财务方面对企业的要求和期待，据此决定是否对经营策略做出合理的调整，是否需要将 ESG 综合表现提高到企业战略层面给予重视。本章通过研究企业 ESG 信息对股价的影响，可以为企业经营决策和战略制定提供参考和指导。对于监管者而言，他们承担着维护市场稳定并提高市场效率的责任。近些年，随着 ESG 投资理念的兴起，充分认识 ESG 相关信息带给股价的影响显得尤为重要。虽然近些年我国的相关政府监管机构已经出台了一系列 ESG 相关的政策和指引文件，但是在具体实践推进过程中还存在诸多难点，本章的研究可以作为监管机构制定政策和规则的依据。

4.1.2 研究方法与本章结构

4.1.2.1 研究方法

本章主要采用事件研究法和横截面回归的方法进行实证研究。首先，采用事件研究法分析 ESG 指数发布公告对股票收益率产生的影响，检验其是否会引起市场反应；其次，进一步用横截面回归的方法探索影响股票超额收益率的其他公司特征。

虽然在 20 世纪 30 年代，事件研究法的核心思想已经萌芽，但是该方法真正走向成熟和受到认可始于 Ball 和 Brown（1968）用此方法研究了企业会计盈余报告的市场反应[1]，之后又经过多年不断的改进和修正，逐渐成为研究特定事件市场反应的主要方法之一，并在多个相关研究领域居重要地位，在我国也得到广泛运用，特别是在公司财务和金融领域，韩佳彤等（2019）和肖争艳等（2019）运用事件研究法对公司财务和金融方面的问题进行了研究[2,3]。本章也采用事件研究法探究 ESG 指数发布事件给股票收益率带来的影响，分析市场对于 ESG 指数发布公告的反应。

事件研究法的关键步骤是计算公司在事件期内的超额收益率。如果没有事件发生，上市公司股价将会按照历史趋势继续发展，不会发生大幅波动，将该收益率定义为正常收益率，正常收益率需要我们通过选择合适的统计模型或经济模型进行估计。但是如果所研究的事件发生了，该事件向市场传达的信息将会引起股价异常波动。因此，用事件期内股票的每日实际收益率减去用模型估计的正常收益率，得到的异常收益率就可以看作该事件对上市公司股价的净影响。

首先需要确定想要研究的事件并根据研究目的选定研究样本，除此之外，主要还有以下三个关键步骤：

（1）确定合适的事件日、事件期和估计期

根据事件研究法的相关理论可知，事件日、事件期和估计期的确定没有统一的标准，需要根据研究目的和其他具体情况自行确定。在本章的研究中，事件日比较明确，即 ESG 指数发布公告发出的日期。关于事件期，为了准确捕捉事件或信息所引起的市场反应，事件期一般选择事件日前后一段时间，这个时间段尽量覆盖事件的影响，并尽量排除其他噪声的干扰。关于估计期，原则是不与事件期重合，一般选择事件期前的一个时间段。

（2）计算正常收益率

为了计算事件所引起的股票异常收益率，首先需要运用相应的模型估计没有事件发生的情况下，上市公司股票在事件期内的正常收益率。相关文献中正常收益率的估计方法通常可以分为经济模型和统计模型，二者的主要区别在于统计模型不需要相关经济理论做支撑，只需要满足收益率分布即可，而经济模型在满足分布的同时还需要对投资者行为作出假设，理论上可以更精准地估计正常收益率。虽然统计模型相对简单，但是相关研究表明，其实际估计结果并不亚于复杂的经济模型，并且统计模型中市场模型的应用最为广泛。因此本章首先使用市场模型，再使用均值调整模型估计正常收益率以提高结论的稳健性。均值调整模型、市场调整模型和市场模型是比较常见的统计模型，而 CAPM 和 APT 属于经济模型。本章运用的两种模型原理如下：

市场模型：该模型的思想是采用修正的 CAPM 来估计事件期内证券的正常收益，用估计期内股票的实际收益率与市场指数收益率建立回归方程，估计得到方程参数，再将事件期内市场指数收益率代入方程，最终估计得到股票在事件期内的正常收益率。市场模型作为目前研究中应用最广泛的模型，其优点是可以剔除个股收益中与市场波动的联动部分，在一定程度上降低了超额收益率的方差，有利于提高显著性检验结果的稳健性。研究证明，虽然市场模型比较简单，但是该模型的预测效果与其他复杂模型一样好，特别是对月度数据和日度数据有较好的适应性。

均值调整模型：个股和指数在事件期内的正常收益率用各自在估计期内的平均收益率表示。这一模型有一个较严格的前提假设，即未来与过去存在某种联系。但是由于市场环境一直在变化中，如估计期和事件期分别处于牛熊市，那么用这种方法计算出的正常收益率可能与现实存在较大偏差。

（3）异常收益率的计算和检验

样本公司在事件期内的异常收益率（*AR*）是对应时期的实际收益率与正常收益率的差额。在此基础上，可以进一步计算累计超额收益率（*CAR*）和平均累计超额收益率（*CAAR*）来代表超额收益。

我们需要对计算出的异常收益率进行显著性检验，来判断该事件是否对股票价格产生显著影响。根据显著性检验结果和不同的显著性水平分析，如果异常收益率通过了显著性检验，则 ESG 指数发布公告显著引起市场反应；如果没有通过显著性检验，则没有显著引起市场反应。

显著性检验包括参数检验和非参数检验，目前多数文献都采用参数检验的方法。二者的主要区别是参数检验有前提假设，即需要异常收益率的分布基本符合正态分布，这样得出的结果才更加准确，而非参数检验则不需要，因此，非参数检验可以作为检验实证结果稳健性的方法。

4. 1. 2. 2 本章结构

本章以 2019 年 6 月 5 日发布的 ESG 领先指数发布公告为研究事件，指数所包含的公司为研究样本，运用事件研究法，探究市场对 ESG 指数发布公告的反应。

本章主要包括以下五个部分：

第一节为绪论。首先对本章的研究背景和意义进行了阐释，说明在当前的时代背景下，本章研究的意义所在。其次介绍了本章的主要研究方法和本章结构，并指出可能的创新点和研究中存在的不足之处。

第二节为文献综述与理论分析。文献综述部分介绍了国内外关于企业环境表现、社会责任、公司治理的某一个方面以及 ESG 综合表现的相关研究，并对前人的研究情况进行了评述；理论分析部分详细介绍了本章的研究对象——ESG领先指数的相关概念，包括指数的编制方法和重要意义，并阐述与本章相关的理论基础，对ESG指数发布引起市场反应的内在机理进行了分析。

第三节为实证研究。以ESG领先指数所包含的公司为样本，进行ESG指数发布公告事件研究，通过分析指数发布公告前后各交易日的平均累计超额收益率（*CAAR*）的变化趋势和显著性，考察指数发布公告的市场反应。实证结果表明，指数发布公告对股票收益率具有显著的正向影响。然后，根据样本公司不同的特征进行分类研究，并进行了全样本结论的稳健性检验。

第四节为影响ESG指数发布公告市场反应的因素研究。参考以往文献对股票收益率影响因素的研究结论，本章选取了几个可能会影响超额收益率的公司特征因素，在进行理论分析的基础上，以样本股累计超额收益率（*CAR*）作为被解释变量，以每个公司特征的代理指标作为解释变量进行横截面回归，探索影响超额收益的其他因素。

第五节为结论与建议。主要是归纳总结指数发布事件对平均累计超额收益率（*CAAR*）的影响，形成本章实证的结论，并根据结论，针对投资者、企业和监管者提出建议。

4.2　文献综述与理论分析

ESG投资理念形成以来，国内外学术界一直在积极探索ESG理论体系的构建和完善。近年来，我国许多学者也开始重视对企业的非财务信息的研究，以期能够完善ESG理论体系，以此助力企业长期健康可持续发展，并且为投资者的投资决策提供参考依据。本节将总结梳理已有相关文献并进行评述，借此梳理本章的研究思路，然后阐述相关理论基础，为本章的研究提供依据。

4.2.1　文献综述

ESG是最近几年才形成的一种投资理念。其实，ESG是责任投资和绿色投资的发展与延伸，所以在ESG理念形成之前，相关文献主要是针对企业环境、社会责任和公司治理的某一个方面分别进行研究。因此，现有研究主要集中为某一个方面表现对企业财务绩效、企业价值以及风险等方面的影响，且尚未形成一致的结论。为了研究反映企业ESG综合表现的ESG指数发布公告对股价的影响，我们首先应对 ESG 每个方面的研究结论分别进行梳理和归纳。

4.2.1.1 关于企业环境表现的文献综述

关于企业环境表现对企业的影响，王遥等（2013）认为，我国企业发布的负面环境信息对股价没有显著的影响[4]；方颖、郭俊杰（2018）对其中的原因进行了进一步的探索，发现环境违法成本过低是导致我国环境信息披露无效的重要原因[5]。除此之外，影响企业环境信息披露与股价关系的还有企业的环境信息披露动机、披露形式和披露质量因素。具体地说，企业信息披露动机不同，可能是自愿性披露，即主动向市场公开自身环境表现的相关信息，也可能是强制性披露，受到相关政策规制的约束，必须向社会公开环境信息。那么，如果是自愿性披露，环境信息披露行为可能是企业的一种战略选择，因为沈洪涛等（2014）研究发现企业的环境表现与企业环境信息披露之间存在显著的“U”形关系[6]。也就是说，如果企业本身具有优异的环境表现，可能通过主动披露信息积极向投资者传递利好消息。如果企业本身环境表现较差，有可能利用信息披露数量对自身较差的环境表现进行掩饰或洗白。田利辉、王可第（2017）的研究也得到相同的结论，并认为企业可能利用信息披露掩饰经营问题，特别是在当经理人代理成本较大的情况下[7]。如果是强制性披露，龙文滨等（2018）认为企业环境表现与来自政府的环境政策规制严厉程度呈正相关，并且这种相关性在重污染行业中体现得更加明显[8]。然而，沈坤荣等（2017）的研究却发现，环境规制会引起污染企业就近转移，把污染带到邻近城市，因此外部环境压力不会提高企业环境表现，因而也不会引起相应的市场反应[9]。从信息披露的形式来看，有的信息披露以定性描述为主，定量数据不充分，而有的以定量指标为主，通过相关数据来佐证其报告内容，更有说服力。朱炜等（2019）的研究结果表明，企业环境表现与定量披露正相关，与定性披露负相关[10]。另外，从信息披露质量来看，叶陈刚等（2015）以及武恒光、王守海（2016）均是基于重污染上市公司的数据，发现环境信息披露质量或水平的提高对于企业有正面影响，因为可以显著降低其股权融资成本[11,12]。除此之外，黎文靖、路晓燕（2015）研究了企业环境绩效与机构持股之间的关系，发现企业环境绩效表现较好首先会引起机构投资者的关注，机构投资者会增持，且这种影响只在长期机构投资者的持股比例上有所体现[13]。薛爽等（2017）从企业财务绩效的角度切入，发现重污染企业当季财务绩效或盈利能力不会因为其排污严重而有所下降，甚至会出现增长，因为在污染当月，市场并没有实时信息来解读其产量增长背后的环境污染，人们不会将二者联系起来，究其原因，可能是环境相关法律不健全、执行力度差[14]。

4.2.1.2 关于企业社会责任的文献综述

关于企业社会责任，国外的研究起步较早，但是尚未得到一致的结论。Aupperle等（1985）的研究认为，企业履行社会责任是负面消息，履行社会责任的企业在竞争中不具有优势，因为履行社会责任会造成资本和其他资源的浪费，从而减少对主营业务的投资，财务绩效会受到影响，导致企业价值降低[15]。Agniuis和Clavas（2019）则认为，企业履行社会责任对于企业而言是利好消息，企业利润和社会责任并不是矛盾的，而是互相依赖、互相促进的，是企业的双重目标[16]。近年来，由于我国资本市场对外开放程度不断加大，投资者的投资理念发生转变，企业社会责任逐渐成为投资者关注的重要非财务信息，相关理论研究也逐渐受到重视。何音等（2020）和朱清香等（2019）的研究都认为，企业社会责任与企业价值正相关，优异的社会责任表现有助于提升企业价值[17,18]。在此基础上，杨皖苏和杨善林（2016）区分短期财务绩效和长期财务绩效，并考虑不同规模公司的差异，发现无论规模多大，履行社会责任对于短期财务绩效的作用都并不显著；大型企业履行社会责任有利于长期财务绩效的提高，而中小型企业履行社会责任则不利于长期财务绩效的提高[19]。相关研究还进一步探索了关于企业社会责任对企业价值的影响机制或路径，Lin等（2015）、Bonnie等（2018）以及Bardos等（2020）的研究发现，企业社会责任也可以通过与政府之间的关系[20]、机构投资者持股比例[21]等路径影响企业价值；还可以从利益相关者的角度切入，探索企业社会责任表现与企业价值之间的关系，对利益相关者进行具体分类。杨皖苏、杨善林（2016）发现，当企业对顾客和员工履行社会责任时，不利于长期财务绩效的提高[19]。而冉戎等（2018）却认为，企业对员工履行社会责任有利于企业价值的提升，且通过在劳动力市场获得竞争优势而影响企业价值[22]。在此基础上，为了更加全面地阐释二者之间的关系，王清刚和徐欣宇（2016）提出在不同的生命周期，企业对员工、投资者、供应商、消费者和客户履行社会责任会产生不同的效果，而企业在整个生命周期履行对政府、社会和公众的社会责任都与价值创造不相关[23]。此外，企业社会责任还会影响企业面临的风险。在我国经济环境背景下，冯丽艳等（2016）认为，较好的企业社会责任表现有利于降低企业风险[24]。然而，从管理层机会主义的视角看，权小锋等（2018）认为，社会责任的强制披露可能导致企业未来违规风险增加[25]。关于影响企业社会责任履行和信息披露的因素，唐亮等（2018）的研究发现，媒体、社会信任等非正式制度可以对企业社会责任的履行形成有效约束[26]；周开国等（2016）认为，以政府为主的正式监督机制和媒体等非正式监督机制可以形成协同效应，对于企业社会责任信息披露而言是有效的监督模式[27]。除此之外，高管特征也是影响企业社会责任的因素，文雯和宋建波（2017）、Hegde 等（2019）以及王士红（2016）认为，高管成员的海外背景[28]、高管婚姻状况[29]、高管女性比例、高管团队的平均任职时间等都是影响企业社会责任的重要因素[30]。

4.2.1.3 关于公司治理的文献综述

关于公司治理的国内外研究也比较丰富。公司治理是随着公司制这一组织形式的出现而产生的，由于公司制组织形式中委托—代理问题的存在催生了公司治理这一概念。现有研究包括微观层面和宏观层面，微观层面是指围绕具体的公司治理要素展开研究，包括董事会治理、股东治理、治理模式等方面；宏观层面是围绕公司综合的治理水平进行评价和研究。从微观层面来看，Gompers 等（2003）探索了股东权利对公司价值的影响，结果发现股东权利对公司价值有正向影响，即股东权利越多，公司价值越会得到一定提升[31]。从董事持股比例的角度来看，Bhagat 和 Bolton（2019）研究董事持股比例对业绩的影响，结果表明二者呈正相关关系[32]。而国内除了关于公司内部治理制度安排的研究，还有许多研究是基于本土国情，针对家族企业特殊的治理模式问题进行的，如许年行等（2019）认为，兄弟姐妹共同经营和长兄担任董事长这样的治理模式对公司绩效是有利的[33]。然而，我国企业在市场化改革中的一个重要方向就是将企业交给专业经理人经营，吴超鹏等

(2019) 发现，家族公司上市前“去家族化”改革实施得越不彻底，上市后公司收入增长率和绩效就越低，这意味着家族企业“家族化”程度较高不利于企业的发展[34]。从宏观层面来看，国内学者陈霞和马连福（2015）的研究也证实了公司治理水平的提高有利于企业价值的提升[35]。在此基础上，刘银国和朱龙（2011）构建了以我国实际情况为基础的 CGI 指标体系及企业价值计量模型，研究发现，公司治理水平对企业短期财务绩效的作用比较明显，对反映企业价值的长期财务绩效影响较小[36]。从另一个角度看，公司治理还可以划分为内部治理和外部治理，内部治理是指出资人对董事、股东与高级管理人员之间存在的利益冲突进行调节的内部机制安排，而外部治理是通过市场和法治的方式进行监督。以上综述都是关于内部治理的研究，任冷（1999）通过分析内部治理和外部治理机制得出结论，认为完整有效的公司治理必须包括内部治理和外部治理两个部分，二者相互依赖和补充，相辅相成，有利于公司治理对提升企业价值作用的发挥[37]。关于外部治理，李维安（2016）认为，由于我国以往在计划经济体制下形成了依靠行政治理的思维惯式，忽视了法治和市场的治理，很大程度上制约了公司治理水平的发展[38]。然而，随着我国市场化改革的推进，外部治理的相关理论研究和实践逐渐受到重视，叶陈刚等（2015）基于重污染公司的数据，发现企业外部治理在环境信息披露与降低股权融资成本之间的关系中的关键作用，说明较高的外部治理水平对于企业而言是有利的[39]。近几年，随着信息技术的迅猛发展，媒体已经成为一种备受关注的力量，田高良等（2016）认为，媒体可以被看作一种公司外部治理方式，在现代公司治理中不可或缺[40]。周开国等（2016）发现，媒体监督会改善公司违规情况，随着媒体监督的增强，公司违规频率会随之减少，也证实了媒体监督在企业外部治理中的重要作用[41]。然而，有其他学者对这一结论提出质疑，才国伟等（2015）发现，当企业处于重大事件期间，企业为了获取额外利益，存在与媒体的合谋行为[42]。

4.2.1.4　关于企业 ESG 综合表现的研究综述

以上文献都是对企业环境表现、社会责任和公司治理某一个方面的表现进行研究，接下来将对企业 ESG 综合表现的文献进行梳理。国外对于 ESG 投资理念的理论研究和实践开始较早。关于企业 ESG 表现如何影响企业财务绩效和企业价值，Dimson 等（2015）认为，企业 ESG 表现对企业未来发展有正向影响，进一步探索其影响路径，可能是由于 ESG 表现好的企业在融资过程中比较有优势，可以获得较低成本的资金，降低财务成本，进而有利于企业价值的提升[43]。随着我国对企业可持续发展的重视，我国学者也开始探索企业 ESG 表现的相关问题。国内学者邱牧远和殷红（2019）探究了企业环境、社会责任和公司治理（ESG）综合表现对企业融资成本的影响，研究发现，总体来看，企业 ESG 表现优异有利于降低融资成本和提高企业价值，但从具体维度来看，ESG 三方面的表现对企业融资成本的影响具有差异化特征，环境和公司治理因素对企业融资成本的影响较大，且信息披露质量对上述关系有至关重要的作用，除此之外，研究还发现近年来环境表现对企业融资成本的作用在逐步增强[44]。

虽然企业 ESG 综合表现优异可以降低融资成本，提升企业价值，对于企业而言是积极的消息，但其是否会得到市场及时、准确的反应，还取决于市场中的其他因素。Krüger（2015）发现，投资者对企业 ESG 信息反应程度与信息质量有关，ESG 相关的信息披露质量越高，投资者对此信息反应越强烈。但是当前我国信息披露机制还不够成熟，所以信息披露质量也比较低[45]。

4.2.1.5 影响股票收益率的因素研究

要研究影响股票收益率的因素，就要研究影响股价的因素，随着股票市场在金融市场中的地位日益提高，关于影响股价的因素，国内外已经有了较为丰富的研究结论。最初的资本资产定价理论认为，影响股价的因素只有风险，因为收益的获得源于风险的承担，因此，股价与风险成正比。随着股票市场的发展和研究的深入，一些金融市场的“异象”无法用资本资产定价模型解释，一些学者提出了对资本资产定价理论的质疑，认为还有其他影响股票收益率的因素，之后以美国股票市场为依据得出了 Fama – French 三因子模型，涉及风险、市值和账面市值比三个因素对股价的影响。然而，三因子模型在我国的适用性遭到一些学者的质疑，于是在三因子模型的基础上，多位学者进行了改进，如潘莉、徐建国（2011）将三因子模型中的市净率用市盈率替代，探索了适合我国股市的新三因子模型；田利辉、王冠英（2014）构建了包含风险、市值、账面市值比、换手率、成交额的五因子模型来解释我国股市股价的波动[46]。近些年，行为金融学的崛起也为解释股票价格变动做出了重要贡献，它从心理学的角度解释投资者的决策，如陈康等（2018）和刘斌等（2018）发现消极的投资者情绪会降低投资意愿，积极的投资者情绪对股票收益率有正向影响[47,48]。另外，韩立岩等（2017）引入构建了包括绿色因子的四因子模型，发现我国股票市场存在绿色溢价，即环保得分高的企业股价也高，说明企业 ESG 表现也可能对股价产生影响[49]。

4.2.1.6　文献评述

基于以上文献梳理，可以发现，国内外相关文献对企业环境表现、社会责任和公司治理某一个方面的研究已经比较丰富，包括各个方面对长期财务绩效、短期财务绩效、融资成本、风险等的影响方向和路径，但仍未形成统一的结论。而且，关于 ESG 综合表现的研究相对较少，现有相关研究主要集中在企业 ESG 综合表现对企业融资成本和企业价值的影响方面，还很少有文献从 ESG 指数的角度切入，对企业的 ESG 综合表现进行深入的研究。

关于影响股票收益率的因素，虽然已经形成了较为丰富的结论，且我国股票市场对于绿色环保企业存在溢价，说明人们对企业绿色环保有一定的关注度和认可度。企业环境方面的表现也是影响股价的因素之一，为本章研究的开展提供了依据。

在我国资本市场对外开放程度不断加大、国家在大力发展绿色金融和促进企业可持续发展的背景下，广大投资者的理念也在发生转变，ESG 逐渐受到关注和认可。但是由于我国 ESG 投资起步较晚，相关研究还不够充分，大多停留在理论层面，实证方面还有较大的研究空间，关于 ESG 指数的研究更少。所以，本章基于我国 ESG 领先指数发布事件，通过实证来检验 ESG 指数发布公告所引起的市场反应，补充和完善相关理论体系，并为 ESG 投资实践提供参考。

4.2.2　理论基础

4.2.2.1　ESG 领先指数简介

本章以 2019 年 6 月 5 日发布的“中证—中财沪深 100 ESG 领先指数”为研究对象，在发布公告中也介绍了指数编制方法，该指数编制的样本空间是沪深 300 指数成份股。以此为基础，对上市公司的环境表现、社会责任和公司治理进行评分，并按照评分从高到低排名，最后将评分前100名的公司作为最终样本构成ESG领先指数的成份股，以此反映ESG表现优异的公司的整体表现。

虽然在此之前，指数公司也推出了其他关于可持续发展的指数，但我国现有的ESG指数是以不同的样本空间、不同的评价标准对企业进行综合评分，并选取评分较高的企业构建ESG指数。如“ESG100”的样本空间和ESG领先指数相同，但它是用国际上的EPCI ESG评级体系对股票进行ESG评级，然后依据评级结果选取评分前100名的股票构成“ESG100”指数样本股，这一评价体系是国际上比较先进的方法，而“180ESG”把上证180指数成份股作为样本空间，运用ESG方法对企业进行评分，剔除了ESG表现最差的20%的公司，剩余的股票被作为最终样本股。

2019年发布的最新ESG领先指数相对于其他ESG指数有很大的优势。它具有两大标志性特征：一是这一指数是我国根据实际情况定制研发的；二是E、S、G三个维度都包含了定性指标和定量指标以及对应的负面行为。

在环境（E）方面，定性指标是从绿色服务链或供应链的角度，设计了与我国企业相适应的衡量指标，以评价企业在生产、管理、运输等全过程的绿色程度；定量指标是通过企业温室气体和污染物排放量、能源资源消耗量和绿色收入等方面衡量；除此之外，还将企业负面行为纳入考察范围，如企业受到的环保处罚和负面环境新闻，以综合考察上市企业环境方面的绿色程度。在社会责任（S）方面，定性指标考察了企业对不同利益相关者履行社会责任的状况，定量指标则主要测度社会责任风险和社会责任量化指标。在公司治理（G）方面，主要关注上市公司投资者关系、组织结构、商业道德、信息透明度、风险管理等定性指标，又纳入公司治理风险及治理量化信息指标，从多个角度衡量上市企业治理水平。因此，这一指数的成份股ESG评分和样本股的选择更加符合我国股市实际情况，评分体系对企业ESG表现的评估更加准确，纳入的成份股更符合ESG投资理念的要求，从而以此为研究对象得到的研究结果对我国股市更具参考意义。

4.2.2.2 有效市场理论

有效市场理论的核心思想可以追溯到20世纪60年代。有效市场理论的含义是：在有效市场中，所有有价值的信息都会立刻体现在股价中。根据信息的反映程度，有效市场假说将市场分为三种类型。

弱式有效市场：弱式有效市场是基本的有效市场之一，在这种情形下，股票价格只能包含过去的股价和交易量等历史数据。在弱式有效市场中的投资者凭借历史数据，不可能获得超额收益，因为所有历史信息对所有投资者都是公开的，历史数据已经不再是信息优势。

半强式有效市场：半强式有效市场的效率一定程度上高于弱式有效市场的效率。在半强式有效市场中，股价不仅仅体现历史数据，还体现所有公开的有用信息。这类信息一般是指公司披露的财务报表等基本面相关数据，因此，在此情况下，投资者通过分析企业基本面无法获得超额收益。

强式有效市场：在强式有效市场中，股票价格可以体现市场中公开的与不公开的所有信息，市场一旦获得信息，就会立即在股价中体现出来，在有效市场中，内幕交易将会无效。

有效市场理论是学术界普遍认可的经典理论，但是世界上还没有一个国家的资本市场可以达到完全有效。国内学者对我国股票市场的有效性也展开了大量的研究，有部分研究认为我国资本市场达到了半强式有效，但是此观点并没得到多数人的认可，大家比较认可的是我国资本市场还不够成熟，并不能及时反映所有信息，尚处于弱有效状态。

4.2.2.3　信息不对称性理论和信号传递理论

信息不对称性理论认为，市场参与者在进行经济活动时，掌握信息的资源禀赋存在差异，资源禀赋较多的参与者会占有更多优势，根据掌握的信息对股价走势有更准确的判断，进而做出正确的决定，而信息相对滞后的一方可能遭受损失，这种信息的不对称是广泛存在的。

信号传递理论源于市场信息不对称。由于市场中存在信息优势方和信息劣势方，信息优势方能更准确及时地掌握相关信息，信息劣势方只能通过搜集信息优势方所传递的信号来做出决策，可能会存在逆向选择，而消除逆向选择最好的方法就是消除信息不对称性。因此，信息优势方需要采取行动及时向市场传递信号以减少信息不对称性。

4.2.2.4　利益相关者理论

利益相关者理论的提出使得资本所有者的地位被弱化，颠覆了“股东至上”的传统观念，开始重视企业作为社会的一分子涉及的多个利益相关者。企业经营不仅涉及股东、债权人和管理者，还有企业员工、购买产品的顾客、供应链上下游企业、企业附近的居民、政府和社会，甚至包括自然环境，这些主体与企业都是相互依赖、相互影响的，有着密切的关系，企业的发展不仅需要资本，也需要社会各界的支持。对于企业的成长而言，任何一个利益相关者的参与和约束都是必不可少的。由此可见，重视企业环境表现、社会责任履行和公司治理状况是非常必要的，如果企业的经营以盈利为唯一目的，而不注意自身需要承担的其他责任，必将损害企业发展前景。因此，企业在以利益最大化为经营目标进行决策时，应当协调所有利益相关者的利益。

4.2.2.5 声誉理论

企业声誉是指长期经营中，市场或投资者对企业综合行为的认可。良好的声誉是企业拥有的特殊资源禀赋，虽然不会直接为企业创造利润，但是可能会给企业带来更多隐形的优势，进而使得企业在竞争中占据有利位置，而坏的声誉可能会削弱企业竞争力。在市场化程度日益提高的资本市场中，具有良好声誉的企业优势会逐渐显现。企业是否被纳入 ESG 指数，会影响企业的声誉，被纳入 ESG 指数的企业会向市场传递利好消息，会在投资者心目中树立良好的企业形象，从而有利于企业股价的稳步增长，未被纳入的公司则相反。

4.2.3 作用机理

根据相关文献梳理和理论基础，可以认为企业 ESG 各方面的表现会影响企业的财务绩效、未来的风险、机构投资者持股以及与政府之间的关系，进而影响投资者决策，导致公司股价和股票收益率发生变动。

4.2.3.1 财务绩效

企业财务绩效是影响公司股价或股票收益率的重要因素，优异的企业 ESG 表现有利于企业通过提高盈利能力和降低融资成本两个方面影响其财务绩效。虽然企业提高 ESG 水平的过程中会有成本支出，但是长期来看，会被其他成本抵消，对于企业而言依然是利好消息。一方面，提高盈利能力是提高财务绩效最有效且最根本的方式，企业注重环境保护、社会责任和公司治理无疑向市场参与者传递了企业在可持续发展方面有卓越成果的信息，使市场对其未来的发展有更好的预期。何音等（2020）和朱清香等（2019）分别发现企业营销竞争力和会计稳健性会在这一关系中起到中介作用[17,18]，使企业具备更好的盈利能力。另一方面，ESG 表现优异的企业在融资过程中也会处于优势地位，有助于企业获得更多融资机会和较低的融资成本，这也使得企业有更好的财务绩效。总之，企业 ESG 表现优异预示着未来盈利能力的提高，而盈利预期会导致股价上涨，进而使股票收益率提高。

4.2.3.2　企业风险

根据相关研究结论，ESG 得分较高的企业在非财务方面获得了优异的成绩，意味着企业 ESG 信息披露质量较高，很大程度上缓解了市场中广泛存在的信息不对称，使得所有市场参与者都能够掌握更多关于企业的信息，一定程度上避免了企业隐藏的某些负面信息突然被揭露，最终造成违约或违规事件的发生，减少了由于信息不对称造成的风险。宋献中等（2017）认为，企业承担社会责任有利于降低股价崩盘风险[50]。因此，ESG 表现好的企业未来的风险较小，股票收益率较高。

4.2.3.3　机构投资者

机构投资者作为引导市场投资的风向标，比散户投资者掌握更多信息，且更为专业。他们在获取有价值的信息后会较快地对该信息做出反应，特别是长期机构投资者，对于利好消息，他们会购买相关股票，以期在未来股价增长中获得收益；对于利空消息，他们会卖出相关股票，避免未来股价下跌遭受损失。而机构投资者持股必然会带动散户跟风，机构投资者大额资金的买入以及大量散户的“羊群效应”会共同造成股价上升。被 ESG 指数纳入的成份股向市场传递了利好消息，会得到机构投资者的响应，最终体现为股价上涨和收益率上升。

4.2.3.4　企业与政府的关系

相关研究表明，在我国社会背景下，企业与政府的关系对企业的发展有重要影响，紧密的政商关系有利于企业在竞争中占据优势地位，政府可能为企业提供更多优惠政策或奖励政策。ESG 表现好的企业会获得政府的好感，或通过做公益等方式建立与政府之间紧密的政商纽带，这会在很大程度上促进企业的快速发展，有利于提高企业价值。

4.2.3.5　企业声誉

何音等（2020）和宋献中等（2017）的研究还发现，企业声誉在 ESG 表现与企业价值的关系中起到中介作用[17,50]。企业声誉现已成为一种账面无形资产，其对于一个企业的重要性显而易见。企业 ESG 表现好说明其注重环境保护、履行了社会责任并重视公司治理，在以利润最大化为主要目标的同时也兼顾了其他利益相关者的利益。在当今社会，这样的经营方式必然有利于企业形象的提升。在市场中拥有好声誉的企业更容易获得更高的公司价值，表现为股票收益率的提高。

总之，ESG 可以通过企业财务绩效、企业风险、机构投资者持股以及与政府的关系和企业声誉等方面影响公司股价和股票收益率。ESG 领先指数的发布，向市场传达了企业 ESG 表现较好的信息，会通过以上的影响机理，向市场传达利好消息，进而引起一定的市场反应。

4.3　实证研究

4.2 节对已有文献进行了详细的总结梳理，并对相关理论基础进行了阐释说明。本节将以此为依据进行研究假设，并设计实证过程对 ESG 指数发布公告所引起的市场反应进行实证检验。

4.3.1　研究设计

4.3.1.1　事件日、估计期和事件期的选择

2019 年 6 月 5 日，中证指数有限公司发布了关于 ESG 领先指数的发布公告，公告内容包括指数编制方法、指数正式发布时间和成份股列表。因此，本章将指数发布公告定义为事件，将 2019 年 6 月 5 日定义为事件日。

对于事件窗的选择，本章为了避免其他事件噪声的影响，并考虑到信息传递过程中存在时滞，要为市场留足反应时间，以事件日为 0 日（$T=0$），将事件日及其前后各 4 个交易日定义为事件期，共计 9 个交易日。

为了提高每个股票正常收益率估计的准确度，避免其他无关事件对股价的影响，估计期的选择不宜太长，因此，本章选择了距离事件日较近且指数走势较为平稳的时间段作为估计期，即估计期是事件期前 60 个交易日

[-64，-5]。

4.3.1.2　样本选择与数据来源

中证指数有限公司2019年6月5日发布了关于ESG领先指数的公告，本章以纳入ESG领先指数的成份股作为初始样本，研究ESG指数发布所引起的市场反应。

根据研究需要，本章搜集的相关数据包括：①估计期[-64，-5]和事件期[-4，4]内，每只股票每日收盘价；②对应时期内，上证综指和深圳成份指数的收盘价；③事件发生年度的上一年年末上市公司年报资产规模（*ASSET*）、权益收益率（*ROE*）、总资产周转率（*TAT*）、总资产增长率（*TAR*）、每股股利（*DPS*）、年均换手率（*TURNR*）、前10大股东持股比例之和（*OC*）；④样本公司所属行业。

为了减少其他噪声干扰，本章选择了较短的事件期，需要搜集日度数据进行研究，并且为了保证数据的完整性和结果的有效性，对搜集到的数据进行筛选和处理。本章对存在以下问题的公司进行了剔除：①数据不全或数据遗漏的公司；②在估计期、事件期内存在停牌的上市公司。经过筛选之后，得到96个有效研究样本，其中沪市60个，深市36个。最后，为了减少样本数据中个别极端值对结果产生的影响，本章对个股收益率数据进行了上下1%分位数的Winsorize处理。

关于实证数据的来源，其中，ESG领先指数发布公告的日期、被ESG指数纳入的成份股列表均来源于中证指数有限公司官方网站；ESG指数成份股、市场指数（上证综指和深圳成份指数）的收盘价、股票所在交易市场、行业分类、事件发生年度的上一年年末上市公司年报资产规模（*ASSET*）、权益收益率（*ROE*）、总资产周转率（*TAT*）、总资产增长率（*TAR*）、年均换手率（*TURNR*）、前10大股东持股比例之和（*OC*）、每股股利（*DPS*）数据均来源于RESSET数据库和CCER数据库。

4.3.1.3　平均累计超额收益率的计算

本章涉及两个收益率，即个股收益率和市场指数收益率。根据相关文献的研究结论，相对于普通收益率而言，对数收益率分布更加接近正态分布，因此，本章采用对数收益率的计算公式。

$$R_{i,t} = \ln\left(\frac{P_{i,t}}{P_{i,t-1}}\right) \tag{4-1}$$

$$R_{m,t} = \ln\left(\frac{P_{m,t}}{P_{m,t-1}}\right) \tag{4-2}$$

其中，$R_{i,t}$ 代表个股收益率；$R_{m,t}$ 代表市场指数收益率，市场指数收益率包括上证综指收益率和深圳成份指数收益率；$P_{i,t}$ 代表个股当日收盘价；$P_{m,t}$ 代表市场指数当日收盘价；$P_{i,t-1}$ 代表个股前一日收盘价；$P_{m,t-1}$ 代表市场指数前一日收盘价。

在此基础上，按照事件研究法的原理，首先计算个股与市场指数的实际收益率，进而对样本股的平均累计超额收益率进行计算和检验。

本章通过如下步骤计算平均累计超额收益率：

（1）正常收益率的计算

本章采用市场模型估计个股的正常收益率。根据市场模型的原理，首先需要计算估计期和事件期内市场指数与个股的实际收益率，并建立市场指数收益率和个股收益率之间的方程，如式（4－3）所示。本章选择上证综指（000001）和深圳成份指数（399001）分别作为沪市和深市股票的市场指数进行计算，用估计期内的个股收益率对相应的市场收益率进行回归，由此得到参数 α_i 和 β_i 的估计值，即可利用公式计算出个股在事件期内的正常收益率，如式（4－4）所示。

$$R_{i,t} = \alpha_i + \beta_i R_{m,t} + \varepsilon_i \tag{4-3}$$

$$E(R_{i,t}) = \hat{\alpha} + \beta R_{m,t} \tag{4-4}$$

其中，$R_{i,t}$ 代表股票 i 在 t 日实际的收益率；$R_{m,t}$ 代表 t 日的市场收益率；ε_i 代表误差项，满足 $E(\varepsilon_i) = 0$，$\mathrm{Var}(\varepsilon_i) = \sigma^2$；$E(R_{i,t})$ 代表股票 i 在 t 日的正常收益率。

（2）超额收益率的计算

股票超额收益率是指实际收益率超过正常收益率的部分，计算公式如下：

$$AR_{i,t} = R_{i,t} - E(R_{i,t}) \tag{4-5}$$

（3）平均超额收益率的计算

$$AAR_t = \frac{1}{N}\sum_{1}^{N} AR_{i,t} \tag{4-6}$$

（4）每日平均累计超额收益率的计算

$$CAAR(t_1,t_2) = \sum_{t_1}^{t_2} AAR_t \tag{4-7}$$

4.3.1.4　平均累计超额收益率的检验

通过构建 T 统计量对平均累计超额收益率进行检验，T 统计量计算公式如下：

$$T = \frac{CAAR}{\sigma_{CAAR}/\sqrt{N}} \tag{4-8}$$

4.3.1.5　研究假设

首先，根据有效市场假说以及相关研究结论，当前，我国股票市场仍处于弱有效状态，因此股票价格无法反映所有信息，与实际价值存在一定的偏离，所以股价会由于一些新信息的冲击出现变动。我们可以认为，当市场上出现可以反映企业未来预期状况的信息时，这一信息会在一定时间内反映在股价中。ESG领先指数发布公告向市场传递了被纳入的公司ESG表现优异的信息。作为证券市场上的公开事件，ESG指数发布公告具有信息含量和信息价值，这一信息可以被认为是利好消息，公司被纳入ESG指数这一事件所反映的信息会引起一定的市场反应。

其次，根据信息不对称性理论、信号传递理论、利益相关者理论和声誉理论分析ESG指数发布公告引起的市场反应。由于市场中广泛存在信息不对称现象，不同的主体对企业ESG实际表现的信息掌握程度不同，因此，ESG指数发布公告实际上是向市场投资者传递了企业ESG水平较高的信号，意味着企业在以盈利最大化为主要目的的同时，也没有忽视ESG各方面的表现。这样的经营战略有利于企业声誉和形象的提升，进而降低企业融资成本、提高公司价值。企业被纳入ESG领先指数这一事件的公布，有利于提高企业在市场中的声誉，值得信任和肯定，能获得投资者青睐，声誉的提升可能会带来股价的正向反应。

因此，当一个企业因ESG表现好而被纳入ESG指数时，相当于向市场传递了利好消息，市场应当做出积极的反应。

根据以上理论分析，我们提出假设1：ESG指数发布事件会引起成份股收益率正向反应。

我国 A 股市场由沪市和深市两个证券交易所组成，相关研究表明，由于沪、深两市基于相同的经济基本面，两市指数长期存在一致性，但是二者有时会出现一定的偏离。相对于深圳证券交易所而言，上海证券交易所的准入制度、交易机制和监管规则更加严格，并且在上海证券交易所交易的资金规模更大，市场对于信息的接收、反应更为迅速和明显。

根据以上分析，我们提出假设 2：上海证券交易所比深圳证券交易所有更强烈的市场反应。

一般来说，资产规模越大的公司越成熟，经营战略越稳健，未来现金流越稳定，风险敞口越小，陷入财务困境的可能性越小，而小规模公司经营战略比较激进，可能会面临更多系统性风险和非系统性风险，存在更多不确定性。那么大公司被纳入 ESG 指数说明其在稳健的经营战略下，还注重 ESG 水平的提高，良好的 ESG 水平可以延缓成熟企业走向衰落，在大力提倡可持续发展的背景下，这样的企业无疑会得到投资者的青睐。然而规模较小的企业被纳入 ESG 指数这一信息可能会让投资者担心企业在 ESG 方面投入大量成本，然而小规模企业资源本来就比较缺乏，ESG 建设占据了本应该投资在业务发展和技术创新方面的资本，不利于企业成长性的提高。相关研究还表明，企业规模越大越容易获得较高的 ESG 评分。因此，规模较大公司的市场效应要比规模小的公司更显著。

根据以上分析，我们提出假设 3：规模较大公司的股票对 ESG 指数发布公告反应更强烈。

本章考虑到重污染行业和非重污染行业的企业本身经营特征就有一定差别，与其他企业相比，重污染行业的企业日常生产经营过程中更容易造成环境污染，而且避免或减少环境污染所需的治理成本更高。所以，对于重污染行业企业而言，想要获得与其他企业一样的 ESG 绩效，需要付出更多的成本和努力，投资者对其的期待或要求也会相应提高。因此，我们认为重污染企业在 ESG 指数发布事件中引起的市场正向反应较小。

据此，我们得到假设 4：重污染企业的正向市场反应比其他企业小。

4.3.2　实证结果与解释

4.3.2.1　基于全样本的检验

对全样本的平均累计超额收益率进行显著性检验，结果如表 4－1所示。

表 4－1　所有样本在事件期内的 *CAAR*

date	*CAAR*	t	p－value
－4	0.000217	0.125649	0.900010
－3	0.001859	0.809072	0.418474
－2	0.003750	1.417274	0.156403
－1	0.006919	2.039958	0.041355 **
0	0.007789	1.963621	0.049574 **
1	0.009279	2.407634	0.016056 **
2	0.007990	1.745747	0.080855 *
3	0.010663	2.582612	0.009806 ***
4	0.010254	2.237059	0.025283 **

注：*、**和***分别表示在 10%、5%和 1%的水平上显著。

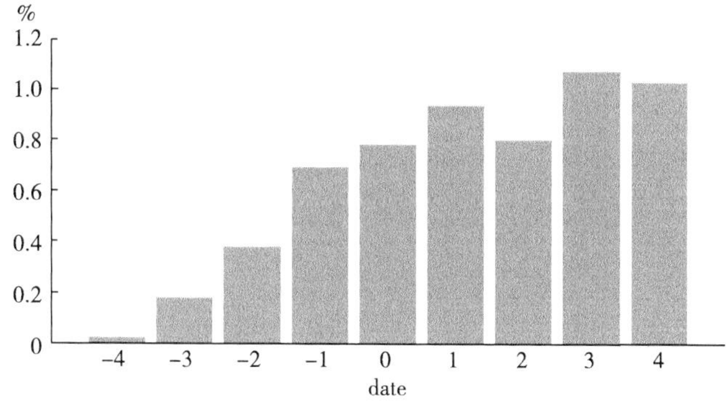

图 4－1　全样本 *CAAR* 趋势

根据表 4－1 和图 4－1 分析变化趋势，事件日前第 4 日（$T=-4$）到事件日后第 1 日（$T=1$），平均累计超额收益率一直呈递增趋势，具体是从 0.02%增长到 0.93%，之后的时间段内，除了事件日后第 2 日（$T=2$）出现约 0.13 个百分点的下降，幅度较大外，事件日后第 2 日（$T=2$）到第 4 日（$T=4$）平均累计超额收益率基本呈递增趋势，具体是从 0.80% 增加到 1.03%，因此，总体来看，平均累计超额收益率呈现出增加的趋势。

从显著性来看，9 个交易日中有 6 个都通过了显著性检验，只有 3 个没有通过，具体是事件日前第 4 日（$T=-4$）到事件日前第 2 日（$T=-2$）没有通过显著性检验，而事件日前第 1 日（$T=-1$）到事件日后第 1 日（$T=1$）这个时间段的平均累计超额收益率在 5% 的水平上通过显著性检验，事件日后第 2 日（$T=2$）、第 3 日（$T=3$）和第 4 日（$T=4$）分别在 10%、1% 和 5% 的水平上显著。

综合以上分析结果可知，事件日前后平均累计超额收益率一直为正且总体呈递增趋势，说明 ESG 领先指数发布公告日前后，指数成份股获得了比市场组合更高的超额收益率。由此可知，市场对于 ESG 领先指数发布的消息做出了一定的正向反应。

但是根据显著性水平来看，9 个事件日中有 4 天（$T=-1$，$T=0$，$T=1$，$T=4$）在 5% 的水平上显著，有 1 天（$T=2$）在 10% 的水平上显著，只有 1 天（$T=3$）在 1% 的水平上显著。由此可知，ESG 领先指数发布公告对于第 3 日（$T=3$）的回报率产生了较强的影响，对于前 1 日（$T=-1$）至第 1 日（$T=1$）以及第 4 日（$T=4$）的影响相对较小，对于第 2 日（$T=2$）的影响最微弱。此外，由于事件日前第 1 日的异常收益率为正，且通过了显著性检验，说明市场已经对公告产生了一定的反应，即公告发布前可能存在信息泄露，因此有部分投资者已经提前做出反应，利好消息的股价效应得到提前释放，导致在事件日及之后 2 日，市场并没有产生太强烈的反应，直到第 3 日才有较强的反应，原因可能是之前没有获得内幕消息的投资者在公告日获得信息后，需要对信息进行分析处理进而才会做出投资决策，因而存在一定的时滞，因此在公告日后第 3 日（$T=3$）时市场反应才最强烈。

此外，为了进一步检验市场对事件的反应是否为短期效应，我们试图拉长观察期，观察样本股是否在长期内存在正的超额收益。因此，本章考察了事件发生后 13 日时间段的平均超额收益率（AAR），结果如图 4－2 所示。

根据图 4－2 可知，在事件日后 13 日的时间段内，样本股平均超额收益率（AAR）存在波动，而依据其趋势线来看，总体呈持续下降状态，并在事件日后第 10 日由正转负。因此我们认为，此次 ESG 指数发布后，在短时间内受到投资者的热捧，而在长期内不具备正的超额收益率，所以，事件对于股价的冲击是短期效应。

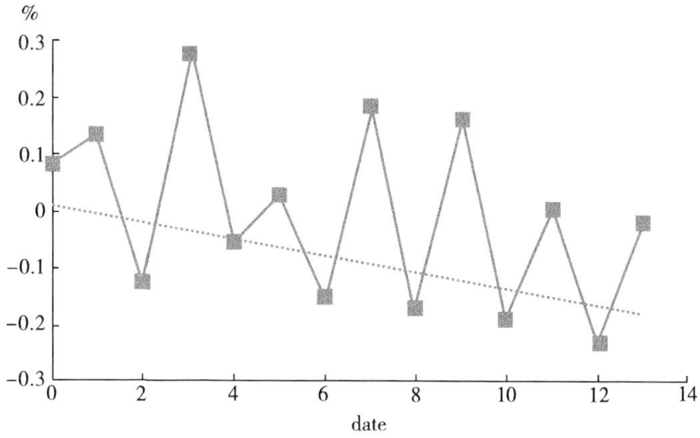

图 4－2　全样本长期 *CAAR* 趋势

4.3.2.2　基于深圳证券交易所和上海证券交易所样本的检验

本章参考严佳佳等（2015）关于沪港通的市场效应研究中的研究思路[51]，进一步探索总样本中上海证券交易所和深圳证券交易所股票市场反应的差异，需要对属于上海证券交易所的 60 只股票和属于深圳证券交易所的 36 只股票的平均累计超额收益率分别进行计算，并检验显著性。

上海证券交易所股票检验结果如表 4－2 所示。

表 4－2　上海证券交易所股票 *CAAR*

date	*CAAR*	t	p－value
－4	0. 000028	0. 013527	0. 989208
－3	0. 001982	0. 858568	0. 390579
－2	0. 005606	1. 959465	0. 050058
－1	0. 009543	2. 407441	0. 016065 * *
0	0. 012620	2. 741674	0. 006113 * * *
1	0. 014443	3. 172215	0. 001513 * * *
2	0. 011268	1. 963167	0. 049627 * *
3	0. 015293	3. 042402	0. 002347 * * *
4	0. 014780	2. 605219	0. 009182 * * *

注：＊＊和＊＊＊分别表示在 5% 和 1% 的水平上显著。

根据表 4－2 的数据分析，ESG 领先指数成份股中属于上海证券交易所的股票除了第2日下降幅度较大外，平均累计超额收益率总体呈向上的趋势，从0.0028%增长到1.4780%；但前第4日至前第2日都没有通过显著性检验，从前第1日起，每日*CAAR*分别在5%、1%、1%、5%、1%和1%的水平上显著，说明市场对于ESG指数发布事件有显著正向反应。

深圳证券交易所股票检验结果如表4－3所示。

表4－3　深圳证券交易所股票*CAAR*

date	*CAAR*	t	p－value
－4	0.000582	0.192299	0.847508
－3	0.001759	0.365288	0.714897
－2	0.000812	0.155921	0.876095
－1	0.002638	0.428391	0.668367
0	－0.000120	－0.016742	0.986642
1	0.000724	0.107426	0.914451
2	0.002879	0.383840	0.701097
3	0.003349	0.485459	0.627351
4	0.003122	0.417053	0.676640

根据表4－3的数据分析，在事件期内，深圳证券交易所股票的平均累计超额收益率一直在0.2%左右波动，没有明显的变化趋势，并且每个交易日内的*CAAR*都不显著，因此，我们可以说深圳证券交易所股票对于ESG指数发布事件没有显著的市场反应。

根据图4－3分析，通过对比两个交易市场平均累计超额收益率，我们发现事件对于沪、深两个交易所股票的影响有较大的差异。具体来看，上海证券交易所股票平均累计超额收益率在事件期内呈递增趋势，且通过了显著性检验，因此上海证券交易所股票对于ESG指数发布事件有显著正向反应，而深圳证券交易所股票平均累计超额收益率一直在0.2%左右振荡，且没有通过显著性检验，由此可知，深圳证券交易所股票对事件没有显著反应。这说明上海证券交易所股票对于ESG指数发布公告有更强烈的正向反应。

造成沪、深两市股票市场反应差异的原因可能是上海证券交易所制度更加严格完备，市场交易规模较大，因而对信息的接收、传递和反应也更迅速，也可能是深市的样本公司数目较少导致结果出现偏差。

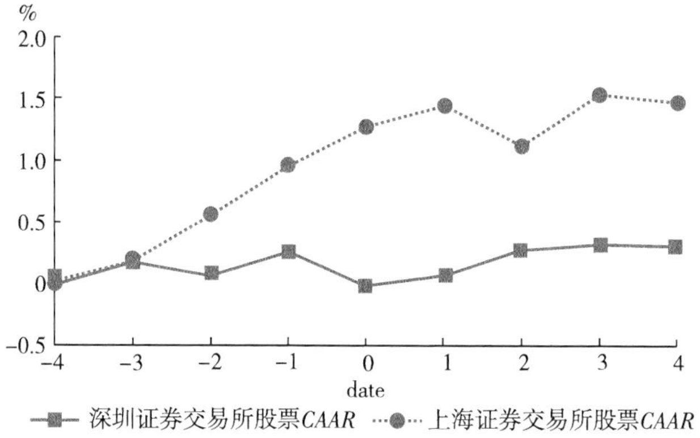

图 4－3　不同交易所股票的 *CAAR*

4.3.2.3　基于不同规模的样本的检验

为了进一步对比 ESG 指数发布事件对不同规模公司的影响差异，本章以所有样本总资产规模的平均值作为界线，将总资产规模小于平均值的样本定义为小公司，将总资产规模大于平均值的样本作为大公司，最终有小规模公司 87 家，大规模公司 9 家。对不同规模的企业分别计算其平均累计超额收益率并进行显著性检验。

小规模公司样本 *CAAR* 的计算及检验结果如表 4－4 所示。

表 4－4　小规模公司样本 *CAAR*

date	*CAAR*	t	p－value
－4	－0. 000357	－0. 189401	0. 849779
－3	0. 001785	0. 705504	0. 480497
－2	0. 002939	1. 014644	0. 310276
－1	0. 005531	1. 497741	0. 134201
0	0. 005794	1. 344763	0. 178702
1	0. 006840	1. 656973	0. 097525 *
2	0. 004950	1. 013388	0. 310875
3	0. 008649	1. 931886	0. 053374 *
4	0. 008209	1. 650578	0. 098825 *

注：＊表示在 10% 的水平上显著。

根据以上数据分析，事件期内小规模样本公司的平均累计超额收益率总体呈现上升趋势，但是只有第1日、第3日和第4日的*CAAR*在10%的显著性水平上通过显著性检验，其余时间均未通过显著性检验。因此，ESG指数发布事件引起小规模公司收益率的市场反应较小。

大规模公司样本*CAAR*计算及检验结果如表4－5所示。

表4－5　大规模公司样本*CAAR*

date	*CAAR*	t	p－value
－4	0.006328	4.187192	0.000028***
－3	0.003632	2.114520	0.344709
－2	0.013197	8.878915	0***
－1	0.022657	9.075348	0***
0	0.029496	9.127976	0***
1	0.036105	8.045557	8.882e－16***
2	0.040756	7.502415	6.262e－14***
3	0.033125	7.090327	1.338e－12***
4	0.033642	6.321297	2.594e－10***

注：***表示在1%的水平上显著。

根据以上数据分析，大规模公司在事件期内的平均累计超额收益率总体呈递增趋势，除了事件日前第3日不显著，其他时间都在1%的水平上通过了显著性检验，因此，ESG领先指数发布公告引起了大规模公司较大的市场反应。

从图4－4中可以看出，不同规模样本对事件的反应有较大的差别，ESG领先指数发布事件引起大规模公司较大的正向反应，而小规模公司只有轻微增长趋势，因此大规模公司比小规模公司对于此事件的反应更加强烈。

不同规模公司市场反应出现差异的原因可能是大公司更容易获得投资者信任，经营稳健，风险较小，且大公司兼顾ESG可以作为投资决策中的加分项，然而获得高ESG评分的小规模公司会被投资者质疑是否把资源浪费在了ESG方面，而没有足够的资源用于企业技术创新和发展，或者小规模公司更可能存在管理层机会主义。

4.3.2.4　基于重污染企业和非重污染企业的检验

依据国家环境保护部2008年发布的《上市公司环保核查行业分类管理名

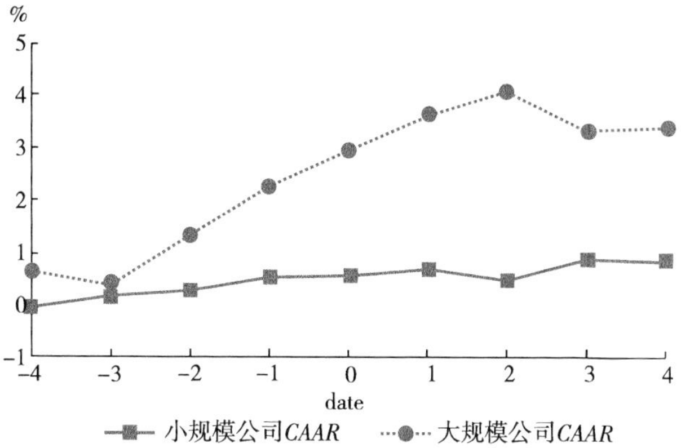

图 4-4　不同规模样本的 *CAAR*

录》以及证监会在 2012 年修订的《上市公司行业分类指引》，本章认定的重污染行业主要包括钢铁、冶金、火电、煤炭、采矿、制药、化工等。本章对全样本中属于重污染行业的 21 个重污染企业和 75 个非重污染企业对 ESG 发布公告的市场反应进行检验，结果如表 4-6 所示。

表 4-6　重污染企业 *CAAR*

date	*CAAR*	t	p-value
-4	0.006150	1.083640	0.278525
-3	0.003269	0.507920	0.611509
-2	-0.000098	-0.014362	0.988541
-1	-0.003396	-0.411504	0.680703
0	-0.012723	-1.406831	0.159477
1	-0.009669	-1.120531	0.262488
2	-0.006572	-0.681246	0.495716
3	-0.003997	-0.448303	0.653935
4	0.000367	0.038055	0.969643

根据以上结果可知，重污染企业的股票平均累计超额收益率对 ESG 指数发布公告没有显著的反应。在 ESG 指数发布公告后，虽然平均累计超额收益率有增加的趋势，但是每一天的 *CAAR* 都没有通过显著性检验，说明市场对重污染企业的 ESG 利好信息并不埋单，可能是因为投资者对重污染企业在 ESG 方面的表现有更高的期待，所以重污染企业在获得投资者对其 ESG 表现的认

可和信任方面需要付出更多努力，否则投资者仍会处于观望状态。

关于非重污染企业的检验结果如表 4－7 所示。

表 4－7　非重污染企业 *CAAR*

date	*CAAR*	t	p－value
－4	－0. 001352	－0. 898129	0. 369117
－3	0. 001651	0. 703717	0. 481609
－2	0. 005106	1. 821531	0. 068526 *
－1	0. 010208	2. 805846	0. 005018 * * *
0	0. 014172	3. 407572	0. 000655 * * *
1	0. 015354	3. 741738	0. 000183 * * *
2	0. 012889	2. 539236	0. 011109 * *
3	0. 015483	3. 443779	0. 000574 * * *
4	0. 013843	2. 694196	0. 007056 * * *

注：*、* * 和 * * * 分别表示在 10%、5% 和 1% 的水平上显著。

分析以上结果可知，非重污染企业在事件期内的 *CAAR* 一直为正且总体趋势是递增的。从显著性水平来看，*CAAR* 从事件日前第 1 日至事件日后第 1 日及第 3 日和第 4 日共 5 个交易日在 1% 的水平上显著，后第 2 日在 5% 的水平上显著，前第 2 日在 10% 的水平上显著，由此可知，非重污染企业向市场传达有良好的 ESG 表现会引起市场的显著正向反应。

将重污染企业和非重污染企业的 *CAAR* 检验结果进行对比分析，如图 4－5 所示，从整体趋势来看，重污染企业事件期内的 *CAAR* 从前第 4 日（$T=-4$）到第 0 日（$T=0$）呈下降趋势，从第 1 日（$T=1$）至第 4 日（$T=4$）呈递增趋势，说明重污染企业股价在公告日后有一定的正向反应。而非重污染企业的 *CAAR* 从前第 4 日（$T=-4$）至第 0 日（$T=0$）是显著增加的，之后趋于平稳状态。从显著性方面来看，非重污染企业从前第 2 日（$T=-2$）开始，之后每日的 *CAAR* 都通过了显著性检验，然而重污染企业事件期内的 *CAAR* 都没有通过显著性检验。

由以上对比可知，非重污染企业对于 ESG 指数发布公告有更加强烈的市场反应。出现这样的结果可能是由于投资者对于重污染企业在 ESG 方面的表现有更高的期待，重污染企业需要付出更多努力才能获得投资者的信任，且

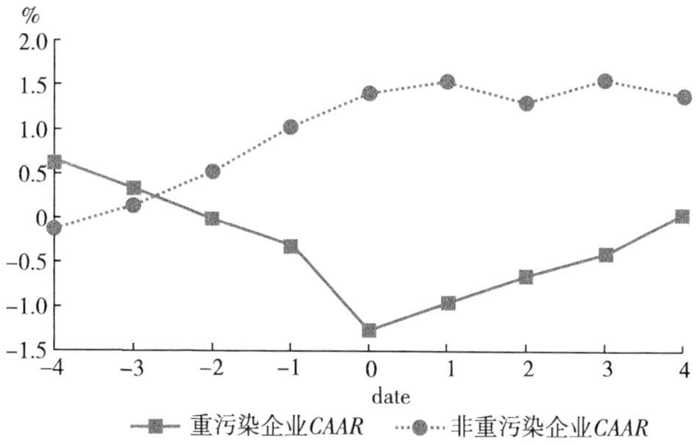

图 4－5　重污染企业和非重污染企业的 *CAAR*

非重污染企业很可能存在信息泄露，也可能是由于重污染企业样本量较少，出现小样本偏差。

4.3.2.5　稳健性检验

为了保证以上实证结果的稳健性，进一步对 ESG 指数发布引起的市场反应进行检验。考虑到样本收益率不一定完全符合正态分布，且正常收益率的估计方法也可能影响到结果的准确性，本章主要通过非参数符号检验法和更换正常收益率估计模型进行稳健性检验。

（1）符号检验

非参数符号检验法对收益率的分布没有要求，能够进一步检验上述实证结果的正确性。该方法主要是针对所有样本公司股票，依次计算事件窗口内每一个交易日超额收益率大于 0 的公司数目，如果超额收益率大于 0 的公司数目在事件日前后出现了增长，那么可以认为该事件引起了市场正向反应。非参数检验需要构造 J_3 统计量，如式（4－9）所示。

$$J_3 = \left(\frac{N^+}{N} - \frac{1}{2}\right)\frac{N^{0.5}}{0.5} \tag{4-9}$$

其中，N^+ 表示每一个交易日超额收益率大于 0 的公司数目，N 表示样本总数，统计结果如表 4－8 所示。

表 4-8　符号检验结果

date	N^+	N	J_3	p-value
-4	40	96	-1.632993	0.102470
-3	54	96	1.224745	0.220671
-2	54	96	1.224745	0.220671
-1	62	96	2.857738	0.004267***
0	64	96	3.265986	0.001091***
1	59	96	2.245366	0.024745**
2	57	96	1.837117	0.066193*
3	49	96	0.204124	0.838256
4	46	96	-0.408248	0.683091

注：*、**和***分别表示在10%、5%和1%的水平上显著。

符号检验的结果显示，从公司数目来看，事件窗口内每个交易日超额收益率大于0的公司数都达到一半以上，且越接近事件日，超额收益率大于0的公司数目越多，这也可以证实市场对ESG指数发布公告有一定的正向反应，且越接近事件日反应越强烈。

从趋势来看，事件窗口内超额收益率大于0的公司数目先增加再减少，具体来说，每个交易日超额收益率为正的公司数目从事件日前第4日至第0日是逐渐增加的，第1日至第4日有轻微减少，第4日的数目高于事件日前第4日的公司数目。

从显著性来看，只有事件日前第1日至第2日共4个交易日通过显著性检验，事件日前第1日和第0日在1%的水平上显著，第1日在5%的水平上显著，第2日在10%的水平上显著，可见，越接近事件日市场反应越显著。

除此之外，每日超额收益率为正的公司数目在事件日前增加说明ESG指数发布事件引起了正向的市场反应，且市场提前反应，说明市场对事件有预知，可能存在信息泄露，与之前的结论一致。

总之，市场对ESG指数发布公告有正向反应，越接近事件日反应越显著，而且存在市场提前反应，所以可能有信息泄露。符号检验法的结论与前文的实证结论基本一致，可以进一步证实市场对ESG指数发布公告有一定的正向反应。

（2）更换正常收益率的估计模型

事件研究法中，样本股正常收益率的估计方法不止一种。前文运用市场模型估计了样本股的正常收益率，考虑到模型的选择可能对结果产生一定影响，参考陈汉文和陈向民（2002）的模拟抽样进行研究。虽然市场模型运用最为广泛，但是均值调整模型在中国股市中的运用有一定优势[52]。所以本章进一步用均值调整模型估计样本股的正常收益率，进而计算其异常收益率并进行检验。

根据均值调整模型的原理，无论是个股还是指数，事件期的正常收益率都可用其估计期的平均收益率来表示。对于在上海证券交易所交易的股票，其正常收益率用上证综指在估计期内的平均收益率代表，对于在深圳证券交易所交易的股票，用深圳成份指数在估计期内的平均收益率表示事件期的指数正常收益率。其他步骤与市场模型相同，运用均值调整模型的 *CAAR* 进行计算和检验，结果如表 4－9 所示。

表 4－9　均值调整模型结果

date	*CAAR*	t	p－value
－4	－0. 004301	－2. 424352	0. 015336**
－3	－0. 004914	－2. 090625	0. 036562**
－2	－0. 007463	－2. 709340	0. 006742***
－1	－0. 015082	－4. 232883	0. 000023***
0	－0. 014261	－3. 500561	0. 000464***
1	－0. 027269	－6. 674988	2. 473e－11***
2	－0. 017194	－3. 644331	0. 000268***
3	0. 016309	3. 963265	0. 000074***
4	0. 009013	1. 970547	0. 048776**

注：**和***分别表示在 5% 和 1% 的水平上显著。

分析以上结果，如图 4－6 所示，从 *CAAR* 的数值来看，起初是负值，在事件日前第 4 日（$T=-4$）至第 1 日（$T=1$）持续下降，在第 1 日（$T=1$）达到最低点，事件日后，从第 2 日（$T=2$）开始有较大幅度的增长，从第 3 日（$T=3$）开始由负转正，且第 4 日（$T=4$）发生轻微回落后，依然为正，可见市场对事件有正向反应。

从显著性来看，第 1 日（$T=1$）至第 3 日（$T=3$）在 1% 的水平上通过显著性检验，而第 4 日（$T=4$）在 5% 的水平上通过显著性检验，越接近事件日显著性水平越高。

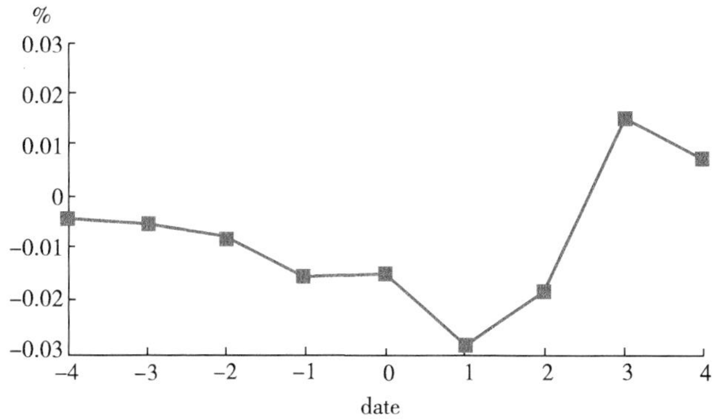

图 4-6　总样本 *CAAR*

通过使用均值调整模型检验的结果也说明市场对 ESG 指数发布事件有显著正向反应，进一步验证了假设 1 的成立。

4.4　影响 ESG 指数发布公告市场反应的因素研究

4.3 节内容主要运用事件研究法研究了 ESG 指数发布所引起的市场反应以及具有不同特征企业之间市场反应的差异对比。考虑到投资者在做出决策时不仅关注企业非财务信息，还会参考公司层面的其他因素，本节将进一步运用截面回归的方法，从公司层面探究影响超额收益率的因素，即影响 ESG 指数发布公告市场反应的因素。

鉴于金融行业公司具有与其他公司不同的基本特征，本节在 4.3 节研究样本的基础上剔除了 21 个金融行业公司后，将剩余的 75 个公司作为本部分研究的样本。

4.4.1　变量选择和理论分析

根据本次研究目的并参考国内外学者关于股票收益率影响因素的相关研究，本章回归模型的被解释变量是由事件所引起的市场反应的程度，用每个公司在事件期［-4，4］内的累计超额收益率（*CAR*）表示。解释变量从不同的公司特征角度选择了具有代表性的以下几类指标：

4.4.1.1　公司规模的影响（*ASSET*）

关于公司规模与股票收益率之间关系的研究，由于选择的研究方法、所属的时间段以及所在的市场等因素不同，研究结论也不一致。有些研究认为，股票收益率与公司规模成正比，因为大规模公司会受到市场更密切的关注，信息不对称得到缓解，从而投资者的监督成本相对较低，并且大公司有雄厚的实力，在风险面前有较强的抵抗能力，因此，股票收益率与公司规模成正比。另外一些研究认为金融市场存在金融异象，二者的关系可以用“规模效应”来解释，即小规模公司的收益率高于大规模公司的收益率。本章将公司规模纳入解释变量，检验其在ESG指数发布事件的市场反应中如何影响股票收益率。

4.4.1.2 公司盈利能力和营运能力的影响（*ROE*和*TAT*）

本章用年均净资产增长率代表企业盈利能力，公司的主要经营目的是获得利润，那么盈利能力对于任何一个企业而言都是最基本的要素，是企业吸引投资者的一个重要方面。

营运能力是用来表征企业资产利用效率的指标，本章用总资产周转率这一技术性指标来表示。总资产周转率是指产品销售收入与总资产平均余额之间的比例关系，以反映企业总资产的平均综合运转次数，评价企业管理者运用总资产产生销售收入的能力，衡量企业全部资产周转速度的快慢、经营成果的优劣。

随着我国股票市场逐渐成熟，投资者的投资理念也随之改变，公司基本面状况成为投资决策的重要决定因素，更多投资者注重价值投资，盈利能力和营运能力作为基本的财务指标成为价值投资决策中的重要参考因素。

4.4.1.3 公司成长能力的影响（*TAR*）

本章用总资产增长率来代表公司成长能力，公司成长能力用于衡量企业在一定时期内的成长速度，既包括企业盈利能力，也包括企业拥有的无形资产增值，是企业全要素综合生产力。投资者的投资决策不仅取决于公司当前的表现，也关注企业在未来一段时间的发展状况。因此，对企业未来一段时间内成长能力的预测也会影响股票收益率，对未来成长性较好的预期会导致该股票获得正的超额收益。

4.4.1.4 公司股票流动性的影响（*TURNR*）

本章用年均换手率代表股票流动性。对于投资者而言，股票流动性这一指标中也有丰富的信息。根据已有文献的研究结论，用年均换手率作为股票流动性的衡量指标时，换手率高的股票流动性好，比较活跃，股票收益率与换手率呈显著的正相关关系。因此，年均换手率越高，股票收益率也越高。

4.4.1.5 公司股权集中度的影响（*OC*）

根据国内外相关研究，公司股权集中度会影响监督管理机制，从而影响公司的治理情况和经营业绩，股权集中度高，意味着公司运营效率较高，并能向市场传达更多信心。阮素梅等（2015）的研究表明，企业股权结构对企业价值不具有直接影响[53]；而刘汉民等（2018）的研究结果表明，企业绩效与股权集中度呈负相关关系[54]。

4.4.1.6 公司股利分配政策的影响（*DPS*）

由于信息不对称问题，市场中的投资人不能直接了解到公司的经营状况和财务状况等信息，而股利政策正是以公司的盈利为基础的，所以股利政策在一定程度上可以反映公司内部的经营状况和财务状况等多方面的信息。陈浪南等（2016）认为，现金股利的发放可以缓解信息不对称，提高信息透明度[55]，投资者通过观察分析公司的股利政策来间接判断出公司的种种信息，并以此为依据做出投资者决策，从而会对公司的股价产生一定的影响。较高的股利配发意味着公司获得了较高的收益，但是高股利也意味着公司有利的再投资机会较少，可能会降低对未来的预期。因此，股利分配政策会对股票超额收益率产生影响。

4.4.2 多元回归模型的建立

4.4.2.1 相关性检验

在建立回归模型前，需要检验各解释变量之间是否存在多重共线性问题，以避免由于多重共线性问题导致的模型回归系数偏误。为了检验解释变量之间是否存在共线性，我们对所选变量进行了 Pearson 相关性分析，检验结果如表 4－10 所示。

表 4－10 Pearson 检验结果

	ROE	*TURNR*	*DPS*	*ASSET*	*TAT*	*TAR*	*OC*
ROE	1.0000						
TURNR	0.202*	1.0000					

续表

	ROE	TURNR	DPS	ASSET	TAT	TAR	OC
DPS	0.462***	-0.079	1.0000				
ASSET	-0.294**	-0.335***	0.132	1.0000			
TAT	0.223*	-0.023	0.029	-0.107	1.0000		
TAR	0.471***	0.451***	0.051	-0.208*	0.2265*	1.0000	
OC	-0.069	-0.309***	0.187	0.3632***	0.0016	-0.1400	1.0000

注：*、**、***分别表示在 10%、5%和 1%的水平上显著。

分析表 4-10 中的相关性检验结果，*ROE* 和 *TAR*、*DPS* 相关性较高，但其相关系数绝对值都不超过 0.5，且都在 1%的水平上显著。根据统计学相关知识，当解释变量之间相关系数的绝对值大于 0.9 时，则认为必然存在多重共线性问题；如果自变量之间相关系数的绝对值在 0.8～0.9，则认为可能存在多重共线性。因此，根据表 4-10 中的结果，我们可以认为此回归方程中不存在多重共线性问题，自变量之间的相关性引起的结果偏误在可以忍受的范围内。

4.4.2.2　回归模型的建立

为了研究不同公司特征对股票异常收益的影响，本章结合前人的相关研究，并根据所选变量建立如下回归模型：

$$CAR = \alpha + \beta_1 ASSET + \beta_2 ROE + \beta_3 TAT + \beta_4 TAR + \beta_5 TURNR + \beta_6 OC + \beta_7 DPS + \varepsilon \tag{4-10}$$

模型中被解释变量和解释变量都有具体内涵，如表 4-11 所示。

表 4-11　变量的含义

变量种类	变量名称	变量符号	变量含义
被解释变量	累计超额收益率	CAR	事件期内的累计超额收益率
解释变量	公司规模	ASSET	上一年年末资产规模的对数
	盈利能力	ROE	上一年年末净资产收益率
	营运能力	TAT	上一年年末的总资产周转率
	成长能力	TAR	上一年年末的总资产增长率
	流动性	TURNR	上一年年末的年均换手率
	股权集中度	OC	上一年年末前 10 大股东的持股比例之和
	股利政策	DPS	上一年年末的每股股利

4.4.3 描述性统计

根据表4-12分析，企业资产规模（*ASSET*）的中位数与均值非常接近，说明样本企业规模的分布基本是对称的。净资产收益率（*ROE*）的最大值与最小值相差很大，说明有些样本企业盈利能力很强，而有些很差，但是均值落在中位数附近，所以分布还是比较对称的。样本企业营运能力（*TAT*）也有较大差距，且样本均值高于样本中位数，说明样本中营运能力较强的公司占比较高，样本股整体营运能力较好。样本总资产增长率（*TAR*）的最大值与最小值相差非常大，且存在总资产增长率为负的公司，说明样本企业的成长性相差悬殊，而且样本均值远大于样本中位数，可见样本中成长性较好的企业占大多数，整体的成长性是比较好的。年均换手率（*TURNR*）的最大值与最小值差距非常悬殊，说明样本股流动性差异很大，有些流动性较强，受到更多投资者关注，而有些则无法获得投资者关注，且样本均值远高于样本中位数，说明流动性好的企业比流动性差的企业多，整体流动性比较好。股权集中度（*OC*）和股利政策（*DPS*）最大值与最小值相差不大，且样本均值和样本方差接近，说明股权集中度与股利政策方面样本股之间相差不大且分布对称。

表4-12 各变量的描述性统计

变量	最小值	最大值	中位数	均值	标准差
ASSET	22.37094	28.51996	24.76087	24.97839	1.508257
ROE	0.2049	58.3111	13.8695	14.34263	9.337303
TAT	0.0283	1.742	0.5709	0.629612	0.338700
TAR	-8.3446	122.6466	13.3999	20.26131	24.61486
TURNR	0	499.1458	35.2261	53.89184	70.23904
OC	0.31972	0.999965	0.71706	0.696084	0.167641
DPS	0	1.7	0.2	0.318763	0.372512

4.4.4 回归结果分析

根据以上回归模型，对各个变量进行横截面回归，结果如表4-13所示。

表4-13 横截面回归结果

CAR	Coef	Std. Err	t	p>|t|
_cons	-0.374049	0.094313	-3.97	0.000***

续表

CAR	Coef	Std. Err	t	p > | t |
ASSET	0. 015855	0. 003734	4. 25	0. 000 * * *
ROE	0. 001945	0. 000716	2. 72	0. 008 * * *
TAT	-0. 021170	0. 014753	-1. 43	0. 156
TAR	-0. 000268	0. 000247	-1. 08	0. 282
TURNR	0. 000141	0. 000081	1. 74	0. 086 *
DPS	-0. 326878	0. 015617	-2. 09	0. 040 * *

注：*、* * 和 * * * 分别表示在 10%、5% 和 1% 的水平上显著。

根据回归结果分析，变量公司规模（*ASSET*）的回归系数是 0. 015855，与此相对应的 p 值为 0. 000，在 1% 的水平上显著，说明累计超额收益率和公司规模正相关。公司规模越大，累计超额收益率越高，说明大公司容易受到关注，信息透明度高，容易获得投资者信任，当关于企业的利好消息公布时，投资者购买股票的动力更大。这一结论验证了假设 3，大规模公司对于 ESG 指数发布的市场反应更大。

公司盈利能力（*ROE*）的系数为 0. 001945，p 值为 0. 008，在 1% 的水平上显著，说明累计超额收益率与公司的盈利能力呈正相关，公司盈利能力越强，累计超额收益率越高。盈利能力是反映公司基本面的重要方面，是为公司创造价值的最主要途径，因此，盈利能力强的公司在资本市场更具优势。

公司股票流动性（*TURNR*）的回归系数是 0. 000141，对应的 p 值为 0. 086，在 10% 的水平上显著。股票流动性可以反映投资者的态度和情绪，股票流动性好，意味着愿意投资该股票的人较多，投机性强，也就可以获得更高的收益率，正的系数意味着股票收益率与股票流动性呈正相关。

股利政策（*DPS*）这一变量的回归系数是 -0. 326878，对应的 p 值是 0. 040，在 5% 的水平上通过显著性检验。负的回归系数意味着越积极的股利分红政策会带来越低的股票收益率。

除此之外，公司营运能力、成长能力和股权集中度的系数没有通过显著性检验，说明这三个变量没有直接对股票收益率造成影响。

4.5 结论与建议

本章对以上实证分析结果进行总结和梳理，并根据结论针对不同的主体提出相关建议。

4.5.1 研究结论

本章以 2019 年 6 月 5 日发布的“中证—中财沪深 100 ESG 领先指数”发布公告作为研究事件，运用事件研究法，检验 ESG 领先指数发布公告的市场反应，并分组考察处于不同交易所、不同规模以及不同污染程度的企业的市场反应差异。进一步通过横截面回归，探索影响超额收益率的其他公司特征，并得到以下结论。

①分析全样本检验结果可知，事件日前后平均累计超额收益率一直为正，且总体呈递增趋势，说明 ESG 领先指数发布公告日期前后，指数成份股获得了比市场组合更高的超额收益率，由此我们可以认为，市场对于 ESG 领先指数发布的消息做出了一定的正向反应，投资者对企业 ESG 表现有一定的关注度和认可度。此外，由于事件日前第 1 日市场就对此事件产生了一定的反应，说明公告发布前可能存在信息泄露。对于长期平均超额收益率进行检验，发现此次 ESG 指数发布后，在短时间内受到投资者的热捧，而在长期内不具备正的超额收益率，所以，事件对于股价的冲击是短期效应。

②通过分析不同股票市场的检验结果可知，ESG 发布事件对于沪、深两个交易所股票的影响有较大的差异。具体来讲，上海证券交易所股票平均累计超额收益率在事件期内呈递增趋势，且每日平均累计超额收益率都通过了显著性检验，因此上海证券交易所股票对 ESG 指数发布事件有强烈的正向反应，而深圳证券交易所股票平均累计超额收益率一直在 0.2% 左右振荡，且没有通过显著性检验，由此可知，深圳证券交易所股票对事件没有显著反应。二者对比可知，上海证券交易所的股票市场反应更加强烈。

③通过分析不同规模样本检验结果可知，不同规模的样本对事件的反应有较大的差别。ESG 领先指数发布公告引起大规模公司显著的正向反应，且每日平均累计超额收益率都通过了显著性检验，而小规模公司只有轻微增长趋势，其中只有 3 天的平均累计超额收益率在 10% 的水平上通过了显著性检

验，因此大规模公司比小规模公司对于此事件的反应更加强烈。

④分析不同污染程度的样本，我们可以发现非重污染企业对 ESG 指数发布公告有更加强烈的市场反应。出现这样的结果可能是由于投资者对重污染企业在 ESG 方面的表现有更高的期待，重污染企业需要付出更多努力才能获得投资者的信任，而非重污染企业则可能存在明显的信息泄露。

⑤由横截面回归结果可知，公司规模大小、盈利能力强弱、流动性大小和股利政策都会对股票超额收益率造成影响。随着公司规模增大、盈利能力增强、流动性增大、每股股利提高，公司的超额收益率也将增大，也就意味着市场对 ESG 指数发布公告正向反应强烈。但是，公司成长能力、股权集中度和营运能力三个因素对股票超额收益率没有显著的影响。由此可知，虽然 ESG 领先指数发布公告会引起成份股收益率的增加，但是其他公司特征也会对此造成影响。而且本章选取的变量也存在局限性，可能还有其他变量也会影响股票超额收益率，但是没有被纳入回归模型。

4.5.2　对策建议

4.5.2.1　对投资者的建议

对于投资者而言，虽然实证结果表明市场投资者对反映企业 ESG 表现优异的信息做出了一定的正向反应，但是持续时间较短，反应程度有限。所以，在以后的投资决策中应当更加认识到市场趋势的变化，转变以前只关注企业盈利能力和财务绩效的投资理念，将企业 ESG 表现纳入考量范围，分析企业 ESG 信息披露报告，关注、挖掘并监督企业的 ESG 真实表现，充分认识到企业在环境、社会责任和公司治理方面的绩效对于其未来的成长和发展有重要意义——不仅有利于提高投资收益，而且对于市场资源高效配置有重要作用。特别是机构投资者，如保险公司、社保和养老金等长期机构投资者，更应该积极主动地在资产组合或投资决策中纳入企业 ESG 表现，起到示范作用，引导资金向绿色环保、承担社会责任且公司治理水平高的公司流动，以此激励企业在生产经营过程中转变生产方式并主动披露高质量的信息报告，实现良性循环。

4.5.2.2　对企业的建议

对于企业而言，由于市场对 ESG 指数发布公告做出了正向反应，说明市场对企业 ESG 表现有一定的关注度和认可度。但是当前我国 ESG 投资尚处于探索阶段，在具体落实的过程中，还有许多难点，所以，企业应当对其非财务表现有足够的重视。首先，应当从意识层面做出改变，注重 ESG 理念的宣传，提高员工的意识，深化对 ESG 表现与企业的长远健康发展间关系的认识，把提高 ESG 水平纳入企业战略。其次，在具体执行层面，应当积极探索有效的方式推动 ESG 理念落地，如设立相关部门、积极引进相关专业人才以促进企业内部良好 ESG 氛围的形成。除此之外，应当积极推进技术创新进步，注重创新投入和人才引进，以促进企业生产技术优化升级，提高对资源的使用效率，减少污染物排放，向绿色环保的方向改进。最后，在信息披露方面，企业应当积极主动地披露高质量的非财务信息报告，向市场传达真实有效的信息，缓解信息不对称，这有利于投资者准确判断企业价值，减少股价波动风险。

对于不同规模的企业而言，小规模企业在 ESG 方面的表现不易获得市场正向反应，还是应该将大部分资源运用到主营业务中，同时要顺应趋势兼顾 ESG 表现。

对于不同污染程度的企业而言，重污染企业应当在生产经营中更加重视自身 ESG 水平，只有这样才能真正获得投资者信赖，提升企业价值。

4.5.2.3 对监管者的建议

对于监管者而言，应当在制度建设和监管层面做出努力。首先应加强制度建设，进一步健全企业 ESG 信息披露的相关制度。虽然目前上海证券交易所、深圳证券交易所已经出台了相关指引文件，但是 ESG 信息披露质量还有待提高。应完善相关法律法规，制定政策激励和惩罚规则，推出相关激励政策引导企业重视环境、社会责任和公司治理，比如为 ESG 表现优异的企业提供绿色信贷或税收减免等政策，将 ESG 表现较差的企业列入负面清单，并加大对环保违法的惩罚力度，引起企业足够的重视。其次，除了制度的健全和完善，还应当加强监督，保证制度按照要求得到有效落实。相关部门应当跟踪企业的具体执行情况，避免由于管理层机会主义导致企业管理层为了提高自身声誉而过度投资 ESG，或者过度夸大自身的 ESG 表现，以保证企业可以披露高质量的报告、传达真实有效的 ESG 信息，并鼓励第三方机构对企业 ESG 信息进行采集、发布和鉴证。

本章小结

ESG代表环境、社会责任和公司治理，是综合评估企业可持续发展能力的指标。随着我国经济转型和A股国际化，ESG投资理念受到广泛关注。我国为了推动ESG投资的发展，已相继推出一系列ESG相关主题指数。ESG指数可以反映企业的非财务绩效，以此提高资源配置效率，并为广大投资者提供更多投资产品。研究ESG指数发布公告的市场效应，对于ESG理论发展和实践都有重要意义。

本章主要采用事件研究法，以2019年6月5日——发布ESG领先指数的公告日作为事件日，研究样本是被ESG领先指数首次纳入的成份股公司，考察了指数发布公告引起的成份股股价变化，并且本章结论在更换检验方法和正常收益率估计模型后依然成立。为了进一步探索影响股票超额收益率的公司层面因素，本章选取了可能会对超额收益率造成影响的指标进行横截面回归。

通过实证研究，本章得出以下结论：①市场对于ESG领先指数发布公告做出了一定的正向反应，说明投资者对于企业ESG表现有一定的关注度和认可度。②分组样本对ESG领先指数发布公告的反应存在差异，沪市样本股的正向反应比深市更强烈，大规模公司比小规模公司反应更强烈，非重污染企业比重污染企业反应更强烈。③由横截面回归可知，公司的资产规模、盈利能力、股票流动性和股利政策都会显著影响ESG指数发布公告的市场反应。

参考文献

[1] R. Ball, P. Brown. An empirical evaluation of accounting income numbers[J]. Journal of Accounting Research, 1968, 6(2): 159－178.

[2] 韩佳彤，熊熊，张维，等．中国股票市场"两会"效应分析[J]．经济评论，2019(2)：101－112.

[3] 肖争艳，黄源，王兆瑞．央行沟通的股票市场稳定效应研究——基于事件研究法的分析[J]．经济学动态，2019(7)：80－93.

[4] 王遥，李哲媛．我国股票市场的绿色有效性——基于2003—2012年环境事件市场反应的实证分析[J]．财贸经济，2013(2)：37－48.

[5] 方颖，郭俊杰．中国环境信息披露政策是否有效:基于资本市场反应的研究[J]．经济研究，2018，53(10)：158－174.

[6] 沈洪涛，黄珍，郭肪汝．告白还是辩白——企业环境表现与环境信息披露关系研究[J]．南开管理评论，2014，17(2)：56－63,73.

[7] 田利辉，王可第．社会责任信息披露的“掩饰效应”和上市公司崩盘风险——来自中国股票市场的 DID－PSM 分析[J]．管理世界，2017(11)：146－157.

[8] 龙文滨，李四海，丁绒．环境政策与中小企业环境表现:行政强制抑或经济激励[J]．南开经济研究，2018(3)：20－39.

[9] 沈坤荣，金刚，方娴．环境规制引起了污染就近转移吗？[J]．经济研究，2017，52(5)：44－59.

[10] 朱炜，孙雨兴，汤倩．实质性披露还是选择性披露:企业环境表现对环境信息披露质量的影响[J]．会计研究，2019(3)：10－17.

[11] 叶陈刚，王孜，武剑锋，等．外部治理、环境信息披露与股权融资成本[J]．南开管理评论，2015，18(5)：85－96.

[12] 武恒光，王守海．债券市场参与者关注公司环境信息吗？——来自中国重污染上市公司的经验证据[J]．会计研究，2016(9)：68－74.

[13] 黎文靖，路晓燕．机构投资者关注企业的环境绩效吗？——来自我国重污染行业上市公司的经验证据[J]．金融研究，2015(12)：97－112.

[14] 薛爽，赵泽朋，王迪．企业排污的信息价值及其识别——基于钢铁企业空气污染的研究[J]．金融研究，2017(1)：162－176.

[15] K. E. Aupperle, A. B. Carroll, D. H. John. An empirical examination of the relationship between corporate social responsibility and profitability [J]. Academy of Management Journal, 1985, 28(2): 446－463.

[16] H. Aguinis, A. Glavas. On corporate social responsibility, sensemaking, and the search for meaningfulness through work[J]. Journal of Management, 2019, 45(3): 1057－1086.

[17] 何音，李健，蔡满堂，等．企业社会责任与企业价值:营销竞争力与顾客意识的作用机理[J]．管理工程学报，2020，34(2)：84－94.

[18] 朱清香，郭欢，李小青．社会责任表现对企业价值的影响机制研究——基于会计稳健性的中介作用[J]．预测，2019，38(3)：52－57.

[19] 杨皖苏，杨善林．中国情境下企业社会责任与财务绩效关系的实证研究——基于大、中小型上市公司的对比分析[J]．中国管理科学，2016，24(1)：143－150.

[20] K. J. Lin, J. S. Tan, L. M. Zhao, et al. In the name of charity: Political connections and

strategic corporate social responsibility in a transition economy[J]. Journal of Corporate Finance, 2015(32): 327-346.

[21] B. Bonnie, C. Cao, C. Y. Chen. Corporate social responsibility, firm value, and influential institutional ownership[J]. Journal of Corporate Finance, 2018(52): 73-95.

[22] 冉戎，聂军，周洲，等．非政府组织、员工责任信念与人力资源优势[J]．系统管理学报，2018，27(6)：1125-1132.

[23] 王清刚，徐欣宇．企业社会责任的价值创造机理及实证检验——基于利益相关者理论和生命周期理论[J]．中国软科学，2016(2)：179-192.

[24] 冯丽艳，肖翔，程小可．社会责任对企业风险的影响效应——基于我国经济环境的分析[J]．南开管理评论，2016，19(6)：141-154.

[25] 权小锋，徐星美，许荣．社会责任强制披露下管理层机会主义行为考察——基于A股上市公司的经验证据[J]．管理科学学报，2018，21(12)：95-110.

[26] 唐亮，林钟高，郑军，等．非正式制度压力下的企业社会责任抉择研究——来自中国上市公司的经验证据[J]．中国软科学，2018(12)：165-177.

[27] 周开国，杨海生，伍颖华．食品安全监督机制研究——媒体、资本市场与政府协同治理[J]．经济研究，2016(6)：193-206.

[28] 文雯，宋建波．高管海外背景与企业社会责任[J]．管理科学，2017，30(2)：119-131.

[29] S. Hegde. D. Mishra. Married CEOs and corporate social responsibility[J]. Journal of Corporate Finance, 2019(58): 226-246.

[30] 王士红．所有权性质、高管背景特征与企业社会责任披露——基于中国上市公司的数据[J]．会计研究，2016(11)：53-60,96.

[31] P. A. Gompers, A. Metrick, J. L. Ishii. Corporate governance and equity prices [J]. Quarterly Journal of Economics, 2003, 118(1): 107-155.

[32] S. Bhagat, S. B. Bolton. Corporate governance and firm performance: The sequel [J]. Journal of Corporate Finance, 2019(58): 142-168.

[33] 许年行，谢蓉蓉，等．中国式家族企业管理：治理模式、领导模式与公司绩效[J]．经济研究，2019，54(12)：165-181.

[34] 吴超鹏，薛南枝，张琦，等．家族主义文化、"去家族化"治理改革与公司绩效[J]．经济研究，2019，54(2)：182-198.

[35] 陈霞，马连福．公司治理水平、企业成长与企业价值的关系研究：内部控制视角[J]．预测，2015，34(6)：28-32,50.

[36] 刘银国，朱龙．公司治理与企业价值的实证研究[J]．管理评论，2011，23(2)：45－52.

[37] 任冷．公司治理的内部机制和外部机制[J]．南开经济研究，1999(3)：21－25.

[38] 李维安．公司外部治理：从“演习”到“实战”[J]．南开管理评论，2016，19(2)：1.

[39] 叶陈刚，王孜，武剑锋，等．外部治理、环境信息披露与股权融资成本[J]．南开管理评论，2015，18(5)：85－96.

[40] 田高良，封华，于忠泊．资本市场中媒体的公司治理角色研究[J]．会计研究，2016(6)：21－29，94.

[41] 周开国，应千伟，钟畅．媒体监督能够起到外部治理的作用吗？——来自中国上市公司违规的证据[J]．金融研究，2016(6)：193－206.

[42] 才国伟，邵志浩，徐信忠．企业和媒体存在合谋行为吗？——来自中国上市公司媒体报道的间接证据[J]．管理世界，2015(7)：158－169.

[43] E. Dimson，O. Karakas，X. Li. Active ownership[J]. Review of Financial Studies，2015，28(12)：3225－3268.

[44] 邱牧远，殷红．生态文明建设背景下企业 ESG 表现与融资成本[J]．数量经济技术经济研究，2019，36(3)：108－123.

[45] P. Krüger. Corporate goodness and shareholder wealth[J]. Journal of Financial Economics，2015，115(2)：304－329.

[46] 田利辉，王冠英．我国股票定价五因素模型：交易量如何影响股票收益率？[J]．南开经济研究，2014(2)：54－75.

[47] 陈康，江嘉骏，刘琦，等．空气质量、投资者情绪与股票收益率[J]．管理科学，2018，31(6)：145－160.

[48] 刘斌，胡菁芯，李涛．投资者情绪、会计信息质量与股票收益[J]．管理评论，2018，30(7)：34－44.

[49] 韩立岩，蔡立新，尹力博．中国证券市场的绿色激励：一个四因素模型[J]．金融研究，2017(1)：145－161.

[50] 宋献中，胡珺，李四海．社会责任信息披露与股价崩盘风险——基于信息效应与声誉保险效应的路径分析[J]．金融研究，2017(4)：161－175.

[51] 严佳佳，郭玮，黄文彬．“沪港通”公告效应比较研究[J]．经济学动态，2015(12)：69－77.

[52] 陈汉文，陈向民．证券价格的事件反应——方法、背景和基于中国证券市场的应

用[J]. 经济研究, 2002(1): 40-47,95.

[53] 阮素梅, 杨善林, 张莉. 公司治理与资本结构对上市公司价值创造能力综合影响的实证研究[J]. 中国管理科学, 2015, 23(5): 168-176.

[54] 刘汉民, 齐宇, 解晓晴. 股权和控制权配置:从对等到非对等的逻辑——基于央属混合所有制上市公司的实证研究[J]. 经济研究, 2018, 53(5): 175-189.

[55] 陈浪南, 熊伟, 欧阳艳艳. 股市特质风险因子与噪声交易[J]. 系统工程理论与实践, 2016, 36(11): 2752-2763.

第5章
T+1交易制度对股市隔夜收益率的影响研究

5.1 绪　论

5.1.1 研究背景与研究意义

1990年12月和1991年6月，上海证券交易所和深圳证券交易所相继成立，1992年10月，国务院证券管理委员会和中国证监会成立，标志着我国资本市场正式形成。经过30年的发展，中国资本市场已经成为全球第二大股票市场和债券市场。截至2019年12月，上海证券交易所和深圳证券交易所挂牌上市公司达3777家，2019年股票市场成交量达12662429百万股，成交金额为1274158.79亿元，股市市值为592934.87亿元。中国资本市场的发展速度无疑让它成为当今最具市场潜力的新兴市场，受到了世界的关注。我国资本市场迅速发展的同时，也逐渐形成了鲜明的中国特色。中国资本市场作为一个新兴市场，与其他国家资本市场相比发展历程较短、发展速度过快、股市投机性强、换手率高、各项市场制度尚未完善。针对我国资本市场实际情况，金融监管机构先后推出了一系列交易限制措施，以稳定金融市场，防止其价格的暴涨或暴跌。这些限制措施包括杠杆限制、交易税、卖空限制、涨跌停板制度、T+1交易制度和IPO限制等。在全国主要资本市场中，限制最为严格的中国A股市场同时实施了上述六种限制措施。其实这些限制交易措施中的前四种，在国外的成熟市场中也并不罕见。即使是资本市场高度发达的美国，在一些特殊时期也会为了防止股市的剧烈波动而采取一些限制措施。但是后两种，T+1交易制度和IPO限制一直是中国资本市场的特色[1]。

我国内地股票市场是全球唯一实施T+1交易制度的金融市场。我国A股市场在成立初期也有一段时间实行过T+0交易制度。但是由于当时的资本市场缺乏相关法律法规、投资者结构极其不平衡，导致T+0交易制度的实施虽然提高了市场活跃度，但是产生了股市过度投机行为。为了防止投资者的过度投机导致金融市场的动荡，也是出于对中小投资者的保护，1995年金融监管机构重新恢复了T+1交易制度。T+1交易制度在实施的25年中，其有效性一直存在争议，尤其是在2015年的股灾和2016年股市发生多次熔断之后，A股市场恢复T+0交易制度的呼声越来越高。

与国际市场相比，负隔夜收益率同样是中国股市的特色之一。如图5-1所示，我国A股市场隔夜收益率显著低于国际主要市场，存在明显的“隔夜效应”。从图5-2中能更直观地感受到2010—2019年A股市场多数交易日的隔夜收益率分布在0值下方，数值显著为负，明显区别于其他国家。

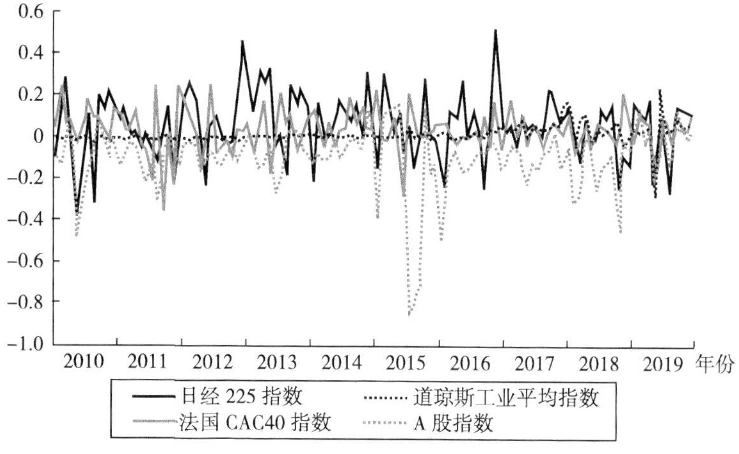

图5-1　A股指数与国际主要市场指数隔夜收益率对比

资料来源：Wind数据库。

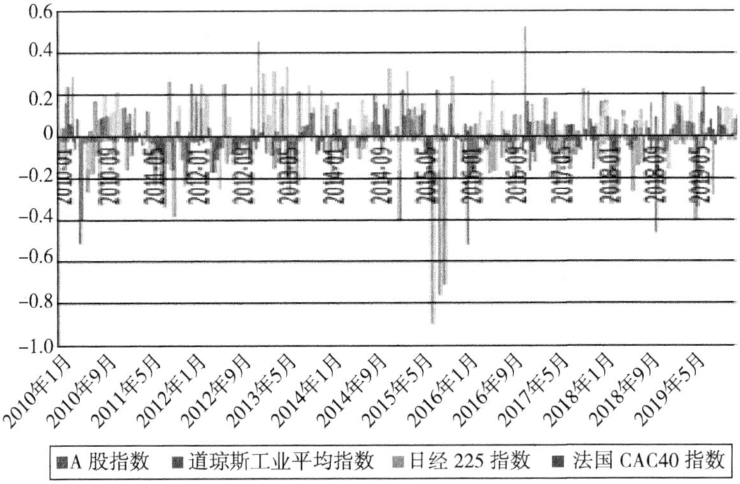

图5－2　A股指数与国际主要市场指数隔夜收益率

资料来源：Wind数据库。

一方面，由于我国股票市场与国际主要资本市场的交易时间不同，所以其他国家股票市场的信息通常以隔夜信息的形式反映在我国股市第二天的开盘价格上。另一方面，夜间通常是信息密集发布的时间段，为了缓解所发布的信息对投资者的冲击，一些政府宏观经济政策和上市公司的重要财务信息都选择在夜间公布[2]。因此隔夜收益率所包含的信息量一点都不亚于日内收益率。我国“隔夜效应”与“周末效应”和“节日效应”作为三个非交易时间段的收益率效应存在显著的异常现象[3]。学术界对A股市场的“周末效应”和“节日效应”进行了大量的研究，对“隔夜效应”的研究却相对较少。但是隔夜收益率对更好地理解我国股票市场的运行效率及进一步完善市场交易机制有着重要影响，因此本章以此为研究对象。

2019年张兵和薛冰[4]对A股市场隔夜收益率进行实证检验，发现T＋1交易制度对隔夜收益率产生了显著的影响。之后张兵[5]更是发现了我国股票市场的T＋1交易制度会造成负隔夜收益率的现象。因此本章接着现有文献的思路，继续研究T＋1交易制度对隔夜收益率的影响。

T＋1交易制度作为限制股票市场交易的手段之一，不仅直接影响股市波动性、股票流动性和股票定价效率，甚至通过隔夜收益率直接影响着投资者的总收益。因此，本章研究T＋1交易制度对隔夜收益率的影响对金融监管机构、上市公司和投资者都具有一定的理论和现实意义。

首先，我国资本市场作为一个不成熟和不稳定的证券市场，时常发生股价大幅波动，这对我国股票市场交易制度和监管制度的有效性是极大的考验。研究股票市场的交易制度，对保证股票市场建立良好的制度环境，充分发挥其资源配置的作用，促进我国经济健康、快速发展有着重要意义。国内众多学者对 T+1 交易制度的有效性进行了深入研究，但是少有学者从隔夜收益率角度研究 T+1 交易制度，按行业区分上市公司研究 T+1 交易制度的学者更少，并且对 T+1 交易制度的有效性，学术界到目前为止还没有统一的结论。因此本章基于 A+H 交叉上市公司，研究 T+1 交易制度对隔夜收益率的影响，在一定程度上丰富了这一领域的研究成果，具有一定的理论意义。

其次，T+1 交易制度通过限制投资者出售当天购买的证券，限制股票市场的交易次数以达到防止过度投机的目的。出于制度限制的原因，当天无法卖出的股票会在第二天开盘时集中出售，对股票开盘价格产生冲击。因此，T+1交易制度直接影响着隔夜收益率的变动，从而影响投资者总收益。本章研究T+1交易制度和隔夜收益率的关系，对金融监管机构、上市公司和投资者都具有一定的现实意义。

5.1.2　文献综述

为了能够更好地了解 T+1 交易制度对隔夜收益率的影响，本章对近年来 T+1 交易制度、隔夜收益率和 A+H 交叉上市股的相关研究进行梳理，通过对现有文献的评述，引出本章的研究内容。

5.1.2.1　T+1 交易制度

学术界对回转交易制度的研究并不缺乏，国内学者的研究主要集中在次日回转交易制度，即 T+1 交易制度。但是由于国外主要资本市场均实行日内回转交易制度，即 T+0 交易机制，因此对中国特有的 T+1 交易制度的研究并不多见，更多的是对 T+0 交易制度及在该制度下投资者日内收益率的研究。不管是对 T+1 交易制度还是对 T+0 交易制度的研究，最终目的都是要保证股票市场的稳定性和投资者的利益不受损害。

对于目前的 T+1 交易制度是否有能力稳定股票市场、保护投资者利益，学术界还没有达成统一意见。部分学者认为我国资本市场实行 T+1 交易制度是合理的，认为中国现行股票市场仍然是以散户为主，此刻实行 T+0 交易制度不仅会增加股市投机行为、加剧股市波动性，还会增加投资者交易成本，这对广大个人投资者来说并不是一件好事[6]。日内回转交易一般不盈利，只有不到1%的日内交易者能够预测和可靠地赚取正的超额收益率[7]。越是从事频繁、大额日内回转交易的投资者越容易面临亏损。尤其是个人投资者实施日内回转交易，更容易遭受重大损失，并且损失程度明显随着交易频率和交易量的增加而增加[8]。但是 T+1 交易制度在降低股价波动性的同时也减少了股市交易量，降低了股市活跃度[9]。

所以有些学者对 T+1 交易制度的有效性提出质疑也并不是无道理的。汪天都和孙谦（2018）[1]认为，作为传统监管措施的 T+1 交易制度不仅没有降低资本市场波动性，反而降低了股票流动性。T+1 交易制度限制日内回转交易的同时，也限制了股票成交量和股市流动性，造成了股票价格的低流动性折价[10]。随着资本市场的发展与完善，日内回转交易逐渐成为股市交易中不可忽略的一部分。Chung 等（2009）[11]研究了 540 只在韩国证券交易所交易的股票日内回转交易，发现日内回转交易占总交易价值的 10%～20%，并且日内回转交易还会降低买卖价差，增强市场流动性。因此越来越多的人呼吁我国资本市场恢复 T+0 交易制度。我国资本市场经过 30 年的高速发展，市场中投资者结构逐渐优化，已经具备了实行 T+0 交易制度的条件[12]。

5.1.2.2 隔夜收益率

国外成熟资本市场的隔夜收益率均为正值[13]，并且在隔夜期间有一个强劲的正收益趋势[14]，随后在下一个交易日出现反转[15]。但是中国证券市场却存在显著的“隔夜效应”，上证指数隔夜收益率仅为 -0.057%[4]，且具有显著的杠杆效应[16]。但是中国创业板和中小企业板的隔夜负收益率均高于沪、深两市主板市场的隔夜收益率[17]。

最早，Oldfield 等（1980）[18]对隔夜数据和日内数据进行分类，开始了对隔夜收益率的研究。后来的研究证明，隔夜收益率对日内收益的波动性具有解释作用[19]。因此越来越多的学者把隔夜收益率作为解释变量进行研究。2012 年，Tseng 等[20]在研究中国台湾证券交易所（TWSE）股票指数的日内数据时也把隔夜收益率指标纳入已实现波动率的异质自回归（HAR）模型当中。

因此，总体来说，隔夜收益率一般充当解释变量的角色，而对隔夜收益率本身的研究相对较少。

5.1.2.3　A+H 交叉上市股

随着资本市场的发展，融资融券、沪港通等一系列股市互联互通政策的实施，使学术界近年来对 A+H 交叉上市股的关注越来越多。关于 A+H 交叉上市股，学术界关注点主要集中在 A+H 股溢价问题上，即 A+H 股的 A 股价格通常高于 H 股价格[21]。关于 A+H 股价格差异的研究，文献数量较多，研究角度也比较多样化。很多学者从流动性差异、风险偏好差异、信息不对称差异、需求弹性差异等各个方面进行了研究[22]，并且都对 A 股市场价格比 H 股市场价格高的问题给出了合理的解释。

A+H 交叉上市股是指同一家企业在内地股票市场和香港股票市场进行双重上市，对研究两个股票市场的差异有着天然的优势。很多学者基于 A+H 股对涨跌停板制度[23]以及投资者情绪[24]进行研究。尤其是自 2014 年 11 月沪港通开启之后，越来越多的学者基于 A+H 股检验沪港通政策的有效性[25,26]。

5.1.2.4　研究评述

T+1 交易制度作为我国股票市场独有的制度，在其对股市波动性、股票流动性和股票定价效率的影响等方面均有相关的研究。但是现有研究仍存在不足之处：第一，对 T+1 交易制度的研究方法比较单一。现有文献主要是通过双重差分模型，对比分析 T+1 交易制度实施前后的股票市场差异。但是自实施T+1 交易制度至今已有 25 年的时间，股票市场发生了很大的改变，研究得出的结论不一定适用目前的股票市场。第二，对 T+1 交易制度的有效性，学术界仍存在争议。对我国股票市场到底适合 T+1 交易制度还是 T+0 交易制度，目前还没有得到统一的结论。第三，国内对隔夜收益率本身的研究相对较少，更多的是把隔夜收益率作为解释变量进行研究。探讨隔夜收益率与 T+1 交易制度相关关系的文献更是少之又少。第四，少有学者对上市公司进行分类，研究 T+1 交易制度对其影响的不同。

因此，本章从隔夜收益率角度出发，研究 T+1 交易制度对隔夜收益率及其波动性的影响，并且对上市公司进行行业分类，进一步对比分析 T+1 交易制度对不同行业上市公司的影响。

5.1.3 研究方法与研究结构

本章研究 T+1 交易制度对隔夜收益率的影响时，采用规范分析与实证研究相结合的研究方法。首先，利用 EGARCH 模型从宏观层面对实施 T+1 交易制度的上证综指、深圳成份指数隔夜收益率和实施 T+0 交易制度的恒生指数隔夜收益率进行了描述性统计。其次，选取 51 家 A+H 交叉上市公司，整理汇总了影响隔夜收益率的因素，并与 T+1 交易制度结合，利用随机效应模型检验 T+1 交易制度和各因素对隔夜收益率及其波动性的影响。再次，对上市公司按行业进行分类，对比分析 T+1 交易制度对不同行业上市公司隔夜收益率的影响差异。最后，对实证研究结果进行稳健性检验。

本章分为四节探讨 T+1 交易制度对隔夜收益率的影响：

第一节为绪论。首先介绍了本章的研究背景与研究意义；其次归纳总结了 T+1 交易制度、隔夜收益率和 A+H 交叉上市股的研究现状；最后对本章的研究方法与结构进行简单阐述。

第二节为相关概念的界定与理论基础。首先介绍了本章所涉及的相关概念；其次对理论基础进行简单阐述；最后通过对比 A+H 交叉上市股两个市场的差异，归纳总结影响隔夜收益率的相关因素。

第三节为实证研究。首先介绍了本章的研究样本、数据来源、变量定义和所用模型；其次通过 EGARCH 模型对上证综指、深圳成份指数和恒生指数的隔夜收益率进行描述性统计，从宏观层面对比了实施 T+1 交易制度与否对隔夜收益率的影响；最后利用随机效应模型对全样本和不同行业的子样本分别进行回归，得出 T+1 交易制度对隔夜收益率及其波动性的影响，并通过稳健性检验验证得出的结论。

第四节为研究结论与政策建议。首先对第三节的实证研究结果进行概括性总结；其次针对实证研究得出的结论提出相关政策与建议。

本章的具体研究步骤如图 5-3 所示。

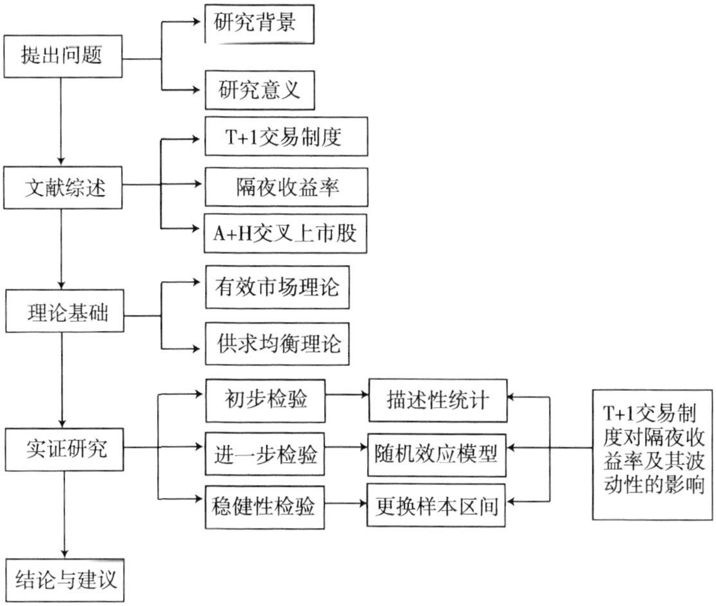

图 5-3　具体研究步骤

5.2　相关概念的界定与理论基础

首先对文中的相关概念进行解释说明；其次对本章的理论基础进行阐述；最后通过对比 A+H 交叉上市股两个市场之间的差异，归纳总结影响隔夜收益率的相关因素。

5.2.1　相关概念的界定

本章基于 A+H 交叉上市股，研究 T+1 交易制度对隔夜收益率的影响。因此本小节主要针对 A+H 股、T+1 交易制度和隔夜收益率进行概念界定。

5.2.1.1　A+H 股

A+H 股是 A 股和 H 股的简称，又称 AH 股。A+H 股是指我国境内上市公司在内地证券交易所和香港联合交易所按照同股、同权的原则分别发行 A 股和 H 股。理论上，A+H 交叉上市股由于股票发行企业一致，其公司基本信息和营运能力相同，在不同市场上的股票价格也应该保持一致。但实际情况是，由于投资壁垒、市场交易制度、投资者结构等因素，交叉上市股在不同市场上的股价出现价差。一般情况下，同一公司发行的 A 股价格高于 H 股价格，存在 AH 股溢价。1993 年 7 月 15 日，青岛啤酒在香港证券市场上市之后，同年 8 月 27 日，又在上海证券交易所主板市场上市，成为第一个交叉上市企业。交叉上市的目的一般是增加融资规模、拓宽融资渠道、降低融资成本、扩大投资者数量、加强公司名声等。针对上市公司的发展需求，A + H 交叉上市股模式应运而生。目前，越来越多的上市公司在我国内地证券市场和香港联合交易所双重上市，截至 2019 年 12 月，A + H 交叉上市公司数量达 119 家，其中，上海证券交易所上市 92 家，深圳证券交易所上市 27 家。A + H 交叉上市股的产生，不仅解决了上市公司发展对资金的需求，同时也使香港和内地资本市场的联系更加紧密，加快了我国资本市场对外开放的速度，能够进一步加快我国内地股票市场的国际化。

5.2.1.2 T + 1 交易制度

T + 1 交易制度是金融市场中限制股票交易的手段之一。T + 1 交易制度，也称为次日回转交易制度，即投资者当日购买的证券，在下一个交易日才被允许出售。与之对应的是 T + 0 交易制度，也称为日内回转交易制度，即投资者当日买入的股票当天就可以卖出。相较于 T + 1 交易制度，T + 0 交易制度允许投资者在一天之中对同一只股票进行多次买卖交易。我国资本市场也并不是从一开始实施 T + 1 交易制度就一直沿用到今天，上海证券交易所和深圳证券交易所也曾实施过短暂的 T + 0 交易制度。我国资本市场成立之初，股票市场投资热情不高，股票种类和交易量较少，股市流动性相对较低。金融监管机构为了鼓励投资者进行交易，相继在 1992 年 5 月和 1993 年 11 月取消了上海证券交易所和深圳证券交易所的 T + 1 交易制度，改为 T + 0 交易制度。在 T + 0 交易制度下，上证综指当月上涨 177.23%，大大提高了资本市场的活跃度。但当时由于我国资本市场缺乏相关法规和制度的监管，投资者大部分由中小投资者组成，金融知识相对缺乏，无法做出理性的判断，因此投资者进行大量投机交易，导致股票市场波动性增加，众多中小投资者的利益遭受损失。金融监管机构为了遏制越来越盛行的投机行为，防止股票市场的暴跌或暴涨，只能在 1995 年 1 月 1 日恢复 T + 1 交易制度。我国自恢复 T + 1 交易制度至今，是否应该再次实行 T + 0 交易制度一直是个争论不断的话题。我国资本市场至今已有了 30 年的发展，相关法规与制度逐渐完善，机构投资者比例在逐渐上升，从我国股票市场与世界主要金融市场接轨的需求出发，近几年再次实行资本市场 T+0 交易制度的呼声越来越高。

5. 2. 1. 3　隔夜收益率

隔夜收益率是指股市上一个交易日收盘至下一个交易日开盘之间的收益。与此对应的是日内收益率，即股市开盘至收盘之间产生的收益，二者共同构成投资者总收益率。内地股票市场一天的开市时间只有 4 小时，即上午 9：30—11：30，下午 13：00—15：00。相对于内地股票市场，香港股票市场开市时间稍长，每个交易日开市时间达 5 个半小时，即上午 9：30—12：00，下午 13：00—16：00。所以我国股票市场更多的时间是在休市状态，股票市场休市的时间远远长于开市的时间，因此研究股市隔夜收益率对投资者具有重要意义。隔夜收益率的计算方式一般采用对数形式，其影响因素众多，公司规模、投资者心理、市场制度都会对其产生影响。

5. 2. 2　理论基础

本章主要以有效市场理论和供求均衡理论为基础，所以本小节主要对这两个理论进行解释说明。

5. 2. 2. 1　有效市场理论

有效市场理论（Efficient Market Hypothesis，EMH）由尤金·法玛（1970）[27]提出并完善。有效市场理论认为：在制度健全、透明度高、竞争充分的股票市场，一切有价值的信息已经及时、准确、充分地反映在股票价格当中。除非存在市场操纵，否则投资者不可能通过分析历史信息获得高于市场平均水平的超额利润。通俗地讲，如果资本市场在价格形成中能够充分而及时地反映全部相关信息，那么就称这个市场是有效市场。有效市场可以分为以下三个层次：

①弱式有效市场，是市场有效的最低层次。弱式有效市场中，市场价格已充分反映所有的历史信息，包括股票的开盘价、收盘价、成交额、成交量、涨跌幅等。在弱式有效市场中，投资者掌握了所有历史数据。在这种情况下，试图通过分析历史数据，获取超额收益是不可能的。

②半强式有效市场，是市场有效的中等层次。半强式有效市场中，市场

价格已充分反映所有历史信息和公开信息，包括股票的成交价、成交量、上市公司盈利能力、管理状况及其他公开披露的财务信息等。在这种情况下，基本面分析被视为无法生效。

③强式有效市场，是市场有效的最高层次。强式有效市场中，市场价格已充分反映所有历史信息、公开信息和未公开的内部信息，包括股票的成交价、成交量、上市公司财务状况及上市公司未披露的内部信息。在这种情况下，股票价格对内幕信息的快速反应，使一切内幕交易失败。

我国内地股票市场属于弱式有效市场，相关信息的披露和传递速度较慢，所有投资者均通过分析历史信息进行股票交易。因此弱式有效市场也是最容易通过公开信息和内幕信息获取超额收益的市场。具有信息优势的投资者很有可能通过恶意哄抬价格赚取超额收益。相反，处于信息劣势的投资者当天买入的股票出现利空消息时，由于T+1交易制度的限制无法进行出售，最快只能第二天开盘时进行卖出交易。这将对第二天的开盘价格产生冲击，使开盘价格下跌，隔夜收益率降低。隔夜收益率作为证券市场的历史信息，会被投资者迅速关注到并促使其调整投资策略。

5.2.2.2 供求均衡理论

传统经济学认为，商品的价格主要取决于商品的供给与需求关系，即供求定理。在其他条件不变的情况下，商品的供给量增加或者需求量减少时，市场中的商品就会供过于求，商品价格自然下降。股票作为特殊的商品，自然要受供求关系的约束。

T+1交易制度对股票卖出行为进行约束，即当天购买的股票，在第二天才能够出售。但是它不限制股票买入行为，即卖出的股票，当天可以再一次买入。T+1交易制度约束股票买卖行为的不对称性，导致了股票市场的供求失衡。假设经过股票市场一夜的休市，第二天开盘时投资者会照常进行股票买卖交易，形成一定的供给与需求量。但是在T+1交易制度下，在每一个交易日开盘时，不仅有正常的股票需求和供给，还多出了一股短期供给量，即前一天无法出售的部分股票。同时投资者在股市开盘时买入股票，所承担的风险在一天之中最大，因为发生利空消息时当天无法再进行出售，所以投资者在买入股票时非常谨慎，T+1交易制度在一定程度上抑制了部分开盘时的需求量。因此，在T+1交易制度下，股市每日开盘时供给量相对增加，需求量相对减少，导致股市开盘价格下跌，从而隔夜收益率降低。

5.2.3　A+H交叉上市股市场差异性对比

在具体分析T+1交易制度对隔夜收益率的影响之前，首先对A+H交叉上市股两个股票市场的差异进行说明。虽然上海证券交易所、深圳证券交易所和香港联合证券交易所同属于我国股票市场，但是三者在发展历程、市场成熟度、交易制度、投资者结构以及监管制度等宏观、微观方面都存在显著的差异。其中，内地股票市场，即上海证券交易所和深圳证券交易所由于成立时间相近，面对的宏观经济政策和微观投资者结构几乎相同。因此二者之间几乎没有任何区别，二者的差异在本章的研究中可忽略。但是内地股票市场与香港股票市场之间的差异相对较大。通过对比内地股票市场和香港股票市场的差异，可总结出两个股票市场中除了T+1交易制度之外影响隔夜收益率的因素。两个股票市场之间的差异可以从三个方面来讨论：市场制度方面、投资者结构方面和公司规模方面。由于本章讨论的是A+H交叉上市公司的隔夜收益率，因此作为同一家上市公司，在规模方面没有任何差异，所以把重点主要放在市场制度和投资者结构的差异上。

5.2.3.1　AH股市场制度的差异

从三个证券市场的成立时间及发展历程来看，上海证券交易所和深圳证券交易所相继在1990年和1991年成立，至今已有30年的发展历史，但与已有100多年发展历史的香港的成熟股票市场相比，我国内地股票市场还处在稚嫩时期。尽管我国内地股票市场发展速度较快，但无论是从交易制度、监管制度还是从投资者结构方面都与香港股票市场无法比拟。我国香港在1891年成立了第一个正式的证券市场，即香港股票经纪协会，从而一路发展成为今天的香港联合证券交易所，至今已有近130年的发展历史。香港股票市场与内地股票市场相比更倾向于成熟化。所以内地股票市场和香港股票市场在制度方面的差异不仅仅是T+1和T+0交易制度的差别。

市场制度方面，内地股票市场和香港股票市场在公司的上市制度、退市制度、股票发行制度上都有所不同。这些市场制度的不同或多或少都会对隔夜收益率产生影响。单从交易制度的不同来看，两个股票市场中T+1交易制度、涨跌停板制度、卖空限制制度都不相同。此外，印花税、过户费、经纪佣金的收取方式也有差异。以涨跌停板制度为例，内地股票市场实行涨跌停板制度，即每个交易日股票市场价格达到涨跌停的临界值时，就会强制停止交易一段时间。内地股票市场中，一般上市公司的涨跌幅度为10%，一些ST类企业的涨跌幅度为5%。但是香港股票市场却没有涨跌停板制度的限制。从交易货币来看，内地股票市场的交易货币为人民币，香港股票市场的交易货币为港元。因交易货币不同，人民币与港元的兑换率也会影响AH股在两个市场中的价差。

这些交易制度的不同，进一步拉大了两个股票市场的差距，使得两个市场对股票价格的敏感度显著不同。因此，即使是同一个上市公司的股票，在不同市场中也有不同的价格和波动率。我国内地股票市场和香港股票市场在交易制度方面的差异如表5－1所示。

表5－1　内地股票市场和香港股票市场在交易制度方面的差异

制度	内地股票市场	香港股票市场
T+1交易	有	无
涨跌停板	有	无
卖空限制	多	少
交割制度	T+1	T+0
印花税	卖方支付	双方支付
经纪佣金	自行协商	自行协商
过户费	按成交数计算	按新发股票张数计算

5.2.3.2　AH股投资者结构的差异

AH股投资者结构的不同是内地股票市场和香港股票市场的重要差异。图5－4为香港联合证券交易所发布的2019年现货市场交易调查（cash market transaction survey）中所记录的投资者结构。香港现货市场中机构投资者占比达54.80%，是香港市场中最主要的参与者。相比之下，个人投资者只占16.30%，在市场中的影响力较小。我国内地股票市场情况完全相反。图5－5为国金证券最新发布的2019年第三季度A股市场投资者结构。A股市场投资者结构主要由一般法人、个人投资者、境内专业机构和外资四部分组成。从持股市值占比看，一般法人持股市值占比为52.30%，个人投资者占比为28.52%，境内专业机构占比为15.22%，外资占比为3.96%。虽然一般法人持股占比最大，但是一般不进行交易。个人投资者占比位居第二，并且人数众多，股票市场中80%的交易都是由个人投资者完成的[5]。因此个人投资者是内地股票市场影响最大的投资主体。

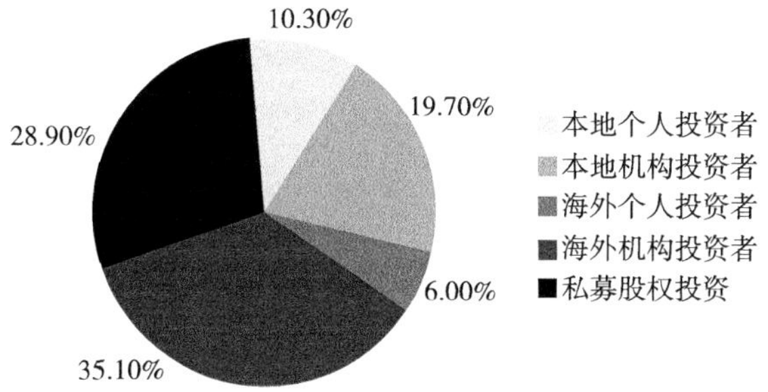

图5-4　香港现货市场投资者结构

资料来源：香港交易所官网。

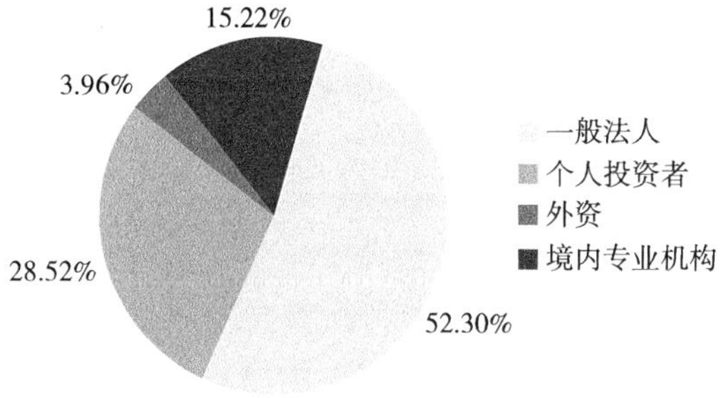

图5-5　A股市场投资者结构

资料来源：国金证券官网。

两个股票市场投资者结构的差异主要体现在投资股票的选择和交易行为上。香港股票市场以机构投资者居多，投资过程中比较注重长期利益。但是内地股票市场以个人投资者居多，投机性较强，投资过程中更注重短期收益。他们更倾向于投资风险较高的股票，以低价买进高价卖出，从中获取价差。

5.2.4　隔夜收益率的影响因素

股票市场中影响隔夜收益率的因素众多，如果只是单纯地把T+1交易制度与隔夜收益率联系起来，有可能会遗漏其他重要的影响因素，导致模型拟合效果存在一定误差。隔夜收益率受股票当日收盘价和次日开盘价的影响，因此所有影响A股和H股价格的因素均会对隔夜收益率产生影响。参考现有文献发现，研究AH股价格差异一般都从信息不对称性、流动性风险、风险偏好和需求弹性四个角度出发[22,28]。除此之外，动量因素与隔夜收益率也密切相关[29]。因此，在前述因素基础上结合除T+1交易制度外的市场制度因素与本章研究的重点T+1交易制度因素，就共同构成了隔夜收益率的影响因素。

5.2.4.1　信息不对称性因素

信息不对称性，是指市场中进行交易活动的每个个体所拥有的信息都不相同。不同个体由于获取信息的渠道、所处市场的有效性以及对信息理解能力的差异，在发生交易活动时所掌握的信息各不相同。投资者根据自身所掌握的信息，选择投资股票。从市场有效性角度，相较于我国内地股票市场，香港股票市场发展程度较高，在信息披露与收集方面更有优势。从投资者素质角度，香港股票市场机构投资者和内地股票市场个人投资者收集和分析信息的能力存在很大的差异。即使面对同一家企业、同一个财务报告，两个市场中投资者所得到的信息量也不完全相同。投资者信息的不对称性，导致其认识的差异，从而影响股票价格和隔夜收益率。

5.2.4.2　流动性风险因素

流动性风险，原本指的是商业银行在面对资产增长或债务清偿等需要资金支持时，在短时间内无法以合理的成本获得充足资金的情况。这一概念在股票市场也同样适用。当投资者想要出售手中的股票时，无法及时找到买家或者无法获得合理报酬时就会陷入流动性风险。资产的流动性代表着资产的变现能力，也决定着其价格。相较于高流动性市场，在低流动性市场中投资者进行股票交易要花费更多的时间和金钱。理论上，A股市场和H股市场相比，市场发展程度有限，无法像H股市场一样迅速、有效地进行交易。但实际上，A股市场却是换手率极高的股票市场。内地股票市场投资者追逐短期收益，主要是通过低买高卖换取价差，所以会频繁地进行买卖交易。两个市场流动性的差异导致AH股价格的不同，以及隔夜收益率的不同。

5.2.4.3　风险偏好因素

风险偏好是指投资者愿意通过承担高风险获取高收益，是对风险的主动追求。A 股市场的个人投资者，倾向于投资股价波动幅度较大的股票，通过低买高卖获取短期收益。但是 H 股市场的机构投资者，在选择投资股票时更注重上市公司本身的经营状况、盈利能力和发展前景等质量因素，追求长期利益。投资理念的不同，导致了两个股票市场风险偏好的差异。但是个人投资者无论在投资经验还是在资金实力方面都与机构投资者无法比拟，个人投资者抗风险能力远远不如机构投资者。相同的风险程度，对机构投资者来说在能力范围之内，但是对个人投资者来说则可能无法承担。

5.2.4.4　需求弹性因素

需求弹性是指股票需求量对其价格或其他因素的变化的反应程度。内地股票市场和香港股票市场在需求弹性方面是有差异的。当投资者面对较发达的香港股票市场和产品较单一的大陆股票市场时，从金融资产角度，A 股市场和 H 股市场相比，满足投资者需求的产品较少，投资者没有较多的选择，因此 A 股市场的股价或其他因素的较小变化并不会引起需求量的较大变化；但是 H 股市场却不同，产品种类和数量较多，除了股票，还有保险、基金和期权等以供不同需求的投资者选择，当投资股票的价格或其他因素发生变动时，投资者可以马上找到“替代品”。从投资者偏好角度，内地股票市场投机氛围浓厚，所以投资者对股票价格或其他因素的变动格外关注，因此对股票价格或其他因素的变化相对更敏感一些。AH 股市场需求弹性的差异，影响 AH 股的价格和隔夜收益率。

5.2.4.5　动量因素

隔夜收益是沪市市场动量策略收益的主要来源[29]。有两只股票，其中一只收益率较高，另一只收益率较低，而收益率较高的那一只股票未来一段时间内的收益率还是会高于另一只，这种现象叫作“动量效应”。由此以投机为目的的投资者可以买入过去收益率较高的股票，将来以更高的价格卖出，从中获得收益。同样的道理，投资者可以卖出过去一段时间内收益率较低的股票，避免该表现不好的股票在将来一段时间内价格继续下跌。动量因素通过影响股票的供给与需求来影响股票价格和隔夜收益率。

5.2.4.6 市场制度因素

内地股票市场和香港股票市场除了 T+1 交易制度之外，涨跌停板制度、卖空限制制度、交割制度等因素均通过股票价格对隔夜收益率产生影响。我们无法全面准确地列出并衡量 AH 股两个股票市场中每一个制度对股票价格的影响，所以本章用一个综合变量代替除 T+1 交易制度外所有制度因素对隔夜收益率的影响，具体在 5.3 节进行详细讨论。

5.2.4.7 T+1 交易制度

T+1 交易制度通过限制日内回转交易，使一部分交易延迟到第二天开盘时进行。出售的股票同一天可以再次买入，但是买入的股票同一天不可以再出售。所以，一部分当天需要出售的股票集中在第二天开盘时进行交易，一部分开盘时需要买入的股票更倾向于在休市前购买，因为一旦买入当天就无法再出售。具体收益率分布和成交量分布分别如图 5-6 和图 5-7 所示。

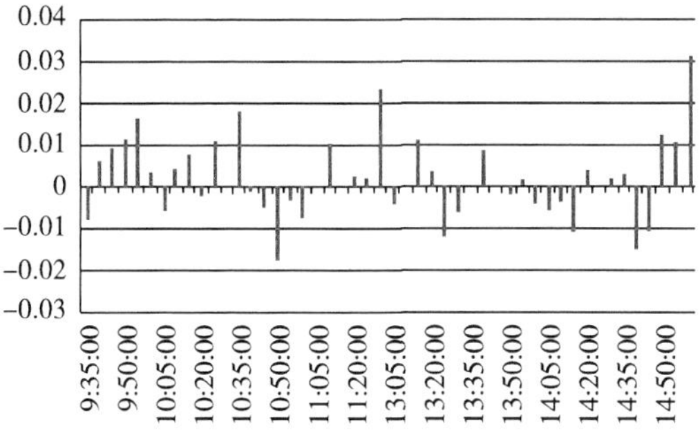

图 5-6 上证综指 5 分钟收益率分布

资料来源：Wind 数据库。

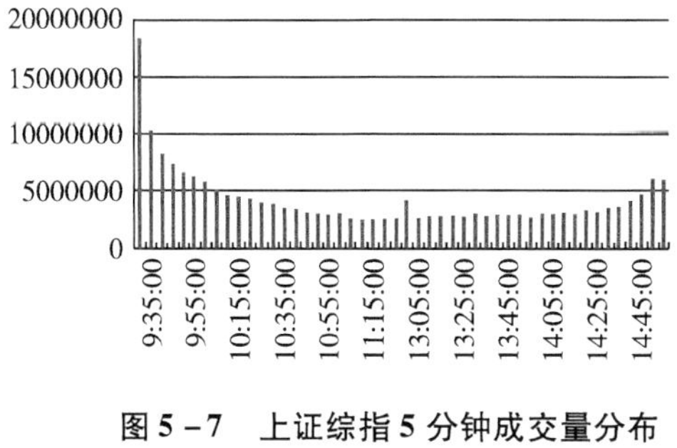

图 5-7 上证综指 5 分钟成交量分布

资料来源：Wind 数据库。

图5-6和图5-7分别为上证综指5分钟收益率和成交量的分布图，由于数据的可获得性，选取了2019年8月5日至2020年4月30日的数据。由图5-6可知，股市开盘前5分钟的收益率显著为负，接着开始逐渐增加。休市前5分钟收益率显著为正，在一天之中最高。由图5-7可知，开盘前5分钟的成交量显著高于其他时间段。以下午开盘时间为界限，上午开盘之后成交量随时间逐渐下降，直到下午开盘前5分钟有小幅度的反弹，接着成交量逐渐上升，直至休市。这个结果与张波和蒋远营（2017）[30]得出的结论一致。

5.3　实证研究

前文从理论角度分析了T+1交易制度与各因素对隔夜收益率的影响。本节将理论结合实际，选取51家A+H交叉上市公司样本，对其2017—2019年的隔夜收益率口数据进行实证检验。

5.3.1　研究假设

基于供求均衡理论，当市场中股票供求关系发生变化时就会打破原有的均衡，导致股票价格的上下波动。T+1交易制度就是通过限制股票市场中的供给与需求，影响其价格与波动。一方面，在T+1交易制度下，投资者当日买入的股票出现利空消息时，最快只能等到下一个交易日股市开盘时进行出售。这无疑给第二天的开盘增加了短期供给量。另一方面，由于当天买入的股票不能出售，投资者在开盘时买入股票的风险于一天之中最大，所以他们更倾向于在股市休市前购买。T+1交易制度抑制了开盘时投资者的需求量。

据此，本章提出假设1：T+1交易制度减少隔夜收益率。

T+1交易制度只是对股票出售行为进行约束，以防止在股市低迷时市场供给量增加进一步恶化市场情况。当股票出现利空消息股价下跌时，投资者会立即进行做空交易，减少自身损失。投资者出售的股票，使市场中的供给量增加，进一步导致股价的下跌。隔夜收益率通过次日开盘价与当日收盘价的对数差分求出，因此股票当日收盘价和次日开盘价的变动直接影响隔夜收益率的大小及其波动率[31]。假如没有T+1交易制度的限制，面对股票价格的下跌，所有投资者将手中的股票全部出售，当日收盘价格会变得很低，次日开盘价格没有显著的变动，隔夜收益率则相应地大幅增长。在T+1交易制度下，至少能够限制当日买入的投资者行为，延迟一部分市场供给量在下一个交易日开盘时进行交易，从而缓解了当日收盘价格的下跌，同时降低了下一个交易日的开盘价格，抑制了隔夜收益率的大幅波动。

据此，本章提出假设2：T+1交易制度缓解隔夜收益率的波动性。

5.3.2 样本选择与变量解释

本小节主要介绍样本数据范围、数据来源、数据处理方法以及对模型回归所需要的变量进行操作性定义，为5.3.4小节的实证分析做准备。

5.3.2.1 样本选择

本章以A+H交叉上市公司为研究对象。为了保证数据的时效性和实证结果的准确性，以A+H交叉上市公司2017年1月1日至2019年12月31日的日数据为研究样本，借鉴现有研究的样本选择与处理方法，对119家A+H交叉上市公司数据进行以下处理：

①为了保证研究样本的代表性，剔除了交叉上市时间过短的企业，即在2017年1月1日之后完成交叉上市的公司样本。

②为了保证数据的准确性，剔除了ST类和*ST类上市公司样本。

③为了保证数据的连续性，剔除了数据缺失的上市公司样本。

经过以上筛选，最终保留有效样本总数51家（见表5-2），其中，深圳证券交易所上市公司7家，上海证券交易所上市公司44家。对每一家样本上市公司收集如下数据：①A股和H股每日开盘价、收盘价；②A股和H股每日成交量；③A股和H股流通股数；④沪深300指数每日开盘价、收盘价；⑤恒生指数每日开盘价、收盘价。最终，获取每一家样本上市公司A股730个交易日数据，H股733个交易日数据，总共87074个交易日数据。

表5-2 实证研究中的上市公司样本

名称	A股代码	H股代码	名称	A股代码	H股代码
中集集团	000039. SZ	02039. HK	中联重科	000157. SZ	01157. HK
潍柴动力	000338. SZ	02338. HK	广发证券	000776. SZ	01776. HK
鞍钢股份	000898. SZ	00347. HK	海信家电	000921. SZ	00921. HK
比亚迪	002594. SZ	01211. HK	华能国际	600011. SH	00902. HK
皖通高速	600012. SH	00995. HK	民生银行	600016. SH	01988. HK

续表

名称	A股代码	H股代码	名称	A股代码	H股代码
中国石化	600028. SH	00386. HK	招商银行	600036. SH	03968. HK
东方航空	600115. SH	00670. HK	兖州煤业	600188. SH	01171. HK
复星医药	600196. SH	02196. HK	江西铜业	600362. SH	00358. HK
宁沪高速	600377. SH	00177. HK	深高速	600548. SH	00548. HK
海螺水泥	600585. SH	00914. HK	青岛啤酒	600600. SH	00168. HK
福耀玻璃	600660. SH	00168. HK	上海石化	600688. SH	00338. HK
南京熊猫	600775. SH	00553. HK	马钢股份	600808. SH	00323. HK
海通证券	600837. SH	06837. HK	招商证券	600999. SH	06099. HK
一拖股份	601038. SH	00038. HK	中国国航	601111. SH	00753. HK
广汽集团	601238. SH	02238. HK	农业银行	601288. SH	01288. HK
中国平安	601318. SH	02318. HK	广深铁路	601333. SH	00525. HK
新华保险	601336. SH	01336. HK	北辰实业	601588. SH	00588. HK
中国太保	601601. SH	02601. HK	上海医药	601607. SH	02607. HK
中国中冶	601618. SH	01618. HK	中国人寿	601628. SH	02628. HK
华泰证券	601688. SH	06886. HK	中国中车	601766. SH	01766. HK
光大证券	601788. SH	06178. HK	中国交建	601800. SH	01800. HK
新华文轩	601811. SH	00811. HK	光大银行	601818. SH	06818. HK
中远海发	601866. SH	02866. HK	中煤能源	601898. SH	01898. HK
建设银行	601939. SH	00939. HK	中国银行	601988. SH	03988. HK
大唐发电	601991. SH	00991. HK	中信银行	601998. SH	00998. HK
洛阳钼业	603993. SH	03993. HK			

本章所有的数据均来源于上海证券交易所官网、深圳证券交易所官网、香港证券交易所官网、国金证券官网、Wind 数据库、RESSET 数据库和 CSMAR数据库。此外，本章所使用的数据均采用 Excel 软件进行处理，在实证研究部分利用 EViews 7.0 软件对 EGARCH 模型进行检验，利用 Stata 14.0 软件对随机效应模型进行检验。

5.3.2.2　变量解释

通过5.2节中的理论基础和 AH 股市场差异的对比，得出影响隔夜收益率的因素有信息不对称性因素、流动性风险因素、风险偏好因素、需求弹性因素、动量因素、市场制度因素和 T+1 交易制度。根据本章的研究内容，以隔夜收益率及其波动性为被解释变量，以 T+1 交易制度为解释变量，以其他影响隔夜收益率的因素为控制变量，建立随机效应模型，对 AH 股隔夜收益率进行解释和分析。具体变量描述见表 5-3。

表 5-3　变量的定义与计算

类别	变量	符号	计算方式
被解释变量	隔夜收益率	*ORet*	$(\ln P_t^o - \ln P_{t-1}^c) \times 100$
	隔夜收益率波动性	*VRet*	隔夜收益率标准差
解释变量	T+1 交易制度	*T*+1	A 股市场 1，H 股市场 0
控制变量	信息不对称性因素	*Pr*	$\ln p_t^c$
	流动性风险因素	*Tr*	成交量
	风险偏好因素	*Std*	日内收益率的标准差
	需求弹性因素	*Ts*	流通股数量
	动量因素	*Me*	$(\ln p_{t-1}^c - \ln p_{t-1}^o) \times 100$
	市场制度因素	*Rm*	沪深 300 指数隔夜收益率（A 股） 恒生指数隔夜收益率（H 股）

（1）被解释变量

本章以 A+H 交叉上市公司的隔夜收益率及其波动性为被解释变量。用每个交易日开盘价格的对数减去上一个交易日收盘价格的对数，再乘以 100 得出隔夜收益率。依据以往研究股市隔夜收益率的文献，也为了保持数据的平稳性，采用对数收益率进行研究。计算隔夜收益率的公式为：

$$ORet_t = (\ln P_t^o - \ln P_{t-1}^c) \times 100 \tag{5-1}$$

其中，$ORet_t$ 表示第 t 个交易日的隔夜收益率；P_t^o 为第 t 个交易日的开盘价格；P_{t-1}^c 为第 $t-1$ 个交易日的收盘价格。

用式（5-1）计算出 2017—2019 年 3 年的隔夜收益率，对其进行研究。隔夜收益率的波动性参考谭松涛等（2014）[32] 的研究方法，以个股隔夜收益率的标准差表示其波动性，文中所使用的波动性为月度数据。分别以 *ORet*（Overnight Return）和 *VRet*（Volatility of Return）表示隔夜收益率及其波动性。

（2）解释变量

本章以 T+1 交易制度为解释变量，研究 T+1 交易制度对隔夜收益率的影响。T+1交易制度作为股票市场中的一项交易制度，本身无法用数据衡量。所以文中将解释变量T+1交易制度设置为虚拟变量，A股市场上市公司的T+1交易制度变量为1，H股市场上市公司的T+1交易制度变量为0，并直接用T+1表示。

（3）控制变量

本章的控制变量是指除T+1交易制度外影响隔夜收益率的因素，包括信息不对称性因素、流动性风险因素、风险偏好因素、需求弹性因素、动量因素和市场制度因素。具体的变量设定如下：

①信息不对称性因素。

投资者信息不对称性通过对上市公司的认识差异表现，通常以上市公司市值表示投资者的信息不对称性。但是由于上市公司总股数数量变动较少，因此本章参考史洪春（2018）[33]的研究方法，直接用个股收盘价格表示投资者信息不对称性。股票价格一般都是非平稳时间序列，为了在下文中建立回归模型，对每日收盘价取对数，保证序列的平稳性。信息不对称性的计算公式为：

$$Pr = \ln p_t^c \tag{5-2}$$

其中，p_t^c 为个股每日收盘价格，信息不对称性用 Pr(Price) 表示。

②流动性风险因素。

传统的度量股票流动性的指标很多，如成交量、成交金额、换手率、流通速度等。其中，成交量是最容易获得的数据，因此，本章用每日成交量衡量股票的流动性，用 Tr(Trading Volume) 表示。

③风险偏好因素。

投资者越偏好风险，所承担的收益率不确定性就越大。本章以个股日收益率的标准差表示两个市场中投资者风险偏好的差异，所使用的收益率标准差为月度数据，用 Std(Standard Deviation) 表示。

④需求弹性因素。

本章借鉴宋顺林等（2015）[34]的研究，选用上市公司流通股数量衡量投资者需求弹性的差异，用 Ts(Tradable Shares) 表示。

⑤动量因素。

散户投资者易受历史信息的影响，一般情况下，距离隔夜收益当天最近的交易日价格的影响最大。因此，本章参考史洪春（2018）[33]的研究方法，选择离隔夜收益当天最近的一个交易日，即前一个交易日的日收益率作为衡量动量因素的指标，用 Me(Momentum Effect）表示。同样以对数形式表示动量因素，计算公式为：

$$Me_t = (\ln p_{t-1}^c - \ln p_{t-1}^o) \times 100 \tag{5-3}$$

其中，Me_t 为第 t 个交易日的动量因素；p_{t-1}^c 为第 $t-1$ 个交易日的收盘价格；p_{t-1}^o 为第 $t-1$ 个交易日的开盘价格。

⑥市场制度因素。

由于我们无法全面、准确地衡量股票市场中每一个制度对隔夜收益率的影响，因此依据王朝阳和王振霞（2017）[23]的研究，以沪深 300 指数和恒生指数隔夜收益率分别表示内地股票市场和香港股票市场中除 T+1 交易制度外，所有相关制度对隔夜收益率的影响。因此，市场制度因素的计算公式为：

$$Rm = (\ln p_t^o - \ln p_{t-1}^c) \times 100 \tag{5-4}$$

其中，p_t^o 为两个指数第 t 个交易日的开盘价格；p_{t-1}^c 为第 $t-1$ 个交易日的收盘价格。用 Rm(Market Return）表示市场制度因素。

5.3.3 模型介绍

本章首先利用 EGARCH 模型对上证综指、深圳成份指数和恒生指数近 10 年的隔夜收益率进行描述性统计，从宏观层面对比实施 T+1 交易制度与否股市隔夜收益率的差异。其次利用随机效应模型对隔夜收益率及其波动性进行回归检验。

5.3.3.1 EGARCH 模型

EGARCH 模型，即广义自回归异方差模型（广义 ARCH 模型），是 ARCH 族模型的一种，由 Nelson[35]于 1991 年提出。ARCH 族模型是专门针对金融时间序列提出的。通常时间序列变量在同方差的情况下，才能进行模型回归检验，但是在现实情况中，金融时间序列数据一般具有波动聚集、尖峰厚尾、非正态分布和误差项存在异方差等特征。对此，1982 年，Engle[36]提出了 ARCH 模型，即自回归条件异方差模型。

但是利用 ARCH 族模型描述金融波动性，往往需要的参数数量很多，不仅增加了模型中参数估计的工作量，还很容易造成解释变量之间的多重共线性[37]。针对 ARCH 族模型在应用中的局限性，Bollerslev[38] 在 1986 年基于 ARCH 族模型提出了广义的向量自回归模型，即 GARCH 模型。但是 GARCH 模型只能衡量股价对外部冲击的反应，不能分别衡量对利空消息和利好消息的反应。可是现实中，股价对利空消息和利好消息的敏感度是不同的。换句话说，股市存在杠杆效应。由此，Nelson 在 1991 年基于 GARCH 模型提出了 EGARCH 模型。EGARCH 模型由均值方程和条件方差方程组成。

均值方程：

$$y_t = \gamma x_t + u_t \tag{5-5}$$

条件方差方程：

$$\ln \sigma_t^2 = \omega + \alpha \left| \frac{u_{t-1}}{\sigma_{t-1}} \right| + \gamma \left(\frac{u_{t-1}}{\sigma_{t-1}} \right) + \beta \ln(\sigma_{t-1}^2) \tag{5-6}$$

EGARCH 模型中的条件方差方程由对数形式表示。投资者在面对利好消息时是谨慎的，而面对利空消息时是冲动的。γ 是 EGARCH 模型的杠杆项，代表着股价波动性对正负消息的敏感性。当 $\gamma < 0$ 时，表明股价波动性对利空消息比对利好消息更加敏感；相反，当 $\gamma > 0$ 时，表明股价波动性对利好消息比对利空消息更加敏感。因此，EGARCH 模型比 GARCH 模型更能精确地解释股票收益率的非对称性[39]。除此之外，EGARCH 模型的条件方差方程的预测值为非负数。

5.3.3.2　随机效应模型

随机效应模型（random effects models），是线性模型的一种推广形式，适用于面板数据的回归。与随机效应模型对应的是固定效应模型。二者最大的差别在于对个体效应的处理方法。固定效应模型认为个体效应是固定不变的，从而每个个体效应都拥有特定的截距项；而随机效应模型认为个体效应并不是恒定不变，而是随时间变化的，并通过设置随机干扰项表示个体之间的差异。随机效应模型适用于选取代表性的几个个体样本，从而推导一组个体的特征。随机效应模型的公式为：

$$y_{it} = x_{it}\beta + z_{it}\sigma + u_i + \varepsilon_{it} \tag{5-7}$$

其中，u_i 表示个体效应，与解释变量不相关，且扰动项由 $u_i + \varepsilon_{it}$ 组成。

5.3.4 实证分析

本小节结合描述性统计和实证检验，检验 T+1 交易制度对隔夜收益率的影响。描述性统计运用 EGARCH 模型，实证检验部分运用随机效应模型。

5.3.4.1 描述性统计

首先运用 EGARCH 模型对上证综指、深圳成份指数和恒生指数隔夜收益率进行描述性统计，从宏观层面对比分析实施 T+1 交易制度的内地股票市场和实施 T+0 交易制度的香港股票市场隔夜收益率的差异。

（1）数据的波动聚集性

图 5-8、图 5-9 和图 5-10 分别是上证综指、深圳成份指数和恒生指数 2010—2019 年的隔夜收益率。对比三个图可以明显看出，恒生指数隔夜收益率的波动性显著大于上证综指和深圳成份指数。上证综指和深圳成份指数的波动性很接近，但是上证综指较小。所以，对比三个市场隔夜收益率的波动性，上海证券市场最小，香港证券市场最大，并且三个证券市场都显示出明显的“波动聚集”特征。

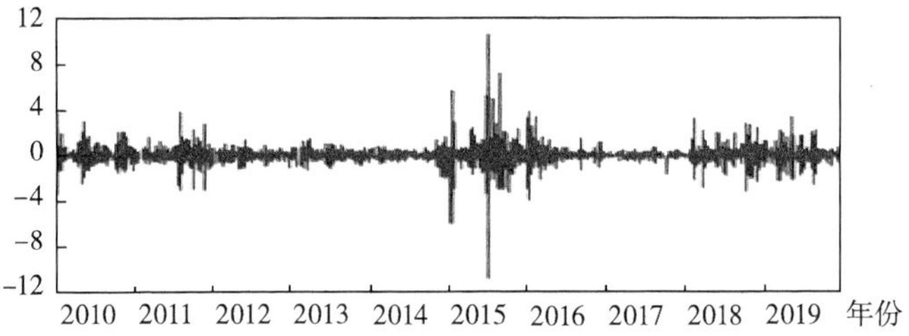

图 5-8 上证综指隔夜收益率

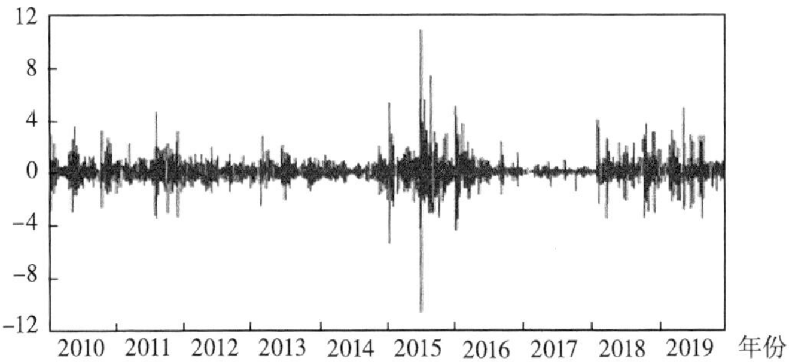

图 5-9 深圳成份指数隔夜收益率

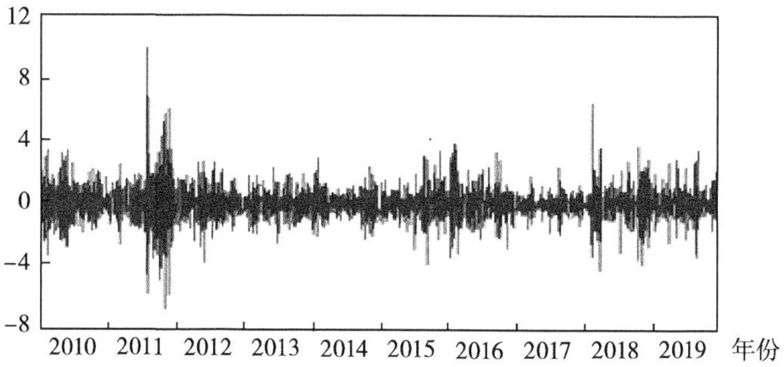

图 5－10　恒生指数隔夜收益率

（2）分布特征和正态性检验

利用 EViews 7.0 软件，对上证综指、深圳成份指数和恒生指数的隔夜收益率进行基本分析，主要针对指数序列的均值、标准差、中位数、最小值、最大值、偏度、峰度和 JB 检验值等进行分析。

表 5－4　上证综指、深圳成份指数和恒生指数的隔夜收益率描述性统计

变量	上证综指	深圳成份指数	恒生指数
均值	－0.109076	－0.075391	0.063014
标准差	0.593125	0.667183	0.808159
中位数	－0.062999	－0.035701	0.105566
最小值	－7.223347	7.158119	－6.454942
最大值	7.528887	7.046741	5.644484
偏度	－1.624596	－1.305871	－0.551477
峰度	38.39310	22.52060	8.928313
JB 检验值	127901.9	39272.33	3730.074
p 值	0.000000	0.000000	0.000000
样本容量	2430	2430	2462

由表 5－4 的描述性统计可以看出：上证综指和深圳成份指数的隔夜收益率均值为负，分别是－0.109076 和－0.075391，而恒生指数隔夜收益率均值达 0.063014。这与前人的研究结果相一致，即我国内地股票市场具有负隔夜收益效应。对比隔夜收益率标准差，恒生指数最大，即波动性最强。但是从隔夜收益率的极值看，恒生指数最小，上证综指最大。三个市场隔夜收益率

偏度均为负值，均属于左偏分布，即隔夜收益率小于均值的交易天数较多，分布有较长的左拖尾现象。峰度值均大于正态分布的临界值3，属于非正态分布，较高的JB检验值进一步证明了这一点。所以三个市场隔夜收益率序列均具有“尖峰厚尾”特征。考虑到金融数据一般具有ARCH效应，所以在模型估计中优先考虑非正态分布的EGARCH模型。EGARCH模型可以较好地分析三个股票市场隔夜收益率的波动情况。

（3）EGARCH模型检验

EGARCH模型能够较好地描述隔夜收益率的波动性和市场杠杆效应。上证综指、深圳成份指数和恒生指数隔夜收益率EGARCH模型回归结果如表5-5所示。

表5-5　三个指数隔夜收益率EGARCH模型与ARCH-LM检验结果

变量	上证综指	深圳成份指数	恒生指数
常数项（ω）	-0.153561 (0.0000)	-0.119350 (0.0000)	-0.114675 (0.0000)
ARCH项（α）	0.197861 (0.0000)	0.156831 (0.0000)	0.136640 (0.0000)
杠杆项（γ）	-0.001725 (0.7410)	-0.013723 (0.0017)	-0.091007 (0.0000)
GARCH项（β）	0.985595 (0.0000)	0.987087 (0.0000)	0.969727 (0.0000)
F统计量	0.081615 (0.7751)	0.050782 (0.8217)	1.134022 (0.2201)
LM统计量	0.081680 (0.7750)	0.050822 (0.8216)	72.34882 (0.2217)

注：括号内为回归估计系数的p值。

根据EGARCH模型检验结果，可以初步得出如下结论：

①模型ARCH-LM检验结果较满意，三个市场LM统计量p值均显著大于0.1，因此可以认为EGARCH模型较好地消除了时间序列的ARCH效应，表明模型拟合结果较好。

②模型常数项（ω）系数均为负值，并且都在1%的置信水平上显著。其中恒生指数ω系数值最大，因此认为在没有外部冲击的情况下，香港股票市

场隔夜收益率波动性大于内地股票市场。

③对比 ARCH 项（α）系数值，上证综指最大，恒生指数最小。内地股票市场系数值大于香港股票市场。因此认为内地股票市场对利空消息或者利好消息的敏感度大于香港股票市场。

④模型检验结果中，三个市场的杠杆项（γ）均为负值。其中上证综指的杠杆项系数在统计上不显著，深圳成份指数和恒生指数均在 1% 的置信水平上显著为负。负值杠杆项表明内地股票市场和香港股票市场相较于利好消息，对利空消息更加敏感。单从绝对值上进行对比，深圳成份指数的 0.013723 小于恒生指数的 0.091007，表明内地股票市场的杠杆效应小于香港股票市场。

⑤三个指数隔夜收益率的 ARCH 项和 GARCH 项之和均大于 1，表明内地股票市场和香港股票市场中的隔夜收益率波动性均具有持久性。

总之，在没有进行市场和微观要素控制的前提下，粗略地比较实施 T+1 交易制度的内地股票市场和实施 T+0 交易制度的香港股票市场隔夜收益率发现：第一，实施 T+1 交易制度的内地股票市场隔夜收益率显著低于香港股票市场；第二，实施 T+1 交易制度的内地股票市场隔夜收益率波动性小于香港股票市场；第三，实施 T+1 交易制度的内地股票市场杠杆效应小于香港股票市场。

5.3.4.2　实证检验

5.3.4.1 部分的描述性统计，从宏观市场角度粗略地分析了 T+1 交易制度对隔夜收益率的影响。本部分以 A+H 交叉上市公司为样本，从个股的角度分析 T+1 交易制度对隔夜收益率的影响。

（1）上市公司样本描述性统计

本章利用随机效应模型对 51 家 A+H 交叉上市公司 3 年的隔夜收益率数据进行回归检验。首先对 51 家 A+H 交叉上市公司的 A 股和 H 股数据进行描述性统计，结果如表 5-6 和表 5-7 所示。

表 5-6　51 家 A+H 交叉上市公司 A 股数据描述性统计量

变量	均值	方差	最小值	最大值	N
ORet	-0.1631934	1.05139	-70.37894	9.559512	37230
VRet	0.7557986	0.6600604	0.1286955	15.4253	37230

续表

变量	均值	方差	最小值	最大值	N
Pr	7.546531	34.83016	0.7275486	278.5628	37230
Tr	4.24e+07	6.48e+07	428000	1.87e+09	37230
Std	1.588941	0.760368	0.2273417	6.478152	37230
Ts	2.01e+10	5.14e+10	5.94e+08	3.19e+11	37230
Me	0.1587846	1.7640368	0.2273417	6.478152	37230
Rm	-0.052073	0.5478277	-3.593643	2.735902	37230

表 5-7　51 家 A+H 交叉上市公司 H 股数据描述性统计量

变量	均值	方差	最小值	最大值	N
ORet	0.0863116	1.20256	-70.57458	18.06563	37383
VRet	1.005563	0.6385342	0.2531423	15.11249	37383
Pr	2.100647	0.9306977	-0.2484614	4.571613	37383
Tr	2.96e+07	7.30e+07	0	1.16e+09	37383
Std	1.68879	0.7395093	0.3252371	7.579232	37383
Ts	1.00e+10	3.49e+10	2.42e+08	2.40e+11	37383
Me	-0.0899862	1.848935	-14.60926	32.93037	37383
Rm	0.0500845	0.7049229	-3.845788	2.606223	37383

对比 A+H 交叉上市公司 A 股和 H 股数据发现，A 股隔夜收益率均值为 -0.1631934，隔夜收益率波动性均值为 0.7557986；H 股隔夜收益率均值为 0.0863116，隔夜收益率波动性均值为 1.005563。表明同一家上市公司在实施 T+1 交易制度的 A 股市场中隔夜收益率较低，波动性较小；在实施 T+0 交易制度的 H 股市场中隔夜收益率较高，波动性较大。

控制变量中内地股票市场的信息不对称性因素、流动性风险因素、需求弹性因素和动量因素均大于香港股票市场。内地股票市场有效性较低，收集信息所花费的成本较高，信息不对称性也相对较高；交易频繁是内地股票市场的特色，其流动性大于香港股票市场；内地股票市场投机性较强，投资者通过低买高卖获取短期收益，所以当个股价格或其他因素发生变化时对需求量的反应大于香港股票市场；内地股票市场动量因素较高，即日内收益率高于香港股票市场。香港股票市场风险偏好稍大于内地股票市场，由于二者投资者结构不同，风险承担能力也不相同，相同的风险系数对香港机构投资者来说能够接受，但是对内地股票市场个人投资者来说则相对较高。

（2）平稳性检验

建立随机效应模型之前，确定模型所用时间序列数据的平稳性，避免出现伪回归现象。本章采用单位根检验法（ADF Test）分别对隔夜收益率、隔夜收益率波动性、信息不对称性因素、流动性风险因素、风险偏好因素、需求弹性因素、动量因素和市场制度因素进行检验，其检验结果如表 5－8 所示。

表 5－8　51 家 A+H 交叉上市公司 ADF 检验结果

变量	t 值	p 值	平稳性
隔夜收益率（*ORet*）	－82.0675	0.0000	平稳
隔夜收益率波动性（*VRet*）	－26.1697	0.0000	平稳
信息不对称性因素（*Pr*）	－10.4333	0.0000	平稳
流动性风险因素（*Tr*）	－77.0252	0.0000	平稳
风险偏好因素（*Std*）	－24.4307	0.0000	平稳
需求弹性因素（*Ts*）	－1.6604	0.0484	平稳
动量因素（*Me*）	－82.0675	0.0000	平稳
市场制度因素（*Rm*）	－82.0675	0.0000	平稳

从表 5－8 中可以看出，在 5% 的置信水平上 A+H 交叉上市公司的所有数据 t 值均小于临界值，检验结果拒绝有单位根的原假设，认为时间序列数据是平稳的，符合建立随机效应模型的条件。

（3）多重共线性检验

解释变量之间的多重共线性会影响模型回归结果，因此建立模型之前应对解释变量进行相关性检验。本章使用方差膨胀因子 VIF 检验解释变量之间的多重共线性。计算方差膨胀因子的公式为：

$$VIF = 1/(1 - R^2) \tag{5-8}$$

表 5－9　51 家 A+H 交叉上市公司的多重共线性检验

变量	VIF	1/VIF
信息不对称性因素（*Pr*）	1.01	0.985473

续表

变量	VIF	1/VIF
流动性风险因素（*Tr*）	1.80	0.556817
风险偏好因素（*Std*）	1.07	0.935259
需求弹性因素（*Ts*）	1.89	0.530431
动量因素（*Me*）	1.01	0.991480
市场制度因素（*Rm*）	1.01	0.992692
T+1 交易制度因素（*T*+1）	1.04	0.961218
平均 VIF	1.26	

方差膨胀因子的临界值为 10，当解释变量的回归结果不大于 10 时，认为变量之间不存在多重共线性。但是如果变量回归结果大于 10，就认定解释变量之间存在相关性，不适合建立回归模型。根据表 5－9 的回归结果可以看到，所有变量中方差膨胀因子的最大值为需求弹性因素的 1.89，远远小于 VIF 的临界值。因此可以认为，各解释变量之间不存在多重共线性，上市公司样本数据符合建立随机效应模型的标准。

（4）全样本回归

建立计量模型之前，对混合回归模型、随机效应模型和固定效应模型进行了检验。首先对比了混合回归模型和固定效应模型。回归结果中 F 统计量的 p 值为 0.0000，认为应该允许每一个上市公司有自己的截距项，拒绝了原假设，认为固定效应模型比混合回归模型更加适合。其次对比了固定效应模型和随机效应模型。本章把解释变量 T+1 交易制度设置为虚拟变量，但是在固定效应模型中，不随时间变化的虚拟变量会被自动删除，所以考虑到解释变量的重要性，认为随机效应模型更加适合。除此之外，本章是想通过 51 家 A+H 交叉上市公司样本的结果来推导整个内地股票市场和香港股票市场的情况，在随机效应模型的应用范围内。经过三个模型的对比，本章最终选择了随机效应模型进行回归检验。表 5－10 为随机效应模型的回归结果。

表 5－10　随机效应模型回归结果

变量	隔夜收益率（*ORet*）	隔夜收益率波动性（*VRet*）
T+1 交易制度因素（*T*+1）	－0.1551172 （0.000）	－0.2083836 （0.000）

续表

变量	隔夜收益率（*ORet*）	隔夜收益率波动性（*VRet*）
信息不对称性因素（*Pr*）	0.0004923 (0.030)	-0.0015256 (0.003)
流动性风险因素（*Tr*）	1.09e-10 (0.174)	3.16e-10 (0.000)
风险偏好因素（*Std*）	0.0318389 (0.000)	0.3687043 (0.000)
需求弹性因素（*Ts*）	-3.04e-13 (0.050)	-2.68e-13 (0.389)
动量因素（*Me*）	-0.0226885 (0.000)	-0.0044981 (0.000)
市场制度因素（*Rm*）	0.8476299 (0.000)	-0.034256 (0.000)
_cons	-0.0131603 (0.290)	0.3807534 (0.000)

注：括号内为回归估计系数的 p 值。

根据选取的 51 家 A+H 交叉上市公司样本的回归结果，得出以下结论：

①T+1 交易制度与隔夜收益率呈负相关关系，说明 T+1 交易制度的实施在一定程度上会减少隔夜收益率。根据回归检验得出的结果，同一家上市公司在 T+1 交易制度下的隔夜收益率，相较于在 T+0 交易制度下减少 0.16%。隔夜收益率波动性回归模型中，T+1 交易制度的系数为负，p 值为 0，说明 T+1交易制度与隔夜收益率波动性也呈负相关关系，即在一定程度上具有缓解隔夜收益率波动性的效果。

②控制变量中流动性风险因素对隔夜收益率的影响不显著，不予讨论。信息不对称性因素在 5% 的置信水平上与隔夜收益率呈正相关关系，与其波动性呈负相关关系，表明信息不对称性越大隔夜收益率相对越高，其波动性越小。风险偏好因素对隔夜收益率及其波动性均产生正向影响，即风险偏好越高，隔夜收益率及其波动性也相对越高。需求弹性因素和动量因素与隔夜收益率及其波动性呈负相关关系，即需求弹性越大、动量因素越大，隔夜收益率越低，其波动性越小。但是需求弹性因素缓解收益率波动的效果在统计上不显著。市场制

度因素与隔夜收益率呈正相关关系，与其波动性呈负相关关系。即除 T+1 交易制度外的市场制度增加隔夜收益率的同时减少其波动。回归结果与我国实际情况相符。通过前文 A+H 交叉上市公司 A 股和 H 股的描述性统计，我国内地股票市场与香港股票市场相比，需求弹性因素和动量因素较大，个人投资者的风险偏好稍小于机构投资者，所以隔夜收益率及其波动性较低。

（5）不同行业上市公司子样本回归

接下来主要研究 T+1 交易制度对不同行业上市公司隔夜收益率及其波动性的影响，进一步讨论面对不同行业上市公司，T+1 交易制度对隔夜收益率的影响与全样本回归结果是否存在差异，以期更加充分、准确地了解二者之间的联系。本章依据 2012 年中国证券监督管理委员会修订的《上市公司行业分类指引》对 51 家 A+H 交叉上市公司样本进行分类。上市公司样本分类结果如下：制造业 17 家，金融业 16 家，交通运输、仓储及邮政业 7 家，采矿业 4 家，电力、热力、燃气及水生产和供应业 2 家，建筑业 2 家，房地产业、批发和零售业与新闻及出版业各 1 家。由于一些行业所包含的上市公司数量较少，样本代表性不强，因此本章着重对样本数量较多的制造业，金融业，交通运输、仓储及邮政业和采矿业四个行业进行回归检验。

表 5-11 是四个行业各变量均值之间的对比。从表中可以看出：制造业上市公司隔夜收益率为正值，其余三个行业隔夜收益率为负值；制造业上市公司隔夜收益率波动性最强；四个行业上市公司中流动性因素显著不同，其中，金融业和采矿业的流动性较强，制造业和交通运输、仓储及邮政业的流动性相对较弱。

表 5-11　四个行业上市公司样本各变量均值对比结果

变量	制造业	金融业	交通运输、仓储及邮政业	采矿业
ORet	0.020012421	-0.023966096	-0.094275891	-0.097239633
VRet	1.796308953	0.798268108	0.836838763	0.996983796
Pr	2.429677924	2.518525998	1.74745614	1.730931586
Tr	17394722.83	66301661.93	16563416.52	61928473.18
Std	1.912061442	1.403310283	1.533047795	1.794674205
Ts	3015558118	35617470025	4046283514	19975023892
Me	-0.019861879	0.034330208	0.079296053	0.105143719
Rm	-0.000889461	-0.000889461	-0.000889461	-0.000889461

根据表 5-12 制造业上市公司回归结果，T+1 交易制度对隔夜收益率及其波动性的影响的估计系数分别为 -0.1421213 和 -0.0691459，但是对其波动性的影响不显著，表明 T+1 交易制度缓解波动性的效果不明显。T+1交易制度通过限制当日买入的股票交易，从而达到控制股票价格和隔夜收益率的目的。由于制造业上市公司流动性较弱，因此 T+1 交易制度对隔夜收益率波动性的作用相对不明显。但是 T+1 交易制度与隔夜收益率存在显著负相关关系，表明同一制造业上市公司在 T+1 交易制度下的隔夜收益率比在 T+0 交易制度下减少 0.14%。因此，T+1 交易制度不仅降低制造业上市公司隔夜收益率，对隔夜收益率波动性也没有显著的缓解效果，说明 T+1 交易制度的实施更多的是产生了负向影响。

表 5-12　制造业上市公司样本模型回归结果

变量	隔夜收益率（*ORet*）	隔夜收益率波动性（*VRet*）
T+1 交易制度因素（*T*+1）	-0.1421213 (0.000)	-0.0691459 (0.248)
信息不对称性因素（*Pr*）	0.0507999 (0.000)	-0.1960246 (0.000)
流动性风险因素（*Tr*）	1.03e-09 (0.010)	1.61e-09 (0.000)
风险偏好因素（*Std*）	-0.0234395 (0.030)	0.3547274 (0.000)
需求弹性因素（*Ts*）	-3.94e-13 (0.868)	-5.54e-11 (0.000)
动量因素（*Me*）	-0.016322 (0.000)	-0.0006392 (0.799)
市场制度因素（*Rm*）	0.8586689 (0.000)	-0.0332663 (0.000)
_cons	-0.0039987 (0.902)	0.9707754 (0.000)

注：括号内为回归估计系数的 p 值。

根据表 5-13 金融业上市公司回归结果，T+1 交易制度对隔夜收益率及其波动性的影响系数分别为 -0.094331和 -0.2870361，并且均在统计上显著，即T+1交易制度与隔夜收益率及其波动性均呈负相关关系。同一金融业上市公司在T+1交易制度下的隔夜收益率比在T+0交易制度下减少0.09%，并且金融业上市公司流动性较强，因此T+1交易制度对隔夜收益率波动性也有显著的缓解作用，表明对于金融业上市公司，T+1交易制度虽然在一定程度上减少了其隔夜收益率，但是具有显著的缓解隔夜收益率波动性的效果。

表5-13　金融业上市公司样本模型回归结果

变量	隔夜收益率（*ORet*）	隔夜收益率波动性（*VRet*）
T+1交易制度因素（*T*+1）	-0.094331 (0.000)	-0.2870361 (0.000)
信息不对称性因素（*Pr*）	0.0002566 (0.237)	-0.0013055 (0.001)
流动性风险因素（*Tr*）	-9.08e-11 (0.200)	1.57e-10 (0.000)
风险偏好因素（*Std*）	0.0595305 (0.000)	0.397613 (0.000)
需求弹性因素（*Ts*）	1.54e-13 (0.302)	-1.33e-13 (0.598)
动量因素（*Me*）	-0.0269958 (0.000)	-0.0125844 (0.000)
市场制度因素（*Rm*）	0.9647589 (0.000)	-0.0340724 (0.000)
_cons	-0.0608351 (0.001)	0.3919915 (0.000)

注：括号内为回归估计系数的p值。

根据表5-14交通运输、仓储及邮政业上市公司回归结果，T+1交易制度对隔夜收益率及其波动性的影响系数分别为-0.4776338和0.0104289，即与隔夜收益率呈显著负相关关系，与其波动性呈正相关关系。由于交通运输、仓储及邮政业上市公司流动性较弱，所以T+1交易制度对隔夜收益率波动性的影响在统计上也不显著。同一交通运输、仓储及邮政业上市公司在T+1交易制度下的隔夜收益率比在T+0交易制度下减少0.48%，表明对于交通运输、仓储及邮政业上市公司，T+1 交易制度只是降低了其隔夜收益率，对隔夜收益率波动性的影响可以忽略不计。

表 5-14　交通运输、仓储及邮政业上市公司样本模型回归结果

变量	隔夜收益率（*ORet*）	隔夜收益率波动性（*VRet*）
T+1 交易制度因素（*T*+1）	-0.4776338 (0.000)	0.0104289 (0.829)
信息不对称性因素（*Pr*）	-0.0241491 (0.207)	0.00273853 (0.875)
流动性风险因素（*Tr*）	3.86e-09 (0.000)	3.68e-10 (0.120)
风险偏好因素（*Std*）	-0.0642225 (0.000)	0.3776409 (0.000)
需求弹性因素（*Ts*）	4.38e-11 (0.000)	-1.12e-11 (0.131)
动量因素（*Me*）	-0.0353771 (0.000)	-0.0073797 (0.002)
市场制度因素（*Rm*）	0.7142979 (0.000)	-0.0378959 (0.000)
_cons	0.0469256 (0.270)	0.2877438 (0.000)

注：括号内为回归估计系数的 p 值。

根据表 5-15 采矿业上市公司回归结果，T+1 交易制度对隔夜收益率及其波动性的影响系数分别为 -0.1294578 和 -0.3451713，即 T+1 交易制度与隔夜收益率及其波动性均呈负相关关系，并在统计上显著。同一采矿业上市公司在 T+1 交易制度下的隔夜收益率比在 T+0 交易制度下减少 0.13%，表明对于采矿业上市公司，T+1 交易制度虽然减少了其隔夜收益率，但是在一定程度上缓解了隔夜收益率的波动性。

表 5-15　采矿业上市公司样本模型回归结果

变量	隔夜收益率（*ORet*）	隔夜收益率波动性（*VRet*）
T+1 交易制度因素（*T*+1）	-0.1294578 (0.000)	-0.3451713 (0.000)

续表

变量	隔夜收益率（*ORet*）	隔夜收益率波动性（*VRet*）
信息不对称性因素（*Pr*）	-0.0201306 (0.532)	0.160633 (0.000)
流动性风险因素（*Tr*）	3.69e-10 (0.081)	1.09e-09 (0.000)
风险偏好因素（*Std*）	-0.0064633 (0.707)	0.2346732 (0.000)
需求弹性因素（*Ts*）	-9.43e-12 (0.000)	4.02e-12 (0.001)
动量因素（*Me*）	-0.0150638 (0.017)	-0.0055778 (0.083)
市场制度因素（*Rm*）	1.02556 (0.000)	-0.0423712 (0.000)
_cons	0.1816932 (0.003)	-0.3224708 (0.000)

注：括号内为回归估计系数的p值。

5.3.5 实证结果与分析

根据上述实证检验结果，T+1交易制度对隔夜收益率的影响分析如下：

①总体来看，T+1交易制度与隔夜收益率呈负相关关系。这表明我国内地股票市场隔夜收益率为负在一定程度上是实施T+1交易制度的结果。根据回归结果，同一上市公司在T+1交易制度下的隔夜收益率比在T+0交易制度下减少0.16%。因此本章研究假设1得到验证。T+1交易制度与隔夜收益率波动性呈负相关关系，并在统计上显著，表明T+1交易制度在一定程度上能够缓解隔夜收益率波动性。所以，内地股票市场隔夜收益率波动性比香港股票市场低，在一定程度上是实施T+1交易制度的结果。本章研究假设2得到验证。

T+1交易制度与隔夜收益率呈负相关关系，表明T+1交易制度确实限制了一部分日内回转交易，使第二天股市开盘时的供给量增加，导致开盘价格下降，隔夜收益率降低。T+1交易制度与隔夜收益率波动性呈负相关关系，表明T+1交易制度通过限制一部分日内回转交易，起到了缓解隔夜收益率波动性的效果。

②对于不同行业的上市公司，T+1交易制度对其隔夜收益率及其波动性的影响各不相同。本章主要对制造业，金融业，采矿业和交通运输、仓储及邮政业四个行业的上市公司隔夜收益率及其波动性进行回归检验。T+1交易制度与四个行业上市公司的隔夜收益率均呈负相关关系，可以肯定的是，T+1交易制度确实降低了上市公司隔夜收益率，但是不同行业降低程度各不相同。相较于T+0交易制度，在T+1交易制度下四个行业上市公司隔夜收益率分别降低：制造业0.14%，金融业0.09%，交通运输、仓储及邮政业0.48%，采矿业0.13%。T+1交易制度对交通运输、仓储及邮政业的影响最大，对金融业的影响最小。

T+1交易制度通过限制上市公司流动性而控制股票价格与隔夜收益率。因此流动性越强，T+1交易制度缓解其隔夜收益率波动性的作用越明显；流动性越弱，T+1交易制度缓解其隔夜收益率波动性的作用越不显著。通过表5-11可知，金融业和采矿业流动性显著大于制造业和交通运输、仓储及邮政业，因此金融业和采矿业中T+1交易制度缓解其隔夜收益率波动性的效果相比制造业和交通运输、仓储及邮政业强。T+1交易制度与金融业和采矿业上市公司隔夜收益率波动性之间呈负相关关系，表明T+1交易制度虽然减少了其隔夜收益率，但在一定程度上缓解了隔夜收益率波动性，对金融业和采矿业的发展既有正向影响也有负向影响。T+1交易制度与制造业上市公司隔夜收益率波动性之间呈负相关关系，但在统计上不显著，缓解其波动性的效果不明显。T+1交易制度与交通运输、仓储及邮政业上市公司隔夜收益率波动性之间呈正相关关系，但统计上也不显著。所以对制造业和交通运输、仓储及邮政业上市公司的发展，T+1交易制度更多的是产生了负向影响。

5.3.6　稳健性检验

本章选取的A+H交叉上市公司样本数量有限，为了保证实证结果的可靠性，参考王春和王进猛（2020）[40]的研究，通过改变样本区间增加样本数量对上述实证结果进行稳健性检验。在5.3.4小节的实证分析中，笔者以2017—2019年的日数据为研究样本。为了增加上市公司样本数量，将以2019年一年的日数据为研究样本，同样以5.3.4小节的标准选取上市公司样本，最终获取79家样本公司，38553个交易日数据，其中，A股19198个交易日数据，H股19355个交易日数据。79家上市公司样本中制造业上市公司27家，金融业上市公司20家，交通运输、仓储及邮政业上市公司9家，采矿业上市公司8家。稳健性检验结果如表5-16所示。

表5-16 全样本上市公司稳健性检验结果

变量	隔夜收益率（*ORet*）	隔夜收益率波动性（*VRet*）
T+1交易制度因素（*T*+1）	-0.1452604 (0.000)	-0.205189 (0.000)
信息不对称性因素（*Pr*）	0.0002249 (0.541)	-0.001012 (0.248)
流动性风险因素（*Tr*）	4.68e-11 (0.738)	4.52e-10 (0.000)
风险偏好因素（*Std*）	0.0448498 (0.000)	0.4151028 (0.000)
需求弹性因素（*Ts*）	-2.30e-13 (0.268)	-7.32e-13 (0.072)
动量因素（*Me*）	-0.0205254 (0.000)	-0.0027698 (0.076)
市场制度因素（*Rm*）	0.8045395 (0.000)	-0.0440279 (0.000)
_cons	-0.0049521 (0.766)	0.3647851 (0.000)

注：括号内为回归估计系数的p值。

表5-16是全样本上市公司稳健性检验结果。在全样本稳健性模型中T+1交易制度与隔夜收益率及其波动性均呈负相关关系，并在统计上显著，进一步说明了T+1交易制度虽然减少了隔夜收益率，但是在一定程度上能够缓解其波动性的结论。

表5-17和表5-18是采矿业，金融业，交通运输、仓储及邮政业和制造业四个行业上市公司稳健性检验结果。模型回归结果与5.3.4小节实证分析结果一致，T+1交易制度与采矿业、金融业上市公司隔夜收益率及其波动性均呈负相关关系；与交通运输、仓储及邮政业和制造业上市公司隔夜收益

率呈负相关关系，与其波动性的相关关系在统计上不显著。

表 5-17　采矿业、金融业上市公司样本稳健性检验结果

变量	采矿业		金融业	
	ORet	*VRet*	*ORet*	*VRet*
T+1	-0.1229928 (0.050)	-0.5571577 (0.006)	-0.1661647 (0.000)	-0.2096007 (0.000)
Pr	0.0033332 (0.937)	0.5069688 (0.000)	-0.0000496 (0.827)	0.0011245 (0.039)
Tr	1.12e-09 (0.030)	4.10e-10 (0.210)	-9.32e-10 (0.000)	4.85e-10 (0.000)
Std	0.0195247 (0.585)	0.6193043 (0.000)	0.0766927 (0.000)	0.3496945 (0.000)
Ts	-1.61e-12 (0.047)	2.58e-12 (0.282)	6.37e-13 (0.000)	-9.82e-13 (0.001)
Me	-0.0449967 (0.000)	0.000835 (0.899)	-0.0181826 (0.000)	-0.0103471 (0.000)
Rm	0.5571334 (0.000)	-0.0485005 (0.002)	0.9859282 (0.000)	-0.045065 (0.000)
_cons	-0.0321943 (0.758)	-0.6532352 (0.001)	0.0187641 (0.410)	0.4713312 (0.000)

注：括号内为回归估计系数的 p 值。

表 5-18　交通运输、仓储及邮政业和制造业上市公司样本稳健性检验结果

变量	交通运输、仓储及邮政业		制造业	
	ORet	*VRet*	*ORet*	*VRet*
T+1	-0.3623741 (0.000)	-0.0861082 (0.171)	-0.1913625 (0.000)	-0.0630796 (0.366)
Pr	-0.02299 (0.308)	0.0965001 (0.001)	0.0603541 (0.000)	-0.0968088 (0.000)
Tr	8.76e-09 (0.000)	2.53e-09 (0.000)	2.01e-09 (0.000)	9.77e-10 (0.007)
Std	-0.0153008 (0.545)	0.3889725 (0.000)	-0.0070807 (0.627)	0.4014862 (0.000)

续表

变量	交通运输、仓储及邮政业		制造业	
	ORet	*VRet*	*ORet*	*VRet*
Ts	1.38e－11 (0.047)	－4.68e－12 (0.615)	3.54e－12 (0.569)	－6.26e－11 (0.000)
Me	－0.0449967 (0.033)	－0.0120676 (0.001)	－0.0150544 (0.003)	－0.0006658 (0.813)
Rm	0.6930051 (0.000)	－0.0586017 (0.000)	0.8729829 (0.000)	－0.0443308 (0.000)
_ cons	0.0254974 (0.616)	0.146468 (0.018)	－0.0404472 (0.422)	0.693832 (0.000)

注：括号内为回归估计系数的 p 值。

5.4 研究结论与政策建议

本节对全文的规范分析与实证分析结果进行提炼总结，并针对实证得出的结果提出相应的政策建议。

5.4.1 研究结论

本章以 2017 年 1 月 1 日至 2019 年 12 月 31 日 A＋H 交叉上市公司日数据为研究样本，实证分析了 T＋1 交易制度对隔夜收益率及其波动性的影响。首先采用 EGARCH 模型对上证综指、深圳成份指数和恒生指数隔夜收益率进行对比，从宏观层面分析实施 T＋1 交易制度与否的差异。其次运用随机效应模型，以隔夜收益率及其波动性为被解释变量，以 T＋1 交易制度为解释变量，对选取的 51 家 A＋H 交叉上市公司进行回归检验。最后对上市公司进行行业分类，分析 T＋1 交易制度对不同行业上市公司的影响差异。通过实证研究得出以下结论：

第一，描述性统计结果表明，实施 T＋1 交易制度的内地股票市场隔夜收益率及其波动性均小于实施 T＋0 交易制度的香港股票市场。内地股票市场杠杆效应相对较小，对外部冲击的反应较大。相较于利好消息，内地股票市场和香港股票市场对利空消息更加敏感。

第二，全样本回归结果表明，T＋1 交易制度与隔夜收益率呈负相关关系，即T+1交易制度的实施确实减少了隔夜收益率。从随机效应模型回归的结果来看，同一只股票在T+1交易制度下的隔夜收益率，相较于在T+0交易制度下减少0.16%。这很好地解释了世界金融市场中唯一实施T+1交易制度的我国内地股票市场呈现负隔夜收益率现象的原因。

第三，全样本回归结果表明，T+1交易制度与隔夜收益率波动性呈负相关关系，即T+1交易制度的实施能够缓解隔夜收益率的波动性。从随机效应模型回归的结果来看，同一只股票在T+1交易制度下的隔夜收益率波动性，相较于在T+0交易制度下减少0.21%。这很好地解释了内地股票市场与香港股票市场相比，虽然隔夜收益率较低，但是其波动性较小的原因。

第四，全样本回归结果表明，控制变量中信息不对称性因素和市场制度因素与隔夜收益率呈正相关关系，与其波动性呈负相关关系；风险偏好因素与隔夜收益率及其波动性均呈正相关关系；需求弹性因素和动量因素与隔夜收益率及其波动性均呈负相关关系；流动性风险因素对隔夜收益率的影响在统计上不显著。

第五，不同行业子样本回归结果表明，对不同行业上市公司，T+1交易制度对隔夜收益率及其波动性的影响不同。对制造业和交通运输、仓储及邮政业上市公司，T+1交易制度减少隔夜收益率，对其波动性没有显著影响。对金融业和采矿业上市公司，T+1交易制度虽然减少其隔夜收益率，但对其波动性有一定的缓解效果。

5.4.2 政策建议

根据实证研究结论，T+1交易制度虽然减少隔夜收益率，但对其波动性也有一定的缓解作用，所以T+1交易制度对股票市场既有正向影响也有负向影响。根据实证研究得出的结论提出以下政策与建议：

我国目前的市场成熟度和投资者结构，实施T+0交易制度确实尚早。但是针对T+1交易制度暴露出来的降低隔夜收益率、对部分行业隔夜收益率的波动性没有显著的缓解作用等问题，金融监管机构可以允许一些机构投资者或具备专业金融知识的个人投资者进行T+0交易，或者可以先从一些个股或行业入手试行T+0交易制度。例如，根据本章得出的结论，T+1交易制度不仅降低制造业和交通运输、仓储及邮政业上市公司隔夜收益率，对其隔夜收益率波动性也没有显著的缓解效果，因此可以从这两个行业入手试行 T+0 交易制度。在逐步推行 T+0 交易制度的过程中应注重以下几点：

第一，金融监管机构应在投资者准入、账户设立、交易账户的监管与风险控制方面制定明确的规章制度。借鉴国外成熟股票市场的 T+0 交易制度经验，结合我国实际情况，逐步推进 T+0 交易机制的实施，逐渐达成我国内地期货市场和现货市场交易制度的一致性，提高股票市场有效性，使对冲机制更加完善。

第二，完善股票市场交易信息的披露机制。股票市场中的交易信息是上市公司与广大投资者沟通的桥梁，也是投资者的决策依据。交易信息的及时性、客观性决定着股票市场的有效性。改善交易信息的披露机制，需要完善信息披露法律法规，强化信息披露监管及惩罚力度，努力建立一个公平、公正、透明的资本市场。

第三，优化投资者结构，加强投资者教育。金融产品创新者应该多研发适合机构投资者特点的产品，从而吸引更多的机构投资者进入股票市场，增加我国机构投资者比例。此外，需要对投资者进行系统、完善的教育，灌输正确的投资理念，从根本上提高投资者的判断能力和盈利能力，这对股票市场的稳定健康发展具有重要意义。

本章小结

T+1 交易制度是我国股市特有的交易制度。自 1995 年 1 月 1 日我国股市开始实施 T+1 交易制度以来，该制度稳定市场的能力一直受到各界的关注。T+1 交易制度实行的 25 年间，学者们从其对股市波动性、股票流动性和股票定价效率的影响等方面进行了很多研究。本章从股市隔夜收益率的角度出发，研究T+1交易制度对我国股市的影响，不仅丰富了对 T+1 交易制度的研究角度，还为金融监管机构提供决策支持。

本章利用我国内地股票市场实行 T+1 交易制度、香港股票市场实行 T+0 交易制度，选取了在内地证券市场（上海证券交易所或深圳证券交易所）和香港联合证券交易所交叉上市的 A+H 股作为研究对象，以 2017 年 1 月 1 日至 2019 年 12 月 31 日的日数据作为研究样本。首先，采用 EGARCH 模型对上证综指、深圳成份指数和恒生指数的隔夜收益率进行对比，从宏观层面分析了实施T+1交易制度的内地股票市场和实施 T+0 交易制度的香港股票市场的差异。其次，梳理可能引起隔夜收益率变动的相关因素，即信息不对称性因素、流动性风险因素、风险偏好因素、需求弹性因素、动量因素和市场制度因素，结合 T+1 交易制度构造随机效应模型，检验 T+1 交易制度和各类因素对隔夜收益率及其波动性的影响。最后，对 A+H 交叉上市公司进行行业分类，检验 T+1交易制度对不同行业上市公司的隔夜收益率及其波动性的影响差异。

基于对模型回归结果的分析，本章得出的结论如下：第一，T+1 交易制度与隔夜收益率存在负相关关系。第二，T+1 交易制度与隔夜收益率波动性存在负相关关系。第三，对不同行业的上市公司，T+1 交易制度对隔夜收益率及其波动性的影响不同，流动性越强，T+1 交易制度缓解隔夜收益率波动性的效果越明显。对金融业和采矿业的上市公司，T+1 交易制度与隔夜收益率及其波动性均呈负相关关系。对制造业和交通运输、仓储及邮政业的上市公司，T+1 交易制度与隔夜收益率呈负相关关系，与隔夜收益率波动性的关系在统计上不显著。

参考文献

[1] 汪天都，孙谦．传统监管措施能够限制金融市场的波动吗？[J]．金融研究，2018(9)：177－191.

[2] 聂思玥，李梦花．我国股指期货和现货市场隔夜信息、午间信息的因果效应分析[J]．数理统计与管理，2019，38(3)：719－731.

[3] 刘红忠，何文忠．中国股票市场上的“隔夜效应”和“午间效应”研究[J]．金融研究，2012(2)：155－167.

[4] 张兵，薛冰．T+1 交易制度下的资产定价模型研究——基于隔夜收益率视角[J]．金融论坛，2019(8)：3－11.

[5] 张兵．T+1 交易制度造成负向隔夜收益率变动[J]．经济学报，2019，6(4)：58－77.

[6] 黄虹，张恩焕，孙红梅，等．融资融券会加大投资者情绪对股指波动的影响吗？[J]．中国软科学，2016(3)：151－161.

[7] B. M. Barber, Y. Lee, Y. Liu, et al. The cross－section of speculator skill：Evidence from day trading[J]. Journal of Financial Markets, 2014, 18(1)：1－24.

[8] D. Ryu. The profitability of day trading：An empirical study using high-quality data [J]. The Investment Analysts Journal, 2012, 41(75)：43－54.

[9] M. Guo, Z. Li, Z. Y. Tu. A unique “T+1 Trading Rule” in China：Theory and evidence

[J]. Journal of Banking & Finance, 2012, 36(2): 575 - 583.

[10] 边江泽, 宿铁. "T + 1"交易制度和中国权证市场溢价[J]. 金融研究, 2010(6): 143 - 161.

[11] J. M. Chung, H. Choe, B. Kho. The impact of day-trading on volatility and liquidity [J]. Asia - pacific Journal of Financial Studies, 2009, 38(2): 237 - 275.

[12] 韦立坚. T + 0 交易制度的计算实验研究[J]. 管理科学学报, 2016(11): 90 - 102.

[13] Q. F. Liu, Y. Tse. Overnight returns of stock indexes: Evidence from ETFs and futures [J]. International Review of Economics & Finance, 2017(48): 440 - 451.

[14] D. Aboody, O. Eventov, R. Lehavy, et al. Overnight returns and firm - specific investor sentiment[J]. Journal of Financial and Quantitative Analysis, 2018, 53(2): 485 - 505.

[15] H. Berkman, P. D. Koch, L. A. Tuttle, et al. Paying attention: Overnight returns and the hidden cost of buying at the open[J]. Journal of Financial and Quantitative Analysis, 2012, 47(4): 715 - 741.

[16] 淳伟德, 赵如波. 股市隔夜收益与交易收益非线性时变联动效应研究[J]. 预测, 2016, 35(5): 62 - 67.

[17] Q. Y. Liu, H. B. Guo, X. H. Wei. Negative overnight returns: China's security markets [J]. Procedia Computer Science, 2015(55): 980 - 989.

[18] Oldfield, G. Sjr, R. J. Rogalski. A theory of common stock returns over trading and non-trading periods[J]. Journal of Finance, 1980, 35(3): 729 - 751.

[19] 马锋, 魏宇, 黄登仕, 等. 隔夜收益率能提高高频波动率模型的预测能力吗? [J]. 系统工程学报, 2016(6): 783 - 797.

[20] T. Tseng, H. Lai, C. Lin. The impact of overnight returns on realized volatility [J]. Applied Financial Economics, 2012, 22(5): 357 - 364.

[21] 闫红蕾, 赵胜民. "沪港通"能否促进 A 股与香港股票市场一体化[J]. 中国管理科学, 2016(11): 1 - 10.

[22] 胡宏章, 王晓坤. 中国上市公司 A 股和 H 股价差的实证研究[J]. 经济研究, 2008(4): 119 - 131.

[23] 王朝阳, 王振霞. 涨跌停、融资融券与股价波动率——基于 AH 股的比较研究[J]. 经济研究, 2017(4): 151 - 165.

[24] 陆静, 周媛. 投资者情绪对股价的影响——基于 AH 股交叉上市股票的实证分析[J]. 中国管理科学, 2015(11): 21 - 28.

[25] 刘海飞, 柏巍, 李冬昕, 等. "沪港通"交易制度能提升中国股票市场稳定性

吗？——基于复杂网络视角[J]. 管理科学学报，2018，21(1)：97-110.

[26] 李沁洋，许年行．资本市场对外开放与股价崩盘风险——来自“沪港通”的证据[J]. 管理科学学报，2019，22(8)：108-126.

[27] E. F. Fama. Efficient capital Markets: A review of theory and empirical work [J]. Journal of Finance, 1970, 25(2): 383-417.

[28] 杨娉，徐信忠，杨云红．交叉上市股票价格差异的横截面分析[J]. 管理世界，2007(9)：106-116.

[29] 刘清源，魏先华，王霖．动量策略收益主要来源于隔夜？——基于沪市A股动量策略收益分解的探讨[J]. 投资研究，2016(3)：92-104.

[30] 张波，蒋远营．基于中国股票高频交易数据的随机波动建模与应用[J]. 统计研究，2017(3)：107-117.

[31] 简志宏，曾裕峰，刘曦腾．基于CAViaR模型的沪深300股指期货隔夜风险研究[J]. 中国管理科学，2019，24(9)：1-10.

[32] 谭松涛，崔小勇，孙艳梅．媒体报道、机构交易与股价的波动性[J]. 金融研究，2014(3)：180-193.

[33] 史洪春．隔夜收益的因素模型在中国证券市场的适用性分析[J]. 经济研究导刊，2018(4)：82-85.

[34] 宋顺林，易阳，谭劲松．AH股溢价合理吗？——市场情绪、个股投机性与AH股溢价[J]. 南开管理评论，2015，18(2)：92-102.

[35] D. B. Nelson. Conditional heteroskedasticity in asset returns: A new approach [J]. Econometrica, 1991, 59(2): 347-370.

[36] R. F. Engle. Autoregressive conditional heteroscedasticity with estimates of the variance of united kingdom inflation[J]. Econometrica, 1982, 50(4): 987-1007.

[37] 王苏生，王俊博，许桐桐，等．基于ARMA-GARCH-SN模型的沪深300股指期货日内波动率研究与预测[J]. 运筹与管理，2018，27(4)：153-161.

[38] T. Bollerslev. Generalized autoregressive conditional heteroskedasticity[J]. Journal of Econometrics, 1986, 31(3): 307-327.

[39] 张锐，魏宇，金炜东．基于MRS-EGRACH模型的沪深300指数波动预测[J]. 系统工程学报，2011，20(5)：629-635.

[40] 王春，王进猛．投资者关注与股票收益率——基于新闻联播报道的实证研究[J]. 系统工程，2020，38(2)：109-121.

第 6 章

定向降准政策对上市公司融资约束的影响研究

——以“三农”和小微企业为例

6.1 绪 论

6.1.1 研究背景和意义

世界金融危机给全世界带来重创，各国的经济出现了不同程度的衰退和萧条。为了尽快恢复经济，许多发达国家纷纷将以量化宽松为代表的非常规货币政策作为主要调控工具。然而国外众多专家、学者以及货币当局发现，在金融危机早期实行的宽松货币政策的效果正逐渐减弱，同时也带来了不少副作用，市场开始呼吁政策制定者推出更为精准、成本更小、副作用更少的货币政策。在这样的背景下，定向调控类货币政策顺应时机地出现了。现在国外最具代表性的定向调控类货币政策包括以下几种：英格兰银行实施的融资换贷款计划（FLS），这个政策主要针对住房贷款以及实体行业；欧洲中央银行实施的量化宽松政策，即长期再融资计划（TLTRO），这一政策工具主要是支持商业银行发放贷款给非金融企业以及家庭个人等，将资金从信用贷款渠道引入实体领域；美国联邦储备系统实施的“扭转操作”（OT），该政策工具是对长期融资利率进行精准、有效的调整，指导市场投资逐渐朝着长期投资转变。

在历经 30 多年的“粗放型增长”后，我国经济步入新常态，当前“调整结构”和“稳定增长”是我国经济发展的基本主题。在经济新常态下，我们面临着从未有过的机遇与挑战。一方面，在该时期中国经济实现了换挡升级，由飞速增长逐渐转变为中低速增长，从以前的重视“数量”转为现在的重视“质量”，由开始的要素和投资驱动发展到当前的创新驱动，不断优化的经济结构与现阶段瞬息万变的经济运行的需求更为契合；另一方面，经济战略的转变也带来了实体经济萎缩、生产效率低下、产能过剩严重、停滞性通货膨胀等一系列问题。当前，我国经济发展的主要政策目标就是引导企业转型升级、引导金融资源合理配置、化解经济结构矛盾（刘伟、苏剑，2014）。但是以前实施的常规性货币政策在不断调整法定存款准备金率以及利率过程中，除了引起市场波动，并没有发挥出一定的资金流向引导作用，这就导致当前的经济慢慢地从实体经济走向虚拟经济。要引导我国经济脱离虚拟，走向实体，首先要做的便是引导资金由房地产行业准确地流向实体行业（张健华、贾彦东，2012）。因此，中国人民银行在参考了国外的一些结构性货币政策的相关经验后，再次调整了我国的货币政策工具，实施了常备借贷便利、定向降准政策以及短期流动性调节工具等结构性政策，争取将“粗放型调控”转变为“精细化管理”（伍桂、何帆，2013），将解决中小型企业单位融资矛盾问题作为重中之重。其中，定向降准政策是我国央行调整经济结构的主要工具之一。

推动以“三农”和小微企业为代表的中小企业发展是经济新常态时期的重要战略，对提高我国经济活力、推动经济发展以及稳定就业等方面有着至关重要的作用（刘伟、苏剑，2014）。但同时中小企业也是现阶段我国国民经济的薄弱环节。由于实力弱、收益慢、违约风险高，金融机构通常不会为小微企业及涉农企业提供资金支持，融资困难是长期困扰其发展的“瓶颈”之一，因此更加需要国家各方面政策的支持（吕劲松，2015）。2014年4月以来，我国央行多次推出定向降准政策，对符合条件的特定金融机构适当降低准备金率，意在增加金融机构长期可用资金，改善金融机构流动性，引导银行信贷流向弱势部门，促进服务基层的城市商业银行加大对农业企业和小微企业的支持力度，推动贷款利率下降，进而降低实体经济融资成本，减轻中小企业融资压力（张健华、贾彦东，2012）。截至2019年10月，我国定向降准政策已经实行了17轮（见表6-1）。2014年实施的2轮定向降准政策，主要针对的是符合审慎经营要求的财务有限公司、县域农村商业银行以及农村合作银行等机构；2015年中国人民银行多次定向调节存款准备金率，定向实施的主要对象有非银行金融机构、中国农业发展银行、国有商业银行、小微型企业与涉农企业贷款占到一定比重的农村商业银行、股份制商业银行以及城市商业银行等；2018 年实施的定向降准政策，积极调整了银行等金融机构的信贷结构，考核范围从涉农企业以及中小企业贷款调整到所有普遍惠及的金融行业贷款；2019 年更是进一步加大定向调控的操作力度。定向降准政策的连续操作能否充分发挥引导作用，是评估该项政策有没有落实到位、是否精准的重要依据。

表 6－1　定向降准政策实行时间表

序号	时间	定向降准对象	降幅
1	2014 年 4 月 16 日	县域农村商业银行	2.0%
		农村合作银行	0.5%
2	2014 年 6 月 16 日	“三农”或小微企业贷款达到要求的商业银行	0.5%
		财务公司、金融租赁公司和汽车金融公司	0.5%
3	2015 年 2 月 5 日	金融机构	0.5%
		小微企业贷款达到要求的城市商业银行、非县域农村商业银行	1.0%
		中国农业发展银行	4.5%
4	2015 年 4 月 20 日	农村信用社、村镇银行等农村金融机构	2.0%
		农村合作银行	降至农村信用社水平
		中国农业发展银行	3.0%
		“三农”或小微企业贷款达到要求的国有银行和股份制银行	1.5%
5	2015 年 6 月 28 日	“三农”或小微企业贷款达到要求的城市商业银行、非县域农村商业银行	0.5%
		“三农”或小微企业贷款达到要求的国有大型商业银行、股份制商业银行和外资银行	0.5%
		财务公司	3.0%
6	2015 年 9 月 6 日	县域农村商业银行、农村合作银行、农村信用社、村镇银行	1.0%
		金融租赁公司和汽车金融公司	3.5%
7	2015 年 10 月 24 日	“三农”或小微企业贷款达到要求的金融机构	1.0%

续表

序号	时间	定向降准对象	降幅
8	2016 年 2 月 25 日	“三农”或小微企业贷款达到要求的商业银行	0.5%
9	2018 年 1 月 25 日	“三农”或小微企业等普惠金融领域贷款达到要求的商业银行	分档下调 0.5% 或 1.5%
10	2018 年 4 月 25 日	大型金融机构	1.0%
11	2018 年 7 月 5 日	金融机构	0.5%
12	2018 年 10 月 15 日	金融机构	1.0%
13	2019 年 1 月 4 日	金融机构	1.0%
14	2019 年 1 月 25 日	达到普惠金融定向降准标准的金融机构	0.5%
15	2019 年 5 月 21 日	县域农村商业银行	降至农村信用社水平
16	2019 年 9 月 6 日	仅在省级行政区域内经营的城市商业银行	1.0%
		金融机构	0.5%
17	2019 年 10 月 15 日	城市商业银行	1.0%

资料来源：中国人民银行官网。

相关数据显示，在央行实施定向降准政策之后，我国大型企业境内贷款有所下降，农林牧渔业境内贷款则有所提升。然而，定向降准政策在“三农”和小微企业领域的调控效果仍存在争议。有学者认为，这一政策实施效果并不稳定，在定向领域的效果有待观察。还有学者表示，实施的定向降准政策并未精准定向到小型企业、涉农企业，以商业银行为主的金融机构没有发挥出良好的引导作用，其效果究竟如何还有待进一步研究。

现在全球经济依旧处在低迷状态，各种不恰当的思潮泛起，如贸易保护主义不断升温、单边主义逐渐冒头，这些都与全球化发展进程背道而驰。中国面对着越来越错综复杂的外部环境，市场经济也受到了不小的影响，国内经济又恰好处于“增长换挡升级期”“结构调整期”以及“前期刺激政策消化期”的关键时期（汤铎铎，2019）。在多重因素（包括国内国外影响因素、主观客观因素等）的作用下，小微型企业单位面临着来源于土地、资金及人才等成本增加带来的三重压力，收益空间被严重挤压，生存状况令人担忧。这三重压力成为不少小微企业无法承受之重。据《2017 年中小企业融资发展白皮书》所述，2016 年，98% 的中小企业面临融资难、融资贵的问题。世界银行等金融机构在 2018 年 1 月 31 日对外公布的《中小微企业融资缺口》报告中指出，中国小微企业潜在融资需求和融资缺口分别达到了4.4万亿美元和1.9万亿美元，近41%的中小型企业明显存在融资难题。现在，小微型企业和大型企业相比，融资成本要高出30%以上，信贷贵、融资困难是阻碍中小型企业发展的重大难题。

一方面，银行信贷配置结构扭曲。长期以来，银行信贷一直是我国企业融资最为基本的来源。2018年，银行对实体行业放贷额占到了同一时期社会融资规模存量的67.1%，比上年高出2%。从2015年开始的“去杠杆化”，使得银行信贷逐渐收紧。央行对外公布的相关数据显示，截至2018年第三季度末，银行用在中小型企业的贷款余额为33万亿元，其中有小微企业主贷款、小微企业贷款以及个体工商户贷款，我国商行正常贷款余额为106.5万亿元，中小型企业的贷款占总贷款的31%，与小微企业在国民经济发展中所占的比例有较大差距。中国经济发展之所以能够创造奇迹，中小企业功不可没。但长久以来，小微企业却在信用贷款市场中一直处于劣势，它们想要得到的融资规模以及融资途径并没有得到相应的扩大，从银行金融机构能获取的贷款和它的国民经济贡献值严重不匹配（李连发、辛晓岱，2012）。

从贷款成本来看，小微企业资金成本处在较高水平并且没有下降的趋势，我国的大型银行机构发放的小型贷款、微型贷款的均利息率大约为5%，地方股份制银行、城市银行等地方性法人银行利率稍高，普遍在6.5%～7%，小贷公司在24%左右，而民间借贷一般在36%左右，甚至会发放高利贷。中小型企业在融资时，除了需要支付给银行机构贷款利息，还得面对担保、负责的贷款手续办理问题，以及要承担一些额外费用，这些都导致中小型企业的融资成本大大增加，使小微企业贷款总成本高于正常贷款成本40%～50%。中小型企业本身也存在很多问题，如我国涉农企业债务融资结构不合理，对流动性负债依赖性很强，并且短期债务偿还压力较大，在信贷中不具有优势，同时，财务状况不佳也不利于中小型企业再次进行债务融资，造成不良循环，企业整体融资能力偏弱（李连发、辛晓岱，2012）。

另一方面，中小型企业融资渠道趋向狭窄。企业融资主要分为内源融资和外源融资两种方式。从内源融资来看，涉农企业和小微企业普遍利润率较低、亏损严重、管控能力弱，导致这些公司内源融资能力差，不具备完善的内源融资机制。从外源融资来看，新额度管理制度会导致中小型企业很难发展到可以发行债权或者达到股票上市的标准，中小型企业想要通过股票、证券、企业债券等途径获取直接融资难度较大。此外，正规的金融机构面向农业和小微企业的贷款条件极其严格，准入门槛较高，使许多中小企业不得不退而求其次，转向民间借贷。但由于金融机构制度的转变，使以前一些非法的、给中小型企业提供贷款的民间借贷公司纷纷被取缔，间接融资也受到阻碍，导致现阶段我国农业和小微企业融资渠道趋向狭窄，加大了中小型企业的资金压力，增加了财务风险，使中小型企业的发展面临较大的障碍。加上中小型企业在经营过程中不注重信用体系建设，后期就会出现融资成本过高而难以维持经营的局面，进而走向破产倒闭（郭丽虹、王硕，2013；祝树金、赵玉龙，2016）。

现今，我国政府针对这一情况，对有关的宏观调控政策进行了合理调整，相关政府部门也将解决中小型企业融资矛盾作为重点。相比借贷便利类工具等创新型流动性管理操作，定向降准政策作为近年来具有代表性的结构性货币政策工具，把中国人民银行的货币政策工具操作和一些金融单位的特定贷款行为直接挂钩，提供给中小型企业的支持更加明确，效果更加明显。但是从实际情况来看，定向降准政策的实施效果目前并不明确，短期内中小企业的发展状况依然没有明显好转，经济形势依然严峻，相应地也就产生了一系列问题：定向降准政策是否能精准投向定向领域？是否能达到当初设立的政策预期？能否实现早期提出的资金配置目标？定向降准政策想要实现早期预定目标，是否需要其他政策进行辅助配合？本章从实证角度定量探讨了定向降准政策放开的资金能否精准地流向定向企业，对定向降准在支农支小领域对融资约束的作用效果进行了详细分析，增强了对结构性调控的相关研究，对中国人民银行以后继续使用定向类货币政策工具帮助小微企业缓解融资问题、推动其可持续发展有着一定的参考意义。

6.1.2　文献综述

6.1.2.1　关于定向降准政策的研究

相较于国外，中国人民银行实施结构性货币政策开始得比较晚，初期的相关研究基本上都是参考国外货币政策工具的实践经验，并以定性分析为主。关于结构性货币政策的实施效果，国外的学者们从宏观角度出发，重点研究了欧洲央行推出的定向长期再融资计划。该计划是欧洲央行的传统金融工具，欧洲央行放出较低银行利率贷款给商业银行，解决商业银行由于较高的流动风险而引发的资金短缺现象，维持了金融行业的长期稳定。与此同时，这一政策可以利用支持商业银行放贷给中小型企业以及涉农企业，引导资金流向实体行业。可以说，TLTRO 是一种精准的、具有针对性的货币政策，与以往无条件的、广泛增加信贷的货币政策不同，它能够利用不同的手段应对当前严格的贷款制度，使银行贷款基准利率大幅下降，刺激贷款规模不断增加，增加定向产业的产出，实现计划推行的初衷（Agarwal，et al.，2015；Boeckx，et al.，2014；Almamy，2016）。但这种政策也存在局限性，美国经济学家 Eichengreen（2014）曾表示，欧洲中央银行实施的定向长期再融资政策是否会影响实体经济，是无法确定的，也是不能有效预测的。

在经济新常态背景下，中国人民银行借鉴了 TLTRO 及西方其他调控类货币政策，创建了一些货币政策工具，包括常备借贷便利（SLF）、定向降准以及再贷款等。其中，以“微刺激”与“定向激励”为特征的定向降准政策逐渐成为货币政策操作的新常态。究其原因，主要是我国企业的融资方式以银行贷款为主，而银行贷款的数量则会被系统性风险所影响。此种风险又被称作不可分散风险，只能做到降低风险，而不能完全规避，所以中国人民银行唯有实施定向调控货币政策，才能引导银行机构合理增加信用贷款额度，以实现宏观层面的国民经济的有效金融风险监管（何德旭、余晶晶，2019）。

在我国早期的相关研究中，实证方面的研究较少，对所实施的货币政策也缺乏清晰明了的态度。但是在我国货币政策工具越来越多、发展越来越成熟之际，不少专家、学者针对结构性货币政策工具，包括定向降准、抵押补充贷款以及常备借贷便利等进行了研究讨论，对定向降准政策的经济结构调整作用予以肯定和支持。苏剑、刘伟（2014）指出，我国经济进入新常态后，结构性货币政策基本实施的都是定向降准政策。与定向再贷款和定向购买相比，定向降准相对来说更加公平，更加符合市场原则。彭俞超和方意（2016）提出，定向降准政策通过定向影响金融机构的运营成本，起到调整信贷结构和实现产业升级的作用。但也有学者对该政策的作用效果提出了质疑。马理等（2015）表示，定向降准政策虽然在某种程度上能够实现信贷结构的调整，但商业银行在挑选发放贷款企业类型的同时，还设置了临界值。受该临界值的影响，商业银行在某一范围内，是不愿增加涉农产业的信用贷款额度的。所以，为了提高政府干预的有效性，必须要配合其他相关政策。王曦等（2017）认为，定向降准政策的实施，使定向企业的产出大幅增加，但却无法使产品需求得到相应增加，这就违背了定向降准政策化解产能过剩以及刺激市场需求的最初目的。

随着研究的深入，有些学者更是对定向降准政策实施效果的影响因素进行了深层次的挖掘。如胡莹和仲伟周（2010）提出，银行竞争会直接影响央行定向降准政策的操作效果，但银行竞争与货币政策之间的关系还存在争议。一方面，定向降准政策的实施使得银行的竞争度明显提高，出现由于预防心理而产生的“惜贷”情况，不愿意向中小型企业增加信用贷款。这就导致中国人民银行采取的货币政策无法达到预期效果。另一方面，增强银行之间的竞争可能会使得各家银行纷纷观察、效仿其他的银行，显示出趋同性的一面。此种行为导致银行间的竞争，更有放大货币政策实施效果的可能。除了银行竞争，孙欧等（2015）认为银行性质也会影响货币政策的实施效果。他们的研究表明，在所有股份制银行中，无论短期还是长期，货币政策在国有控股股份制商业银行的传导效率都是最高的。这是因为政府在银行的持股比例是决定货币政策传导效果的关键因素，政府持股比例越高，货币政策在该银行的传导效果越好。

6.1.2.2　关于企业融资约束的研究

中小企业融资难、融资贵是一个全球性的难题，无论是发达国家还是发展中国家，都将解决中小企业融资问题上升到战略高度，与此同时，也打造了各自独具特色的政策辅助体系，以此来作为市场机制的补充。在我国，中小企业融资问题带有鲜明的中国特色，特别是农村中小企业，存在各种不良现象，如资产规模小、管理存在漏洞等问题，都会给其信贷融资带来困难，因此我国中小企业的融资约束问题尤为突出。

中小企业融资问题的产生，既有企业自身经营和管理方面的原因，也有外部法律环境和金融环境的原因。

从内部来看有三大因素：第一，营运风险大。我国中小企业多为小规模经营，自有资本占比低，经营模式与市场脱轨，开发能力和规划能力不足，产品科技含量低，缺乏自主创新能力和核心竞争力，防范风险预警机制不完善，往往难以应对突发事件或外部环境发生的较大变动。同时，民营企业的平均寿命比较短，统计数据表明，在日本与欧洲等国家和地区，小微企业的平均生命周期为 12 年，美国为 8 年，而我国的小微企业平均只有 3 年寿命。因此，银行为规避风险，在向金融机构提供信贷时必定顾虑重重，通常对经营风险较大的中小型企业的融资请求持保守态度（吕劲松，2015）。第二，担保体制不完善。设立担保公司往往被视为增强中小型企业向银行贷款时的信用状况的一个举措。有关数据显示，我国的中小微企业信用贷款仅占 15% 左右，超过一半的中小微企业通过抵（质）押获得贷款。但现阶段社会的征信体系并不完善，而负责担保的机构又表现出信用担保资金规模偏小、担保能力不足、难以抵挡风险等突出问题，不能真正帮助银行分担风险。担保制度体系设计的初衷是为彻底解决中小型企业所遇到的抵（质）押与担保难题，但在具体操作过程中，所取得的效果相对较差，没有达到预期值。根据对上海、浙江、江苏等地担保公司运作情况的调查，中小型企业通过这些担保公司担保可能获得的贷款只占到全部贷款的 1% ~2%，并且在担保公司高昂的收费标准面前，很多中小型企业都“畏缩不前”（王燕妮、杨慧，2018）。第三，内部控制状况不佳。实地调查结果显示，在国内，约 80% 的小微企业都采用家族式管理模式，公司治理结构混乱，企业管理机制尚待完善，内部监督有名无实。在财务管理方面，有些中小型企业主体法律意识和诚信意识淡薄，整体资产与个人财产界限模糊，财务制度和管理漏洞百出，财务报表经常弄虚作假，通过各种手段来躲避债务，利用法律的漏洞为自身谋福利。这样的行为不仅给企业的融资决策带来较大的风险，而且导致企业的不良贷款率上升，中介服务机构更是不愿意提供信贷担保，导致在金融市场中对这些企业的融资定价偏高（吴勇，2015）。

从外部来看有两大因素：一方面是金融供给结构性错配。长期以来，国有银行一直在中国金融体系中占据垄断地位，金融领域缺乏竞争，这在一定程度上导致和加剧了金融资源的错配，大量低廉的金融资源注入低效的国有企业，而许多运营高效、创新能力强、急需资金的中小型企业却面临严重的融资约束。这种垄断性不仅阻断了其他金融机构为中小型企业提供金融资源的机会，也制约了它们为中小型企业提供贷款等服务的能力。而国有银行经营以盈利和所有者权益最大化为首要目标，在当前银行执行的内部评级体系下，当小微企业的违约率较高时，相应贷款的资本消耗也会偏多，然而在对风险进行调整之后，资本回收率并没有得到有效的改善。在这种状况下，银行为了规避风险，更倾向于选择政府提供担保的国有企业，并且针对中小型企业贷款设置种种高门槛。对于民营企业而言，在与银行进行谈判议价时，由于缺乏话语权，没有任何优势可言，往往望而却步，即便是能够通过审批，完成借贷，融资成本也会偏高，无法与国有企业相提并论。在当前的金融体系下，很多中小型企业为了寻求发展，不得不通过非正规渠道来进行融资，利率极高，导致成本居高不下。在日常运营过程中，如果资金链断裂，那么企业只能选择破产，相关责任主体可能会主观地逃避债务，这种状况在现实中经常发生（黄志忠、谢军，2013）。另一方面是宏观金融环境变化。近年来，实体经济极其不景气，而虚拟经济又迎来高速发展期，资金在金融体系内空转，绝大多数货币都存在于金融市场，但却与实体经济无关。2018 年前后，金融市场发生了翻天覆地的变化，由于银行采取信用紧缩策略，导致中小型企业在融资过程中面临巨大挑战，并且形势日益严峻。金融行业采取“去杠杆”措施，加强了监督管理，银行的表外融资规模被大幅压缩。相关数据表明，截至 2018 年年底，银行表外融资累计减少 2.3 万亿元，而 2019 年同期则新增 2.9 万亿元，表外融资的差距显而易见。这一现象客观上帮助银行控制了经营风险，不过对于企业的发展来说，表外融资是国内中小型企业最关键的融资途径，整体融资规模的收紧大大降低了中小型企业从银行表外获得融资的额度，中小型企业的融资能力进一步受到抑制，而这正是导致中小型企业融资难和债券违约率高的直接原因（郭丽虹等，2014）。

破解中小企业融资困境是一项系统工程，需要企业、政府和银行三方主体共同发力：中小型企业对内要构建完善的内部控制体系，不断优化内部结构，构建风险预警与管理体系，切实改善财务管理现状，提升会计核算的质量，严格遵守国家的法律法规，诚信履约，确保财务信息的真实性和完整性，实现科学发展；对外要掌握市场运作规则，把握好市场机遇，创造便利的条件，考虑企业的综合状况，充分利用各种各样的融资途径，如股权融资、债券融资以及风险投资等，进而挑选最优质的融资渠道。银行需要加快推进利率市场化改革，积极调整结构，进一步加大对中小型企业的支持，推出更多针对小企业的创新信贷产品，满足中小型企业多样化的融资需求，避免中小型企业由于资金短缺而难以为继，最终走向倒闭。同时，在进行信贷审查时不可局限于关注企业的财务报表，还要考虑其他因素，针对企业的盈利状况、市场发展前景展开研究，更注重其前景和未来的发展。政府要鼓励与倡导设立专业化的金融机构，为中小型企业服务，或者通过财政出资，设立政策性银行，同时加强对非正规金融机构的监管，将民间借贷作为融资担保机构、银行小贷企业等金融体系的一部分，不断进行规范，确保其合理运行。此外，政府在财税政策上进行一定调整，制定税收优惠政策，减轻企业的税负压力，通过产业政策来进行正面引导，在服务功能上简化上市公司融资手续，缩短中小型企业融资花费的时间，同时构建信用征信体系，健全担保制度，真正为中小型企业可持续发展考虑，营造良好的社会环境。最重要的是，通过立法和完善中小型企业债券发行机制和风险控制，从根本上解决中小型企业的融资难题（吕劲松，2015；王卫星、赵刚，2012；吴勇，2015）。

6.1.2.3 定向降准政策对企业融资约束的影响研究

2014 年以后，国内货币政策有了明显的导向性，包括充分发挥结构性货币政策功能，推动小微企业的快速发展，不断优化经济结构，并且推广多种新型结构性货币政策工具，其中的定向降准政策受到广泛关注。定向降准政策在一定程度上发挥了积极作用，通过总量微调效应和结构调整效应有效帮助农业和小微企业等“弱势部门”获取信贷资源：一方面，其总量效应明显提升了市场的流动性，信贷环境得到了显著改善，资金利用效率有了明显提升；另一方面，商业银行资产负债表的规模与结构都发生了显著的变化，不断追求经济效益最大化，对资产组合进行了重新配置，将信贷资金用到真正需要的部门与机构。除此之外，定向降准政策的顺利实施，使得银行的信贷规模明显变大，金融行业的竞争越发激烈，在这种情况下，银行的服务质量有了明显改善（林朝颖等，2016）。但与此同时，定向降准政策作为存款准备金率政策也有不足之处，如其结构性效果更多地取决于“定向部门”与“非定向部门”贷款需求利率弹性的具体数值，同时会受到贷款边际管理成本的影响。在定向部门贷款需求利率弹性小于非定向部门的情况下，定向降准政策的实施能小幅收窄两部门的贷款利差；反之，定向降准政策则可能明显扩大两个部门的贷款利率差。即使定向部门的贷款需求利率弹性远低于传统部门，定向降准对收窄两部门贷款利差的作用也相对有限，由此产生的资金绝大多数都会被传统部门所获取。所以，要想借助定向降准政策来帮助小微企业与涉农企业降低贷款融资成本，得到更加优质的发展资金，面临相当大的难度，效果微乎其微。要想真正解决问题，关键还是要构建完善的小微企业征信体系，充分发挥互联网大数据的优势，明显控制贷款的管理成本（冯明、伍戈，2018）。

根据定向降准政策传导渠道可知，该项政策的实施，并非直接向相关的主体发放贷款，解决资金难题，而是借助银行放贷，进而实现相关的目标。在进行具体操作时，对于是否向借贷主体发放贷款、贷款量的大小，会受到多种因素的影响，如企业的经营风险、贷款的收益率等，因此要全面考虑问题。“三农”、小微企业本身的风险较高，存在很多不确定因素，所以绝大多数情况下银行都不愿意放贷，而该项政策的实施，并不能从根本上解决问题。该项政策能否发挥预期的作用，最核心的问题就是相关的资金能不能到达指定的领域（郭晔等，2019）。图 6－1 给出了在定向降准政策执行前后，“三农”贷款余额的同比增长速度、小微企业贷款余额的同比增长速度、总体贷款余额的同比增长速度的变化状况。该项政策的实施，主要目的是引导金融机构把更多的信贷资源用在小微企业身上，帮助它们解决融资难题，不断优化其内部结构，促进经济平稳健康发展。然而，根据图中给出的信息可知，在该项政策全面落实后，“三农”贷款余额的同比增长速度持续下滑，并没有得到明显改善。2014 年，农村贷款余额与农业贷款余额的同比增长速度，远远小于总体贷款余额的同比增长速度。而小微企业贷款余额的同比增长速度在总体贷款余额同比增长速度左右浮动，并且逐渐向其靠拢。但从 2016 年第二季度开始，小微企业贷款余额同比增长速度飞速攀升，从 2010 年第一季度低于总体贷款余额同比增长速度 2.1 个百分点，到 2019 年第四季度高于总体贷款余额同比增长速度 10.8 个百分点，体现出近年来对小微企业融资的支持颇有成效。整体来看，定向降准政策的实施对小微企业发挥了一定作用，但对涉农企业贷款的促进作用并不明显，“三农”等目标领域的信贷可得性低于平均值，全面实现该项政策实施所要达到的预定目标，依然任重而道远。

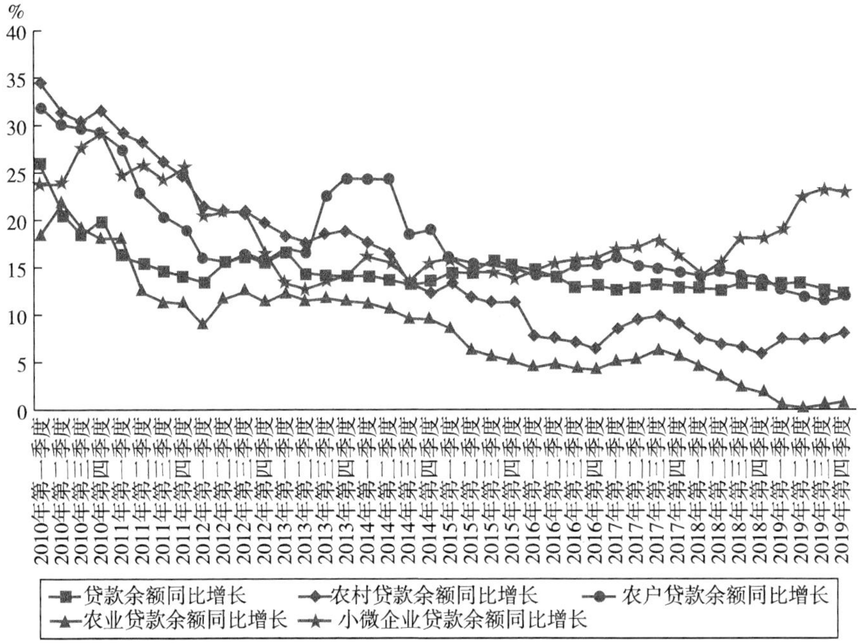

图 6-1　贷款余额同比增长速度比较

资料来源：中国人民银行官网。

基于对以上文献的分析，可以得出以下结论：第一，尽管我国绝大多数学者比较认可结构性货币政策，承认其能够起到一定的作用，但这些都是定性分析所得到的结果，缺乏实证检验，结果的准确性有待考证；第二，在开展的实证分析中，更多情况下是采用银行数据作为研究样本，鲜有文献从企业微观数据出发，无法实现对企业信贷的客观评价，也难以证明该项政策是否能够真正促进企业发展。同时，现有文献对定向降准政策的实施效果仍存在较大争议。因此，本章在探究定向降准政策整体效果之后，将进一步探索该项政策对企业融资的调控效果。

6.1.3　研究思路与研究方法

6.1.3.1　研究思路

本章后续内容分为三大部分：第一部分为理论分析。首先由对定向降准政策的实施状况及中小型企业融资问题的背景介绍引出研究问题——定向降准政策对企业融资约束的影响；其次总结归纳现有的研究结论与文献资料，以此为前提，指出此次的研究方向及思路；最后展开理论分析，为研究该项政策对企业融资困境的缓解作用奠定理论基础。

第二部分为实证检验。这部分利用2010—2018年A股上市公司和新三板挂牌企业数据，运用双重差分模型，以定向降准政策实施前后涉农和小微企业的融资约束指数为考量标准，来分析政策所具有的作用是否与预期相匹配，进而确定国内定向降准政策对企业融资约束的影响效果。

第三部分为结论与对策建议。这部分以6.3节的实证分析结果为基础，得出研究结论，并从我国企业融资问题的实际情况出发，针对如何更好地发挥定向调控类货币政策的积极作用，以及与其他政策相配合，共同推动中小型企业发展提出相应的对策建议。

6.1.3.2　研究方法

（1）实证研究法

运用模型进行实证检验能够为理论分析提供有力支撑。本章基于货币政策理论、企业融资理论和定向降准政策的影响机制，利用2010—2018年A股市场农业企业与新三板小微企业的数据，运用双重差分模型，将企业规模、企业成长性、盈利能力、抵（质）押担保能力、资产负债率、现金流动性、经济增长速度、货币政策变量以及企业性质（是否是农业或小微企业）引入模型中，同时构造企业虚拟变量与时间虚拟变量二者的交互项，探究该项政策对企业融资的作用，同时深入探索该项政策在支农、支小领域可能的传导机制和作用机理。最后根据构建的模型和实证结果，结合当前我国中小型企业融资现状，提出能最大限度地实现我国定向降准政策实施效果，为中小型企业提供有效的定向支持的政策性建议。

（2）比较分析法

对我国农业企业与非农业企业、小微企业与大型企业受到的融资约束限制进行比较，并进一步分析结构性货币政策的实施效果，即在相关政策推出之后，是否能有效地定向支持农业和小微企业，缓解其融资约束。

6.2 理论分析

6.2.1 货币政策理论

6.2.1.1 货币政策目标及工具

货币政策工具是由央行掌控的，主要功能是调节银行储备、利率、基础货币等，推动经济快速发展，实现政策目标。货币政策工具主要分为一般性政策工具、选择性政策工具和补充性政策工具三类。一般性政策即传统的三大货币政策：公开市场业务、法定存款准备金率、再贴现政策。它们都属于对货币总量的调节，以影响整个宏观经济。2013 年发生了著名的“钱荒事件”，国内的央行货币政策操作框架出现了明显的调整，更加注重对资产负债表的调控，切实加快改革与创新，适当实行宽松的货币政策，通过定向降低存款准备金率、中期借贷便利、定向再贷款、常备借贷便利、补充抵押贷款等一系列调控措施，打造国内货币政策调控的基础体系，推动国内金融行业的改革。央行出于对当前经济形势状况的考量，制定精细化的管理举措，逐步优化货币政策，积极引导资金的流向，使其主要用于扶持薄弱环节，提高金融服务实体经济的能力，改善社会经济结构。

6.2.1.2 货币政策传导机制

货币政策传导机制基本含义为中央利用货币政策对实体经济进行合理调控。货币政策主要是通过中介目标，传导机制变量，最终影响实体经济。具体来说，是通过考核传导渠道通畅与否，以及传导变量、实体经济变量是否存在紧密联系，来对货币政策落实效果进行精准衡量。传统理论指出，货币政策传导渠道分为货币渠道和信贷渠道两大类。

货币渠道的基本含义是央行利用货币政策影响货币供给，从而对利率、资产价格等传导机制变量产生影响，继而影响总体需求。这里涉及的渠道主要有利率、资产价格以及汇率，而利率渠道是所有渠道中最重要的。凯恩斯理论指出，当货币供求总量发生变化时，利率将有所变动，出现波动后继而引发投资规模变化。当利率比资本边际利率更低时，将引发投资扩大现象。一旦投资规模出现波动，就业、收入等均会随之发生变化。尽管实际存在各种影响因素，但不可否认的是，理论层面上该项政策传导路径是基本一致的，即定向降准政策增加了货币的供应量，引发利率下降，引导资金流入农业和小微企业等特定领域，对“三农”和小微企业的投资增加，中小型企业的产量、收入均得以增长，进而创造出更多的就业机会。

本·伯南克和格特勒是信贷传导机制最典型的研究者，在他们看来，货币政策会对利率水平、企业贷款容量以及难易程度产生影响。其基本含义为通过增加或者减少货币供给，合理调节银行贷款发放总量，改变企业获得贷款难易状况，最终影响产出。基于当前市场经济体制，信贷传导机制主要分为银行借贷以及资产负债表两大类。

银行信贷渠道基本含义为央行利用货币政策调整商业银行准备金规模，从而改变银行现有存款总量，继而直接影响银行最终给企业发放的贷款数量。具体来说，如果货币供给有所增加，银行存款也将提高，相应的企业以及居民可以得到更多投资，从而满足借款人特别是中小企业的融资需求。

资产负债表渠道是指货币政策会间接影响企业资产负债表。托宾Q理论指出，当货币供给出现波动时，人们对金融产品的需求也将随之发生变化，从而使价格发生变动。银行如果采取扩张性货币政策，企业和个人将对股票表现出更高需求，从而抬高股票价格。如此一来，企业整体市场价值有所提高，同时资产负债表也会发生变化，特别是净资产明显增加。对于银行来说，贷款发放的主要依据是企业提供的资产负债表，以最大限度地规避逆向选择以及道德风险。因此净资产较多的企业获得贷款的难度较小，随着投资增加，最终总产出提高。

我国进行符合现代意义的货币政策实践仅有20多年。长期以来，我国地方政府和国有企业预算软约束导致其对资金价格缺乏敏感性，价格（利率）根本无法真正发挥作用，相较而言，银行贷款可以直接影响地方政府以及国有企业投资情况。因此过去我国货币政策主要以数量型为主，将信贷渠道作为主要的传导机制。定向降准政策具备信贷传导渠道的特征，其本身就会增加货币供应量，从而增加贷款额度，引导商业银行、农村信用社等金融机构向“三农”等特定领域发放贷款。如此一来，中小型企业可以快速获得贷款，从而增加目标领域产出。

6.2.1.3 定向降准效应分析

定向降准政策给信贷市场造成的影响主要是基于两大效应而言的，一个是结构效应，另一个是总量效应。结构效应是指央行以特定金融机构为对象，利用定向工具对企业经营行为产生一定影响，在这种情况下，在各领域政策传导过程中必然会存在时间差异；而总量效应主要是指定向工具传导过程中，传导效应溢出特定渠道，由于各主体间存在一定联系，继而对整个经济产生影响。下面详细介绍两大效应。

结构效应具体表现为：定向降准政策已经明确提出信贷支持领域，如果金融机构满足条件，则可以适当降低准备金率。一方面，提高金融机构信贷额度，使其在短时间内获得大量的流动资金，刺激商业银行扩大信贷规模；另一方面，借助正向激励可建立信贷投放体制，适当调高目标领域信贷所占比例，对银行信贷结构具有较好的调节作用。

总量效应具体表现为：对于单个金融机构而言，该项政策可有效降低存款准备金率，以更好地释放资金，向市场投放流动性，有效增加金融机构支持实体经济的资金来源，促进商业银行加大对中小企业的支持力度，实际上是总量微调与定向引导的结合；从整体银行体系来看，操作工具降低了政策优惠范围内的商业银行存款准备金率，也适当提高了超额存款准备金，其实就是央行增加基础货币的投放，由目标金融机构用贷款的方式释放该项资金，并在整个体系中运转，继而产生数倍于自身基础货币量的货币供应量，从而提高流动性，不断丰富市场信贷资源，创造宽松的货币环境。

此外，定向降准政策同时具备总量和结构双重效应。立足传统宏观经济视角，货币政策属于总量型需求管理政策。虽然其具备结构性调整正向激励，但政策传导在整个银行体系的扩散，即总量控制效应仍然是最基本的性质。当前央行针对新型货币政策工具，多采取直接进行激励约束的定向操作。整个金融体系中，资金通过贷款的方式流出，原来的操作工具并不能控制派生贷款，如果之后传导机构对正向激励不再敏感，此时信贷资金将溢出整个目标领域，这就是典型的普降存款准备金激励造成的后果。换个角度，政策发挥的正向激励作用即结构效应。基于该政策考核条件，金融机构既有着明确的政策调控目标，同时正向激励也设置了一定的门槛。该政策形成结构效应的关键在于可以对金融机构构成明确预期，并将其归入经营决策体制中，从而影响其基本经营行为。如果新型货币政策确实可以发挥自身具有的结构效应，激励金融机构合理调整信贷规模，优化自身结构，那么便会达到优化调整的目的。但必须注意的是，正向激励的强弱在很大程度上直接决定结构的调整是否有效。如今，定向降准政策发放对象主要是满足条件的“三农”和小微企业，目的在于为这些企业提供信贷额度。而满足条件的金融机构，将获得的资金投入实体经济，后续获得存款的机构会根据自身行为确定信贷投向，可能投向与政策背离的房地产、地方融资平台等高风险领域，而非用于支持“三农”和小微企业。

6.2.2　企业融资理论

6.2.2.1　信息不对称性理论

信息不对称性理论最初由美国经济学家约瑟夫·斯蒂格利茨和迈克尔·斯彭斯提出，是企业融资方面的指导理论之一，其影响十分深远。该理论存在前提假设，即积极参与市场的各方掌握着不同的信息量，可以说各自掌握的信息都是独一无二的。通常情况下，掌握信息更多的一方占据着其他方都无法比拟的信息优势，相较而言拥有信息量少的一方只能处于被动状态。正因如此，为了规避信息不对称性带来的风险，他们愿意积极努力地寻求更多信息。但在实践中，交易双方会提前将这种情况考虑进去，有针对性地采取措施，尽量弥补可能的损失。综观整个市场，由于存在信息不对称现象，交易成本明显增加。而国内大多数上市企业都采取经营权和所有权相分离模式，在这种模式下，投资者以及经营方各自掌握着不同的信息，相对来说，外部投资者掌握的信息很少。由于存在这种严重的信息不对称，企业经营者往往会将有利的信息传递给投资者或者金融企业，尽量展现自身优势，刻意回避劣势信息。对于外部投资者来说，由于掌握的信息较少，无法了解到企业的真实情况，最终可能使自身利益受到损害。此时，作为贷款提供者的金融机构或者其他个人为了降低信贷风险和投资风险，往往通过附加各项条件尽可能避免信息不对称，致使交易成本增加，严重威胁到企业的融资。

信息不对称性理论指出，企业与投资者、企业与金融机构彼此之间存在严重的信息不对称现象，在很大程度上会直接影响融资成本。相同条件下，信息不对称程度较高的企业融资成本更高，融资能力会明显降低。总体而言，由于信息不对称，导致企业面临高额的融资成本，不得不通过积极获取信息来提高自身融资能力。现如今，经济取得了迅猛发展，无论是社会经济环境、金融工具、法律法规还是金融机构，都在不断地发展、完善与健全，所有的这些进步对改变企业和金融机构信息不对称现象都有着非常重要的意义。

6.2.2.2 信贷缺口理论

信贷缺口（即麦克米伦缺口）理论最早出现在20世纪30年代，提出者为麦克米伦。该理论认为，因现代中小型企业普遍存在金融资源短缺，特别是长期融资的金融资源供给不足，形成巨大资金缺口。对于企业而言，即便可以满足金融机构设置的各种融资要求，很多时候获取的有限资金也很难满足企业实际需求。通常情况下，我们将这种缺口称为“信用配给不足”。近几年，我国一直在推行经济体制改革，为民营经济发展壮大奠定了坚实的基础，使得中小型企业得以迅猛成长。然而即便金融市场的资金十分充裕，但其中很大一部分只用于大型企业以及大型项目，这就使得大型企业资金供给不断，而中小型企业多处于资金欠缺状态，即典型的麦克米伦缺口。造成这种现象的原因主要有两个方面：一方面，中国现行的具有典型政府主导特征的金融体系从框架构建上就将中小型企业拒之门外，而商业银行的层次和职能又比较混乱，导致很多业务推广有限，再加上金融监管越来越严格，更是阻断了金融资源流向中小型企业。如此一来，麦克米伦缺口一直在被不断放大，中小型企业很难仅凭目前的融资体系获得融资。另一方面，信息不对称性、金融机构的潜在损益不对等、金融机构信贷手段单一、缺乏抵押物等技术层面的原因叠加也构成了麦克米伦缺口，阻断了中小企业的融资渠道。

6.2.3 定向降准对企业融资约束的影响机制

6.2.3.1 信贷引导渠道

在目前的市场中，信贷配给制度的存在使部分借款方在申请贷款时受到阻碍，借贷之路并不通畅。基于当前政策以及制度，商业银行需要彻底摸查借款方财务结构、经营规模以及自身特征等各种情况。即使在同一政策下申请贷款，真正获得贷款的也只有为数不多的微观经济主体，这就导致资金分布严重不均衡，麦克米伦缺口越来越大。对于银行而言，出于自身安全考虑，更乐意选择那些具有高盈利能力以及安全性可以得到保证的企业，相较而言，面临巨大经营风险、偿债能力低的企业很难获得银行贷款。特别是商业银行，其风险偏好直接决定了现有的贷款模式难以真正满足中小型企业的实际贷款需求，无法为其长期发展提供充足资金。随着利率监管环境越来越严苛，很多中小型企业贷款的利率水平难以支撑其承担风险，这进一步导致很多商业银行不愿意提供贷款给中小型企业，而是更中意大型企业。

定向降准政策实施后，银行释放了更多的流动性，提升了其投向涉农企业和小微企业的贷款在贷款总额中所占的比重，增强了银行对涉农企业和小微企业贷款的倾向性。商业银行的信贷规模扩大，其信贷结构也更加趋向优化。也就是说，定向降准政策具有很强的定向性，可以准确地找到理想的目标，积极优化商业银行的内部结构，调节资金流向的资产组合关系，改变信贷投放方向，把增量内更高比例与收回再贷中更高比例全部用于“三农”与小微企业，在有效控制贷款总量的同时，帮助这些弱势企业获取更优质的贷款资金，解决其发展难题。实践分析表明，定向降准政策在提升商业银行农业信贷方面具有很强的激励作用，发挥的效果也比较明显。换句话说，如果能够将该项政策全面地推广下去，那么银行面向农业发展的信贷规模会越来越大。

6.2.3.2　融资成本渠道

长期以来，相对国有企业而言，中小型企业不仅较难从具有国有背景的商业银行筹集到资金，而且为了获得银行贷款不得不支付更高的债务融资成本，这种情况被称为“民营信贷歧视”。宽松货币政策以及增信用政策推出后，民营企业与小微企业融资状况得到了有效改善，使得整体融资成本变化放缓。现阶段，经济发展速度相对缓慢，而金融机构受到流动性与信用风险的限制，很难真正做到大力扶持民营企业与小微企业的发展，帮助它们解决融资难题。而央行全面推广定向降准政策，直接表明优惠准备金率会在短时间内启动，在以后的发展中会更加重要。这样的积极信号有助于矫正市场信息失灵的状况，引导金融机构加大对涉农和小微企业的贷款投放力度，从而切实提高整个涉农信贷市场的竞争水平，确保信用度较高的中小型企业可以真正掌握贷款定价话语权，如此一来，就可以有效缩减小微企业以及“三农”等定向部门面临的巨额融资成本。

当前，银行和农业企业与中小型企业间的契合点表现为：首先，随着科学技术的飞速发展，智能化程度越来越高，搜集企业的日常管理数据、税收、财务等基础数据更容易，这在一定程度上缓解了银行与中小型企业之间的信息不对称性，让银行掌握更多的信息，规范中小型企业的运营，积极帮助银行规避风险，提升了银行信贷服务中小型企业的水平。其次，拥有大量的基础客户已经成为现代商业银行的核心竞争力，银行只有尽可能地扩大基础客户群的规模，才能更好地生存。在具体的运作过程中，银行自身更倾向于加大投资力度，推广综合性的金融服务，占据更多的市场份额。从银行的角度来看，当前的小微企业很可能是以后零售行业、国际贸易等相关业务的潜在客户，具有很强的成长性，必须高度关注。

6.3 定向降准政策对企业融资约束影响的实证研究

6.3.1 估计方法

在计量经济学中，双重差分模型（Difference-In-Difference，DID）是非常重要的工具，能够定量地评估公用政策或者项目的具体效果，在绝大多数研究与分析过程中，都会用到双重差分法。双重差分法以自然实验（即非随机分配政策实施组与对照组的实验）为前提而展开。这种实验特点鲜明，对照组与实验组在政策执行前，就有可能出现了事前差异，只是进行前后的对比分析或者展开横向对比研究，都会直接忽略事前差异，因此所得到的结果可能会出现偏差。DID 模型主要用到的是自然实验所获取的数据信息，积极构建模型，尽可能避免事前差异，把受到政策影响而产生的结果真实地呈现出来，避免其他因素的影响。

对比传统分析方法，双重差分方法有很多优点：①由于政策在绝大多数情况下具有外生性，所以不可能出现任何逆向因果关系，因此双重差分法可以很大程度上避免内生性问题的困扰，也在一定程度上避免了结果的偏差性。②过去所采用的研究方法中，针对政策效应展开评估，更多的是通过虚拟变量进行回归分析，而双重差分法构建的模型更加科学、合理，可以客观、真实地呈现出政策的效应。2014 年 4 月，央行全面执行定向降准政策，其实质就是针对货币政策展开的自然实验，直接影响了现在的银行决策以及企业融资。定向降准政策仅针对“三农”和小微企业，其他经济个体不受该政策直接影响，而利用 DID 模型进行实证分析时，只需要考虑对特定样本形成影响的相关政策。所以在此次研究过程中，应重点关注企业融资约束，通过双重差分法进行实证分析，得出相应的结论。

6.3.2　模型设定

在进行自然科学实验时，操作人员往往会针对部分实验对象进行相应的处理，而对于其他实验对象不进行任何处理，进而判断这种处理所导致的结果。我们把经过处理的实验对象称为实验组，把没有经过处理的实验对象称为对照组，把二者之间的差异看作实验效果的主要依据。同理，当政府制定的某项政策全面推广时，少数的人群会受到相应的影响，而其他人群不会受到任何影响，或者即便有影响，影响也非常小。因此可以通过对实验组和对照组进行观察、比较来分析政策效果。具体的 DID 模型设置如下：

$$Y_{it} = \beta_0 + \beta_1 \mathrm{d}u + \beta_2 \mathrm{d}t + \beta_3 \mathrm{d}u \times \mathrm{d}t + \varepsilon_{it} \tag{6-1}$$

首次差分为时间差分，得到实验组与对照组在政策落实前后所存在的差异；之后差分为时间和组别差分之积，主要是为了避免实验组与对照组存在的前后差异，进而精准地识别相关政策所造成的净效应。β_1、β_2分别指的是事件组与对照组自身差异，同时包含时间的影响，而基本模型交互项 β_3 更多地表现政策的具体落实状况。假如 β_3 显著为正值，表明政策对因变量 Y 的效应为正向，反之为负向。

判断政策的具体执行效果，主要看该项政策在执行前后企业融资约束的改善状况。定向降准政策主要针对农业和小微企业，因此将涉农涉小企业作为事件组，其他经济领域没有被定向降准政策进入，作为对照组，主要衡量指标为融资约束指数（SA）。以 DID 模型去除普遍降准政策的影响，进而获取最准确的结果。本章构建的模型为：

$$SA_{it} = \beta_0 + \beta_1 Treat_{it} + \beta_2 Time_{it} + \beta_3 Treat_{it} \times Time_{it} + \beta_4 X_{it} + \varepsilon_{it} \tag{6-2}$$

其中，SA_{it}为企业 i 在 t 时期的融资约束现状；$Treat$ 为企业虚拟变量，把受政策影响的企业视为实验组，$Treat$ 等于 1，将非支持企业（非农业企业、大型企业）作为对照组，$Treat$ 取值为 0；$Time$ 为时间虚拟变量，政策开始执行后为研究起点，时间的取值为 1，在政策没有颁布时，时间取值为 0；X 为控制变量。式（6－2）中，系数β_1主要体现的是实验组与对照组融资约束表现出来的差异，系数β_2主要体现的是在该项政策执行前后，企业融资约束的变化状况。在设计研究过程中，最重要的是倍差变量的系数，也就是交叉项$Treat_{it} \times Time_{it}$的系数$\beta_3$，通过该参数能够评价政策的具体执行效果。

6.3.3 变量选取

（1）被解释变量

此次研究主要是为了探讨定向降准政策对融资约束所造成的影响，因此，将融资约束程度设定为被解释变量。在以往文献中对融资约束的衡量办法非常多，常见的有 KZ 指数（Kaplan and Zingales，1997）和现金—现金流敏感性模型（Almedia，2004）。但大部分研究方法都以内生性的财务指标为核心，与融资约束之间的关联性并不强，所得到的研究结论存在明显的偏差。为了解决该问题，Hadlock 和 Pierce（2010）创新性地提出了融资约束指数（*SA*）。该指数只采用了企业规模与年龄这两个不随时间发生较大变化且具有很强外生性的变量构建，进而从根本上解决内生性问题，已经得到大多数研究者的认可。*SA* 具体计算公式为：

$$SA = -0.737Size + 0.043Size^2 - 0.040Age \tag{6-3}$$

其中，*Size* 为企业期末总资产的自然对数；*Age* 为企业成立的年限。指数对应的数值越大，意味着融资约束程度越严重。

（2）解释变量

在本次研究中，将双重差分的估计变量作为解释变量，进而展开评估。该变量主要由虚拟变量 *Treat* 和时间的虚拟变量 *Time* 乘积得来，表示为 $Treat \times Time$。

（3）控制变量

为了避免相关因素对融资约束造成影响，在构建模型时，引入企业微观层面和宏观经济层面控制变量，具体包括企业规模（*Size*）、企业成长性（*Growth*）、盈利能力（*ROA*）、抵（质）押担保能力（*Fixed*）、财务杠杆（*LEV*）、现金流动性（*Cfo*）、经济增长速度（*GDP*）、货币政策变量（*M2*）。

在模型中，不同变量所代表的含义如表 6－2 所示。

表 6-2　变量定义

变量称号	变量符号	变量名称	计算方法
被解释变量	*SA*	融资约束指数	见式（6-3）
解释变量	*Treat*	企业虚拟变量	农业企业，*Treat* = 1；否则为 0
	Time	时间虚拟变量	2014 年前 *Time* = 0；2014 年后 *Time* = 1
控制变量	*Size*	企业规模	期末总资产的对数
	Growth	企业成长性	企业营业收入年增长率
	ROA	盈利能力	净利润 ÷ 期末总资产
	Fixed	抵（质）押担保能力	固定资产 ÷ 总资产
	LEV	财务杠杆	总负债 ÷ 总资产
	Cfo	现金流动性	经营活动现金流量净额 ÷ 总资产
	GDP	经济增长速度	GDP 增长率
	M2	货币政策变量	M2 增长率

6.3.4　数据来源及描述性统计

本章以 2010—2018 年为样本期，依照国家统计局《关于印发〈统计上大中小微型企业划分办法（2017）〉的通知》对小微企业和大型企业进行了划分，以 A 股上市农业公司和新三板挂牌小微企业为实验组样本，将其他非农企业与大型企业作为对照组。2014 年 4 月，央行开始全面执行定向降准政策，在后续具体进行落实过程中，不断进行调整与优化。所以本次研究将 2014 年作为研究的起点。

在此次研究中，选择农业企业与小微企业作为处理组，原因有以下几点：第一，涉农企业当前的发展相对较慢，更多的是通过银行信贷与股权融资来解决资金问题，存在很大的资金缺口。相关研究指出，货币政策对农业企业与小微企业的融资约束影响更为明显。第二，农业企业和小微企业是定向降准政策进行信贷支持的主要定向部门，商业银行对其放贷是实现定向降准政策支持实体经济发展这一终极目标的必要前提。因此，处理组的企业受到定向降准政策的影响更大。

在选择研究样本时，对不合适的样本进行筛选，具体操作为：首先，剔除金融业与 ST 类上市企业；其次，删除数据缺失的样本；最后，选择 73 家涉农企业与 45 家小微企业组成处理组，之后以 2014 年年初为匹配时间，选取

Size、*Growth*、*ROA*、*Fixed* 共四个指标，采用倾向分值匹配（Propensity Score Matching，PSM）的方法对农业企业和小微企业进行样本匹配，选择与处理组对应可比的 73 家非农企业与 45 家大型企业，组成对照组。为了避免在研究过程中少数的异常值影响最终结果，对观测值在 1% 和 99% 分位上进行缩尾处理。主要变量的描述性统计结果如表 6－3 所示。

表 6－3　主要变量描述性统计

变量	Obs	mean	Std. Dev.	min	max
SA	2121	－3. 468	0. 676	－4. 598	0. 286
Size	2121	8. 627	3. 034	0. 446	17. 140
Growth	2068	0. 741	12. 840	－64. 470	158. 300
ROA	2079	3. 712	6. 737	－32. 660	33. 320
Fixed	2078	14. 340	15. 960	0. 0518	68. 660
LEV	2079	56. 530	23. 300	2. 820	95. 600
Cfo	2121	0. 625	4. 470	－39. 270	43. 000
GDP	2122	0. 077	0. 012	—	—
M2	2122	0. 126	0. 326	—	—

资料来源：中国人民银行官网；国泰安数据库。

由表 6－3 可知，研究样本中，*SA* 的平均值为－3. 468。其中，农业企业的该项指数均值为－3. 451，非农企业的均值为－3. 739，小微企业的 *SA* 均值为－2. 447，大型企业的 *SA* 均值为－3. 862，可以明显看出，与非农企业和大型企业相比，农业企业与小微企业的融资约束更加严重。在 2014 年前，样本企业 *SA* 的平均值为－3. 376，执行新政策以后平均值为－3. 541。根据上述数据可知，在执行新政策以后，融资约束出现了明显的好转。不过要想探究这项政策是否只作用于农业企业与小微企业，切实有效地解决了其融资难题，还需要构建实证模型展开研究。

6. 3. 5　实证检验

6. 3. 5. 1　平行趋势检验

双重差分法在实际应用时，必须满足两个研究组在政策执行前后拥有同趋势性。所以具体展开分析时，需要检验融资约束的具体分布状况，而绘制时序图能够直观地观察其变化规律。图 6－2 与图 6－3 展现的是样本企业融资约束程度的平行趋势图，实线指的是处理组的具体情况，虚线指的是控制组的具体情况。由图 6－2、图 6－3 可知，这两类企业表现出的变化规律并没有明显差别，平行趋势假设成立。

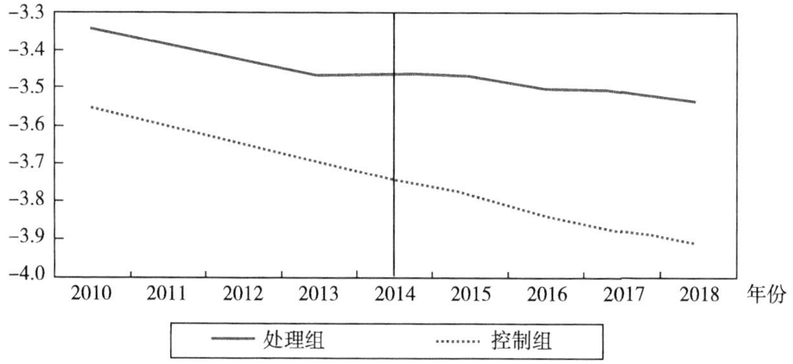

图 6－2 涉农及非农企业融资约束变化趋势

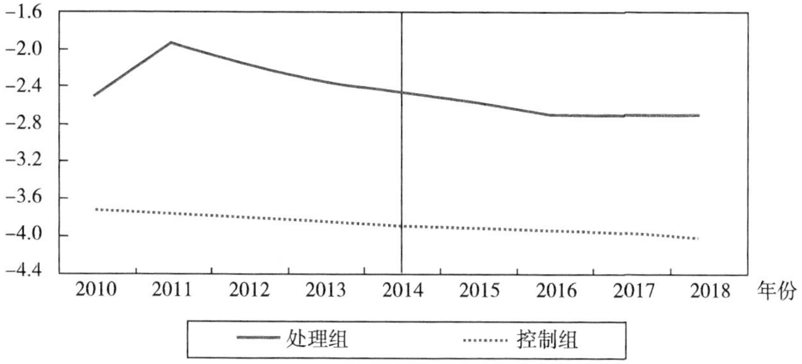

图 6－3 小微企业及大型企业融资约束变化趋势

6.3.5.2 回归分析

表 6－4 给出了执行新政策后，针对融资约束影响的 DID 模型回归结果。从农业企业和非农企业的视角来看，列（1）中交叉项的系数 β_3 的估计值始终为负值，也就是说，该项政策对农业企业的影响更显著，在一定程度上达到了当初设立政策的预期。加入企业微观层面的控制变量后，β_3 依然显著为负值，表明农业企业得到的信贷资源对定向降准政策操作的反应更敏感，定向降准政策对融资约束有显著的缓解作用。就控制变量而言，企业规模（*Size*）

与抵（质）押担保能力（*Fixed*）的系数均为正值，表明规模较大、担保能力较强的企业更易获得融资。总资产收益率（*ROA*）的系数为负值，证明当企业的盈利水平较高时，银行会给予更多的资金扶持，受到的融资限制相对越小。财务杠杆（*LEV*）的系数显著为负值，表明杠杆越大的企业越容易面临融资难题，甚至最终走向破产，这也是我国大多数“僵尸企业”产生的原因。现金流（*Cfo*）的系数为正值，证明当企业的现金流流动性较强时，会更多依靠内部资金维系日常运作，外部融资比例相对较低。成长性（*Growth*）的系数不显著，说明上市企业营业收入的增长与其面临的融资约束之间没有很强的相关性。从宏观经济层面来看，GDP 增长率的系数显著为正值，表明企业融资受到经济周期的影响。M2 增长率的系数不显著，这表明常规的总量性货币政策对企业融资的作用有限，由此推动了结构性货币政策的出台。

从小微企业和大型企业的角度来看，β_3 为负值，表明该项政策可以帮助小微企业得到足够的资金。考虑企业微观层面的控制变量后，该系数的正负性并未发生变化，表明小微企业获取的信贷资源受定向降准政策的影响较大。就企业微观层面的控制变量而言，企业成长性（*Growth*）系数为正值，表明企业规模扩增得越快，资金缺口越大，所遇到的融资问题也更多。总资产收益率（*ROA*）的系数为负值，证明当企业的经营状况良好时较容易申请到信贷。*LEV* 和 *Cfo* 影响不显著或十分微弱，说明新三板企业的融资约束受财务杠杆和现金流动性的影响较小。

表 6-4　定向降准政策对涉农企业、小微企业融资约束的影响

变量	涉农样本			小微样本		
	(1)	(2)	(3)	(4)	(5)	(6)
	SA	*SA*	*SA*	*SA*	*SA*	*SA*
Time	-0.0969**	-0.220***	-0.0622*	-0.172***	-0.143***	-0.104**
	(-2.36)	(-8.00)	(-2.57)	(-7.19)	(-5.81)	(-2.57)
Treat	-0.227***	0.112***	0.114***	1.535***	1.403***	1.399***
	(-6.48)	(2.73)	(2.84)	(27.11)	(16.90)	(16.61)
Treat × Time	-0.110**	-0.118***	-0.117***	-0.212***	-0.204***	-0.192***
	(-2.25)	(-2.63)	(-2.68)	(-3.21)	(-3.02)	(-2.85)

续表

变量	涉农样本			小微样本		
	(1)	(2)	(3)	(4)	(5)	(6)
	SA	*SA*	*SA*	*SA*	*SA*	*SA*
Size		-0.196 * * * (-2.53)	-0.198 * * * (-2.74)		-0.0151 (-1.02)	-0.0142 (-0.96)
Growth		0.0139 (0.67)	0.00448 (0.22)		0.00189 * * * (4.37)	0.00182 * * * (4.26)
ROA		-0.0117 * * * (-3.66)	-0.0126 * * * (-3.86)		-0.00416 * * (-2.25)	-0.00407 * * (-2.20)
Fixed		-0.00224 * * (-2.74)	0.00223 * * (2.21)		-0.00218 * * (-2.71)	-0.00219 * * (-2.73)
LEV		-0.0254 * * * (-2.86)	-0.0255 * * * (-2.90)		-0.0594 (-0.68)	-0.0654 (-0.74)
Cfo		0.329 * (1.96)	0.329 * (1.96)		-0.00288 * (-1.87)	-0.00296 * (-1.88)
GDP			4.483 * (2.24)			3.933 (1.31)
M2			1.716 (2.63)			-0.295 (-0.30)
_cons	-3.398 * * * (-118.37)	-5.137 * * * (-59.62)	-5.798 * * * (-38.17)	-3.766 * * * (-207.47)	-3.548 * * * (-30.79)	-3.840 * * * (-21.82)
N	1313	1224	1224	808	747	747
R^2_a	0.0471	0.605	0.616	0.785	0.809	0.810

注：*、**、***分别代表回归系数在10%、5%、1%的水平上显著；括号内为t值。

从表6-5中可以看出，无论是定向企业还是非定向企业，β_3系数均为负值，由此可见，该项政策正向激励作用确实得到了有效发挥，将资金用于发放普惠金融领域的贷款，从而加大对小微企业、民营企业等普惠金融领域的信贷支持力度，为定向企业寻求银行贷款提供便利，减轻了定向企业的融资压力，有利于政策正确引导信贷资源流向，真正为实体经济发展创造良好的条件。

表 6－5 定向降准政策对全部定向企业融资约束的影响

变量	(1)	(2)	(3)
	SA	*SA*	*SA*
Time	－0.123***	－0.186***	－0.0613
	(－4.13)	(－7.57)	(－1.55)
Treat	0.568***	0.741***	0.744***
	(10.09)	(11.75)	(11.81)
Treat × Time	－0.164**	－0.210***	－0.212***
	(－2.29)	(－2.62)	(－2.65)
Size		－0.0783***	0.0800***
		(－7.82)	(7.98)
Growth		0.00713***	0.00720***
		(4.68)	(4.68)
ROA		－0.0231***	－0.0238***
		(－8.97)	(－9.17)
Fixed		－0.00366***	－0.00366***
		(－4.03)	(－4.04)
LEV		－0.000275	－0.000287
		(－0.32)	(－0.33)
Cfo		－0.00593***	－0.00563***
		(－3.02)	(－2.88)
GDP			4.061*
			(1.68)
M2			1.160
			(1.53)
_cons	－3.525***	－4.089***	－4.630***
	(－168.71)	(－52.30)	(－26.56)
N	2121	1973	1973
R^2_a	0.113	0.219	0.225

注：*、**、***分别代表回归系数在10%、5%、1%的水平上显著；括号内为t值。

6.3.5.3 稳健性检验

基于初步实验结果，处理组和对照组在实验之前有共同的时间趋势。为了更好地验证实验结果，设置安慰剂检验。对于稳健性检验，本小节决定对样本进行更换，以验证结论是否具有稳健性。

（1）安慰剂检验

整个研究过程中，很多政策因素都会直接影响信贷资源的获取情况，β_3系数容易发生偏差。为了有效避免其他政策的干扰，实验设计如下：选取定向降准政策落实前的样本，建立虚假政策冲击，继而研究其影响。将假想政策发生时间设定为2012年，选取2010—2014年的样本，重新估计模型（6-2）。若政策组别和政策时间虚拟量交叉项系数显著不为0，则认为相同时间趋势假设不成立，研究结论不具有可靠性；相反，若系数不显著，则认为相同时间趋势假设成立，研究结果真实可靠。具体见表6-6。

表6-6 安慰剂检验

变量	涉农样本			小微样本		
	(1)	(2)	(3)	(4)	(5)	(6)
	SA	*SA*	*SA*	*SA*	*SA*	*SA*
Time	-0.0856 (-1.63)	-0.138*** (-3.96)	0.964 (1.52)	-0.119*** (-3.63)	-0.0774** (-2.41)	1.411** (2.15)
Treat	-0.215*** (-4.45)	0.111** (2.00)	0.113** (2.06)	1.509*** (16.74)	1.147*** (10.74)	1.154*** (10.89)
Treat × Time	-0.0408 (-0.64)	-0.0722 (-1.20)	-0.0751 (-1.26)	0.00382 (0.04)	0.0256 (0.30)	0.0297 (0.35)
Size		0.181*** (12.88)	0.181*** (13.00)		-0.0559*** (-3.06)	-0.0542*** (-2.97)
Growth		-0.00864 (-0.90)	-0.0111 (-1.16)		0.00168* (1.77)	0.00170* (1.87)
ROA		-0.00458 (-1.06)	-0.00477 (-1.14)		-0.00114 (-0.41)	-0.000809 (-0.29)
Fixed		0.00297*** (2.84)	0.00305*** (2.94)		-0.00173* (-1.77)	-0.00169* (-1.74)
LEV		-0.00149 (-0.82)	-0.00142 (-0.79)		0.000503 (0.45)	0.000473 (0.43)

续表

变量	涉农样本			小微样本		
	(1)	(2)	(3)	(4)	(5)	(6)
	SA	*SA*	*SA*	*SA*	*SA*	*SA*
Cfo		0.290 * * (2.12)	0.268 * * (2.02)		-0.00271 (-1.40)	-0.00290 (-1.53)
GDP			70.65 * (1.66)			103.7 * * (2.34)
M2			-11.44 (-1.46)			-20.42 * * (-2.48)
_ cons	-3.358 * * * (-85.59)	-5.020 * * * (-42.01)	-10.01 * * * (-3.51)	-3.717 * * * (-139.70)	-3.250 * * * (-25.16)	-9.974 * * * (-3.37)
N	730	678	678	448	416	416
R^2_ a	0.0332	0.581	0.584	0.770	0.820	0.822

注：*、* *、* * *分别代表回归系数在10%、5%、1%的水平上显著；括号内为t值。

实证结果表明，交互项的系数均不显著，说明随机构造的虚假政策冲击并未产生作用。这更有力地支持了处理组与对照组的共同趋势假设，表明前文实证结果是可靠的。

（2）更换对照组

基于之前所得的检验结果，更换对照组做进一步检验，研究分析定向降准政策对定向企业的融资约束缓解效果是否稳健（见表6-7）。具体做法为：一是更换涉农贷款研究样本，从A股市场重新选取73家非农企业进行回归；二是更换涉小贷款研究样本，对照组重新选取45家大型企业开展稳健性检验。具体结果如下：β_3系数显著为负，与前文基本一致，即定向降准政策能够有效缓解农业企业和小微企业的融资约束问题。

表6-7 稳健性检验

变量	涉农样本			小微样本		
	(1)	(2)	(3)	(4)	(5)	(6)
	SA	*SA*	*SA*	*SA*	*SA*	*SA*
Time	-0.0682 (-1.35)	-0.229 * * * (-8.89)	-0.0798 * * (-2.21)	-0.168 * * * (-8.81)	-0.106 * * * (-4.73)	-0.0782 * * (-2.31)

续表

变量	涉农样本			小微样本		
	(1)	(2)	(3)	(4)	(5)	(6)
	SA	*SA*	*SA*	*SA*	*SA*	*SA*
Treat	-0.346 * * * (-8.55)	0.229 * * * (5.84)	0.232 * * * (6.07)	1.629 * * * (29.26)	1.336 * * * (16.70)	1.340 * * * (16.24)
Treat × Time	-0.139 * * (-2.44)	-0.131 * * * (-2.76)	-0.130 * * * (-2.82)	-0.217 * * * (-3.36)	-0.195 * * * (-3.11)	-0.192 * * * (-3.09)
Size		0.258 * * * (33.77)	0.260 * * * (33.69)		-0.0574 * * * (-3.94)	-0.0564 * * * (-3.75)
Growth		-0.0324 (-1.55)	-0.0412 * * (-2.03)		0.000914 (1.61)	0.000943 (1.62)
ROA		-0.0109 * * * (-4.50)	-0.0116 * * * (-4.78)		0.000852 (0.50)	0.000880 (0.51)
Fixed		0.00189 * * (2.43)	0.00189 * * (2.50)		-0.00159 * * (-2.58)	-0.00162 * * * (-2.61)
LEV		-0.00477 * * * (-5.61)	-0.00486 * * * (-5.72)		0.00102 (1.50)	0.00101 (1.47)
Cfo		0.162 (1.59)	0.148 (1.42)			0.000721 (0.63)
GDP			3.928 * * (2.04)			2.924 (1.42)
M2			1.718 * * * (2.75)			-0.550 (-0.82)
_ cons	-3.278 * * * (-93.03)	-5.608 * * * (-79.87)	-6.218 * * * (-43.72)	-3.860 * * * (-257.71)	-3.412 * * * (-29.79)	-3.592 * * * (-18.82)
N	1323	1232	1232	808	745	745
R^2_ a	0.0576	0.759	0.765	0.829	0.857	0.857

注：*、* *、* * *分别代表回归系数在 10%、5%、1% 的水平上显著；括号内为 t 值。

6.4 结论与对策建议

6.4.1 研究结论

本章主要研究央行定向降准政策，选取A股和新三板上市企业作为研究对象，利用双重差分的方法验证分析政策实施效果。研究结果指出，定向降准政策的落实为中小型企业提供了更多信贷资源，对于所选的研究对象，融资约束确实得到缓解，此外，与非农企业和大型企业相比，农业企业及小微企业更是得到明显的改善。基于上述研究结论，该项政策确实有助于正确引导金融机构将新增流动性优先释放到农业企业及小微企业，为涉农企业和小微企业打通融资通道，降低融资成本，实现了其预期政策目标，让金融服务实体经济的血脉更加畅通。

定向降准政策发挥作用的原因可能在于其不是直接向目标企业发放信贷资金，而是同时通过信贷渠道、融资成本渠道，发挥总量微调效应和结构调整效应。为了有效改善企业融资约束现状，可以提高商业银行资金的流动性，正确引导银行转变对特定行业的信贷方式。主要表现如下：首先，总量效应可以提高市场流动性，为信贷营造良好的环境，彻底改变资金面不良的情况；借助信贷正确引导渠道，不断优化商业银行以及央行资产负债表规模与结构。对于商业银行而言，更趋向于获取最大化的利润，为实现这一目标，银行会加大资产重组配置力度，加大对中小型企业的贷款投放力度，增加信贷资源，同时利用融资成本渠道提高中小型企业在整个信贷市场中的竞争能力，特别是有利于信用良好的中小型企业获得贷款定价话语权，最大限度地缩减其贷款成本。其次，该项政策会造成银行信贷扩张，诱发金融业良性竞争，加强商业银行与定向企业彼此间的沟通与交流，从根本上有效降低银行和企业存在的道德风险，同时提升了银行对“三农”、小微企业的服务质量，对农业企业的融资规模和融资成本产生了显著影响，有效减弱了其面临的融资约束，使中小企业的融资渠道更加顺畅。

6.4.2 对策建议

本章主要围绕定向降准政策给企业融资约束造成的影响展开研究分析，深入剖析政策落实情况以及效果。本项研究对解决涉农企业以及小微企业融资难、成本高等问题有着非常重要的意义。通过理论研究与实证分析，结果发现，银行介入的该项政策为企业提供了运营资金，大多进入了目标企业，符合政策设立的初衷，对于目标行业“三农”和小微企业的发展是利好的。未来要继续保持这种势头，就必须未雨绸缪。因此结合全文的分析，有针对性地提出以下几点政策与建议：

第一，提升定向降准政策实施的有效性。鉴于定向降准政策产生的缓解融资约束效应，可以适当增加对定向降准政策的运用，更加明确对涉农企业和小微企业贷款的倾向性。同时，加大金融工具以及产品创新力度，不断尝试投贷联动、债股联动以及供应链金融等多种新的模式，为中小型企业提供更多融资渠道，满足企业资金发展需求。例如，对于中小型企业抵（质）押物不足的问题，可以推出贷款保证保险业务，主要由保险公司分担部分风险；也可以选择“银税互动”业务，当企业满足一定条件后，无须抵押与担保即可获得贷款融资。此外，不断创新增信方式，有效缩减对抵（质）押物的依赖，结合实际情况综合利用现有抵押方式，不断拓宽农业企业以及小微企业可用的抵（质）押物范围。

第二，建立动态监管与考核制度。定向降准属于国家强制推行的政策，从某个角度来讲，与市场自身的逐利特性相违背，但该项政策对于经济稳步增长、内部结构优化有着非常重要的意义。为确保该项政策得到持续性落实，有必要建立与之相匹配的正向激励以及负向约束考核制度。首先，健全并完善绩效考核制度。对于农业企业以及小微企业，其内部考核以及薪金直接与贷款业务相关联，这种模式可以有效激发小微企业的动力。其次，健全并完善尽职免责以及容错纠错制度，细化免职细则，为涉农企业获得金融支持奠定良好的基础。最后，有效增加涉农企业贷款不良容忍度，从根本上解除金融机构人员不愿提供贷款的顾虑。

第三，提高货币政策透明度以及系统性。健全并完善存款准备金各项银行制度，特别是对于一些比较独特的制度，不断细化各个环节，有选择性地给予授信审批权限，优化审批流程，建立审批绿色通道，使涉农涉小企业能够在最短的时间内获得审批，在保证服务质量的同时有效提高效率，并在考虑贷款人的知识构成和行为习惯的前提下，为其提供必要的指导，使借贷流程更加顺畅。同时，由于我国定向降准政策缺乏有效的信息披露监督制度，导致央行和其他商业银行的很多操作数据都处于不可知状态，信息透明度比较低，使定向降准政策市场信号传导不通畅，最终使市场预期发生变化。总体而言，央行有必要提高政策相关信息透明度，特别是做好各项数据披露工作，要求符合降准条件的商业银行对额外增加的可贷金额建立专门的管理账簿，记录资金流向，并且建立农业企业和小微企业数据库。这种做法不仅可以打破银企信息壁垒，减小或消除与贷款对象之间的信息不对称现象，促进市场信号的传导，也方便事后监督，促使农业企业和小微企业信贷市场更加高效。

第四，建立健全风险防范机制。商业银行积极利用大数据、人工智能以及 IT 等新技术，加强与工商、税务、海关及第三方机构的合作，改善如今碎片化管理现状，提高数据整合度，不断创新风险监管模型，对企业风险进行全面的判断，以确保有较高的监管效率。还需要提高风险管理能力，特别是落实好贷前、贷中以及贷后复查制度。选择的贷款对象主要是具有良好发展前景、业务能力突出以及技术优越的民营企业。如果民营企业审核存在问题，如流动性弱、财务结构缺乏合理性等，可以选择拒绝为其提供贷款。除此之外，最大限度地使用各种金融工具，如 ABS 等，其目的在于有效规避信贷风险，为小微企业融资提供良好环境。

第五，建立配套政策体系。定向降准政策的实施虽然发挥了一定的作用，但要实现扶持实体经济的目标，光靠货币政策发力是远远不够的，还需要相关的财政政策，确保其能够顺利落实。具体做法包括：一是政府营造公平、透明、高效的良性竞争环境，破除行业准入壁垒，减少对国有企业的隐性担保和政策补贴，逐渐清除由于所有制的差异而存在的歧视性政策，确保国有企业与民营企业享受平等的社会地位，能够公平地进行市场竞争，尽可能降低金融资源的错配率。二是不断提升财政的扶持力度，积极制定税收减免、贷款贴息、保险补贴、财政补贴等相关制度，切实推动民营企业的快速发展；同时要成立风险保障金、风险补偿金等专项基金，切实推动中小型金融机构或者中介机构的快速发展，制定优惠性的政策，让所有小微企业都能够享受平等的优质金融服务，获得足够的发展资金，改善当前的发展状况。三是加快征信体系建设，构建根据市场规则运行的企业信用服务体系。如果信用记录良好，可以适当地给予税费或者利率的优惠，为普惠金融领域提供更多的金融资源；对于企业主观逃避债款或者恶意骗贷等行为，要坚决予以打击。四是建立健全民营企业信用风险担保机制，完善担保行业的法律法规，政府出资或推动成立以支农支小融资担保为主业的政策性担保公司、再担保机构、中小企业互助性担保机构。通过货币政策与财政政策相结合，政府、银行、企业三方齐心协力，打通满足中小型企业可持续发展的融资渠道，解决金融领域遇到的问题，促进涉农、小微等实体经济的发展。

本章小结

改革开放以来，中国小微、"三农"等中小型企业迅速发展，已经成为我国经济体系中必不可少的一部分。但在当前全球经济面临复苏难题和国内经济面临较大下行压力的大背景下，中小型企业的发展困难重重、举步维艰。因此，从2014年4月25日开始，中国央行通过定向下调存款准备金率的方式对中小型企业实施定向调控政策，以期实现"定向滴灌"，凸显和加大对农业企业和小微企业的扶持力度，帮助实体经济控制融资成本，减少融资限制。目前，这项新政策能否真正起到预期作用还有待验证。在此基础上，深入探索定向降准政策的实施效果，特别是对定向企业融资约束的缓解作用的探索，有利于提升货币政策的精准度，进一步改善其执行效果。

本章基于A股和新三板企业的微观数据，采用双重差分法检验定向降准政策的实施是否对涉农企业和小微企业等"弱势部门"的融资约束产生缓解作用。结果表明，定向降准政策实施后，所有样本企业的融资约束均得到缓解，且农业企业和小微企业的改善程度比非农企业及大型企业更加显著。未来要从提升定向降准政策的有效性、创建动态考核机制、提高政策的系统性和透明度、降低放贷标准、建立配套政策体系五个方面入手，最大限度地实现货币政策的目标，为涉农企业和小微企业创造融资便利，让金融服务实体经济的血脉更加畅通。

参考文献

[1]刘伟，苏剑."新常态"下的中国宏观调控[J].经济科学，2014(4):5-13.

[2]张健华，贾彦东.宏观审慎政策的理论与实践进展[J].金融研究，2012(1):

20 - 35.

[3]伍桂,何帆. 非常规货币政策的传导机制与实践效果:文献综述[J]. 国际金融研究, 2013(7):18 - 29.

[4]汤铎铎. 金融去杠杆、竞争中性与政策转型——2019 年中国宏观经济展望[J]. 经济学动态, 2019(3):32 - 43.

[5]李连发,辛晓岱. 银行信贷、经济周期与货币政策调控:1984—2011[J]. 经济研究, 2012,47(3):102 - 114.

[6]郭丽虹,王硕. 融资缺口、市场化程度与中小企业信贷可得性——基于非上市制造业企业面板数据的分析[J]. 财经研究,2013,39(12):115 - 125.

[7]祝树金,赵玉龙. 融资约束如何影响劳动收入份额? [J]. 统计研究,2016,33(9):55 - 62.

[8]彭俞超,方意. 结构性货币政策、产业结构升级与经济稳定[J]. 经济研究,2016(7):29 - 42.

[9]S. Agarwal, S. Chomsisengphet, N. Mahoney, et al. Do banks pass through credit expansions? The marginal profitability of consumer lending during the great recession[J]. Social Science Electronic Publishing,2015.

[10]J. Boeckx, M. Dossche, G. Peersman. Effectiveness and transmission of the ECB's balance sheet policies[J]. Cesifo Working Paper,2014,69(35):521 - 544.

[11]B. Eichengreen. The ECB tries again[J]. Intereconomics,2014,49(4):239 - 240.

[12]J. Almamy. An evaluation of altman's Z - score using cash flow ratio to predict corporate failure amid the recent financial crisis: Evidence from the UK [J]. Journal of Corporate Finance, 2016(36).

[13]何德旭,余晶晶. 中国货币政策传导的现实难题与解决路径研究[J]. 经济学动态, 2019(8):21 - 39.

[14]马理,娄田田. 基于零利率下限约束的宏观政策传导研究[J]. 经济研究, 2015(11):94 - 105.

[15]王曦,李丽玲,王茜. 定向降准政策的有效性——基于消费与投资刺激效应的评估[J]. 中国工业经济,2017(11):137 - 154.

[16]马理,娄田田,牛慕鸿. 定向降准与商业银行行为选择[J]. 金融研究,2015(9):82 - 95.

[17]胡莹,仲伟周. 资本充足率、存款准备金率与货币政策银行信贷传导——基于银行业市场结构的分析[J]. 南开经济研究,2010(1):128 - 139.

[18]孙欧,刘志新,庞欣. 上市银行政府持股比例与货币政策传导效率——基于中国银行数据的分析[J]. 管理评论,2015(5):19-28.

[19]林朝颖,黄志刚,杨广青,等. 基于企业视角的定向降准政策调控效果研究[J]. 财政研究, 2016(8):91-103.

[20]郭丽虹,张祥建,徐龙炳. 社会融资规模和融资结构对实体经济的影响研究[J]. 国际金融研究,2014(6):66-74.

[21]吕劲松. 关于中小企业融资难、融资贵问题的思考[J]. 金融研究,2015(11):115-123.

[22]王燕妮,杨慧. 融资方式、资本化研发选择与企业价值[J]. 预测,2018,37(2):44-49.

[23]黄志忠,谢军. 宏观货币政策、区域金融发展和企业融资约束——货币政策传导机制的微观证据[J]. 会计研究,2013(1):63-69.

[24]黎来芳,张伟华,陆琪睿. 会计信息质量对民营企业债务融资方式的影响研究——基于货币政策视角[J]. 会计研究,2018(4):66-72.

[25]M. D. Maggio, A. Kermani, C. Palmer. How quantitative easing works: Evidence on the refinancing channel[J]. Social Science Electronic Publishing,2016.

[26]王卫星,赵刚."长三角"中小企业融资困境及其破解路径[J]. 管理世界, 2012(12):175-176.

[27]吴勇. 农村中小企业信贷融资问题博弈分析[J]. 管理世界,2015(1):171-172.

[28]郭晔,徐菲,舒中桥. 银行竞争背景下定向降准政策的"普惠"效应—— 基于A股和新三板三农、小微企业数据的分析[J]. 金融研究,2019(1):1-18.

[29]M. Joyce, A. Lasaosa, I. Stevens, et al. The financial market impact of quantitative easing [J]. Social Science Electronic Publishing,2010,7(393):113-161.

[30] J. Gagnon, M. Raskin, J. Remache, et al. The financial market effects of the federal reserve's largescale asset purchases [J]. International Journal of Central Banking, 2011, 7(1): 3-43.

[31]冯明,伍戈. 定向降准政策的结构性效果研究——基于两部门异质性商业银行模型的理论分析[J]. 财贸经济,2018(12):62-79.

[32]C. J. Hadlock, J. R. Pierce. New evidence on measuring financial constraints: Moving beyond the KZ index[J]. The Review of Financial Studies,2010,23(5):1909-1940.

[33]陈林,伍海军. 国内双重差分法的研究现状与潜在问题[J]. 数量经济技术经济研究, 2015(7):133-148.

[34]鞠晓生,卢荻,虞义华. 融资约束、营运资本管理与企业创新可持续性[J]. 经济研究, 2013,48(1):4-16.

[35]纪洋,徐建炜,张斌. 利率市场化的影响、风险与时机——基于利率双轨制模型的讨论[J]. 经济研究,2015,50(1):38-51.

[36]M. Crosignani, M. Fariaecastro, L. Fonseca. The consequences of the largest liquidity injection ever[J]. Journal of Monetary Economics,2019.

[37]M. Amidu, S. Wolfe. The effect of banking market structure on the lending channel: Evidence from emerging markets[J]. Review of Financial Economics,2013(4).

[38]A. Rodnyansky, O. Darmouni. The effects of quantitative easing on bank lending behavior [J]. Social Science Electronic Publishing,2015.

[39]D. Bowman, F. Cai, S. Davies, et al. Quantitative easing and bank lending: Evidence from Japan[J]. Journal of International Money and Finance,2015(57):15-30.

[40]P. Tillmann. Unconventional monetary policy and the spillovers to emerging markets [J]. Journal of International Money and Finance,2016:1-21.

[41]Päivi Puonti. Data-driven structural BVaR analysis of unconventional monetary policy [J]. Journal of Macroeconomics,2019(61).

第 7 章 利率市场化对企业股价崩盘风险的影响

7.1 绪 论

本节阐述了课题的研究背景和研究意义，通过对以往文献的评述，提出研究方法与研究内容。

7.1.1 研究背景

利率市场化改革是我国为提高货币政策传导效力、充分发挥市场化后价格工具调控功能所实施的必然举措，有利于我国顺应当下及未来国内外货币政策的环境变化，充分发挥金融市场配置资源的作用。中国人民银行于 1996 年 6 月 1 日发布了《关于取消同业拆借利率限额管理的通知》。在此之后，银行同业拆借双方可以根据市场资金供求自主决定同业拆借利率，这为我国此后的利率市场化改革奠定了基础。近年来，我国实体经济在体量上得到了快速发展，在结构上得到了一定的优化和改善。与此同时，我国金融市场也得到了快速发展，满足了实施利率市场化的条件。在利率市场化改革的进程中，中国人民银行在 2004 年放松对金融机构贷款利率上限的管制，2013 年放松对金融机构贷款利率下限的管制，2015 年放松对商业银行和农村信用社存款利率上限的管制。至此，利率市场化改革基本完成。利率市场化作为央行实施的影响范围广、历时较长的重大改革，对我国实体经济和虚拟经济均会产生系统性影响。利率市场化会首先作用于金融行业和金融市场，通过融资渠道影响实体企业，进而传导到股票市场；利率市场化也会经由利率变化影响企业的融资成本和机会成本，进而影响企业活动和企业行为，作用于企业的股票市场表现。无论是相互持股的企业，基金公司、证券公司等机构投资者，还是数量占绝对优势的个人投资者，都会出于逐利和规避风险的动机，关注目标投资企业的股票市场表现，股价崩盘风险就是投资者保本逐利的重要关注点。

对于投资者而言，如果投资企业出现股价崩盘现象，那么投资者金融资产形式的财富就会大幅缩水，公司全体股东的利益也会受到损害，投资者对资本市场的信心也会因此而动摇。所以，股价崩盘会阻碍中国金融市场的健康发展。对于资本市场而言，股价崩盘构成了资本市场极端波动和危机传染的隐患。对于实体经济而言，股价崩盘会导致资本市场的资源错配，进而危害到实体经济的发展。股价崩盘风险，是衡量公司股票价格在短期内发生暴跌情况可能性的指标。正是因为股价崩盘带来的危害性和破坏性，近年来，股价崩盘风险的影响因素越来越成为学术界的研究热点。2018 年，保千里（前身为中达股份）在 5 个多月时间里连续爆出司法冻结股份、高额债务逾期、证监局行政处罚等负面消息，股价一路下跌，累计跌幅达 45.9%，易方达公募基金在其前十大股东中占据两席，损失过亿元。同年，乐视网全年净资产预计为负，股价连续跌停，融创作为乐视股东，长期股权投资减值 165 亿元。2019 年，信威连续 43 天跌停板，创 A 股最高纪录，其散户股东仍有 12.78 万户。2020 年年初，联络互动业绩预告全年亏损过亿元，连续跌停，参股公司北京百维博锐贸易计提了长期股权投资减值准备金约 4.7 亿元。由此可见，由于公司之间相互持股，基金类、证券类金融机构更是会持有公司股份，一旦该公司发生股价崩盘，则会通过连锁效应危害多家关联公司和持股机构投资者。所以，无论是公司本身，还是与之相关的关联公司和金融机构，抑或监管者和政策制定者，都要注意防控股价崩盘风险。

利率市场化是央行实施的影响范围广、历时较长的重大改革，企业的股价崩盘风险也会受到利率市场化改革的影响。利率市场化逐步改变了利率的决定方式，会对金融行业的竞争程度产生影响，进而影响贷款企业的融资约束和债务融资成本，传导对企业股票市场表现的影响；利率市场化会通过影响不同实体企业的融资成本和机会成本，影响企业活动和企业行为，进而影响企业的股价崩盘风险。无论是出于对利率市场化政策效果的监测，还是利率市场化对金融市场的风险传导机制研究，抑或防范化解金融市场风险的需要，研究利率市场化与股价崩盘风险的关系，都是十分必要的。

7.1.2　研究意义

利率市场化改革，是近年来央行在金融市场不断推进的、有系统性影响的改革。企业的股价崩盘现象是个股在股票市场的异常表现，这种异常现象表现为股价在短时间突然且连续下跌。利率市场化改革改变了利率的决定方式，增强了金融行业的竞争程度，对金融市场有系统性影响。金融市场的功能是支持实体经济发展，利率市场化经由对金融市场的影响传导到实体企业，通过影响实体企业的融资渠道、融资成本和机会成本，影响实体企业的日常活动，进而影响企业的股价崩盘风险。基于对以往研究成果的梳理，研究利率市场化与企业股价崩盘风险的关系，具有理论意义和现实意义。

利率市场化改革是一项对实体经济和虚拟经济具有系统性影响的改革，对利率市场化影响和政策效果的研究依然是学术界的热点。而企业股价崩盘现象会损害投资者利益，构成资本市场的不稳定因素，所以企业股价崩盘风险的影响因素也是金融领域的热点研究课题。从对已有研究成果的分析中可以发现，已有学者研究利率市场化对企业融资约束[1]、债务融资成本[19]、过度负债[23]、非效率投资[24]的影响，以及放松利率管制对企业金融化的影响[25]，也有学者研究过企业过度投资对股价崩盘风险的影响[59]，以及企业“脱实向虚”对股价崩盘风险的影响[57]。由此可见，已有的研究成果证明利率市场化与企业股价崩盘风险之间存在一定的传导关系，说明利率市场化对企业的股价崩盘风险有较大影响，但是尚未有文献对利率市场化与企业股价崩盘风险的关系进行研究。本章对利率市场化改革和企业股价崩盘风险的关系展开研究，能够对以往的理论研究做出补充，也可以为后人继续研究提供一定的借鉴。

在现实意义方面，股价崩盘不仅会损害投资者利益，导致投资者财富大幅缩水，还会通过连锁效应和传染效应影响金融机构和其他企业，阻碍金融市场的健康运行和实体经济的平稳发展。因此，在任何宏观政策制定和实施的过程中，都要关注股价崩盘风险的测度和变化情况，并对其内在机理进行研究。利率市场化改革会通过影响金融行业资金价格的决定方式，经由金融行业传导到实体企业，改变企业的融资约束；通过影响企业的融资成本和机会成本，影响企业的活动和行为，作用于企业的股票市场表现，从而影响企业的股价崩盘风险。

因此，本章对利率市场化与企业股价崩盘风险关系的研究，一方面能够对利率市场化的政策效果进行检验，为政策制定部门在政策制定与实施过程中监测和管控企业股价崩盘风险，使利率市场化改革的政策效果得到较好发挥提供借鉴；另一方面能够为现实中监管部门在利率市场化背景下对股票市场有所侧重地进行金融风险防控，完善风险监管和防控机制提供借鉴。

7.1.3 文献综述

根据上文对利率市场化与股价崩盘风险关系的研究背景、理论意义和现实意义的阐述，本小节进一步对利率市场化与股价崩盘风险以往的相关研究成果进行梳理。

7.1.3.1 利率市场化

对于利率市场化的研究，最初集中在利率市场化的直接影响方面，如融资约束[1]，同时由于利率市场化会对市场风险产生较大冲击，应当谨慎推进，并建立缓释风险的制度安排[2]，与其他改革搭配的次序应当是首先完成利率市场化，其次是汇率市场化，最后是资本账户开放[3]。

从好的方面来说，放开存款利率上限能够赋予银行更多的竞争手段，促进银行业竞争，提高银行业的经营业绩[4]，使银行通过加强资本缓冲减小金融危机发生的概率[5,6]；能够增加储户的收益[7]，增强货币政策效果[8,9]，加强货币政策的金融加速器效应[10]，进而促进民间借贷利率的市场化[11]。但是利率市场化也会提高我国名义经济变量的波动性，降低真实经济变量的波动性[12]，提高系统性银行危机发生的概率[13,14]，其效果会受到影子银行业务与中国银行体系的二元结构的影响[15]。好在发展中国家可以采取多层面措施减少金融自由化和银行危机之间的联系[16]。部分学者继续把研究的目光转向银行业和实体经济，发现利率市场化使商业银行的存贷利差呈现先扩大后缩小的变化趋势[17]，使会计稳健性较高的民营企业债务融资成本降低[18,19]，在适度的政府调控下，减少了银行业占取实体经济利益[20]。对于金融市场来说，利率市场化会提高正规市场的融资成本，降低非正规市场的融资成本[21]。利率市场化尽管提高了银行业的效率，但会加大收入不平等程度[22]。

后来的学者将目光转向利率市场化对银行业之外的影响，如降低企业过度负债[23]、抑制企业非效率投资[24]、抑制非国有企业金融化程度[25]和减少商业信用[26]等方面。利率市场化能否打破农村地区的利率限制，会受到借款人类型、风险补偿和信息不对称性的技术处理能力的影响[27]，而中国城镇居民的储蓄收入在利率市场化进程中会有所提高，未来消费也会提高[28]。

7.1.3.2　股价崩盘风险

股价崩盘风险的影响因素很多，具体可以分为宏观政策与金融监管、市场交易、信息披露、投资者行为、企业活动，以及公司高管、董事与股东行为等。

在宏观政策与金融监管方面，融资融券制度的实施会增大相关标的股票的崩盘风险[29,30]。交易所年报问询函制度和“退市新规”的实施会降低股价崩盘风险[31,32]。在股指成份股调整方面，入选成为沪深300指数成份股的上市公司，未来股价崩盘风险显著上升[33]。近年来，高速铁路快速发展，多条线路开通高铁，高铁开通所在地的上市公司的股价崩盘风险降低，这种现象在外部监管环境较弱和信息不对称程度较高的地区更为明显[34]。

在市场交易方面，卖空交易可以改善公司治理。公司治理得到改善后，企业的信息透明度会得到提升，股价崩盘风险会降低[35,36]。公司交叉上市也降低了股价崩盘风险[37]。市场操纵可以带动投资者情绪随之高涨，进而增大未来的股价崩盘风险，市场操纵次数增多，未来股价崩盘风险也随之增大[38]。在进行国际贸易的国家和地区中，股价崩盘风险会在国际贸易网络中传导[39]。

在信息披露方面，披露的信息质量较高能够提高分析师的预测准确度，降低股价崩盘风险[40]。在管理层讨论与分析所披露的信息中，展望部分的信息能够向投资者展现企业未来的发展前景，可以显著降低企业未来的股价崩盘风险[41]；社会责任信息的披露可以降低上市公司未来的股价崩盘风险[42]。但是在强制披露和没有进行信息鉴证的上市公司中推行社会责任，会加剧股价崩盘风险[43,44]。同样，以会计稳健性为中介效应时，社会责任信息披露水平提高会加大企业的投机心理，降低企业的会计稳健性，进而加大企业的股价崩盘风险[45]。企业应努力用经营业绩获得社会信任，社会信任水平越高，公司未来的股价崩盘风险越小[46]。

在投资者行为方面，投资者存在理性预期，股票市场也存在流动性约束，这都会导致股价崩盘事件的传染[47]。投资者情绪会增加超大盘股的股价崩盘风险[48]。投资者对并购商誉的过度反应会使股价积累泡沫，一旦公司在并购后业绩下滑，股价崩盘风险就会加剧[49]。机构投资者的持股比例提高[50]，或者抱团持股比例提高[51]，以及机构投资者的“羊群行为”[52]，都会加大公司的股价崩盘风险。个人投资者对企业的关注度越高，企业未来的股价崩盘风险越低[53]。投资者获取信息能力的提高，能够减少投资者之间的意见分歧，降低上市公司的股价崩盘风险[54]，但是机构投资者的信息竞争行为可能会加剧上市公司的股价崩盘风险[55]。机构投资者越稳定，越能够发挥外部监督作用，企业的股价崩盘风险也就越低[56]。

在企业活动方面，上市公司通过持有金融资产来隐藏负面消息，会加剧股价崩盘风险[57]。上市公司有并购商誉[58]，或者进行过度投资都会增加未来的股价崩盘风险[59]。企业有创新项目，就会倾向于掩盖创新项目的负面消息，更易增加股价崩盘风险[60]。公司为了维持关系过度进行娱乐支出也会增加公司的股价崩盘风险[61]。而公司层面的投资者保护能够降低股价崩盘风险[62]。在内部控制方面，母子公司统一审计[63]，以及内控信息披露水平提高[64]，都能够降低上市公司的股价崩盘风险。

在公司高管、董事与股东行为方面，公司高管减持股票，会引起同样持有该股票的同伴公司减持，进而使股价崩盘风险上升[65,66]。财务总监在企业高管中的地位越高[67]，越是有强调不确定性规避的文化背景的 CFO[68]，越能够降低公司的股价崩盘风险。女性的首席财务官比男性更能降低公司的股价崩盘风险[69]。CEO 权力过大，会增加公司的股价崩盘风险[70]，而第一大股东持股比例提高[71]和较高的大股东与机构持股比例，可以缓解 CEO 权力过大带来的股价崩盘风险[72]。因为监督机制的加强，拥有多个大股东的上市公司能够有效监督控股股东，加强公司治理机制，降低股价崩盘风险[73]。在股东行为方面，大股东的抛售行为[74]，或在限售股解禁前后进行资本运作[75]，会加剧上市公司的股价崩盘风险。独立董事比例的提高[76]和董事会改革[77]可以缓解代理问题，从而降低股价崩盘风险。代理理论认为，员工福利措施会通过帮助管理层掩盖坏消息增加公司的股价崩盘风险[78]。

7.1.3.3　研究评述

根据上文的文献综合与梳理可以看出，对利率市场化的研究可以分为针对放松利率管制政策的研究和针对利率市场化水平的研究。以往有学者研究利率市场化对企业债务融资成本[19]、融资约束[1]和非效率投资[24]的影响，也有学者研究放松利率管制对资本结构[23]、企业过度负债[23]、企业金融化[25]的影响。无论是与企业融资方面有关的企业债务融资成本[19]、资本结构[23]、融资约束[1]，还是与企业负面消息发生概率有关的过度负债[23]、非效率投资[24]以及企业金融化[25]，均会对股价崩盘风险产生影响，但是尚无文献研究利率市场化对企业股价崩盘风险的影响。本章对利率市场化水平与企业股价崩盘风险的关系展开研究，可以对以往的理论研究做出补充，对以往的研究也是很好的验证方式。

目前，针对股价崩盘风险的研究有企业金融化[57]、企业过度投资[59]对股价崩盘风险的影响，其中，企业金融化会受到放松利率管制政策的影响[25]，利率市场化改革也会对企业过度投资产生影响[24]，但是还没有将利率市场化与股价崩盘风险联系起来，针对利率市场化与企业股价崩盘风险的关系展开的研究。本章对利率市场化与企业股价崩盘风险的关系展开研究，可以对以往的研究做出补充和总结。

综上所述，本章将参考以往研究构建利率市场化指数，研究利率市场化与企业股价崩盘风险的关系。在进一步的研究中，由于利率市场化改革的政策初衷是提高金融市场资源配置的效率，使金融行业更好地服务于实体企业，而企业过度金融化的行为会脱离原本的实体经济项目，违背利率市场化的政策初衷。所以，在进一步的研究中，本章将企业划分为金融化程度低的组别和金融化程度高的组别，针对利率市场化与企业股价崩盘风险的关系进行研究比较；同时根据最终控制人类型划分样本企业，针对利率市场化对企业股价崩盘风险的影响进行研究。

7.1.4　研究方法与研究内容

基于金融深化理论、金融抑制理论和管理者操纵信息理论，本章采用规范分析和实证分析的方法研究利率市场化与企业股价崩盘风险的关系。在 7.1

节和7.2节，运用规范分析中的归纳法，对以往的相关文献研究进行梳理，对理论基础进行总结阐述，并提出研究假设。在7.3节和7.4节，采用实证分析的方法对利率市场化与股价崩盘风险的关系进行研究。由于放松贷款利率管制自2004年开始实行，2016年利率市场化改革基本完成，2007年开始颁布适用新的会计准则，所以本章选择2008—2016年的A股上市企业为样本，基于以往学者的研究构建利率市场化指数，对利率市场化、股价崩盘风险和相关控制变量进行测度，采用GMM模型和混合回归的方法，估计利率市场化与企业股价崩盘风险的关系，并进一步根据企业的金融化程度、企业最终控制人的类型进行混合回归。最后采用替换股价崩盘风险测算指标、面板数据随机效应回归和放松利率管制政策效果检验的方法进行稳健性检验。在7.5节，提出本章的研究结论以及政策建议。

7.2 理论分析与研究假设

本节将以绪论部分的研究背景与意义、文献综述等内容为基础，在理论层面对研究课题进行进一步解释和说明。在理论分析部分，对主要变量的概念进行了界定，对利率市场化和股价崩盘风险的相关理论进行了梳理阐述，并对利率市场化与企业股价崩盘风险的影响机理进行了分析。在研究假设部分，基于以往学者的研究成果，针对利率市场化与企业股价崩盘风险的关系提出研究假设。

7.2.1 概念界定

本章主要研究利率市场化与企业股价崩盘风险的关系，并按照企业金融化程度的高低划分样本进行进一步研究，因此本小节将对利率市场化、企业金融化与股价崩盘风险进行概念界定。

7.2.1.1 利率市场化的概念界定

利率市场化，是指中央银行将利率的决定权交给市场上的资金供求双方，金融市场的参与主体可以自主决定利率[19]。中央银行不再直接管制市场利率，而更多的是运用货币政策工具对市场利率进行调控，以此来实现货币政策目标。在利率市场化的进程中，金融机构在货币市场融资或经营的利率水平逐步由市场决定，金融机构可以自己根据经营状况和对金融市场的动向分析自主调节利率水平，所以利率市场化可以促进金融行业充分竞争[25]。在利率市场化的过程中，市场利率的决定机制变成：中央银行制定基准利率，货币市场利率参考基准利率上下浮动，金融机构的存贷款利率则是由市场资金的供求关系来决定[19]。

我国能够实行利率市场化改革，说明我国的实体经济在体量上得到了快速发展，在结构上得到了一定程度的优化和改善。与此同时，我国金融市场也得到了快速发展，满足了实施利率市场化的条件。首先，我国金融市场有数量众多的金融机构、机构投资者和个体投资者，资金市场较为公开、透明，而且能实现充分竞争，金融监管机制相对健全。其次，我国货币市场的参与者素质逐年提高，金融知识越来越丰富，专业经验逐年积累，具备一定理性，互联网的发展更是降低了金融市场消息的获取成本。再次，我国金融市场的法制逐渐健全，并能通过网络、交易所、监管机构对金融市场的资金交易实行及时监控，对其合法性与合理性进行审核。最后，我国宏观经济发展到一定水平，由原来的同时依靠财政政策和货币政策实现国民经济发展战略目标，转为主要依靠财政政策。而因为中央银行放松利率管制，势必会对货币政策调控宏观经济的调控空间和调控力度产生影响。

我国在 1993 年即确立了利率市场化的基本设想，1996 年放开对银行间同业拆借利率的管制，2004 年放开对金融机构贷款利率上限的管制。我国从 2013 年 7 月 20 日开始全面放开对金融机构贷款利率的管制；从 2015 年 5 月 11 日开始上调金融机构存款利率浮动区间的上限，由 1.3 倍调整为 1.5 倍；从 2015 年 8 月 26 日开始放开中长期定期存款的浮动利率上限；从 2015 年 10 月 24 日开始取消对商业银行和农村信用社存款利率浮动上限的设置[25]。这意味着我国历时 10 多年的利率市场化改革基本完成。利率市场化旨在提高金融市场配置金融资源的效率，使金融行业更好地服务于实体经济。

7.2.1.2　企业金融化的概念界定

企业金融化，是指实体企业在没有合适的投资项目或者追逐金融市场的短期资本利润的情况下，金融资产投资占资产总和的比重和金融渠道利润占企业获利总和的比重不断提高的趋势[25]。

企业金融化问题，在金融市场发展初期并不明显，但是在我国实体经济中得到高速发展，进入经济新常态时期以后，越来越成为各界关注的焦点。我国在1978年以后建立社会主义市场经济体制，1996年放开银行间同业拆借利率，2004年放开贷款利率上限，自此开始了长达10多年的利率市场化改革进程。利率市场化改革旨在缓解实体企业尤其是中小微企业的融资约束。但是随着我国经济体量的增大，实体经济的增速由高速转为中高速发展，习近平总书记在2014年提出新常态的概念，我国进入经济转轨时期。经济转轨时期的主要表现是传统产业的利润空间逐渐变小，高新技术等高科技、高技术产业有待发展，发展方式由要素驱动、投资驱动转为创新驱动。与此相反的是，实体企业追逐金融资本的短期获利行为越来越明显，这无疑会加剧虚拟经济过热、实体经济过冷的不平衡现象。

本章参考彭俞超等的研究方法，用类金融资产占资产总和的比重来表示企业金融化的倾向[57]。类金融资产包括交易性金融资产、买入返售金融资产、可供出售的金融资产、发放贷款及垫款与持有至到期投资。因类金融资产占资产总和的比重不同，则认为企业金融化的程度不同。

7.2.1.3　股价崩盘风险的概念界定

股价崩盘，是指在没有任何预兆的情况下股价突然大幅下跌的情况。公司管理层隐瞒累积负面信息，是发生股价崩盘的原因。坏消息不断增加，达到某一阈值后向资本市场集中释放，导致投资者对该公司股票信心急剧下降，而后大笔抛出，致使股价迅速下降甚至崩盘[76]。股价崩盘风险，度量的是股价崩盘发生的可能性的大小，并不意味着股价崩盘已经在现实中发生。股票市场指数或者单个股票的市场价格在很短的时间内持续大幅下跌的可能性，是股价崩盘风险的含义。

股价崩盘具有一定的危害性和传染性，这种现象不但会损害投资者、关联企业等直接利益相关者的利益，还可能通过影响投资者的情绪或其他间接渠道影响其他股票，多只个股崩盘甚至会引起股票市场指数下跌。股价崩盘会损害资本市场资源配置的效率，例如2015年我国罕见的“千股跌停”事件，不仅打乱了注册制改革的规划进度，新上市企业IPO和已上市企业的股权再融资也被暂停[66]。

正因为股价崩盘具有危害性和传染性，对投资者、实体企业等利益相关方的利益也会造成损害，所以能够对股价崩盘风险产生影响的各类因素及其作用机制，近年来一直是学术界的研究热点。利率市场化作为央行实施的具有系统性影响的宏观政策，其对股价崩盘风险的影响也应得到关注。

7.2.2　理论基础

本小节主要以金融抑制理论、金融深化理论和管理者操纵信息理论为基础，研究利率市场化与企业股价崩盘风险的关系。

7.2.2.1　利率市场化的理论基础

与利率市场化相关的理论有金融抑制理论和金融深化理论[24,25]。金融抑制理论和金融深化理论均认为，利率市场化改革可以提高金融资源配置的效率，使金融市场更好地服务实体经济，降低实体企业风险。

金融抑制理论，是指政府对金融活动和金融体系干预过多会适得其反，反而抑制了金融体系的发展和金融效率的提高，而金融体系的发展滞后和金融效率的无法提升会阻碍国民经济的正常发展[19]。如此一来，政府的过分干预会造成金融抑制和经济发展滞后。在经济发展初期，金融市场尚未发展起来，相关的监管机制还不完善，利率管制可以有效防控金融风险；而在实体经济得到快速发展、金融市场发展相对完善、满足实施利率市场化的条件以后，利率管制则会降低金融市场配置资源的效率。

金融深化理论，也叫金融自由化理论，主张国家和政府放弃对金融市场和金融体系的过分干预，认为发展中国家应该放弃金融管制政策，重视金融对国民经济发展的影响，发挥金融对经济发展的促进作用。即要求国家和政府放弃对金融市场和金融体系的过分干预，放开对利率的管制，让利率充分反映资金的实际供求情况，充分发挥市场配置金融资源的作用。这样，银行体系能够按照商业原则制定存款利率来大量吸收居民的储蓄存款，也可以合适的贷款利率来满足企业、政府和个人部门对资金的需求。如此一来，金融深化能够充分发挥金融中介的作用，降低国家对外债的需求，使民间金融机构得到发展，金融体系和经济发展也能形成良性循环的局面。

综合来看，金融抑制理论和金融深化理论都支持利率市场化改革。让市场机制在利率决定中起到更大的作用，发挥市场配置金融资源的功能，能够使金融市场更好地服务于实体经济。

7.2.2.2 股价崩盘风险的理论基础

与股价崩盘风险相关的理论是管理层操纵信息理论，主要是指管理层操纵负面消息，直到“纸包不住火”，资本市场爆出这些消息，引起股价连续下跌[48]。管理层操纵信息理论，源自委托—代理理论和信息不对称性理论。

委托—代理理论认为，公司的管理者相对于外部投资者处于更加有利的地位，并可能通过追求自身利益损害公司和股东的利益。信息不对称性理论认为，公司的外部投资者对公司内部经营状况信息的掌握程度，远不如经理人和管理层掌握得完整。公司管理者能够完全了解公司内部的经营状况，而投资者由于很高的监督成本和搜寻成本，对公司的内部信息掌握不充分。在公司的经营状况恶化时，高层管理人员出于对自身利益的考虑，倾向于掩盖负面信息[57]。因为负面消息一旦被爆出为外部投资者所知悉，不但会导致公司股价下跌，经营秩序被打乱，管理者也会声誉受损，薪酬减少，面临来自公司内外利益相关者的质疑，所以公司的高层管理者有动机向外界隐瞒公司存在的坏消息。这种隐藏操纵坏消息的行为会加大公司的股价崩盘风险[48]。

管理层最初隐瞒负面消息的动因，可能是希望为自己争取时间扭转公司恶化的经营状况。如果公司的危机解除，经营状况回到正轨，负面消息无须继续隐瞒就会自动转变为正面消息。如果公司的经营状况持续恶化，管理者依然设法掩盖公司的负面消息，一旦负面消息超过某一阈值，就会集中释放到资本市场并引起股票价格的剧烈波动甚至暴跌[57]。

7.2.3 利率市场化对股价崩盘风险的影响机理

金融深化理论认为，利率市场化可以充分发挥市场机制在金融资源配置中的作用，发挥金融市场对经济发展的促进作用。基于金融深化理论，本章将从融资来源、企业资信和金融市场三个层面分析利率市场化对股价崩盘风险的影响。

金融抑制理论认为，政府对金融体系与金融活动的过分干预，会造成金融抑制和经济发展滞后，阻碍国民经济的正常发展。根据金融抑制理论，本章将从过度负债、过度投资和企业金融化三个层面分析利率市场化对股价崩盘风险的影响。

根据以往的文献研究（胡晖、张璐，2015；张伟华等，2018；王红建等，

2018；杨筝等，2017；杨筝等，2019；彭俞超等，2018；江轩宇、许年行，2015），利率市场化对股价崩盘风险的影响路径如图7－1所示。

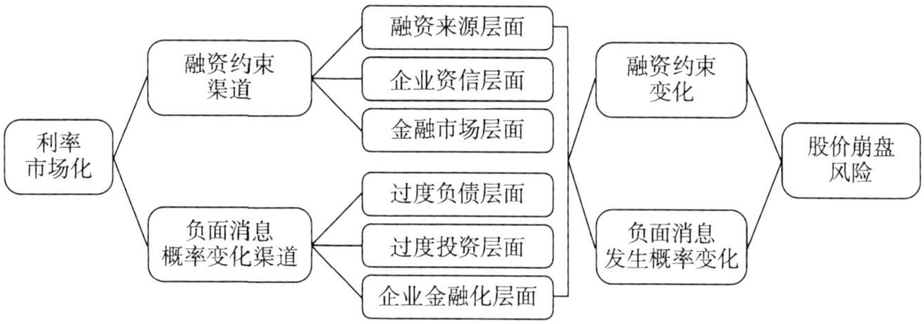

图7－1 利率市场化对股价崩盘风险的影响路径

7.2.3.1 融资约束渠道

根据金融深化理论，利率市场化对股价崩盘风险在融资约束渠道的影响路径，可以从融资来源、企业资信和金融市场三个层面进行分析。

在融资来源层面，利率市场化改革可以使金融机构自主决定贷款利率，使金融机构能够根据企业的资信和风险状况在更大的区间内设置和调整贷款利率，加强金融机构内部对贷款风险的管理，增强其获利能力。利率市场化改革可以促进金融机构充分竞争，发挥优胜劣汰的市场竞争机制，进一步改善金融机构的服务水平，使实体企业能够获得更加多元化的融资渠道，降低实体企业的债务融资成本。总体而言，利率市场化能够缓解实体企业的融资约束，降低股价崩盘风险。

在企业资信层面，利率市场化改革使金融机构能够获得更大的贷款利率调整空间，设置更加严格、细化和多等级的贷款条件，贷款企业的资信状况也会受到更加严格的审核。资信状况好的贷款企业更容易受到金融机构的青睐，融资成本也会更低，这样可以进一步减少金融机构的不良贷款，促进实体企业充分竞争和优胜劣汰。长此以往，经营风险较高且信誉度低的企业会逐渐退出市场。所以，随着利率市场化程度的加深，实体企业的整体经营状况会有所提高，股价崩盘风险也会降低。

在金融市场层面，利率市场化改革使得金融机构可以合理提高存款利率，从而更加有效地吸收社会闲散资金，提高资金的利用效率，使储蓄的居民得到更多实惠，提高居民未来消费的能力，增加实体企业面临的市场需求，降低其股价崩盘风险。同时，由于金融机构可以更加有效地吸收社会闲散资金，资金的供给增加，会进一步促进市场利率下降，缓解实体企业的融资约束，降低其债务融资成本，降低股价崩盘风险。

综上可知，利率市场化通过融资来源、企业资信和金融市场三个层面，影响企业的融资约束，进而影响股价崩盘风险。

7.2.3.2 负面消息概率变化渠道

根据金融抑制理论，利率市场化对股价崩盘风险在负面消息概率变化渠道的影响路径，可以从过度负债、过度投资和企业金融化三个层面来分析。

在过度负债层面，利率市场化改革会使金融机构之间竞争加剧，金融机构会制定更加严格、细化的贷款条件，设置多层级的贷款利率，进行更加严格的贷款风险管理。过度负债的企业财务杠杆率较高，而且负债更高的企业面临的财务风险和破产风险更高。随着利率市场化改革进程的推进，过度负债企业会因为风险较高而更难获得融资或者面临很高的债务融资成本[18,19]，从而更难在市场竞争中生存。所以利率市场化改革抑制了企业的过度负债，从而降低其股价崩盘风险。

在过度投资层面，在放松利率管制之前，实际利率水平小于市场均衡利率水平，金融机构无法要求高风险企业支付更高的贷款利率，所以高风险的企业要么无法获得贷款，要么更容易进行过度投资。放松利率管制以后，贷款利率与项目风险能够匹配，高风险企业面临的贷款利率更高，商业银行也能用更高的贷款利率弥补风险溢价，有助于抑制企业进行过度投资[24]，股价崩盘风险也会随之降低[59]。

在企业金融化层面，根据杨筝等（2019）的研究，企业有对资金的预防性储备动机和追逐金融行业的超额利润动机。放松利率管制以后，企业面临的融资约束得到缓解，对资金的预防性储备动机会有所降低。同时放松利率管制促进了金融行业的充分竞争，减小了金融机构的存贷利差，促进了金融行业和非金融行业的利润率均等化，减弱了实体企业追逐金融行业超额利润的动机。放松贷款利率下限显著抑制了非国有企业的金融化，对国有企业无明显影响[25]。企业金融化会加剧虚拟经济泡沫和实体经济过冷的现象，而且企业出于隐藏负面消息的动机而持有金融资产会增加其股价崩盘风险[57]。所以，利率市场化改革可以抑制实体企业的金融化动机，降低实体企业的股价崩盘风险。

综上所述，利率市场化改革通过过度负债、过度投资和企业金融化三个层面，影响企业负面消息发生的概率，从而影响企业的股价崩盘风险。

7.2.4 研究假设

7.2.4.1 利率市场化与企业股价崩盘风险关系的研究假设

根据对与利率市场化改革相关的金融深化理论和金融抑制理论的分析阐述，以及对与股价崩盘风险相关的管理者操纵信息理论的描述，并且基于7.2.3小节阐述的利率市场化对股价崩盘风险的影响机理，可以推知，利率市场化改革可以从融资约束渠道和企业负面消息概率变化的渠道影响实体企业的股价崩盘风险。

从融资约束渠道来看，利率市场化改革促进金融行业的充分竞争，使实体企业有更多元化的融资渠道和更低的债务融资成本，缓解了实体企业的融资约束。利率市场化改革使得金融机构可以上浮存款利率，更加有效地吸收社会闲散资金，增加金融市场资金的供给量，进一步降低市场均衡利率，缓解实体企业的融资约束，进而降低股价崩盘风险。

从企业负面消息概率变化渠道来看，放松利率管制以后，金融机构会制定更加严格的贷款条件，对企业的贷款风险和资信状况进行更严格的审核，并根据不同企业的风险状况设置更多等级的贷款利率。过度负债企业[23]和进行过度投资的企业[24]由于风险较高会面临更高的债务融资成本、更少的融资渠道，也更难在市场竞争中生存。所以，利率市场化改革可以抑制实体企业过度负债和进行过度投资[23,24]，从而使企业出现负面消息的概率有所降低。因此利率市场化改革能够降低企业的股价崩盘风险。

综上所述，本小节对利率市场化与股价崩盘风险的关系做出如下假设：

假设1：利率市场化程度加深，能够降低企业的股价崩盘风险。

7.2.4.2 基于金融化程度划分企业的研究假设

基于金融化程度的利率市场化对股价崩盘风险的影响，可以从企业金融化层面来阐述。

在企业金融化层面，企业金融化本身往往是因为企业在实体经济项目的投资中无法获利或亏损，为了隐藏坏消息将资金投资于金融资产，对股价崩盘风险有正向影响[57]。金融化程度较高的企业，有短视化的倾向，面临的经营风险较高，这会减弱利率市场化对企业股价崩盘风险的负向影响。因为利率市场化的作用在于提高金融市场配置资源的效率，缓解实体企业的融资约束，支持实体经济发展，实体企业过度金融化与利率市场化的政策目标相违背，所以可能会对利率市场化的政策效果产生不利影响。因此，利率市场化进程推进，对金融化程度较低的企业股价崩盘风险的缓解作用比对金融化程度较高的企业更明显。

假设2：利率市场化程度加深，对金融化程度较低的企业股价崩盘风险的缓解作用比对金融化程度较高的企业更明显。

7.2.4.3 基于最终控制人类型划分企业的研究假设

按照最终控制人类型不同，可以将企业划分为国有控股企业、民营控股企业、外资控股企业、集体控股企业、社会团体控股企业和职工持股团体控股企业等。相对于国有控股企业和民营控股企业，其他最终控制人类型的企业数目相对较少，可获取的样本数目也很难满足要求，所以本章选取国有控股企业和民营控股企业对利率市场化与企业崩盘风险的关系进行进一步研究。

从融资渠道来说，利率市场化使商业银行能够提高存款利率，广泛吸收社会的闲散资金，增加资金的供给量，制定更多层级与贷款风险相匹配的贷款利率，缓解企业的融资约束。但是由于商业银行的经营原则包括营利性、安全性和流动性原则，相较于股权投资者，商业银行作为贷款企业的债权人更关注发放的贷款能否“保本收息”。在市场竞争机制下，民营控股企业的效率普遍高于国有控股企业，但是就贷款发放的安全性而言，国有控股企业由于政府信用的担保，财务风险和破产风险低于民营控股企业，所以在同等条件下，商业银行更愿意把贷款发放给国有控股企业，发放给国有控股企业的贷款利率也会比民营控股企业更低，贷款条件也不像民营控股企业那样严格。根据胡晖和张璐（2015）的研究，在利率市场化过程中，非国有企业比国有企业面临的外部融资成本更高[1]。因此从融资渠道这一层面来说，利率市场化对国有控股企业股价崩盘风险的负向影响比对民营控股企业更强。

从负面消息概率变化渠道来说，利率市场化使商业银行能够自主上调贷款利率，对高风险企业制定更严格的贷款条件，收取更高的贷款利息，并更加青睐低风险企业。这使得不同风险的企业无论在债务融资成本方面还是融资约束方面都呈现出更显著的差异，长此以往，进行过度投资的企业将丧失融资方面的竞争优势。融资方面的局限性增强会反过来倒逼高风险企业减少过度投资[24]，降低负面消息发生的概率，降低企业的股价崩盘风险。杨筝等（2017）的研究表明，利率市场化对非国有企业非效率投资的抑制作用比对国有企业更强[24]。杨筝等（2019）的研究表明，放松贷款利率下限能够促进金融行业和非金融行业的利润率均等化，显著抑制非国有企业的金融化程度[25]，减弱企业的短视化倾向，降低企业负面消息发生的概率。所以从负面消息概率变化的层面来看，可以推知，在民营控股企业中，利率市场化对股价崩盘风险的缓解作用比在国有控股企业中更强。

综上所述，提出以下假设：

假设 3：利率市场化对国有控股企业股价崩盘风险的缓解作用比对民营控股企业更强。

假设 4：利率市场化对民营控股企业股价崩盘风险的缓解作用比对国有控股企业更强。

若假设 3 成立，则“融资约束观”的作用更强；若假设 4 成立，则“负面消息观”的作用更强。对这两个假设中何者成立，本章将在后文的实证分析中加以验证。

7.3　实证研究设计

为了验证 7.2 节的研究假设，本节提出了实证分析的数据来源、样本选取的原则、使用的数据分析软件、变量的选取与度量、模型的设计，为 7.4 节的实证分析做准备。

7.3.1　样本选取与数据来源

由于利率市场化改革自 2004 年开始实行，在 2016 年基本完成，新会计准则自 2007 年开始实行，在进一步研究中计算企业金融资产配置的数据在 2007 年以后才能获得，本章选取 2008—2016 年 A 股上市企业数据，研究利率市场化与企业股价崩盘风险的关系。数据选取自国泰安（CSMAR）数据库、CCER数据库和《中国工业经济》披露的原始数据。其中，最终控制人类型数据和行业数据来自CCER数据库，利率市场化指数[①]数据来自《中国工业经济》披露的原始数据。本章对选取的数据，根据如下原则进行进一步筛选：

（1）去除金融业的上市企业

作为实体企业的资金要素行业，金融行业的上市企业具有高杠杆率的特点，财务报表结构特殊，无论是会计制度还是监督管理制度都与其他行业的上市公司存在差异，这些都会对实证结果产生很大影响。

（2）剔除ST和*ST的上市公司

ST和*ST的上市公司经营状况恶化，面临着退市的风险，只有正常经营的上市企业才能作为数据样本。

（3）剔除股票年度交易小于30周的数据

在计算股价崩盘风险指标时，需要公司股票的年度交易大于30周，否则可能影响股价崩盘风险指标计算的准确性与合理性。

（4）剔除样本数据中存在缺失值的样本

为保证实证分析的完整性，需要选取财务报表数据完整的样本企业。

最后获得满足条件的观测样本有11560个。本章用Excel 2010和Stata 14.0数据处理软件对数据进行分析处理。

7.3.2 变量选取与度量

7.3.2.1 利率市场化的测算

在已有的研究中，测度利率市场化水平的方法有三种：一是用虚拟变量赋值，放松利率管制之后取1，放松利率管制之前取0。二是用中央银行确定的存贷款基准利率衡量。三是根据中国利率市场化改革中的政策措施或重要事件，对利率市场化水平进行分级赋值。相较而言，虚拟变量赋值更适合基于准自然实验研究放松利率管制的政策效果，若用来衡量利率市场化水平则较为粗略；同样地，央行制定的存贷款利率基准利率，体现的是商业银行和

① 参见蒋海等《利率市场化进程中商业银行的资本缓冲行为》。

其他金融机构的利率参考，不能反映利率市场化水平。在已有的研究中，蒋海等（2018）结合以往研究，完善并细化了分等级赋值法和利率市场化指标体系[6]，在专家专业经验和相关统计数据的基础上，对不同年份的指标进行专家打分，并确定各级指标权重①。利率市场化各指标的权重及赋值标准如表7-1和表7-2所示。具体公式如下：

$$利率市场化指数(LIR) = 货币市场利率得分 \times \omega_1 + 存贷利率得分 \times \omega_2 + 理财产品收益利率得分 \times \omega_3 + 债券市场利率得分 \times \omega_4 \quad (7-1)$$

表7-1　利率市场化指标权重

一级指标	指标权重	二级指标	指标权重
货币市场利率	0.1647	同业拆借利率	0.7500
		票据贴现利率	0.2500
存贷利率	0.6340	人民币贷款利率	0.4375
		人民币存款利率	0.4375
		外币贷款利率	0.0625
		外币存款利率	0.0625
理财产品收益利率	0.0939	理财产品收益利率	0.5370
		货币基金收益利率	0.2047
		信托产品收益利率	0.2583
债券市场利率	0.1074	债券发行利率	0.6000
		债券回购利率	0.2000
		现券交易利率	0.2000

表7-2　各指标赋值标准

	完全市场化	极强市场化	较强市场化	半市场化	较弱市场化	极弱市场化	完全管制
赋值	1	0.75~1	0.50~0.75	0.5	0.25~0.50	0~0.25	0

7.3.2.2　股价崩盘风险的测算

根据以往对股价崩盘风险的研究可以发现，目前对于股价崩盘风险的测

① 利率市场化指数计算参见蒋海等《利率市场化进程中商业银行的资本缓冲行为》附录。

度，主要是围绕股票收益率来构建相应的指标模型。目前测度股价崩盘风险的模型包括负收益偏态系数、回报上下波动率和股价暴跌概率。其中，负收益偏态系数和回报上下波动率是连续变量指标模型，股价暴跌概率是二元离散变量模型。股价暴跌概率计算虽然简单，但是测度方法过于粗略，无法直接描述股价崩盘风险的程度和大小。在计算股价暴跌概率时需要选取临界值来对股价崩盘风险进行划分，临界值的选取具有一定的主观性。所以本章选取负收益偏态系数和回报上下波动率来度量股价崩盘风险。首先需要计算股票 i 第 k 周的特有收益率 $W_{i,k}$。

第一步，用股票的周收益率数据分年度进行回归：

$$IR_{i,k} = \beta_0 + \beta_1 IR_{m,k-2} + \beta_2 IR_{m,k-1} + \beta_3 IR_{m,k} + \beta_4 IR_{m,k+1} + \beta_5 IR_{m,k+2} + \varepsilon_{i,k} \tag{7-2}$$

其中，$IR_{i,k}$表示股票 i 在第 k 周的收益率；$IR_{m,k}$表示第 k 周的市场收益率；$IR_{m,k-2}$、$IR_{m,k-1}$表示市场收益率的滞后项，$IR_{m,k+1}$、$IR_{m,k+2}$表示市场收益率的超前项，加入滞后项和超前项的目的是调整股票非同步性交易带来的偏差。

第二步，运用式（7－2）得出的残差项 $\varepsilon_{i,k}$计算股票 i 第 k 周的特有收益率 $W_{i,k}$：

$$W_{i,k} = \ln(1 + \varepsilon_{i,k}) \tag{7-3}$$

第三步，运用式（7－3）得出的特有收益率 $W_{i,k}$来计算负收益偏态系数 $NCSKEW$。负收益偏态系数数值越大，意味着企业的股价崩盘风险越高。计算公式如下：

$$NCSKEW_{i,k} = -\frac{n(n-1)^{\frac{3}{2}} \sum W_{i,k}^3}{(n-1)(n-2)\left(\sum W_{i,k}^2\right)^{\frac{3}{2}}} \tag{7-4}$$

其中，n 表示股票 i 每一年度进行市场交易的周数。

第四步，运用式（7－3）得出的特有收益率 $W_{i,k}$ 计算股票 i 的回报上下波动率。该指标衡量了股票收益率相对于平均周特有收益率的非对称性波动情况。与 $NCSKEW$ 类似，该指标数值越大，意味着股价崩盘风险越高。具体计算公式如下：

$$DUVOL_{i,k} = \log\left[\frac{(n_u - 1)\sum_{DOWN} W_{i,k}^2}{(n_d - 1)\sum_{UP} W_{i,k}^2}\right] \quad (7-5)$$

其中，n_u为股票 i 特异性收益率大于该股票当年周特异性收益率平均值的周数；n_d为股票 i 特异性收益率小于该股票当年周特异性收益率平均值的周数。

7.3.2.3　控制变量的选取和测算

股价崩盘风险的影响因素有很多，本节参考已有的针对股价崩盘风险的文献研究，在股价崩盘风险的模型中加入一些控制变量，包括个股收益波动率（*SIGMA*）、个股特有收益率（*RET*）、总资产报酬率（*ROA*）、财务杠杆（*LEV*）、企业规模（*SIZE*）、账面市值比（*BM*）、投资者异质性（*Oturnover*）、信息透明度（*Absacc*），并参照研究惯例控制行业效应和年度效应。

（1）公司层面的控制变量

公司层面的控制变量包括总资产报酬率（*ROA*）、财务杠杆（*LEV*）、企业规模（*SIZE*）、账面市值比（*BM*）。财务杠杆（*LEV*）和企业规模（*SIZE*）能够衡量企业的财务风险，总资产报酬率（*ROA*）能够衡量企业的经营风险，账面市值比（*BM*）能够衡量股市泡沫的大小，均会对股价崩盘风险产生影响。

（2）个股收益波动率（*SIGMA*）

个股收益波动率能够衡量股价变动的幅度和频率，并且能直接影响股价崩盘风险。

（3）个股特有收益率（*RET*）

个股特有收益率（*RET*）是相对于市场收益而言的，正的或负的超额收益与股票价格的上涨、下跌有相关关系，进而对股价崩盘风险产生影响。

（4）投资者异质性（*Oturnover*）

投资者异质性（*Oturnover*）用当年的月平均换手率与前一年的月平均换手率的差值来表示。股票换手率是衡量股票流动性大小的指标。股票流动性能够影响股票波动趋势的大小，所以能够影响企业的股价崩盘风险。

（5）信息透明度（*Absacc*）

$$Absacc_{i,t} = ABS(DTAC_{i,t-1}) + ABS(DTAC_{i,t-2}) + ABS(DTAC_{i,t-3}) \quad (7-6)$$

$$\frac{TA_{i,t}}{A_{i,t-1}} = \beta_0 \frac{1}{A_{i,t-1}} + \beta_1 \frac{\Delta Sale_{i,t}}{A_{i,t-1}} + \beta_2 \frac{PPE_{i,t}}{A_{i,t-1}} + \varepsilon_{i,t} \tag{7-7}$$

$$NDTAC_{i,t} = \beta_0 \frac{1}{A_{i,t-1}} + \beta_1 \left(\frac{\Delta Sale_{i,t}}{A_{i,t-1}} - \frac{\Delta Rec_{i,t}}{A_{i,t-1}}\right) + \beta_2 (PPE_{i,t} - A_{i,t-1}) \tag{7-8}$$

$$DTAC_{i,t} = \frac{TA_{i,t}}{A_{i,t-1}} - NDTAC_{i,t} \tag{7-9}$$

其中，$TA_{i,t}$表示合计的应计利润，用当年营业利润的数值减去经营活动发生现金流量净额数值的差值来表示；$A_{i,t-1}$表示前一会计年度的总资产；$\Delta Sale_{i,t}$表示销售利润的增加额；$\Delta Rec_{i,t}$表示应收账款的增加额；$PPE_{i,t}$表示固定资产净额；$NDTAC_{i,t}$表示第 i 家公司在第 t 年的非操纵应计利润；$DTAC_{i,t}$表示第 i 家公司在第 t 年的可操纵应计利润；$Absacc_{i,t}$表示第 i 家上市公司在第 t 年的信息透明度，$Absacc_{i,t}$的值越大，表示企业信息透明度越低。

（6）行业效应和年度效应

不同行业的财务数据和股价变动趋势有所不同，不同年度的股价崩盘风险也可能有差异，这是因为不同行业和年度的企业所面临的经济形势、行业前景、要素市场、经营风险等存在差异。所以，在实证分析中控制行业效应和年度效应以减少其对结果带来的影响。

综上所述，将实证研究中的被解释变量、解释变量与控制变量整理如表 7－3 所示。

表 7－3　被解释变量、解释变量与控制变量

变量类型	变量名称	变量符号	变量度量
被解释变量	负收益偏态系数	*NCSKEW*	式（7－4）
	回报上下波动率	*DUVOL*	式（7－5）
解释变量	利率市场化指数	*LIR*	式（7－1）
控制变量	个股特有收益率	*RET*	企业每年度周特定收益率的均值
	个股收益波动率	*SIGMA*	企业每年度周特定收益率的标准差
	总资产报酬率	*ROA*	期末净利润比期末资产总额
	财务杠杆	*LEV*	期末负债总额比期末资产总额
	账面市值比	*BM*	公司账面总资产与股票总市值的比值

续表

变量类型	变量名称	变量符号	变量度量
控制变量	企业规模	*SIZE*	公司总资产的自然对数
	信息透明度/信息不对称程度	*Absacc*	根据修正 Jones 模型对各企业分年度估计得到的可操纵性应计利润的绝对值
	投资者异质性/超额换手率	*Oturnover*	第 t 年月平均换手率与第 $t-1$ 年月平均换手率的差

7.3.3　模型设计

为了检验利率市场化对企业股价崩盘风险的影响，根据对以往学者研究成果和相关理论的总结和梳理，并结合本章的研究意义和研究假设，采用 GMM 模型和混合回归方法，设计模型如下：

$$Crash_{i,t} = \alpha_0 + \lambda_0 LIR_t + \sum \beta_k ControlVariables_{ki,t} + Industry_i + Year_t + \varepsilon_{i,t} \tag{7-10}$$

其中，$Crash_{i,t}$ 表示度量股价崩盘风险的两个变量 $NCSKEW_{i,t}$ 和 $DUVOL_{i,t}$，本章在主检验中用 $NCSKEW_{i,t}$ 测算股价崩盘风险，在稳健性检验中用 $DUVOL_{i,t}$ 测算股价崩盘风险。LIR_t 表示第 t 年的利率市场化指数，$ControlVariables_{ki,t}$ 表示 7.3.2 小节中提到的会对股价崩盘风险产生影响的控制变量。λ_0 为利率市场化指数的系数，若 $\lambda_0<0$，则支持假设 1。β_k 为各控制变量的系数。$Industry_i$ 表示行业效应，$Year_t$ 表示年份效应，$\varepsilon_{i,t}$ 表示随机扰动项。

运用式（7－10），对全样本、次贷危机和欧债危机后的样本、按金融化程度高低划分的样本、按最终控制人类型划分的样本分别进行估计。对全样本运用 GMM 法和混合回归方法进行估计，对次贷危机和欧债危机后的样本、按金融化程度高低划分的样本、按最终控制人类型划分的样本用混合回归方法进行估计。最后运用替换股价崩盘风险测算指标、面板数据随机效应回归和放松利率管制政策效果检验的方法进行稳健性检验。

7.4　实证研究与结果分析

本节运用7.3节构建的变量和模型，对收集的数据进行实证分析，以检验7.2节提出的研究假设，并对检验结果做出分析。为进一步确保实证结果的稳健性，运用替换股价崩盘风险测算指标、面板数据随机效应回归和放松利率管制政策效果检验的方法进行稳健性检验。本节共包括描述性统计、相关性检验、多重共线性检验与平稳性检验、模型估计、稳健性检验5个小节。

7.4.1　描述性统计

本章对负收益偏态系数、回报上下波动率、利率市场化指数、个股特有收益率、个股收益波动率、企业规模、账面市值比、总资产报酬率、财务杠杆、企业信息透明度、投资者异质性进行描述性统计，具体统计结果如表7-4所示。

表7-4　描述性统计

变量	mean	sd	p1	p25	p50	p75	p99
NCSKEW	-0.2676	0.6518	-2.1594	-0.6156	-0.2258	0.1342	1.2080
DUVOL	-0.1816	0.4644	-1.2858	-0.4860	-0.1793	0.1323	0.8887
LIR	0.8025	0.1376	0.6249	0.6531	0.8308	0.9208	0.9901
Oturnover	-0.4796	1.0261	-4.2470	-0.9103	-0.2143	0.2756	0.7285
SIGMA	0.0530	0.0196	0.0200	0.0394	0.0499	0.0624	0.1207
RET	-0.0011	0.0075	-0.0160	-0.0062	-0.0021	0.0029	0.0233
SIZE	22.1166	1.2643	19.8890	21.1982	21.9154	22.8221	25.7746
BM	0.5314	0.2490	0.0984	0.3313	0.5057	0.7136	1.1015
LEV	0.4418	0.2086	0.0511	0.2758	0.4430	0.6067	0.8673
ROA	0.0434	0.0502	-0.1257	0.0165	0.0390	0.0679	0.1936
Absacc	0.0908	0.1036	0.0011	0.0277	0.0608	0.1152	0.6272

根据表7-4的描述性统计，可以看出：

①在度量股价崩盘风险的指标中，*NCSKEW*的均值为-0.2676，标准差为0.6518，*DUVOL*的均值为-0.1816，标准差为0.4644，均值均小于标准差，说明选取的企业样本中不同企业的股价崩盘风险差异较大。*NCSKEW*的1%分位数为-2.1594，99%分位数为1.2080，*DUVOL*的1%分位数为

-1.2858，99%分位数为0.8887，这与以往的研究相比，均在合理的范围内。

②度量利率市场化水平的指标*LIR*，均值为0.8025，标准差为0.1376，1%分位数为0.6249，99%分位数为0.9901，差异较小，说明不同年份的利率市场化水平差异不大。均值0.8025略小于中位数0.8308，左偏，说明样本中部分年份的利率市场化水平较低。

③在控制变量中，个股特有收益率、个股收益波动率、信息透明度、投资者异质性的均值分别为-0.0011、0.0530、0.0908、-0.4796，标准差分别为0.0075、0.0196、0.1036、1.0261，与以往的研究结果相比，均在合理范围内。企业规模的本质为总资产的对数，其均值为22.1166，标准差为1.2643，1%分位数为19.8890，99%分位数为25.7746，数值差异不大，但是由于其为对数值，所以实际上选取的样本中公司规模差异较大。账面市值比均值为0.5314，标准差为0.2490，1%分位数为0.0984，99%分位数为1.1015，均值大于中位数0.5057，右偏，说明部分企业账面市值比较高。总资产报酬率的均值为0.0434，标准差为0.0502，均值小于标准差，1%分位数为-0.1257，99%分位数为0.1936，说明有金融化倾向的企业样本中不同企业的获利能力差异较大。财务杠杆的均值为0.4418，标准差为0.2086，1%分位数为0.0511，99%分位数为0.8673，说明选取的企业样本中不同实体企业的资本结构差异较大。

接下来，进一步对股价崩盘风险进行分年度描述性统计，以研究其变化趋势。表7-5列示了衡量股价崩盘风险的变量负收益偏态系数和回报上下波动率的分年度描述性统计情况。

表7-5　负收益偏态系数和回报上下波动率分年度描述性统计

年份	mean		sd		min		max	
	NCSKEW	*DUVOL*	*NCSKEW*	*DUVOL*	*NCSKEW*	*DUVOL*	*NCSKEW*	*DUVOL*
2008	-0.0722	-0.0409	0.4982	0.3960	-2.3707	-1.1364	2.3677	1.1290
2009	-0.4959	-0.3744	0.5261	0.4099	-2.9461	-1.8170	1.0985	1.0557
2010	-0.0821	-0.0724	0.6505	0.4646	-2.8357	-1.9282	1.9898	1.1693
2011	-0.2183	-0.1590	0.5957	0.4295	-2.8501	-1.4709	2.7369	1.5457
2012	-0.2278	-0.1397	0.7293	0.4838	-3.2915	-1.5767	2.8126	1.3110
2013	-0.3445	-0.2093	0.6805	0.4604	-3.5024	-2.0062	2.4933	1.4037

续表

年份	mean		sd		min		max	
	NCSKEW	*DUVOL*	*NCSKEW*	*DUVOL*	*NCSKEW*	*DUVOL*	*NCSKEW*	*DUVOL*
2014	-0.2204	-0.1238	0.6811	0.4879	-3.3643	-1.7311	3.1694	1.6439
2015	-0.1838	-0.1568	0.5120	0.4091	-3.1408	-1.3747	1.5684	1.3068
2016	-0.4919	-0.3491	0.6644	0.4730	-3.5542	-1.8789	1.3983	1.2659

根据表7-5的分年度描述性统计可以发现，在选取的企业样本中，股价崩盘风险的均值、标准差和极值都没有绝对的逐渐上升或逐渐下降的趋势，而是处于波动状态。为进一步研究，将负收益偏态系数和回报上下波动率每一年度的均值绘成图形，如图7-2所示。

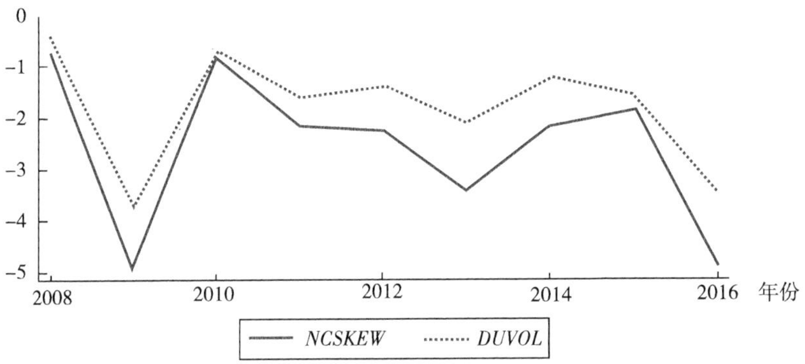

图7-2　负收益偏态系数和回报上下波动率的均值变化趋势

根据图7-2可以发现，样本企业的股价崩盘风险在2008年、2010年和2015年较高。2008年，国际金融危机导致了全球股市崩盘。2010年，欧洲爆发了债务危机，对国内A股市场投资者的情绪造成了一定影响。2011年，中国股市进入熊市，跌到2228点。2015年，中国股市出现了罕见的“千股跌停”现象，说明2015年较高的股价崩盘风险转化成了现实中的股价崩盘，这与现实情况相一致。

为结合股价崩盘风险进行分析，对2008—2016年的利率市场化指数计算结果进行列示，具体如表7-6所示。

表 7 - 6　2008—2016 年的利率市场化指数

指标	2008 年	2009 年	2010 年	2011 年	2012 年	2013 年	2014 年	2015 年	2016 年
LIR	0. 6249	0. 6343	0. 6437	0. 6531	0. 7457	0. 8308	0. 9208	0. 9901	0. 9901

为了研究利率市场化指数在 2008—2016 年的变化趋势，将表 7 - 6 的数据绘成图形，具体如图 7 - 3 所示。

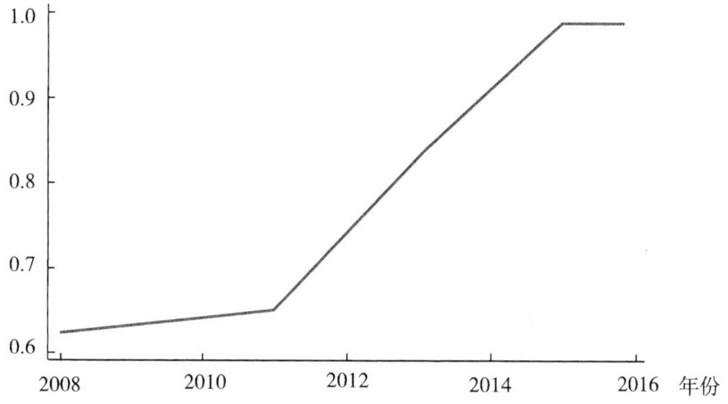

图 7 - 3　利率市场化指数在 2008—2016 年的变化趋势

根据图 7 - 3 可以发现，利率市场化指数呈逐年上升的趋势，这与胡晖和张璐（2015）[1]、蒋海等（2018）[6]的研究相一致，与我国在实际中实行的利率市场化改革进程相一致。具体利率市场化与股价崩盘风险的关系，还需进一步分析。

7. 4. 2　相关性检验

为了对利率市场化和企业股价崩盘风险的关系进行初步检验，也因为在混合回归分析中要求变量之间不存在共线性，因此在实证检验之前，本小节对主要变量先进行相关性检验。各变量的相关性检验结果如表 7 - 7 所示。

表 7 - 7　相关性分析结果

变量	*NCSKEW*	*DUVOL*	*LIR*	*Oturnover*	*SIGMA*	*RET*
NCSKEW	1. 0000					
DUVOL	0. 8671 * * *	1. 0000				
LIR	-0. 0587 * * *	-0. 0498 * * *	1. 0000			
Oturnover	-0. 0852 * * *	-0. 0906 * * *	0. 2149 * * *	1. 0000		

续表

变量	NCSKEW	DUVOL	LIR	Oturnover	SIGMA	RET
SIGMA	0. 0306***	0. 0182*	0. 2446***	0. 3200***	1. 0000	
RET	-0. 0381***	-0. 0633***	0. 0619***	0. 1822***	0. 5232***	1. 0000
SIZE	-0. 1663***	-0. 1786***	0. 1373***	-0. 0014	-0. 2537***	-0. 1234***
BM	-0. 1391***	-0. 1171***	-0. 1540***	-0. 0991***	-0. 4810***	-0. 3367***
LEV	-0. 1211***	-0. 1284***	-0. 0576***	0. 0552***	-0. 0940***	-0. 0397***
ROA	0. 0734***	0. 0580***	-0. 0768***	-0. 0580**	-0. 0068	0. 1366***
Absacc	0. 0391***	0. 0273***	0. 0256**	-0. 0031	0. 1329***	0. 0734***
SIZE	1. 0000					
BM	0. 5898***	1. 0000				
LEV	0. 5304***	0. 4840***	1. 0000			
ROA	-0. 0630***	-0. 3332***	-0. 3988***	1. 0000		
Absacc	0. 0072	-0. 0649***	0. 0521***	-0. 0061	1. 0000	

注：***、**、*分别表示系数在1%、5%、10%的水平上显著。

从表7-7中可以看出，利率市场化指数*LIR*与*NCSKEW*、*DUVOL*的相关系数分别为-0. 0587、-0. 0498，在1%的显著性水平上显著，由此推断，利率市场化水平与股价崩盘风险呈负相关。绝大部分变量的相关系数都低于0. 5，说明相关性不强。只有*NCSKEW*与*DUVOL*、*SIGMA*与*RET*、*SIZE*与*BM*、*SISE*与*LEV*的相关系数大于0. 5。后文将进行方差膨胀因子计算分析，进一步检验多重共线性。

7. 4. 3　多重共线性检验与平稳性检验

为了在GMM法之后采用混合回归方法进一步分析，本小节对主要变量进行了方差膨胀因子分析以检验是否存在多重共线性，检验结果如表7-8所示。

表7-8　方差膨胀因子分析结果

变量	VIF	1/VIF（容忍度）
BM	2. 47	0. 404929
SIZE	2. 22	0. 450299
SIGMA	1. 90	0. 526993
LEV	1. 85	0. 540279

续表

变量	VIF	1/VIF（容忍度）
ROA	1.49	0.672517
RET	1.45	0.688863
LIR	1.28	0.783399
Oturnover	1.16	0.865275
Absacc	1.03	0.972812
Mean VIF	1.65	

从表7-8中可以看出，只有*BM*、*SIZE*的方差膨胀系数大于2，但是远小于10，容忍度（方差膨胀系数的倒数）也介于0~1，表示变量之间并不存在多重共线性问题。*SIGMA*、*LEV*、*RET*、*ROA*、*LIR*、*Oturnover*和*Absacc*的方差膨胀系数均小于2，整体方差膨胀系数的均值为1.65，说明模型中的各个变量之间均不存在多重共线性问题。

由于本章采用的是非平衡面板数据，时间为9年，是短面板数据，且平均截面数为1284，截面数远大于时期数，在一定程度上可以忽略平稳性检验。但是为了增强数据结果的可靠性，还是要对非平衡面板数据进行单位根检验。在已有的单位根检验中，IPS检验和Fisher类型的检验可以用于对非平衡面板数据的单位根检验，但是由于IPS检验要求时期数在9期以上，所以本小节选择Fisher类型的ADF检验来进行单位根检验，检验结果能保证至少一个面板的平稳性，如表7-9所示。

表7-9　Fisher-ADF检验结果

变量	Fisher：augmented Dickey-Fuller tests	
	inverse X^2统计量	p值
NCSKEW	6291.9697	0.0000
DUVOL	6601.5877	0.0000
Oturnover	6168.6854	0.0000
SIGMA	6138.5203	0.0000
RET	7447.1789	0.0000
SIZE	5995.5081	0.0000
BM	8666.5893	0.0000

续表

变量	Fisher：augmented Dickey - Fuller tests	
	inverse X^2统计量	p 值
LEV	6100.2686	0.0000
ROA	7057.8503	0.0000
Absacc	6732.7963	0.0000

根据表 7 -9 中的结果可以发现，除解释变量 *LIR* 外的被解释变量和控制变量均能保证至少在一个面板层面上平稳，可以抑制伪回归现象的发生。

7.4.4 模型估计

为检验 7.2 节的研究假设，本小节运用 7.3 节中选取的变量和模型进行估计。为克服可能存在的内生性问题，运用 GMM 法和混合回归方法对全样本、次贷危机与欧债危机后的样本进行估计，运用面板数据的混合回归方法对样本按金融化程度、最终控制人类型进一步分组研究。

7.4.4.1 基于全样本和次贷危机与欧债危机后样本的分析

为了检验假设 1，选取 GMM 法和混合回归方法研究利率市场化与股价崩盘风险的关系，如式（7 -10）所示。

传统的参数估计方法需要满足一定的假设条件，如随机误差项的分布需已知，解释变量均需为外生变量，并且不存在自相关和异方差。GMM 法在模型存在内生性问题时，在模型存在自相关、异方差的情况下，估计结果仍然有效。所以，本章同时选择 GMM 法和混合回归方法对全样本进行估计，可以加强结果的可靠性。其中，GMM 法分系统 GMM 和差分 GMM 法来估计，由于本章选取的是截面数远大于时期数的非平衡面板数据，差分 GMM 的误差较大，所以估计结果以系统 GMM 的估计结果为准。

在运用 GMM 法对利率市场化水平与企业股价崩盘风险的关系进行估计的前提下，采用混合回归方法，分不加控制变量和添加控制变量两种情况，同时控制好行业效应与年度效应，对利率市场化与企业股价崩盘风险的关系进行估计。GMM 法估计结果比混合回归更有效。在 GMM 法估计结果成立的前提下，运用混合回归对全样本、次贷危机和欧债危机后样本、按金融化程度划分的样本、按最终控制人类型划分的样本进行研究，运用面板数据的随机效应回归进行稳健性检验，所得出的估计结果也会更有效。GMM 法估计结果如表 7 – 10 所示。

表 7 – 10 基于全样本的 GMM 法估计结果

解释变量	被解释变量：*NCSKEW*			
	系统 GMM		差分 GMM	
	系数	Z 值（括号内为 p 值）	系数	t 值（括号内为 p 值）
L1. NCSKEW	0.0698 ***	5.62 (0.0000)	−0.0494 **	−1.99 (0.0470)
L2. NCSKEW	0.0638 ***	5.02 (0.0000)	−0.0416 **	−2.01 (0.0440)
LIR	−0.3624 ***	−4.55 (0.0000)	−0.2855 *	−1.84 (0.0660)
Oturnover	−0.0539 ***	−4.79 (0.0000)	−0.0566 ***	−4.79 (0.0000)
SIGMA	1.5864 **	2.37 (0.0180)	1.5719 *	1.85 (0.0640)
RET	−12.4196 ***	−8.72 (0.0000)	−13.3303 ***	−8.78 (0.0000)
SIZE	−0.0354 ***	−3.49 (0.0000)	−0.1228 **	−2.35 (0.0190)
BM	−0.4815 ***	−7.97 (0.0000)	−0.5969 ***	−4.53 (0.0000)
LEV	0.0559	0.91 (0.3650)	−0.1011	−0.54 (0.5870)
ROA	0.1834	0.78 (0.4350)	−0.3033	−0.81 (0.4200)
Absacc	0.2187 **	2.20 (0.0280)	0.2181 *	1.76 (0.0780)
Constant	0.9541 ***	5.05 (0.0000)	—	—
Wald X^2	—	535.89	—	—
Prob > chi2	—	0.0000	—	—
AR (1)	—	0.0000	—	0.0000
AR (2)	—	0.0650	—	0.7020
Sargan 检验	—	0.1160	—	0.0000
观测数	—	6354	—	4592

注：***、**、* 分别表示系数在 1%、5%、10% 的水平上显著；—表示未涉及。

从表 7 – 10 的估计结果中可以看出，以 *NCSKEW* 为被解释变量，采用系统 GMM 法估计时，解释变量 *LIR* 的系数为 −0.3624，在 1% 的水平上显著；采用差分 GMM 法估计时，解释变量 *LIR* 的系数为 −0.2855，在 10% 的水平上显著，表明利率市场化水平对股价崩盘风险有负向影响。由于本章选取的是截面数远大于时期数的非平衡面板数据，差分 GMM 的误差较大，故以系统 GMM 法结果为准。

在以往对股价崩盘风险的研究中，并没有学者剔除2008年次贷危机和2010年欧债危机期间的样本。这是因为在实证研究中已经控制了年度效应。在不同的年份中，实体企业所面临的宏观环境、外部冲击都会存在差异，这对企业的股价崩盘风险也会产生影响。在混合回归和面板数据随机效应回归中控制好年度效应，能够控制不同年份发生事件、宏观因素等的差异及其对企业股价崩盘风险的影响。为了进一步确保结果的准确性，在对基于全样本的利率市场化水平与企业股价崩盘风险的关系进行估计时，选取次贷危机与欧债危机后的样本来进行对照。

基于全样本的混合回归（分有控制变量和无控制变量）、基于次贷危机和欧债危机后样本的混合回归估计结果如表7－11所示。

表7－11　以*NCSKEW*为被解释变量基于全样本和次贷危机与欧债危机后样本的混合回归估计结果

解释变量	被解释变量：*NCSKEW*			
	全样本		次贷危机与欧债危机后样本	
	有控制变量	无控制变量	有控制变量	无控制变量
LIR	－1.4467*** （－15.62）	－1.2289*** （－14.77）	－0.7132*** （－8.85）	－0.8287*** （－11.11）
Oturnover	－0.0426*** （－5.85）		－0.0471*** （－5.67）	
SIGMA	－1.8149*** （－3.80）		－1.5086*** （－2.79）	
RET	－9.3368*** （－9.23）		－10.5663*** （－8.81）	
SIZE	－0.0271*** （－3.47）		－0.0215** （－2.28）	
BM	－0.3491*** （－7.77）		－0.3681*** （－7.04）	
LEV	0.0194 （0.48）		－0.0134 （－0.28）	
ROA	0.1961 （1.35）		0.1988 （1.13）	

续表

解释变量	被解释变量：*NCSKEW*			
	全样本		次贷危机与欧债危机后样本	
	有控制变量	无控制变量	有控制变量	无控制变量
Absacc	0.2712*** (4.75)		0.2399*** (3.58)	
Constant	1.6715*** (9.54)	0.7185*** (7.23)	0.8983*** (4.51)	0.4192*** (4.09)
Year	控制	控制	控制	控制
Industry	控制	控制	控制	控制
R^2	0.1073	0.0801	0.0983	0.0685
Adj R^2	0.1006	0.0738	0.0899	0.0607
Prob > F	0.0000	0.0000	0.0000	0.0000
观测数	11，559	11，560	9023	9024

注：***、**分别表示系数在1%、5%的水平上显著；括号中为t统计量数值。

从表7-11的估计结果可以看出：

①在全样本混合回归中，以*NCSKEW*为被解释变量、不加控制变量控制行业效应和年度效应时，解释变量*LIR*的回归系数为-1.2289，在1%的水平上显著；添加控制变量控制行业效应和年度效应时，解释变量*LIR*的回归系数为-1.4467，在1%的水平上显著。方程整体的p值为0.0000，说明方程整体显著，利率市场化水平对股价崩盘风险有负向影响。

②在次贷危机与欧债危机后样本混合回归中，以*NCSKEW*为被解释变量、不加控制变量控制行业效应和年度效应时，解释变量*LIR*的回归系数为-0.8287，在1%的水平上显著；添加控制变量控制行业效应和年度效应时，解释变量*LIR*的回归系数为-0.7132，在1%的水平上显著。方程整体的p值为0.0000，说明方程整体显著，利率市场化水平对股价崩盘风险有负向影响，结果较为稳健。

从混合回归中的控制变量结果来看，个股特有收益率、个股收益波动率、投资者异质性与股价崩盘风险呈负相关，财务杠杆、总资产报酬率与股价崩盘风险呈正相关，这与许年行等（2013）[52]的研究结果一致；个股特有收益率、投资者异质性与股价崩盘风险呈负相关，财务杠杆、总资产报酬率与股价崩盘风险呈正相关，这与孔东民和王江元（2016）[55]的研究结果一致；个股特有收益率、账面市值比与股价崩盘风险呈负相关，财务杠杆、信息透明度与股价崩盘风险呈正相关，这与田利辉和王可第（2017）[43]的研究结果一致；个股特有收益率、企业规模、账面市值比与股价崩盘风险呈负相关，财务杠杆、总资产报酬率、信息透明度与股价崩盘风险呈正相关，这与肖土盛等（2017）[40]的研究结果一致。

估计结果说明，利率市场化水平与企业的股价崩盘风险呈负相关，验证了假设1。利率市场化改变了利率的决定方式，增加了金融行业的竞争程度，使实体企业的融资渠道更加多元化，使企业的融资约束得到缓解，企业的股价崩盘风险也会随之降低。商业银行等金融机构能够自主上调存款利率，广泛吸收社会的闲散资金，使金融市场资金供给量增加，均衡利率水平降低，企业债务融资成本降低，企业融资约束进一步缓解，股价崩盘风险降低。利率市场化改变了不同实体企业的融资成本和机会成本，使实体企业的过度负债和过度投资行为得到抑制，放松贷款利率下限也能抑制非国有企业金融化，这会降低企业负面消息发生的概率，缓解企业的股价崩盘风险。

7.4.4.2　基于金融化程度的分析

本部分选取了全样本中配置金融资产、有金融化倾向的上市企业，按金融化程度划分为金融化程度较低组和金融化程度较高组，分别用面板数据混合回归的方法进行估计。划分的方法是首先对企业金融化程度进行计算，参考彭俞超等（2018）的方法，用类金融资产占资产总和的比重来计算。类金融资产包括交易性金融资产、买入返售金融资产、可供出售金融资产、持有至到期投资与发放贷款及垫款。同时用上一期的金融化程度匹配当期的股价崩盘风险[57]。然后对金融化程度进行描述性统计，将小于下四分位数的样本划分为金融化程度较低组，将大于上四分位数的样本划分为金融化程度较高组。分组估计结果如表7-12所示。

表 7－12　以 *NCSKEW* 为被解释变量基于金融化程度划分的样本混合回归结果

解释变量	被解释变量：*NCSKEW*			
	金融化程度低		金融化程度高	
	无控制变量	有控制变量	无控制变量	有控制变量
LIR	-1.6057*** (-5.58)	-1.7817*** (-5.77)	-1.1127*** (-4.94)	-1.4456*** (-5.61)
Oturnover		-0.0678*** (-2.82)		-0.0391 (-1.57)
SIGMA		-0.2519 (-0.16)		-2.0382 (-1.28)
RET		-10.8655*** (-3.28)		-11.4028*** (-3.46)
SIZE		-0.0053 (-0.23)		-0.0334 (-1.33)
BM		-0.4529*** (-3.14)		-0.4219*** (-2.82)
LEV		0.1575 (1.11)		0.0706 (0.53)
ROA		0.4091 (0.84)		0.2425 (0.48)
Absacc		0.3259* (1.67)		0.6184*** (3.45)
Constant	0.8494** (2.53)	1.1934** (2.15)	0.5071* (1.69)	1.6498*** (2.92)
Year	控制	控制	控制	控制
Industry	控制	控制	控制	控制
R^2	0.1236	0.1523	0.1251	0.1615
Adj R^2	0.0743	0.0982	0.0702	0.1026
Prob > F	0.0000	0.0000	0.0000	0.0000
观测数	1184	1184	1204	1204

注：***、**、* 分别表示系数在 1%、5%、10% 的水平上显著；括号中为 t 统计量数值。

从表 7－12 的估计结果可以看出：

①对于金融化程度较低的企业，在 *NCSKEW* 为被解释变量、不加控制变量控制行业效应和年度效应时，解释变量 *LIR* 的回归系数为－1.6057，在1%的水平上显著；添加控制变量控制行业效应和年度效应时，解释变量 *LIR* 的回归系数为－1.7817，在1%的水平上显著。方程整体的 p 值为0.0000，说明方程整体显著。

②对于金融化程度较高的企业，在 *NCSKEW* 为被解释变量、不加控制变量控制行业效应和年度效应时，解释变量 *LIR* 的回归系数为－1.1127，在1%的水平上显著；添加控制变量控制行业效应和年度效应时，解释变量 *LIR* 的回归系数为－1.4456，在1%的水平上显著。方程整体的 p 值为0.0000，说明方程整体显著。

以上结果说明，在有金融化倾向的企业中，利率市场化对金融化程度较低的企业的股价崩盘风险的缓解作用比对金融化程度较高的企业的缓解作用更强。验证了假设2。

在企业金融化层面，实体企业金融化本身是因为企业在实体经济项目的投资中无法获利或亏损，为了隐藏坏消息将资金投资于金融资产，对股价崩盘风险有正向影响[57]。金融化程度较高的企业，有短视化倾向，面临的风险较高，会减弱利率市场化对股价崩盘风险的缓解作用。而且利率市场化改革旨在缓解实体企业的融资约束，更好地支持和服务于实体经济发展，实体企业过度金融化违背了利率市场化的政策初衷，会对利率市场化的政策效果产生不利影响。所以，在有金融化倾向的企业中，利率市场化进程的推进，对金融化程度较低的企业股价崩盘风险的缓解作用，比对金融化程度较高的企业更显著。

7.4.4.3 基于最终控制人类型的分析

根据最终控制人类型的不同，本部分选取样本中的国有控股企业和民营控股企业来分析利率市场化水平对企业股价崩盘风险的影响，因为选取的样本中除国有控股企业和民营控股企业以外的其他最终控制人类型的企业样本数目相对较少，不能满足利用大样本进行实证分析时对样本数目的要求。运用混合回归的方法，分有控制变量和无控制变量两种情况，对国有控股企业和民营控股企业中利率市场化与企业股价崩盘风险的关系进行分析对比，估计结果如表 7－13 所示。

表 7－13　以 *NCSKEW* 为被解释变量基于最终控制人类型划分的样本混合回归结果

解释变量	被解释变量：*NCSKEW*			
	国有控股企业		民营控股企业	
	无控制变量	有控制变量	无控制变量	有控制变量
LIR	-1.3878*** (-11.71)	-1.6191*** (-12.36)	-1.1302*** (-8.81)	-1.3810*** (-9.40)
Oturnover		-0.0395*** (-3.31)		-0.0398*** (-4.11)
SIGMA		-3.6400*** (-4.56)		-1.3151** (-2.11)
RET		-10.6824*** (-6.44)		-8.9000*** (-6.56)
SIZE		-0.0356*** (-3.22)		-0.0160 (-1.24)
BM		-0.3770*** (-5.60)		-0.3074*** (-4.70)
LEV		0.2029*** (3.13)		-0.0792 (-1.42)
ROA		0.6023*** (2.61)		-0.1735 (-0.88)
Absacc		0.3422*** (3.61)		0.1954*** (2.66)
Constant	0.8494*** (6.64)	2.0352*** (8.19)	0.7105*** (3.99)	1.4349*** (5.03)
Year	控制	控制	控制	控制
Industry	控制	控制	控制	控制
R^2	0.0923	0.1251	0.0687	0.0901
Adj R^2	0.0800	0.1110	0.0573	0.0777
Prob > F	0.0000	0.0000	0.0000	0.0000
观测数	5093	5092	6035	6035

注：**、***表示系数在5%、1%的水平上显著；括号中为 t 统计量数值。

从表 7－13 的估计结果可以看出：

①对于国有控股企业，在 *NCSKEW* 为被解释变量、不加控制变量控制行

业效应和年度效应时，解释变量 *LIR* 的回归系数为 -1.3878，在1%的水平上显著；添加控制变量控制行业效应和年度效应时，解释变量 *LIR* 的回归系数为 -1.6191，在1%的水平上显著。方程整体的p值为0.0000，说明方程整体显著。

②对于民营控股企业，在 *NCSKEW* 为被解释变量、不加控制变量控制行业效应和年度效应时，解释变量 *LIR* 的回归系数为 -1.1302，在1%的水平上显著；添加控制变量控制行业效应和年度效应时，解释变量 *LIR* 的回归系数为 -1.3810，在1%的水平上显著。方程整体的p值为0.0000，说明方程整体显著。

以上结果说明，利率市场化对国有控股企业股价崩盘风险的缓解作用比对民营控股企业更强，支持假设3，否定了假设4。这说明在利率市场化的过程中，"融资约束观"的作用比"负面消息观"的作用更强。利率市场化促进了金融行业的充分竞争，缓解了实体企业的融资约束。但是商业银行的经营原则是营利性、安全性和流动性原则，作为债权人的商业银行更关注企业能否对贷款"保本付息"。所以，尽管民营控股企业的效率更高，国有控股企业由于有政府信用作为担保，财务风险和破产风险更低，更易受到商业银行的青睐。在商业银行经营原则的指导下，民营控股企业面临的债务融资成本比国有控股企业更高。随着利率市场化改革的推进，商业银行能够自主调节贷款利率的区间逐渐增大，其结果是国有控股企业面临的债务融资成本更低，风险高、规模小的民营控股企业面临的债务融资成本不变甚至更高。所以，利率市场化对国有控股企业股价崩盘风险的缓解作用比对民营控股企业更强。

7.4.5 稳健性检验

为进一步确保实证研究结果的可靠性，本小节运用替换股价崩盘风险测算指标、面板数据随机效应回归和放松利率管制政策效果检验的方法对利率市场化与企业股价崩盘风险的关系进行稳健性检验。

7.4.5.1 替换股价崩盘风险测算指标

在7.4.4小节的模型估计中，对基于全样本、次贷危机和欧债危机后样本、按金融化程度划分的样本、按最终控制人类型划分的样本进行实证分析时，均运用 *NCSKEW* 作为被解释变量来进行研究。根据以往对企业股价崩盘风险的研究可以发现，*DUVOL* 和 *NCSKEW* 均能够对企业的股价崩盘风险进行量化测算，所以本部分运用以 *DUVOL* 替换 *NCSKEW* 的方法进行稳健性检验。

以 *DUVOL* 为被解释变量，运用混合回归的方法，对基于全样本和基于次贷危机和欧债危机后样本的利率市场化与企业股价崩盘风险的关系进行稳健性检验，并按照有控制变量和无控制变量两种情况来进行估计，检验结果如表 7 - 14 所示。

表 7 - 14　以 *DUVOL* 为被解释变量基于全样本、次贷危机和欧债危机后样本的估计结果

解释变量	被解释变量：*DUVOL*				
		全样本		次贷危机和欧债危机后样本	
	系统 GMM	无控制变量	有控制变量	无控制变量	有控制变量
L1. DUVOL	0.0565 *** (4.61)	—	—	—	—
L2. DUVOL	0.0724 *** (5.90)	—	—	—	—
LIR	-0.2661 *** (-4.80)	-0.9016 *** (-15.20)	-0.9907 *** (-15.04)	-0.5776 *** (-10.99)	-0.4383 *** (-7.74)
Oturnover	-0.0370 *** (-4.73)		-0.0362 *** (-6.99)		-0.0368 *** (-6.30)
SIGMA	1.4210 *** (3.05)		-0.7760 ** (-2.28)		-0.5876 (-1.55)
RET	-10.1223 *** (-10.22)		-7.8906 *** (-10.96)		-8.9011 *** (-10.56)
SIZE	-0.0461 *** (-6.54)		-0.0313 *** (-5.64)		-0.0296 *** (-4.47)
BM	-0.1953 *** (-4.65)		-0.1802 *** (-5.64)		-0.1936 *** (-5.27)
LEV	-0.0020 (0.05)		0.0070 (0.24)		-0.0087 (-0.26)
ROA	0.1442 (0.88)		0.1183 (1.14)		0.1618 (1.31)

续表

解释变量	被解释变量：*DUVOL*				
	全样本			次贷危机和欧债危机后样本	
	系统 GMM	无控制变量	有控制变量	无控制变量	有控制变量
Absacc	0.1839 * * * (2.66)		0.1565 * * * (3.85)		0.1264 * * * (2.69)
Constant	1.0814 * * * (8.24)	0.5398 * * * (7.61)	1.3672 * * * (10.97)	0.2768 * * * (3.83)	0.8249 * * * (5.89)
Year	—	控制	控制	控制	控制
Industry	—	控制	控制	控制	控制
AR (1)	0.000	—	—	—	—
AR (2)	0.110	—	—	—	—
Sargan 检验	0.143	—	—	—	—
R^2	—	0.0789	0.1094	0.0664	0.1008
Adj R^2	—	0.0727	0.1027	0.0586	0.0924
Prob > F	—	0.0000	0.0000	0.0000	0.0000
观测数	6354	11560	11559	9024	9023

注：* * *、* * 分别表示系数在1%、5%的水平上显著；系统 GMM 列括号中为 Z 统计量数值，其余括号中为 t 统计量数值；—表示未涉及。

从表 7 - 14 的估计结果可以看出：

①在全样本中，以 *DUVOL* 为被解释变量，运用系统 GMM 法估计时，解释变量 *LIR* 的回归系数为 -0.2661，在 1% 的水平上显著；不加控制变量控制行业效应和年度效应时，解释变量 *LIR* 的回归系数为 -0.9016，在 1% 的水平上显著；添加控制变量控制行业效应和年度效应时，解释变量 *LIR* 的回归系数为 -0.9907，在 1% 的水平上显著。方程整体的 p 值为 0.0000，说明方程整体显著，利率市场化水平对股价崩盘风险有负向影响。

②在次贷危机和欧债危机后样本中，以 *DUVOL* 为被解释变量，不加控制变量控制行业效应和年度效应时，解释变量 *LIR* 的回归系数为 -0.5776，在 1% 的水平上显著；添加控制变量控制行业效应和年度效应时，解释变量 *LIR* 的回归系数为 -0.4383，在 1% 的水平上显著。方程整体的 p 值为 0.0000，说明方程整体显著，利率市场化水平对股价崩盘风险有负向影响。

表 7 - 14 的结果说明，利率市场化水平与股价崩盘风险呈负相关，验证

了表7－10和表7－11结果的稳健性。为了进一步验证结果的稳健性，以*DUVOL*替换*NCSKEW*，运用混合回归的方法对基于金融化程度划分、基于最终控制人类型划分的样本中的利率市场化与股价崩盘风险的关系进行稳健性检验，检验结果如表7－15所示。

表7－15　以*DUVOL*为被解释变量按金融化程度、最终控制人类型划分的样本的估计结果

解释变量	被解释变量：*DUVOL*			
	金融化程度低	金融化程度高	国有控股企业	民营控股企业
LIR	－1.1924*** (－5.40)	－0.9477*** (－5.45)	－1.0693*** (－11.76)	－0.9159*** (－8.55)
Oturnover	－0.0584*** (－3.40)	－0.0413** (－2.45)	－0.0359*** (－4.33)	－0.0307*** (－4.35)
SIGMA	0.1679 (0.15)	0.1221 (0.11)	－1.4758*** (－2.66)	－0.8673** (－1.91)
RET	－8.4663*** (－3.57)	－11.2872*** (－5.07)	－9.4228*** (－8.18)	－6.7153*** (－6.78)
SIZE	－0.0139 (－0.86)	－0.0438*** (－2.58)	－0.0355*** (－4.62)	－0.0282*** (－3.01)
BM	－0.1910* (－1.85)	－0.1417 (－1.40)	－0.1679*** (－3.59)	－0.1664*** (－3.49)
LEV	0.0313 (0.31)	0.0332 (0.36)	0.1265*** (2.81)	－0.0608 (－1.50)
ROA	0.3346 (0.96)	0.3546 (1.04)	0.4798*** (2.99)	－0.1860 (－1.29)
Absacc	0.2002 (1.44)	0.3786*** (3.13)	0.2429*** (3.69)	0.0881 (1.64)
Constant	1.0186*** (2.56)	1.4337*** (3.76)	1.4923*** (8.65)	1.3376*** (6.43)
Year	控制	控制	控制	控制
Industry	控制	控制	控制	控制
R^2	0.1673	0.1762	0.1224	0.0965
Adj R^2	0.1141	0.1183	0.1082	0.0842
Prob > F	0.0000	0.0000	0.0000	0.0000

续表

解释变量	被解释变量：*DUVOL*			
	金融化程度低	金融化程度高	国有控股企业	民营控股企业
观测数	1184	1204	5092	6035

注：＊＊＊、＊＊、＊分别表示系数在1%、5%、10%的水平上显著；括号内为t统计量数值。

从表7－15的估计结果可以看出：

①以 *DUVOL* 为被解释变量，对于金融化程度较低的企业，添加控制变量控制行业效应和年度效应时，解释变量 *LIR* 的回归系数为－1.1924，在1%的水平上显著，方程整体的p值为0.0000，说明方程整体显著；对于金融化程度较高的企业，添加控制变量控制行业效应和年度效应时，解释变量 *LIR* 的回归系数为－0.9477，在1%的水平上显著，方程整体的p值为0.0000，说明方程整体显著。

②以 *DUVOL* 为被解释变量，对于国有控股企业，添加控制变量控制行业效应和年度效应时，解释变量 *LIR* 的回归系数为－1.0693，在1%的水平上显著，方程整体的p值为0.0000，说明方程整体显著；对于民营控股企业，添加控制变量控制行业效应和年度效应时，解释变量 *LIR* 的回归系数为－0.9159，在1%的水平上显著，方程整体的p值为0.0000，说明方程整体显著。

表7－15的估计结果说明，在有金融化倾向的企业中，利率市场化对金融化程度较低的企业的股价崩盘风险的缓解作用，比对金融化程度较高的企业的缓解作用更强；在不同最终控制人类型的企业中，利率市场化对国有企业股价崩盘风险的缓解作用比对民营企业更强。验证了表7－12和表7－13结果的稳健性。

7.4.5.2 面板数据随机效应回归

本部分运用面板数据随机效应回归的方法对利率市场化与股价崩盘风险的关系进行稳健性检验，按照全样本、次贷危机和欧债危机后的样本、基于金融化程度划分的样本、基于最终控制人类型划分的样本来进行，股价崩盘风险用 *NCSKEW* 和 *DUVOL* 来测度。估计结果如表7－16、表7－17和表7－18所示。

表7－16　利率市场化水平对企业股价崩盘风险的随机效应估计结果

解释变量	全样本		次贷危机和欧债危机后的样本	
	NCSKEW 随机效应（re）	*DUVOL* 随机效应（re）	*NCSKEW* 随机效应（re）	*DUVOL* 随机效应（re）
LIR	－1.4833*** （－15.94）	－1.0098*** （－15.24）	－0.7299*** （－9.13）	－0.4486*** （－7.98）
Oturnover	－0.0431*** （－5.96）	－0.0365*** （－7.08）	－0.0474*** （－5.74）	－0.0371*** （－6.39）
SIGMA	－1.9901*** （－4.13）	－0.8595** （2.51）	－1.6524*** （－3.04）	－0.6516* （－1.70）
RET	－9.2057*** （－9.17）	－7.7957*** （－10.91）	－10.4524*** （－8.77）	－8.7940*** （－10.50）
SIZE	－0.0258*** （－3.04）	－0.0308*** （－5.12）	－0.0206** （－2.05）	－0.0291*** （－4.12）
BM	－0.3623*** （－7.63）	－0.1864*** （－5.53）	－0.3842*** （－6.99）	－0.2018*** （－5.23）
LEV	0.0104 （0.24）	0.0017 （0.06）	－0.0151 （－0.30）	－0.0097 （－0.28）
ROA	0.0808 （0.54）	0.0378 （0.35）	0.1319 （0.73）	0.1200 （0.94）
Absacc	0.2583*** （4.52）	0.1515*** （3.73）	0.2271*** （3.39）	0.1226*** （2.61）
Constant	1.6953*** （9.06）	1.3831*** （10.41）	0.9085*** （4.29）	0.8312*** （5.59）
Year	控制	控制	控制	控制
Industry	控制	控制	控制	控制
Prob > chi2	0.0000	0.0000	0.0000	0.0000
观测数	11559	11559	9023	9023

注：***、**、*分别表示系数在1%、5%、10%的水平上显著；括号内为Z统计量数值。

从表7－16的随机效应回归结果可以看出：

①在全样本中，以 *NCSKEW* 为被解释变量，添加控制变量控制行业效应和年度效应时，解释变量 *LIR* 的回归系数为－1.4833，在1%的水平上显著；

以 *DUVOL* 为被解释变量，添加控制变量控制行业效应和年度效应时，解释变量 *LIR* 的回归系数为 -1.0098，在1%的水平上显著。以上估计结果说明，在控制年份效应与行业效应的情况下，利率市场化水平与股价崩盘风险呈负相关，结果较为稳健。

②在次贷危机和欧债危机后的样本中，以 *NCSKEW* 为被解释变量，添加控制变量控制行业效应和年度效应时，解释变量 *LIR* 的回归系数为 -0.7299，在1%的水平上显著；以 *DUVOL* 为被解释变量，添加控制变量控制行业效应和年度效应时，解释变量 *LIR* 的回归系数为 -0.4486，在1%的水平上显著。以上估计结果说明，在控制年份效应与行业效应的情况下，利率市场化水平与股价崩盘风险呈负相关，结果较为稳健。

为进一步验证结果的稳健性，采用面板数据随机效应回归分析的方法，在有金融化倾向的企业样本中，分别对金融化程度较低的企业和金融化程度较高的企业样本的利率市场化与股价崩盘风险的关系进行稳健性检验。检验结果如表7-17所示。

表7-17　基于金融化程度的利率市场化对股价崩盘风险的随机效应估计结果

解释变量	金融化程度低		金融化程度高	
	NCSKEW 随机效应（re）	*DUVOL* 随机效应（re）	*NCSKEW* 随机效应（re）	*DUVOL* 随机效应（re）
LIR	-1.7708*** (-5.71)	-1.1802*** (-5.32)	-1.4456*** (-5.61)	-0.9470*** (-5.44)
Oturnover	-0.0681*** (-2.85)	-0.0590*** (-3.44)	-0.0391 (-1.57)	-0.0414** (-2.46)
RET	-11.5258*** (-3.50)	-8.7987*** (-3.72)	-11.4028*** (-3.46)	-11.2837*** (-5.07)
SIGMA	-0.2171 (-0.14)	0.2264 (0.20)	-2.0382 (-1.28)	-0.1266 (-0.12)
SIZE	-0.0092 (-0.38)	-0.0167 (-0.98)	-0.0334 (-1.33)	-0.0440*** (-2.58)
BM	-0.4705*** (-3.15)	-0.1989* (-1.87)	-0.4219*** (-2.82)	-0.1415 (-1.40)

续表

解释变量	金融化程度低		金融化程度高	
	NCSKEW 随机效应（re）	*DUVOL* 随机效应（re）	*NCSKEW* 随机效应（re）	*DUVOL* 随机效应（re）
ROA	0.4374 (0.88)	0.3466 (0.98)	0.2425 (0.48)	0.3495 (1.02)
LEV	0.1790 (1.22)	0.0463 (0.44)	0.0706 (0.53)	0.0326 (0.36)
Absacc	0.3436* (1.76)	0.2130 (1.52)	0.6184*** (3.45)	0.3776*** (3.12)
Constant	1.2706** (2.19)	1.0616*** (2.58)	1.6498*** (2.92)	1.4381*** (3.76)
Year	控制	控制	控制	控制
Industry	控制	控制	控制	控制
Prob > chi2	0.0000	0.0000	0.0000	0.0000
观测数	1184	1184	1204	1204

注：***、**、*分别表示系数在1%、5%、10%的水平上显著；括号内为Z统计量数值。

根据表7-17的随机效应回归结果，可以看出：

①对于金融化程度较低的企业，以*NCSKEW*为被解释变量，添加控制变量控制行业效应和年度效应时，解释变量*LIR*的回归系数为-1.7708，在1%的水平上显著；以*DUVOL*为被解释变量，添加控制变量控制行业效应和年度效应时，解释变量*LIR*的回归系数为-1.1802，在1%的水平上显著。

②对于金融化程度较高的企业，以*NCSKEW*为被解释变量，添加控制变量控制行业效应和年度效应时，解释变量*LIR*的回归系数为-1.4456，在1%的水平上显著；以*DUVOL*为被解释变量，添加控制变量控制行业效应和年度效应时，解释变量*LIR*的回归系数为-0.9470，在1%的水平上显著。

以上结果说明，在有金融化倾向的企业中，利率市场化对金融化程度较低的企业的股价崩盘风险的缓解作用，比对金融化程度较高的企业更强。企业金融化倾向会减弱利率市场化对股价崩盘风险的缓解作用。验证了假设2结果的稳健性。

接下来采用面板数据随机效应回归分析的方法，根据最终控制人类型的不同，分别对国有控股企业和民营控股企业中利率市场化与股价崩盘风险的关系进行稳健性检验。检验结果如表 7 – 18 所示。

表 7 – 18　基于最终控制人类型的利率市场化对股价崩盘风险的随机效应估计结果

解释变量	国有控股企业		民营控股企业	
	NCSKEW 随机效应（re）	*DUVOL* 随机效应（re）	*NCSKEW* 随机效应（re）	*DUVOL* 随机效应（re）
LIR	–1.6486 * * * (–12.55)	–1.0837 * * * (–11.90)	–1.4039 * * * (–9.51)	–0.9349 * * * (–8.66)
Oturnover	–0.0437 * * * (–3.69)	–0.0371 * * * (–4.50)	–0.0396 * * * (–4.11)	–0.0308 * * * (–4.38)
RET	–10.3789 * * * (–6.34)	–9.3010 * * * (–8.15)	–8.9132 * * * (–6.59)	–6.6934 * * * (6.79)
SIGMA	–3.8449 * * * (–4.78)	–1.5638 * * * (–2.81)	–1.3582 * * (–2.17)	–0.8765 * (–1.91)
SIZE	–0.0342 * * * (–2.70)	–0.0353 * * * (–4.21)	–0.0149 (–1.12)	–0.0270 * * * (–2.72)
BM	–0.3926 * * * (–5.35)	–0.1738 * * * (–3.51)	–0.3139 * * * (–4.69)	–0.1711 * * * (–3.44)
ROA	0.4130 * (1.70)	0.3983 * * (2.40)	–0.2183 (–1.09)	–0.2493 * (–1.70)
LEV	0.2012 * * * (2.79)	0.1285 * * * (2.66)	–0.0857 (–1.50)	–0.0694 (–1.64)
Absacc	0.3248 * * * (3.43)	0.2359 * * * (3.58)	0.1900 * * * (2.58)	0.0840 (1.56)
Constant	2.0467 * * * (7.44)	1.5080 * * * (8.20)	1.4363 * * * (4.90)	1.3270 * * * (6.09)
Year	控制	控制	控制	控制
Industry	控制	控制	控制	控制
Prob > chi2	0.0000	0.0000	0.0000	0.0000
观测数	5092	5092	6035	6035

注：* * *、* *、* 分别表示系数在 1%、5%、10% 的水平上显著；括号内为 Z 统计量数值。

根据表7－18的随机效应回归结果，可以看出：

①对于国有控股企业，以 *NCSKEW* 为被解释变量，添加控制变量控制行业效应和年度效应时，解释变量 *LIR* 的回归系数为－1.6486，在1%的水平上显著；以 *DUVOL* 为被解释变量，添加控制变量控制行业效应和年度效应时，解释变量 *LIR* 的回归系数为－1.0837，在1%的水平上显著。

②对于民营控股企业，以 *NCSKEW* 为被解释变量，添加控制变量控制行业效应和年度效应时，解释变量 *LIR* 的回归系数为－1.4039，在1%的水平上显著；以 *DUVOL* 为被解释变量，添加控制变量控制行业效应和年度效应时，解释变量 *LIR* 的回归系数为－0.9349，在1%的水平上显著。

以上结果说明，利率市场化对国有控股企业的股价崩盘风险的缓解作用比对民营控股企业更强，支持了假设3，否定了假设4，说明7.4.4.3的实证结果较为稳健。

7.4.5.3 放松利率管制政策效果检验

在7.4.5.1中，运用替换被解释变量的方法进行了稳健性检验；在7.4.5.2中，运用面板数据随机效应回归替换混合回归的方法进行了稳健性检验。在本部分中，将运用替换解释变量、改变利率市场化改革测算方式的方法进行稳健性检验。

根据以往对利率市场化改革的研究可以发现，目前对于利率市场化改革的测算，分为利率市场化指数、放松利率管制政策虚拟变量和基准利率三种方法。为检验利率市场化与企业股价崩盘风险关系的稳健性，本部分运用以放松利率管制政策虚拟变量（政策实施前取0，政策实施后取1）替换利率市场化指数（*LIR*）作为解释变量的方法进行稳健性检验。根据我国2013年放开贷款利率下限、2015年放开存款利率上限设置政策虚拟变量，运用混合回归和面板数据随机效应回归的方法，对放松利率管制政策与企业股价崩盘风险的关系进行稳健性检验，检验结果如表7－19所示。

表7－19 基于放松利率管制政策对企业股价崩盘风险的估计结果

解释变量	混合回归		面板数据随机效应回归（re）	
	NCSKEW	*DUVOL*	*NCSKEW*	*DUVOL*
是否放松贷款利率下限	－0.1113*** （－3.06）	－0.0865*** （－3.34）	－0.1237*** （－3.40）	－0.0936*** （－3.61）

续表

解释变量	混合回归		面板数据随机效应回归（re）	
	NCSKEW	*DUVOL*	*NCSKEW*	*DUVOL*
是否放松存款利率上限	-0.4170 * * * （-14.14）	-0.2753 * * * （-13.12）	-0.4179 * * * （-14.35）	-0.2752 * * * （-13.27）
Oturnover	-0.0426 * * * （-5.85）	-0.0362 * * * （-6.99）	-0.0431 * * * （-5.96）	-0.0365 * * * （-7.08）
SIGMA	-1.8149 * * * （-3.80）	-0.7760 * * （-2.28）	-1.9901 * * * （-4.13）	-0.8595 * * （-2.51）
RET	-9.3368 * * * （-9.23）	-7.8906 * * * （-10.96）	-9.2057 * * * （-9.17）	-7.7957 * * * （-10.91）
SIZE	-0.0271 * * * （-3.47）	-0.0313 * * * （-5.64）	-0.0258 * * * （-3.04）	-0.0308 * * * （-5.12）
BM	-0.3491 * * * （-7.77）	-0.1802 * * * （-5.64）	-0.3623 * * * （-7.63）	-0.1864 * * * （-5.53）
LEV	0.0194 （0.48）	0.0070 （0.24）	0.0104 （0.24）	0.0017 （0.06）
ROA	0.1961 （1.35）	0.1183 （1.14）	0.0808 （0.54）	0.0378 （0.35）
Absacc	0.2712 * * * （4.75）	0.1565 * * * （3.85）	0.2583 * * * （4.52）	0.1515 * * * （3.73）
Constant	0.7675 * * * （4.49）	0.7481 * * * （6.15）	0.7684 * * * （4.13）	0.7521 * * * （5.70）
Year	控制	控制	控制	控制
Industry	控制	控制	控制	控制
R^2	0.1073	0.1094	—	—
Adj R^2	0.1006	0.1027	—	—
Prob > F	0.0000	0.0000	—	—
Prob > chi2	—	—	0.0000	0.0000
观测数	11559	11559	11559	11559

注：* * *、* * 分别表示系数在1%、5%的水平上显著；混合回归中括号内为 t 统计量数值，随机效应回归中括号内为 Z 统计量数值；—表示未涉及。

根据表 7-19 的估计结果可以看出，放松贷款利率下限和放松存款利率上限均对企业股价崩盘风险有显著的负向影响，验证了利率市场化水平对企业股价崩盘风险负向影响的稳健性。放松贷款利率下限能够促进金融机构的相互竞争，提高金融业服务实体企业的水平，降低实体企业的债务融资成本，缓解企业的融资约束，降低股价崩盘风险；放松存款利率上限则有利于商业银行广泛吸收社会的闲散资金，使金融市场的资金供给量增加，在资金需求量基本不变的情况下，进一步缓解实体企业的融资约束，降低股价崩盘风险。综上可知，利率市场化对实体企业股价崩盘风险有负向影响。

7.4.5.4　其他稳健性说明

2008—2016年，我国基础设施逐渐完善，互联网逐渐普及，改善了企业与投资者的信息不对称程度，增强了财务数据的真实性。这在前文的控制变量信息透明度中已经有所体现。企业在不同年度的可操纵性应计利润的变化，就意味着信息不对称程度的变化。

7.5　研究结论与建议

本节对7.4节实证分析得到的结论进行阐述，并根据研究结论提出相应的建议。最后对研究课题提出展望。

7.5.1　研究结论

利率市场化改革作为央行实施的历时较长、具有系统性影响的政策改革，对金融机构、金融市场乃至实体企业都会产生影响。在利率市场化的进程中，企业金融化的问题逐渐凸显，不同最终控制人类型的企业风险也会有所差异，这都会对利率市场化改革的政策效果产生影响。所以，本章对利率市场化和企业股价崩盘风险的关系进行研究，并对按照金融化程度、最终控制人类型划分的样本进行进一步研究，得出以下结论：

①利率市场化会对股价崩盘风险有显著的负向影响。利率市场化改革逐步改变了利率的决定方式，能够促进金融机构之间的充分竞争，改善金融机构的服务水平，使实体企业的融资约束得到缓解，融资成本有所降低，企业的股价崩盘风险也会随之降低；利率市场化改革使得商业银行能够制定更加严格和细化的贷款条件，获得更宽的贷款利率调整区间，进一步减少不良贷款，促进实体企业的充分竞争和优胜劣汰。长此以往，高风险且信誉度极低

的企业会逐渐失去竞争优势甚至被市场所淘汰。所以，随着利率市场化的推进，实体企业的整体经营状况会得到改善，股价崩盘风险会得到缓解；利率市场化可以抑制企业的过度负债和过度投资，降低实体企业负面消息发生的概率，进而降低股价崩盘风险。

②在有金融化倾向的企业中，利率市场化对金融化程度较低的企业股价崩盘风险的缓解作用，比对金融化程度较高的企业更强。企业金融化本身是因为企业在实体经济项目的投资中无法获利或亏损，为了隐藏坏消息将资金投资于金融资产，对股价崩盘风险有正向影响。金融化程度较高的企业，有短视化倾向，面临的经营风险较高。利率市场化旨在提高金融市场配置资源的效率，使金融市场更好地服务于实体企业的发展。实体企业过度金融化会违背利率市场化的政策初衷，对利率市场化的政策效果有不利影响。所以，利率市场化的推进，对金融化程度较低的企业股价崩盘风险的缓解作用，比对金融化程度较高的企业更明显。

③利率市场化对国有控股企业股价崩盘风险的缓解作用比对民营控股企业更强。利率市场化能够促进金融行业充分竞争，缓解实体企业的融资约束。但是商业银行的经营原则是营利性、安全性与流动性，相较于股权投资者更关注企业的发展潜力，商业银行作为债权人更关注贷款企业是否能“保本付息”。国有控股企业的财务风险和破产风险要低于民营控股企业，所以更受到商业银行的青睐，贷款利率比民营控股企业更低，贷款限制条件相对于国有控股企业也较少。随着利率市场化改革的推进，商业银行会制定更多等级的贷款利率，自主调整贷款利率的区间也会更大，其结果是国有控股企业面临的融资机会更多，融资成本更低；虽然民营控股企业面临的融资机会也会增多，但是更多等级的贷款利率意味着风险高、规模小的民营控股企业面临的融资成本也会更高。

7.5.2 建议

（1）支持利率市场化改革的推进，并做好相关的监管工作

利率市场化对企业股价崩盘风险有负向影响。推进利率市场化改革，深化我国利率市场化程度，可以提高我国金融资源配置的效率，加大金融市场对实体经济的支持力度，降低实体企业的股价崩盘风险。利率市场化对金融

市场各参与主体、金融市场本身和实体经济具有积极影响。对于商业银行等金融机构来说，放松利率管制可以使其通过上调贷款利率和严格贷款条件来增强获利能力。对于实体企业来说，放松利率管制拓宽了企业的融资渠道，降低了企业的债务融资成本，使企业能获得更好的金融服务；对于普通居民来说，放松利率管制会使商业银行的存款利率升高，贷款利率下降，使普通民众得到更多实惠；对于金融市场来说，放松利率管制有利于商业银行等金融机构更有效地吸收社会闲置资金，对资信状况高的客户和资信状况不高的客户采取差异化的贷款利率，提高信贷质量和资金的利用效率；对于实体经济来说，放松贷款利率管制可以使金融机构采取差别化的贷款利率策略，加大对实体企业尤其是中小微企业的金融支持，使金融市场更好地服务实体经济。但是利率市场化对金融市场也会产生不利影响。首先，利率市场化促进了金融行业的内部竞争，增加了商业银行尤其是中小商业银行和其他中小金融机构的经营风险和压力。其次，放松利率管制之后，利率更多由市场上的资金供求状况决定。在利率市场化的背景下，金融市场会更容易受到宏观经济环境变化的影响，我国金融市场的利率也会受到国际金融市场利率波动的影响。由于利率会更易受宏观环境的影响，无论在利率市场化改革的进程中还是在利率市场化改革基本完成以后，金融监管部门都要做好相关的监管。

（2）防止企业过度金融化，延续利率市场化的政策效果

在有金融化倾向的企业中，利率市场化对金融化程度较低的企业股价崩盘风险的缓解作用，比对金融化程度较高企业的缓解作用更强。部分企业出于对资金的预防性储备动机，或者为追求金融行业的超额利润，存在短视化倾向，将大量资金投入金融行业，加剧了虚拟经济泡沫和实体经济过冷的不平衡现象，降低了利率市场化的政策效果，减弱了利率市场化对股价崩盘风险的缓解作用。利率市场化本质上是为支持实体经济发展，企业过度金融化在一定程度上违背了政策的初衷。监管部门要关注企业金融化程度，及时制定政策防止实体企业过度脱实向虚，减弱企业金融化对利率市场化政策效果的“侵蚀”程度。政府要对符合经济发展需要的企业行为予以支持，对“损耗”实体经济发展的企业行为予以抑制并进行正确的引导。

（3）对于民营控股企业融资问题，政府要发挥支持和引导作用

利率市场化对国有控股企业股价崩盘风险的缓解作用比对民营企业更强。

利率市场化意味着发挥价格工具的调控功能，加强市场在金融资源配置中的决定性作用。但是，在利率市场化过程中，民营控股企业比国有控股企业面临的融资成本更高、融资限制更多等问题仍然存在，这是市场失灵的表现。所以在利率市场化的过程中，我们既要发挥市场这只“看不见的手”的作用，也要依靠政府这只“看得见的手”，在出现市场失灵的状况时，对于民营控股企业融资难的问题，通过信贷补贴、信用担保、鼓励金融机构向有发展潜力的企业放贷等方式，帮助受信息不对称性和信贷配给不利影响的民营控股企业实现融资目标。

7.5.3 展望

本章在对利率市场化水平与企业股价崩盘风险的关系进行研究时，力求保证研究的规范性和严谨性，但由于客观条件和研究水平的限制，仍存在一些不足之处。因此，利率市场化水平对企业股价崩盘风险的影响还有一定的研究空间。今后，我们可以从以下两个方面入手：

第一，本章在选择可能对企业股价崩盘风险有影响的控制变量时，选择了公司层面和行业等中观层面的变量，以后的研究可以加入宏观层面的变量，以求更精准地研究利率市场化与企业股价崩盘风险的关系。

第二，本章直接证明了利率市场化水平会对企业股价崩盘风险产生影响，仅简单阐述其影响机理。以后研究的侧重点，可以放在探究利率市场化水平对企业股价崩盘风险的内在影响路径上，进而更加深入地研究利率市场化与企业股价崩盘风险的关系。

本章小结

股价崩盘具有连锁效应和传染效应，不仅会损害投资者利益，导致投资者财富大幅缩水，还会影响金融机构和其他企业，阻碍金融市场的健康运行和实体经济的平稳发展。因此，在任何宏观政策实施的过程中，都要关注股价崩盘风险的测度和变化情况，并对其内在机理进行研究。资金要素来源的充裕与否是影响企业股价崩盘风险的重要因素。利率市场化改革是央行实施的影响范围广、历时较长的重大改革，是我国为提高货币政策传导效率、充分发挥市场化后价格工具调控功能所实施的举措。利率市场化改变了利率的决定方式，首先对金融行业的竞争程度产生影响，通过影响实体企业的融资约束、融资成本和机会成本，影响企业的日常活动，进而影响股价崩盘风险。对利率市场化与企业股价崩盘风险的关系进行研究，具有理论意义和现实意义。

由于利率市场化改革自2004年开始实行，在2016年基本完成，新会计准则自2007年开始实行，本章选取2008—2016年的上市企业数据研究利率市场化与企业股价崩盘风险的关系。运用GMM法和混合回归的方法研究利率市场化水平和企业股价崩盘风险的关系，运用混合回归的方法对按金融化程度划分的、按最终控制人类型划分的利率市场化与企业股价崩盘风险的关系进行研究，并运用替换股价崩盘风险测算指标、面板数据随机效应回归和放松利率管制政策效果检验等方法进行稳健性检验。结果表明：①利率市场化对企业股价崩盘风险有负向影响，在剔除了次贷危机、欧债危机等年份的样本后依然显著；②按金融化程度划分时，利率市场化对金融化程度较低的企业股价崩盘风险的缓解作用，比对金融化程度较高的企业更明显，说明企业过度金融化减弱了利率市场化对实体企业股价崩盘风险的缓解作用；③从最终控制人类型的角度来看，利率市场化对国有控股企业股价崩盘风险的缓解作用比对民营控股企业更强。在稳健性检验中对放松利率管制政策效果的检验也表明，放松贷款利率下限和放松存款利率上限均能显著降低企业的股价崩盘风险。

参考文献

[1]胡晖，张璐．利率市场化对成长型企业融资约束的影响——基于对中小板企业的研究[J]．经济评论，2015(5)：141－153.

[2]郭琪，彭江波．基于市场风险缓释的利率市场化研究[J]．金融研究，2015(7)：98－115.

[3]胡小文，章上峰．利率市场化、汇率制度改革与资本账户开放顺序安排——基于NOEM－DSGE模型的模拟[J]．国际金融研究，2015(11)：14－23.

[4] S. Tanna, Y. Luo, G. D. Vita. What is the net effect of financial liberalization on bank productivity? A decomposition analysis of bank total factor productivity growth[J]. Journal of Financial Stability, 2017, 30(6): 67－78.

[5]R. Barrell, D. Karim, A. Ventouri. Interest rate liberalization and capital adequacy in models of financial crises[J]. Journal of Financial Stability, 2017, 33(12): 261 - 272.

[6]蒋海，张小林，陈创练．利率市场化进程中商业银行的资本缓冲行为[J]．中国工业经济，2018(11)：61 - 78.

[7]纪洋，徐建炜，张斌．利率市场化的影响、风险与时机——基于利率双轨制模型的讨论[J]．经济研究，2015，50(1)：38 - 51.

[8]项后军，闫玉．理财产品发展、利率市场化与银行风险承担问题研究[J]．金融研究，2017(10)：99 - 114.

[9]刘莉亚，余晶晶．银行竞争对货币政策传导效率的推动力效应研究——利率市场化进程中银行业的微观证据[J]．国际金融研究，2018(3)：57 - 67.

[10]战明华，应诚炜．利率市场化改革、企业产权异质与货币政策广义信贷渠道的效应[J]．经济研究，2015，50(9)：114 - 126.

[11]王博，梁洪，张晓玫．利率市场化、货币政策冲击与线上线下民间借贷[J]．中国工业经济，2019(6)：60 - 78.

[12]郭路，刘霞辉，孙瑾．中国货币政策和利率市场化研究——区分经济结构的均衡分析[J]．经济研究，2015，50(3)：18 - 31.

[13]王道平．利率市场化、存款保险制度与系统性银行危机防范[J]．金融研究，2016(1)：50 - 65.

[14]尹雷，卞志村．利率市场化、存款保险制度与银行危机——基于跨国数据的实证研究[J]．国际金融研究，2016(1)：49 - 59.

[15]刘明康，黄嘉，陆军．银行利率决定与内部资金转移定价——来自中国利率市场化改革的经验[J]．经济研究，2018，53(6)：4 - 20.

[16]M. Hamdaoui. Financial liberalization and systemic banking crises: A meta-analysis [J]. International Economics, 2017, 152(12): 26 - 54.

[17]彭建刚，王舒军，关天宇．利率市场化导致商业银行利差缩窄吗？——来自中国银行业的经验证据[J]．金融研究，2016(7)：48 - 63.

[18]杨昌辉，张可莉．民营企业债务融资成本研究——基于利率市场化和会计稳健性双重视角[J]．中国管理科学，2016，24(S1)：405 - 412.

[19]张伟华，毛新述，刘凯璇．利率市场化改革降低了上市公司债务融资成本吗？[J]．金融研究，2018(10)：106 - 122.

[20]于辉，王亚文．供应链金融视角下利率市场化的鲁棒分析模型[J]．中国管理科学，2016，24(2)：19 - 26.

[21]纪洋，谭语嫣，黄益平．金融双轨制与利率市场化[J]．经济研究，2016，51(6)：45－57.

[22]S. Bumann，R. Lensink. Capital account liberalization and income inequality [J]. Journal of International Money and Finance，2016，61(3)：143－162.

[23]王红建，杨筝，阮刚铭，等．放松利率管制、过度负债与债务期限结构[J]．金融研究，2018(2)：100－117.

[24]杨筝，刘放，李茫茫．利率市场化、非效率投资与资本配置——基于中国人民银行取消贷款利率上下限的自然实验[J]．金融研究，2017(5)：81－96.

[25]杨筝，王红建，戴静，等．放松利率管制、利润率均等化与实体企业"脱实向虚"[J]．金融研究，2019(6)：20－38.

[26]陈胜蓝，马慧．贷款可获得性与公司商业信用——中国利率市场化改革的准自然实验证据[J]．管理世界，2018，34(11)：108－120.

[27]许月丽，李文，肖奎喜．渐进利率市场化改革是否打破了"利率限制铁律"？——来自中国农户田野调查的证据[J]．金融研究，2017(6)：50－63.

[28]陈斌开，李涛．利率市场化与中国城镇居民消费[J]．经济科学，2019(4)：31－43.

[29]吕大永，吴文锋．杠杆融资交易与股市崩盘风险——来自融资融券交易的证据[J]．系统管理学报，2019，28(1)：116－122.

[30]褚剑，方军雄．中国式融资融券制度安排与股价崩盘风险的恶化[J]．经济研究，2016，51(5)：143－158.

[31]张俊生，汤晓建，李广众．预防性监管能够抑制股价崩盘风险吗？——基于交易所年报问询函的研究[J]．管理科学学报，2018，21(10)：112－126

[32]林乐，郑登津．退市监管与股价崩盘风险[J]．中国工业经济，2016(12)：58－74.

[33]叶康涛，刘芳，李帆．股指成份股调整与股价崩盘风险——基于一项准自然实验的证据[J]．金融研究，2018(3)：172－189.

[34]赵静，黄敬昌，刘峰．高铁开通与股价崩盘风险[J]．管理世界，2018，34(1)：157－168.

[35]孟庆斌，侯德帅，汪叔夜．融券卖空与股价崩盘风险——基于中国股票市场的经验证据[J]．管理世界，2018，34(4)：40－54.

[36]X. Deng，L. Gao，J. B. Kim. Short-sale constraints and stock price crash risk：Causal evidence from a natural experiment[J]. Journal of Corporate Finance，2019(60)：101498.

[37]I. Ghadhab. Does cross-listing in the US mitigate stock crash risk? International evidence [J]. International Review of Financial Analysis，2019，63(5)：186－197.

[38]李梦雨，李志辉．市场操纵与股价崩盘风险——基于投资者情绪的路径分析[J]．国际金融研究，2019(4)：87－96.

[39]徐飞,唐建新,程利敏．国际贸易网络与股价崩盘传染:竞争性货币贬值视角[J]．国际金融研究,2018(12):84－93.

[40]肖土盛，宋顺林，李路．信息披露质量与股价崩盘风险:分析师预测的中介作用[J]．财经研究，2017，43(2)：110－121.

[41]孟庆斌，杨俊华，鲁冰．管理层讨论与分析披露的信息含量与股价崩盘风险——基于文本向量化方法的研究[J]．中国工业经济，2017(12)：132－150.

[42]宋献中，胡珺，李四海．社会责任信息披露与股价崩盘风险——基于信息效应与声誉保险效应的路径分析[J]．金融研究，2017(4)：161－175.

[43]田利辉，王可第．社会责任信息披露的“掩饰效应”和上市公司崩盘风险——来自中国股票市场的DID－PSM分析[J]．管理世界，2017(11)：146－157.

[44]权小锋，吴世农，尹洪英．企业社会责任与股价崩盘风险:“价值利器”或“自利工具”？[J]．经济研究，2015，50(11)：49－64.

[45]权小锋，肖红军．社会责任披露对股价崩盘风险的影响研究——基于会计稳健性的中介机理[J]．中国软科学，2016(6)：80－97.

[46]刘宝华，罗宏，周微，等．社会信任与股价崩盘风险[J]．财贸经济，2016(9)：53－66.

[47]徐飞，花冯涛，李强谊．投资者理性预期、流动性约束与股价崩盘传染研究[J]．金融研究，2019(6)：169－187.

[48]赵汝为，熊熊，沈德华．投资者情绪与股价崩盘风险:来自中国市场的经验证据[J]．管理评论，2019，31(3)：50－60.

[49]杨威，宋敏，冯科．并购商誉、投资者过度反应与股价泡沫及崩盘[J]．中国工业经济,2018(6)：156－173.

[50]曹丰，鲁冰，李争光，等．机构投资者降低了股价崩盘风险吗？[J]．会计研究，2015(11)：55－61.

[51]吴晓晖，郭晓冬，乔政．机构投资者抱团与股价崩盘风险[J]．中国工业经济，2019(2)：117－135.

[52]许年行，于上尧，伊志宏．机构投资者“羊群行为”与股价崩盘风险[J]．管理世界，2013(7)：31－43.

[53]F. Wen, L. Xu, G. Ouyang, et al. Retail investor attention and stock price crash risk: Evidence from China[J]. International Review of Financial Analysis, 2019(65): 101376.

[54]丁慧，吕长江，陈运佳. 投资者信息能力:意见分歧与股价崩盘风险——来自社交媒体“上证e互动”的证据[J]. 管理世界，2018,34(9)：161－171.

[55]孔东民，王江元. 机构投资者信息竞争与股价崩盘风险[J]. 南开管理评论，2016，19(5)：127－138.

[56]史永，李思昊. 关联交易、机构投资者异质性与股价崩盘风险研究[J]. 中国软科学，2018(4)：123－131.

[57]彭俞超，倪骁然，沈吉. 企业“脱实向虚”与金融市场稳定——基于股价崩盘风险的视角[J]. 经济研究，2018，53(10)：50－66.

[58]王文姣，傅超，傅代国. 并购商誉是否为股价崩盘的事前信号？——基于会计功能和金融安全视角[J]. 财经研究，2017，43(9)：76－87.

[59]江轩宇，许年行. 企业过度投资与股价崩盘风险[J]. 金融研究，2015(8)：141－158.

[60]N. Jia. Corporate innovation strategy and stock price crash risk[J]. Journal of Corporate Finance，2018，53(12)：155－173.

[61]J. Hu，X. Li，K. Duncan，et al. Corporate relationship spending and stock price crash eisk：Evidence from china's anti-corruption campaign[J]. Journal of Banking and Finance，2020(113)：105758.

[62]张宏亮，王靖宇. 公司层面的投资者保护能降低股价崩盘风险吗？[J]. 会计研究，2018(10)：80－87.

[63]张瑞君，徐鑫. 母子公司统一审计与股价崩盘风险[J]. 会计研究，2017(9)：76－82.

[64]叶康涛，曹丰，王化成. 内部控制信息披露能够降低股价崩盘风险吗？[J]. 金融研究，2015(2)：192－206.

[65]易志高，李心丹，潘子成，等. 公司高管减持同伴效应与股价崩盘风险研究[J]. 经济研究，2019，54(11)：54－70.

[66]孙淑伟，梁上坤，阮刚铭，等. 高管减持、信息压制与股价崩盘风险[J]. 金融研究，2017(11)：175－190.

[67]蒋德权，姚振晔，陈冬华. 财务总监地位与企业股价崩盘风险[J]. 管理世界，2018，34(3)：153－166.

[68]X. Fu，Z. Zhang. CFO cultural background and stock price crash risk[J]. Journal of International Financial Markets，Institutions & Money，2019，62(9)：74－93.

[69]Y. Li，Y. Zeng. The impact of top executive gender on asset prices：Evidence from stock

price crash risk[J]. Journal of Corporate Finance, 2019, 58(10): 528 - 550.

[70]M. A. Mamun, B. Balachandran, H. N. Duong. Powerful CEOs and stock price crash risk [J]. Journal of Corporate Finance, 2020(62): 101582.

[71]王化成，曹丰，叶康涛. 监督还是掏空：大股东持股比例与股价崩盘风险[J]. 管理世界，2015(2):45 - 57.

[72]Y. Shahab, C. G. Ntim, F. Ullah, et al. CEO power and stock price crash risk in China: Do female directors'critical mass and ownership structure matter? [J]. International Review of Financial Analysis, 2020, 68(3): 101457.

[73]姜付秀，蔡欣妮，朱冰. 多个大股东与股价崩盘风险[J]. 会计研究，2018(1): 68 - 74.

[74]吴战篪，李晓龙. 内部人抛售、信息环境与股价崩盘[J]. 会计研究，2015(6): 48 - 55.

[75]张晓宇，徐龙炳. 限售股解禁、资本运作与股价崩盘风险[J]. 金融研究，2017(11): 158 - 174.

[76]梁权熙，曾海舰. 独立董事制度改革、独立董事的独立性与股价崩盘风险[J]. 管理世界，2016(3): 144 - 159.

[77]J. Hu, S. Li, A. G. Taboada, et al. Corporate board reforms around the world and stock price crash risk[J]. Journal of Corporate Finance, 2020, 62(6): 101557.

[78]H. Ben - Nasr, H. Ghouma. Employee welfare and stock price crash risk[J]. Journal of Corporate Finance, 2018, 48(2): 700 - 725.

第 8 章
房贷利率挂钩贷款基础利率对房地产公司股票价格的影响

8.1 绪　论

8.1.1 研究背景

利率是当今经济社会中对市场调节起重要作用的工具。无论在国内市场还是在海外市场，利率在货币供求关系中都扮演着十分重要的角色。通过利率政策可以调控市场上的资金，由此带来的影响会逐步蔓延至资本市场，股票频繁流通的二级市场同样也会受到利率变化的影响。自上海证券交易所和深圳证券交易所设立以来，我国的资本市场在摸索中前行，通过改革不断成长，并取得了举世瞩目的成就。回望股票市场发展的岁月，尽管我国的资本市场取得了一些成就，可是与西方发达国家相比，我国的资本市场尚存在各个方面的不足。正因为如此，我国政府对利率应处于何种水平也保持着一定的发言权。40 多年的砥砺前行，改革开放绘就了祖国大地一幅波澜壮阔的宏伟画卷。在此期间，中国股票市场也经历了从 0 到 1、从起步到扩张的过程。中国股票市场成立 30 年来，经历过各种大起大落，发生了翻天覆地的变化。20 世纪 90 年代，中国证券市场开始萌芽，国家逐步开始对部分企业进行股改。1990 年 12 月 19 日，上海证券交易所大厅里敲响第一声交易钟，成为了中国股票市场发展史上具有里程碑意义的历史性时刻，这同样也可以被称作中国资本市场的起点。上海证券交易所旨在创建一个透明、开放、安全、高效的交易场所，保护所有投资者的合法权益。同年，深圳证券交易所的成立也为中国证券市场的发展注入了强大的内生动力。深圳证券交易所以公开的证券市场交易环境为努力目标，以公平的交易机制为追求，以公正的制度模式为理念，以建立多层次的证券市场为根本宗旨。上海证券交易所和深圳证券交易所的设立，不仅为投资者交易证券提供了聚集性的场所，而且保证了证券交易的各种规章制度，为中国证券市场的未来发展奠定了坚实的基础。为了逐步完善中国的金融体系，使资本市场更好地服务于中国经济社会的发展，其他类型的金融市场如期货、基金等在股票市场创立之后应运而生，自此中国的资本市场初具规模。然而，随着我国的资本市场规模的扩大，各式各样的问题开始浮出水面，主要表现在以下几个方面：以试点为主、市场的监管体系尚不健全、发展不规范以及法律诚信环境有待完善等。这些问题在一定程度上制约了我国资本市场未来的健康发展。既然发现了问题，下一步便是解决问题。我国为了解决这些难题成立了国务院证券监督管理委员会，随后又设立了中国证券监督管理委员会，建设金融监管体系的序幕就此拉开。随着监管机构数量的增加和治理体系的不断完善，中国资本市场的发展步入快车道，迎来一个迅猛发展的时期。但正如哲学领域中所讲的，事物发展是前进而曲折的。随着发展速度的加快，问题也越来越多。因此，针对不规范的交易行为，我国于 1999 年颁布了《中华人民共和国证券法》，这一法案的出台，促进了中国资本市场的法制化建设，也为中国股市的健康发展指明道路。市场经济体制实施之后，人们对“股份制”这一概念的理解也在更新。股份制作为实现公有制的关键环节，在某些方面弥补了传统公有制的不足，但随之出现的股权分置又变成股市的另一个难题。对此，国务院动员开展过几次减持国有股的举措，但都因为股市的大幅震动而停止。经过分析发现，是存量股的流通困境致使该政策无法顺利开展。直到股权分置改革，这个问题才迎来新的转机。该项改革将方案聚焦在增量改革上，设计了非流通股与流通股平衡收益的改革方案。毫无疑问，这项改革对股市做出了巨大的贡献，也成为我国股市发展历程中的又一里程碑。在此期间，债券市场和期货市场发展得也十分迅猛。此后，我国证券市场从历史低位一路回升，进入了兴盛发展的新阶段。但这段繁荣快速的发展并没有持续很久。2007 年的美国次贷危机导致了殃及世界各国的金融危机。而经济全球化是当今世界经济发展的主格调，更是无法阻挡的大趋势。因此，在全球化背景下，任何一个国家或经济体都几乎没有办法做到独善其身。中国也毫不例外地受到该危机的波及。从我国资本市场的顽强发展历程中可以看出，我国会从每一次困境或难题中总结出经验和教训并继续发展。所以，为了我国经济能够稳定有序地发展，也为了我国股票市场不受到较大的冲击，央行及时出台了一系列宏观经济政策。在那之后，中国股市经历了短暂的低迷。同时以前的发展过程中所积累的许多问题也逐渐地显现在大众面前，如：股市上尚未有较完整的发行和退市的制度；各上市公司的分红制度也是模棱两可，让投资者理不清头绪；股市发展仍然相对单一，不能很好地同其他资本市场有效协同。现在这些困惑大多已顺利解决，而这些问题能够得到有效的控制和处理都离不开政府。政府在市场中扮演着“看得见的手”这一角色，其对经济社会的稳定作用不言而喻。在经济上行、蓬勃发展之时，政府可以出台相应的政策措施来应对经济过热引发的问题；而在经济下行、压力增加时，政府又可以制定政策盘活市场。对于经济社会中出现的种种问题，政府都能做到伺机而动，这极大地推动了市场经济的发展。风风雨雨几十载，虽然我国资本市场的发展有了质的飞跃，但与发达国家的差距仍然存在。所以我国在今后的发展中既要坚持市场化，又要加快国际化进程，同时还要深化金融改革，总结更多的市场规律，为政府扮演好这只“看得见的手”积累更多的市场政策经验。

房地产行业是国民经济的支柱性产业，对于整个国民经济的发展起着先导性作用，同时作为民生产业，在国家历次宏观调控中均担当重任。房地产行业的发展可以很好地刺激内需。据相关统计，房地产业的体量目前占全部国民经济很大一部分比例，房地产行业关联性强，对提升 GDP 的作用不容忽视。而产业链条较长则是房地产业的一个特点，这一特点能够有效地拉动家电、住房装饰、家居建材、环保等相关行业的发展。房地产业在新型城镇化发展进程中也扮演着重要的角色，随着城镇化发展的提速，每年大概有 1000 万农民工进城解决温饱、住房和交通等问题，其中房地产业为社会解决了住房这一头等重要的问题。作为支柱产业的房地产行业，当它与金融行业相结合，便被人们形象地喻为国民经济的“体温计”。假若想要了解经济发展的现状，看看房地产行业便可知悉。所以，房地产行业的发展无论是对其自身还是对金融行业，都是具有重大意义的，从而渐渐地成为人们关注的热点领域。稳定房地产股票市场是稳健有序发展房地产业的重要一环，因为资本市场与实体经济是紧密相连的，股市稳定才会使实业平衡发展，所以，为了房地产行业长久健康地发展，需要维护房地产股市的平稳运行。通过这一举措，也可以使社会供求处于一个相对稳定的状态。正因为房地产行业的重要性日益凸显，相关政策出台也愈加频繁。而每一项政策的出台都会对广大人民群众、实体经济特别是房地产业产生重大影响。回首过往，每出台一项新政策，往往都会引发房地产股票价格的变化。近几年房地产业有几大政策改革：第一个是党的十九大报告提出，坚持“房子是用来住的，不是用来炒的”定位，加快建立多主体供给、多渠道保障、租购并举的住房制度，让全体人民住有所居。在此之后，房地产股票出现了短期上涨，但后续有所回落且平稳发展。第二个是 2019 年中央政治局会议提出的坚持“房住不炒”定位，落实好一城一策、因城施策、城市政府主体责任的长效调控机制。第三个是央行在 2019 年 8 月 25 日发布的第 16 号公告，也就是《关于新发放商业性个人住房贷款利率调整的公告》，宣告商业性个人住房贷款利率正式挂钩贷款基础利率即正式挂钩 LPR，新发放的个人商业性住房贷款的利率将以近一个月相应期限贷款报价利率为基准加点形成。其加点值应与国家和地方住房信贷政策相符，能够反映其风险情况。申请商业性个人住房贷款时，借款人可以和银行业金融机构进行协商，在协商中约定利率重新定价的周期。重新定价周期最短为 1 年。在利率重新定价日，将定价基准调整为最近一个月同期贷款市场的报价利率。首套商业性个人住房贷款利率不得低于相应期限贷款市场报价利率，第二套商业性个人住房贷款利率不得低于相应期限贷款市场报价利率加 60 个基点。人民银行省级单位应从因城施策出发，指导各省级市场利率定价自律机制，在国家统一的信贷政策基础上，根据当地房地产市场形势变化，确定辖区内首套和第二套商业性个人住房贷款利率加点下限。此项政策 2019 年 10 月 8 日起生效。在此之前，已经完成发放的贷款和已经签订了合同但未发放的贷款，仍然按照老款合同执行。央行 16 号公告的发布，宣告商业房贷利率正式挂钩 LPR。在推进“两轨并一轨”的进程中，房贷利率挂钩 LPR 对房地产市场的影响难以直接看出。因此本章就这一政策的发布，来探究该政策带来的影响对我国房地产行业是否是一个利好信息。到目前为止，研究房贷利率挂钩 LPR 对房地产股票影响的文献还较为有限，所以本章将其作为研究的主要内容。

8.1.2　研究目的及意义

在现实生活中，有许多因素可能会影响到房地产的价格。从微观角度来看，优美的地理环境会影响其价格，房屋的式样和结构、朝向都会对价格产生影响。而从宏观角度来看，房屋市场的整体供求会直接影响到价格，宏观政策如货币政策和财政政策的实施也会对其产生一定的影响。近些年，各地为了楼市能够稳步发展而采取的限购政策，在一定程度上就影响了房地产的价格。在中国，股市、债市和外汇市场等资本市场发展时间尚短，相对于成熟市场，其规模仍有限，并且想要从中得利也存在着知识壁垒，所以人们更愿意将手头资金投到房地产市场。这样一来，投入的资金既可以保值，还可能有一定的升值空间。宏观层面的货币政策对房地产市场的影响举足轻重，同样是影响房地产业股票价格的重要因素之一。

政策性因素对我国股市的作用主要表现为宏观调控政策对股市的频繁影响，尤其是对股价波动的影响。正因如此，我国股市发展历程中一个显著的特点就是政策型市场。研究政策性因素给股票市场带来的影响，有助于投资者更深层次地了解政策给股市带来的效果，也为其投资决策积累了理论依据。

作为资本市场的重要组成部分，股市的运行状况影响着资本市场全局的稳定。尤其是对我国这 14 亿人口的泱泱大国，无论是从金融体系的发展现状着眼，还是从经济体量的规模来看，股票市场对我国都是非常重要的。我国股市自 1990 年成立以来，其规模逐渐壮大，发展日益迅速，为我国大中小型企业的发展拓宽了融资渠道，在资源配置、分散投资风险方面发挥了重要作用。截至 2019 年，沪、深两市共有上市公司 3700 多家，总市值合计 61.6 万亿元，占我国 GDP 的 60% 以上。我国股票市场虽然经过了 30 年的蓬勃发展，但是也存在着一些问题，不仅表现出“牛市短、熊市长”的特点，而且起落频繁[1]。因此，股票市场一直是一个十分值得探讨和深入研究的领域。研究股票市场往往是通过对其收益率的研究来进行的，而收益率波动的实质便是股价的变化。政府通过政策、法令，运用“看得见的手”对经济进行干预，对股票市场来说意义重大，而具体的效果如何，则可以通过研究股票价格的变动来得出具体结论。每一次研究得出的结论都可以为投资者提供相关依据。房地产行业作为我国重要的民生产业备受重视，而近几年的房地产政策出台也给房地产股票带来了一定的影响[2]。本次房贷利率挂钩 LPR 政策既关系到国计民生，也影响着房地产股票市场。正因如此，需要对该项房贷利率新政策将会给房地产股票带来什么样的结果进行研究，这既是对政策效果的深入分析，也是投资者积累房地产业投资经验的有效渠道，同时具有十分重要的现实意义。

从理论上讲，新房贷利率政策的出台对房地产股市是有着一定影响的，可能是利好消息，也可能是利空消息。如果是利好消息，则房地产股票的收益率会随着股价的攀升而提高。反之，若是利空消息，房地产股票收益率则会出现下降趋势。此次出台的房贷新政是房贷利率的历史性改革，它的顺利开展是关乎民生的大事，所以研究该政策对房地产股票收益率的影响也是十分必要的。从现有的文献来看，大多数学者将目光聚焦在研究房地产价格上，对房地产政策与股票市场表现的关系的研究相对较少，况且该政策出台不久，对它的研究仍然是一个全新的领域。所以本章希望在前人的相关研究理论的基础上，对这一新政策开展研究，并对所得结论做出适当解释。

8.1.3 文献综述

8.1.3.1 股价波动影响因素的分析

股市是我国金融市场里不可或缺的一员，它既能够融资，又可以较为灵活地配置资源，还能够起到经济社会“晴雨表”的作用。在实际经济运行中，影响股票收益率的因素有很多，而分析股票收益率的变动则需要对股票价格变化进行研究。我国股市成立时间较晚，而在这方面国外的研究起步较早且发展得较为成熟。20 世纪 60 年代提出的“资本资产定价模型”认为，资产收益来源于资产所承担的风险，认为市场风险是影响收益率的唯一因素。到了 20 世纪八九十年代，广大学者大多都认为存在金融异象，即除了资本资产定价模型的市场风险因素之外，股票市场还存在其他因素影响着收益率的变化。随着研究的深入，人们发现宏观经济是影响股票收益率的重要因素。股票价格会随着宏观经济的变化而波动，投资者则将股价变动视为信号，进一步表现为投资者情绪，最后影响投资者的决策。从本质上讲，股价变化是市场对新信息再估量的结果。王升泉和陈浪南（2019）的研究表明，情绪冲击能够解释我国股票价格波动的 55.2% 以及顺周期性[3]。因此，可以认为投资者情绪是影响股票收益率的因素之一，在资产定价中起着重要作用[4,5]。市场中的投资者经常会有跟随大众的心理，这可以更好地解释股价的大幅变动。人们经常使用换手率度量投资者情绪，发现其与股票收益率同向变动，因此可以认为股票收益率受到投资者情绪的正向冲击，它们是正相关的[6]。投资者情绪对于资产价格的影响非常重要，而市场上的投资者情绪会慢慢形成噪声交易，噪声交易者的主要目的是实现持有股票的流动性，从而使得股票价格发生变化，影响股票收益率[7]。陈其安和雷小燕（2017）通过研究发现，投资者情绪对我国股市有正向影响，利率则相反；在我国股市，货币政策的作用受到投资者情绪的影响而无法发挥全部功效，从而使市场反应与预期目标有所偏差[8]。Zhou 和 Huang（2019）综合了投资者的类型，发现投资者的交易行为对具有不同股价崩盘风险、不同特质风险的股票有不同的影响。对于高股价崩盘风险、高特质风险的股票作用力强，对于低股价崩盘风险、低特质风险的股票作用力弱。投资者具有赌博心理，会以高崩盘风险、高特质风险的彩票型股票进行赌博[9]。

影响股票收益率的因素不只投资者情绪，宏观因素也不可忽略。而宏观经济因素包含许许多多的方面，如同样一件事情，处在不同的经济周期会有不同的反映。谢海滨等（2015）发现在股市出现极端下跌的情形下，市场会由于过度反应而在接下来的一个交易日内表现出显著的反转特征；而在股市出现极端上涨的情形下，市场在接下来的交易日内并没有明显的反应模式。也就是说，与“熊市”相比，牛市中出现极端下跌风险后所表现出的反转特征强于在熊市中出现同类情况时表现出的反转特征[10]。再如某些政策规定的颁布会深深地影响一个公司和它的股票，而在日常生活中，与股市关系最为紧密的便是货币政策和财政政策了。裴茜和朱书尚（2019）认为，我国股票市场均存在明显的金融传染，各行业的传染程度差异较大，银行和多元金融两个行业传染最为严重。总体经济和货币政策渠道体现的传染明显，而财政政策渠道体现的传染有一定的滞后性[11]。此外，股票收益率很可能受到公司规模的影响。股市中普遍存在规模效应现象，即小公司的股票回报率高于大公司。Brandt 等（2010）以纽约证券交易所、纳斯达克证券市场和 AMEX 作为对象，通过对公司规模做出分类进行研究，所得结果认为，相较于大型公司，小公司更容易引起股价的变化[12]。刘仁和等（2015）实证研究发现，中国股票市场确实存在规模效应，股票回报率与它的预测值之间的平均绝对误差为3.09%，解释了股市中的规模效应[13]。再者，公司特征是股票收益率的重要影响因素。大多学者采用账面市值比这一指标描述公司特征，并发现我国股市存在账面市值比效应且以账面市值比异象、市盈率异象为代表的价值型异象正在逐渐减弱甚至消失，而规模、特质波动率、换手率以及市场风险异象正逐渐显现并仍有增强的趋势[14]。最后，股票收益率的改变与市场行情有着重要的关系。投资者对市场行情的分析往往是通过市盈率来衡量的，在短期内，市盈率与股价波动并不存在正相关关系，从长期来看，市盈率的变化会引起股价反向波动[15]。

8.1.3.2 政策因素对股票收益率的影响

前面提到，政策作为影响股票收益率的因素之一，其作用不可小觑。宏观政策是引导经济稳定发展、推动社会进步的重要经济举措。随着对股票收益率研究的深入，越来越多的学者认为政策因素是影响股票收益率的重要因素之一。政策作为一种事件或信息，是资本市场中不可忽略的因素，信息对股市价格波动具有重要影响[16]。Aiet - Sahalia 等（2012）通过研究发现，政策是影响金融领域的重要因素，并对多个市场进行分析，认为大部分政策均具有溢出效应[17]。而政策可以分解为预期和非预期两部分[18]。预公告溢价的产生并非由于市场提前预期到政策的走向，而是来源于投资者预先获得了对政策不确定性的溢价补偿[19]。对于机构投资者持股比例较高的股票，解释其收益率的变化时，行业和全球政策因素比国家政策因素更为重要。其中，行业政策往往比国家多元化政策更为有利[20]。Gallo 等（2016）利用联邦基金期货数据构建了一个衡量政策新闻的指标，发现总收益传递了政策消息[21]。姚磊和姚王信（2016）认为，宏观经济政策基本上成为引发股票价格变化的主导力量，并认为如果政策干预的目标能使股价上扬便是利好政策，若出现下降或过度反应则是利空政策[22]。其他学者认为，我国股票市场对利好、利空信息的反应非常不对称：与利好信息相比，市场对利空信息的反应具有较强的持续性，表明市场对利空信息不敏感；市场对利空信息的反应会明显地影响市场对利好信息的反应，反之则不成立。未预期到的宏观经济信息变动较预期部分对股票市场的影响更大；受宏观经济政策异质性的影响，股票市场在长期和短期层面的波动差异显著[23]。政策给股市带来的影响往往会引起投资者的盲目跟从。刘祥东等（2014）对我国股市的“羊群效应”做了更深入的研究，发现“羊群效应”较弱时，股价会出现小幅周期性波动；存在中度“羊群效应”时，股票几经波动后趋于平缓，并且在此区间存在最优的“羊群行为”，它促使股票价格以最快的速度逼近均衡价格；而存在重度“羊群效应”时，股票价格发生大幅的非理性波动，可以导致股市严重泡沫和金融危机的产生[24]。

8.1.3.3　房贷利率挂钩贷款基础利率政策的影响

现代市场经济中住房商品逐渐演化出两种属性，既可以作为用于居住的消费品，也可能成为人们投机的资本品。当前我国房地产市场的波动，本质上是一次迟到的周期性调整[25]。就防范金融风险而言，盯信贷比盯房价更占优势[26]。政府在制定房地产政策时，对于住房商品性质定位不同，政策实施效果也截然不同。2018 年之后，我国对房地产市场的调控步入新的阶段，在采取限购等控制不合理需求的举措之余，还重点增加有针对性的供给来改善中长期供给结构。各地方政府出台了大量相应的政策来履行主体责任。各部委也努力增加供给将“房住不炒”落到实处。此后中央政治局明确坚决遏制房价上涨，此番消息对房地产市场发出了强有力的信号，从内容上可以看出会议传递出的精神比过去任何一次都更有力，也由此改变了市场预期。正如房屋限购政策，如果不能改变购房者对房价的长期预期，一旦限购政策力度放缓则将带来报复式反弹[27]。

我国有很大一部分投资者很难直接地投资房地产，其中不乏较高的投资门槛、信息不对称性等原因。而房地产信托还没有发展成该领域投资的主流方式。因此，大量的投资者选择将持有房地产公司股票作为投资房地产领域的主要途径[28]。而对于购房者来说，房屋购买者的贷款决策对中央利率调控有着明显的反应[29]。Shi 等（2014）通过研究 1999—2009 年新西兰中央银行政策和零售抵押贷款利率的变化对实际房价的影响，发现实际利率与实际房价显著正相关，说明政策利率的上调可能对抑制实际房价没有效果[30]。在我国，大部分城市房价波动主要源于本地因素，且时变的风险溢价是波动的主因，而利率和预期租金的影响则较弱；在风险溢价水平较高的城市，总体风险溢价也较高，房价的不同变动是这两项因素共同作用的结果[31]。2008 年国际金融危机过后，美国房地产市场经历了从繁荣到萧条的过程，Luciani 等（2015）整理 1982—2010 年的数据发现，美联储 2002—2004 年的政策略有扩张性，但其对近期房地产周期的贡献微乎其微[32]。而在欧洲房地产市场中，学者发现，量化宽松政策能够有效地促进房地产行业发展。房地产业是国民经济的重要组成部分，而股市向来有宏观经济的“晴雨表”之称，我国房地产业和股市长期保持着正相关关系，且货币政策对于房地产价格具有重要影响[33]。Granziera 和 Kozicki（2015）建立了一个关于房价与房租的预测模型。他们认为，该模型在理性预期下可以较为有效地预测房价变动，且房价的波动与政策不无关系[34]。房子有自住、投资和融资等属性，于公于私，稳定住房市场都是十分必要的，而商业性房贷利率挂钩 LPR 则是房贷利率改革进程中的一次历史性事件。

2019 年 8 月 25 日，央行正式决定调整商业个人住房贷款利率，未来会以 LPR 为标准，这个 LPR 就是贷款基础利率。曾经我国市场利率主要由两个方面来决定：一方面是存贷款基准利率，该利率由国家规定；另一方面是金融市场利率，是市场自发产生的，由资金的供需关系决定。而 LPR 改革则是为了促进利率“两轨并一轨”。从国际经验来看，美国、日本等都曾经有设立贷款基础利率的报价机制的经历，金融机构贷款利率定价以它为参考，这一举动对推进利率市场化改革进程起到了相当大的作用。我国在学习国际经验的同时也不断着手实施相应计划，于 2013 年 10 月 25 日启动了 LPR 集中报价与发布机制。LPR 由央行指定的报价行对报价做加权平均，得出并公布报价行的平均利率。房地产业作为我国市场经济的重要组成部分，其价格与市场利率关系紧密。房贷利率改革从本质上来说就是货币政策的变化，利率的每一次调整，都会对房地产市场造成一定影响。Belke 和 Beckmann（2015）利用 CVaR 模型考察五个发达国家和三个新兴经济体股票市场与货币政策之间的长期关系和短期动态，货币政策对股票市场收益和波动性存在显著的冲击效应[35]。我国货币政策与股市之间存在非对称的互动关系，其中股票市场受到货币政策变动较强的同期影响，但时续较为短暂；股票市场变动对货币政策则是短期内影响较小、长期内影响较大[36]。郑世刚和严良（2016）通过研究发现，2008 年前后房价受到贷款利率和货币供应量的影响是交替变化的，房价引起货币供应量的反应表现出与假设并不相符的情况，货币政策的反应程度较为有限。在研究中，作者认为，房价变化受货币供应量的影响比较明显，是房价持续上涨的重要原因。2008 年以来，固定资产投资的影响非常显著，脉冲响应分析发现利率只能在短期内对房价产生负向影响，除土地政策外，货币和财政政策皆会在长期内对房价产生稳定影响[37]。陈长石和刘晨晖(2019）发现，抵押补充贷款是房地产价格短期上涨的主要因素，但其长期影响并不明显。抵押补充贷款不仅能够直接影响房地产价格，还能够通过降低实际利率间接地影响房地产价格[38]。

投资者对房地产市场向来表现出较为浓厚的兴趣。2019 年 8 月 25 日第 16 号公告发布，宣告商业房贷利率挂钩 LPR，投资者兴趣完全被点燃。从以往的研究可以得知，新政策的出台对于房地产业很可能是一个利好信号，但是新房贷利率的出现时间较短，研究文献有限。因此政策效果还不明显，可能是利好信号也可能是利空信号。

8. 1. 3. 4　文献评述

综合上述文献可以得知，股票收益率受诸多因素影响，这些因素既有宏观因素也有微观因素。货币政策的变动对股票市场的价格波动是有一定影响的，政策在不同市场间具有不一样的溢出效应。而房贷利率的改革本质上是货币政策的改革，研究房贷利率挂钩 LPR 政策对房地产股票的影响需要借鉴货币政策的变动对股市的影响这一途径。而以往的文献表明行业政策的变化对该行业的股票往往是有利的。尽管众多学者研究了利率政策的变化对房地产市场的影响，但更多的是研究房地产价格问题，而以房贷利率重大改革为研究视角，同时从不同规模、市场、性质的角度针对一项政策对房地产股票市场的影响进行事件分析和微观分析的仍然较少。本章希望能够通过对这一方面的研究弥补现有文献的不足。

8. 1. 4　研究内容和方法

8. 1. 4. 1　研究内容

本章主要研究商业性个人房贷利率挂钩 LPR 对房地产公司股票价格变动的影响，共分为 5 节。在绪论部分首先介绍了研究背景，从我国股市的发展历程出发，道出股市变动与宏观金融政策有着密切关系，房地产业亦如此。

房地产业作为国民经济的支柱性产业，受宏观调控政策的影响，不可小觑。其中，文献综述介绍了到目前为止，国外和国内对利率与股票价格关系、货币政策与股票价格关系、宏观调控手段与房地产上市企业股票价格关系的相关研究以及理论分析，为本研究梳理思路。股票价格变动的相关理论部分介绍了股票价格发现理论、长尾效应、“羊群效应”、有效市场理论和资本资产定价理论基础。在此基础上，对新房贷利率政策对房地产公司股票收益率的效应展开分析。实证部分中，采用事件研究法，把估计窗口期和事件窗口期内交易正常的股票作为实证样本，共计 127 家公司，将估计窗口期设置为 2019 年6 月14 日至2019 年7 月25 日，共计30 个交易日，将事件窗口期设置为 2019 年 7 月 26 日至 2019 年 9 月 23 日，共计 41 个交易日，研究事件窗口期内的样本公司累计超额收益率的变化，从企业规模、所属交易市场和企业性质三个角度分析新政策对房地产公司股票收益率的影响。进而，对新房贷利率政策对房地产公司股票收益率影响因素开展研究，运用固定效应回归模型，选择可能影响累计超额收益率的行业指标和政策因素进行回归，进一步验证事件研究法中得出的理论结果。最后是研究结论与政策建议。本章在经过实证分析后得出了房贷利率挂钩 LPR 政策对于房地产公司来说为利好信息的结论。根据实证分析得出的结论，本章从各方面提出相关建议，以供各方参考，并借此实现研究目标。

8.1.4.2 研究方法

本章主要采用事件研究法研究房贷利率挂钩 LPR 政策对房地产公司股票价格的影响，之后构建固定效应模型，进一步从微观层面分析该政策给房地产股市带来何种影响。

事件研究法是政策类文章中较多选用的方法，主要用于研究新事件对市场的影响。这里所说的新事件如近期的新政策、企业股票变更、股权变更等，这些新发生的事件会给股市或多或少地带来一些影响，如股票收益率变动、企业经营业绩变化或者影响企业未来的发展等。事件研究法被众多学者大量地应用于研究新事件给市场带来的影响。Jung 和 Lee（2017）采用事件研究法对韩国 73 个地区的月度面板的实际交易数据进行分析，从中可以发现债务收入比限制比贷款价值比限制在稳定房价方面发挥着更为重要的作用[39]。但是事件研究法作为一种研究方法并不是完美无缺的，还存在一些不足。例如，运用事件研究法首先需要满足的便是有效市场这个前提，可是新发生的事件往往会被有效市场立刻消解掉，有时可能看不出太明显的结果。况且该方法要求在事件窗口期内不会受到其他事件的干扰，但市场是复杂而又多元的，一个新生事件很难在市场大环境下独善其身而不受外界影响。事件研究法尽管有一定局限性，但现在看来，它仍然是一种重要的研究方法，并且广泛应用在众多文献中。

8.2　股票价格变动的相关理论

8.2.1　价格发现功能

股票市场的建立，既为投资者提供了交易股票的场所，又激发了人们对投资股票的热情，这也给发行市场提供了一份保证。通过观察市场成交价能得知市场的供求状况，发行市场可以以此作为数据信息来计划未来的股票发行。股市既是融资市场，并且通过上市公司起到其“晴雨表”的作用；股市也是投资市场，必须充分发挥市场价格发现功能。股市向投资者传递股票价格的同时也传递了一只股票的内在价值信息，这便需要投资者进一步发掘。投资者可以通过股市传递出的各种信息，来判断一家公司的发展情况和回报率。信息的甄别，能够让投资者更加深入地了解一家上市公司的近况，也能对今后的投资做出指导。股市的上涨行情往往转瞬即逝，通过其中表现出的行情变化，可以清楚地知道市场中受欢迎的是哪些行业，投资者可以根据这些信息，对认为今后发展更好的行业做出相应的投资。政策信息的冲击对于股市来说，是能够引发股市波动的重要因素。市场投资者在政策出台后分析政策效果，而后续的股市走向将该政策的效果传递给更多投资者，即利好信号股市走高，利空信号股市下跌。所以，股票价格的变化对整个资本市场都是十分重要的。新信息冲击的影响会反映到股价上，股价波动便引起收益率的变化。研究政策对股市的影响等同于研究股市对信息的反应。

8.2.2　长尾效应

“头”和“尾”这两个概念在统计学中十分常见，长尾效应的命名也是源于此。人们通过对需求的分析，可以得知很大一部分人的需求会聚集在流行产品上，该类产品往往位于正态曲线的“头”部；还有一部分人的追求则是在个性产品上，且此类产品的需求量较小，所以这部分往往处在正态曲线的“尾”部，其在需求曲线上的形状好似一条长长的尾巴，而需求量则是长尾效应的体现形式。随着互联网技术的成熟应用，互联网“去中心化”和“去中介化”的趋势为中小城市与乡镇地区带来了良好的机遇，长尾效应日益显著，使创业者机会大大增加[40]。企业通过扩大长尾来获得规模效应，将那些不太受重视的尾部市场集中起来形成一个新的大市场，有时这一新市场的规模甚至要大于主流市场。长尾效应是互联网时代的产物，房地产行业现在更多的是在营销上使用长尾效应。随着销售渠道的多元化和去传统化，规模较小的房地产公司在市场竞争中也有了一席之地甚至更大的市场占比，并且房贷利率挂钩 LPR 政策发布之后，一部分较小型房地产公司股票提升幅度明显强于较大规模公司，这也说明了在房地产行业中存在长尾效应。

8.2.3 “羊群效应”

在国内外的股市中，每一个投资群体的投资者总是想要寻找同类型的投资者，然后根据他们的投资方案采取后续的投资行动，并在股票来回买卖时做出跟随，这便是“羊群效应”。因为这些投资者经常认为他人的信息更加真实，这种心理在股民中十分常见，也就导致“羊群效应”在股市中屡见不鲜。不仅是股票市场，房地产市场中也存在“羊群效应”。从全国范围来看，“羊群效应”是房价溢出的重要途径[41]。大多数人在做决定时，经常忽视不一致的声音，而去选择站在大多数这边。当股票出于某种原因突然被拉高，追涨的投资者会带动更多的人对其进行投资和关注，投资增加会推动股票价格继续上涨，进而吸引更多的投资者关注和买进，这成为股价等资产上升的原因之一。此现象循环往复，便会产生泡沫。反之，当某些负面原因导致股价下滑时，大多投资者会及时售卖持有的股票，达到止损的目的。抛售引起的价格下滑，会进一步引导众人抛出手中的股票，从而导致市场低迷，而由于投资者之间的“羊群效应”，最终可能带来股市大幅度的震荡。

8.2.4 有效市场理论

20 世纪 70 年代，法玛提出有效市场假说，分为弱式有效市场、半强式有效市场和强式有效市场。在弱式有效市场中，市场价格反映了以前的价格信息，投资者无法通过曾经的信息谋取收益。也可以说，在此市场中，以老旧信息作为根据的技术分析难以获得成效。在半强式有效市场中，从股票价格便可以获得全部的公开信息，但通过研究过去和现有的公共信息无法获取超额收益。倘若市场能够反映全部信息，便是强式有效市场。在该市场内，所有前后、公开或私密的信息都已体现在价格上，因此即使拥有这些信息也不能获得收益。从某种意义上讲，市场有效性也是投资者掌握信息量的对称性和市场制度完善程度的一种体现，同样可以从中了解市场的流动性快慢，也能够观察出市场内信息流通速度和对称性。有效市场理论中，新信息的产生会引起股价变化，而当所有人注意到该信息时，股价变化已处于均衡位置。信息传递的效率和投资者对信息的态度，对股票市场的有效性至关重要。这一点通过过去的文献便能得出结论。同时市场也应是完全竞争的，市场上的投资者是理性的，在这样资源配置有效的市场里，每个人都将因资源配置得当而受益。

8.2.5　资本资产定价理论

资本资产定价模型（CAPM）自 20 世纪 60 年代出现后，就成为很多经济学者研究的对象。它是第一个关于金融资产定价的均衡模型，对金融市场的发展、指导投资和新的衍生产品的出现与定价产生了深远的影响。资本资产定价模型是建立在风险资产期望收益均衡基础上的预测模型。其基本假设是市场处于一个相当理想化的条件下，β 系数是资产或资产组合的风险与市场组合风险之间的关系系数，一切资产的期望收益高于无风险收益资产的溢价都由 β 系数衡量和决定，因此该理论与现实脱节，不符合现实。但即便如此，CAPM 模型仍然极大地补充了投资组合理论。该模型假设市场上的投资者按照马科维茨的资产选择理论做出投资，且预期收益和方差等与估计相一致，投资者也可以自由地借贷。正如假设所言，该理论所研究的重点内容是风险和风险资产价格的关系。对于投资者所承担的风险，应给予其资产组合的回报率一定的补偿。基于演绎Ⅱ型资本资产定价理论的传统观点，投资者和其所处的市场均是理性的，不会因为嘈杂的信息而改变自己的投资计划。随着学术研究的深入，三因素资本资产定价模型的提出对股票预期收益率有了更强的解释。市场因素、规模因素和价值因素这三个因素可以解释股票回报率变化的 70% 左右。还有很多学者对股票市场与资本资产定价模型开展过研究，大多数结论都是股票市场中的 β 系数对于股票回报率有重要影响。本章后续的事件研究中，在计算预期收益率时需要运用该模型方法；进行实证研究时，还会采用账面市值比等变量，在控制了公司规模、性质和所处交易市场后具体研究房贷利率挂钩 LPR 政策给房地产股票带来的影响。

本章将以上理论作为研究的理论基础。其中，价格发现功能揭示了新出现的信息对股票价格变化的影响，进而影响其收益率，也即房贷利率挂钩 LPR 政策对房地产股票收益率产生影响的机制。长尾效应和“羊群效应”更进一步揭示了企业通过扩大长尾获得规模效应，使规模较小的公司可能也有较好的市场业绩；投资者在面对一个新出现信息时，往往会盲目跟随他人做出投资决策，造成股价和收益率的大幅波动。房贷利率挂钩 LPR 政策出台，给那些曾经关注此类信息的人发出信号，这些人会根据和自己相似的投资者做出的判断来计划自己的投资策略。股市中存在“羊群效应”，这会带动或抑制更多的人对其进行投资或抛售，由于噪声交易存在，会使这种信号被大量的投资者放大，最终使市场出现大幅震荡。以上三个理论主要解释了房贷利率挂钩 LPR 政策作为股市中的新信息对房地产股票产生影响的内在机制。有效市场理论则为事件研究法提供理论支持，认为证券价格充分反映了历史上一系列交易价格和交易量中所隐含的信息，通过基本分析还可能帮助投资者获得超额利润。最后从资产资本定价理论出发，进一步解释了新政策使房地产股价波动的机理，也为下节事件研究法的开展和实证部分提供了理论依据。

8.3 房贷利率挂钩贷款基础利率影响房地产公司股票价格的实证研究

本节采用事件研究法分析房贷挂钩 LPR 对房地产企业股票价格的影响。以央行发布《关于新发放商业性个人住房贷款利率调整的公告》为事件，研究政策发布前后房地产上市公司股票收益率的差异，检验该政策的发布对房地产企业是否存在影响，并进一步分析所产生影响的具体特点。

8.3.1 事件研究法

根据以往事件研究法的研究情况，本小节采用该方法中的市场模型来做后续研究，具体如下：

①日收益率。采用对数收益率先计算个股收益率，再计算相关市场指数收益率。

$$R_{it} = \ln(P_{it}/P_{it-1}) \tag{8-1}$$

$$R_{mt} = \ln(P_{mt}/P_{mt-1}) \tag{8-2}$$

其中，P_{it}和 P_{it-1}分别为个股在交易日 t 和上一交易日 $t-1$ 的收盘价；P_{mt}和 P_{mt-1}分别为交易日 t 和上一交易日 $t-1$ 深证或上证房地产指数的收盘价。

②正常收益率、预期收益率和超额收益率。

$$R_{it} = \alpha_i + \beta_i R_{mt} + \varepsilon_i \tag{8-3}$$

通过计算估计窗口期间各公司的 α_i和 β_i，将得到的估计结果代入式（8-4），计算事件窗口期间各股的预期收益率。

$$\hat{R}_{it} = \hat{\alpha}_i + \hat{\beta}_i R_{mt} \tag{8-4}$$

单个样本的每日超额收益率的计算：

$$AR_{it} = R_{it} - \hat{R}_{it} \tag{8-5}$$

③事件窗口期内，单个样本的累计超额收益率。

$$CAR_{it} = \sum_{t=t_1}^{t_2} AR_{it} \tag{8-6}$$

其中，t_1、t_2分别为起始日期和终止日期。

④所有样本平均累计超额收益率。

$$CAAR = \frac{1}{N}\sum_{i=1}^{N}\sum_{t=t_1}^{t_2} AR_{it} \tag{8-7}$$

⑤构造 t 统计量对平均累计超额收益率进行检验。

$$\begin{aligned} \mathrm{t} &= \frac{CAAR}{\sigma CAAR/\sqrt{N}} \\ &= CAAR/\sqrt{\frac{1}{N(N-1)}\sum_{i=1}^{N}(CAR_{it} - CAAR)^2} \end{aligned} \tag{8-8}$$

其中，$CAAR$ 为事件窗口期内的全体样本平均累计超额收益率；N 为样本总数；CAR_{it}为单一样本事件期内的累计超额收益率。

若得到的 t 值大于某个选定值，p 值小于 5% 或 10%，此时可以拒绝原假设，认为房贷利率挂钩 LPR 政策对房地产公司的股票收益具有影响。相反，若 t 值小于某选定值，p 值大于 10%，接受原假设，认为房贷利率挂钩 LPR

政策对房地产公司的股票收益没有影响。

8.3.2 数据选取

第一，本章选择沪深房地产股票的日收盘价、上证房地产指数和深证房地产指数为原始数据，基于此计算各样本股的日收益率和沪深两市的市场收益率。实证所需数据均来自 Wind 数据库、RESSET 数据库。

第二，选取房地产上市公司样本时遵循以下原则：选取主营业务为房地产开发、经营或投资的公司；经营范围是房地产开发、投资或销售；剔除 ST 公司、在估计窗口期和事件窗口期间停牌和长期处于停牌状态的公司。根据以上原则，本章总共选取了 127 家符合条件的公司作为本次实证研究的样本，其中，沪市 70 家，深市 57 家。

第三，本章在选取数据时，控制了没有其他重大事件在估计窗口期和事件窗口期内发生。在 2019 年 6 月 13 日举行的第十一届陆家嘴论坛中，银保监会主席郭树清在致辞中提到，一些地区的房地产金融化的问题必须受到重视，因为其他行业的资源会受到房地产行业的过度融资的影响，且易于出现行业投机，加重资产泡沫化问题。此番致辞代表了国家层面高度关注房地产金融的风险防范，会对接下来的房地产公司股票价格产生一定的影响，因此，本章选取 2019 年 6 月 14 日至 2019 年 7 月 25 日为估计窗口期［-50，-21］。由于政策对股价产生影响需要一定的时间，并且住建部于 2019 年 9 月 26 日的发布会上鼓励房价较高城市发展共有产权住房的消息可能影响到房地产股市，所以事件窗口期选择在 2019 年 7 月 26 日至 2019 年 9 月 23 日，为事前 20 天至事后 20 天。

8.3.3 研究假设

假设 1：房贷利率挂钩 LPR 对房地产公司是利好因素。

在绪论部分的文献综述中提到，Luciani（2015）认为，加息可以有效缓解房地产泡沫，对房地产市场在一定程度上起到了积极的作用，认为美联储可使用货币政策来影响房地产市场。潘敏、周闯（2019）认为，资产价格、汇率、利率和通货膨胀以及产出之间存在着稳定的长期关系，股票价格对利率变化短期内有较弱正向反应，但从长期来看是负相关的。此次房贷利率政策改革将房贷利率与 LPR 挂钩，从长期来看给投资者带来了利率下降的投资预期。所以，从政策效果上看，未来房地产销售业绩可能出现增长，所以该政策的发布对于房地产公司可能是一个利好信号。

此外，央行于2019年8月25日发布《关于新发放商业性个人住房贷款利率调整的公告》，标志着商业个人住房贷款利率未来会以LPR为基准。原来的房贷利率是官定基准利率乘以浮动倍数，政策生效后采用LPR乘以浮动倍数。对于银行来讲，在制定贷款利率时，可以根据资金成本、客户的信用溢价和期限的风险溢价在LPR基础上自由浮动。由于近年来楼市依然是广大老百姓的投资关注热点，房贷利率放开后，广大投资者可能认为短期利率下降的可能性较小，而长期利率可能呈现出下降趋势，可能会增加投资者对房地产市场的关注并尽快地利用手中的资金购买房地产股票，因此对于房地产公司来说是一个利好信号。

假设2：房贷利率挂钩LPR对规模小的房地产公司更为有利。

刘仁和等（2015）实证发现，中国股票市场确实存在规模效应，即小公司比大公司更能引起股票价格变动。市场新信息的出现所引起的大公司股票回报率的变动比较小，说明规模较大的公司对于政策的反应可能并不灵敏。房贷利率挂钩LPR对于房地产公司可能是利好信息，但对于大公司来讲其受影响程度可能不如小公司，即小的房地产公司可能因该项政策获益更多。

假设3：房贷利率挂钩LPR对深市房地产公司的影响大于沪市。

魏成龙、张添丁（2009）在研究中发现，沿海地区、以住宅开发销售为主的地产上市公司的股价对调控政策更敏感[42]。现如今，房地产企业利用互联网技术发掘尾部市场，使得自身业绩有了较大幅度的提升。本章样本中深圳证券交易所的公司有57家，大多属于沿海地区、以住宅开发销售为主的房地产公司。因此，笔者认为，新房贷利率政策对深市的房地产股票影响更大。

假设4：房贷利率挂钩LPR对民营房地产公司影响大于国有。

魏成龙、张添丁（2009）认为，资产规模越大、拥有国有背景的房地产企业受政策冲击越小。国有企业对政府有严重的依赖性，而民营企业则对市场有着较大的依赖性和竞争性。因此提出该假设。

8.3.4 事件研究结果分析

本小节通过事件研究法当中的市场模型对127家房地产公司的股票收益率进行计算后估计α、β值，得到事件窗口期的超额收益率等数据。

8.3.4.1 全样本结果分析

计算全体样本数据后，得到表8-1，统计了商业性个人住房贷款利率调整政策发布后得到的全体样本平均累计超额收益率和t检验结果。

表8-1 平均累计超额收益率及显著性

date	*CAAR*	*se*	t值	p值
-20	0.001658836	0.014237	1.313089	0.1915
-19	0.001017836	0.018523	0.619245	0.5369
-18	0.000799512	0.020794	0.433299	0.6655
-17	0.0051514	0.032776	1.771225	0.0789 *
-16	0.008114437	0.036074	2.534955	0.0125 **
-15	-0.001958696	0.04186	-0.527309	0.5989
-14	0.000930724	0.052717	0.198963	0.8426
-13	-0.017730939	0.059453	-3.360906	0.0010 ***
-12	-0.019782054	0.06043	-3.689132	0.0003 ***
-11	-0.019927833	0.064377	-3.488461	0.0007 ***
-10	-0.018329931	0.069983	-2.951693	0.0038 ***
-9	-0.017496765	0.071238	-2.767879	0.0065 ***
-8	-0.013289127	0.077485	-1.932779	0.0555 *
-7	-0.008856827	0.078849	-1.265856	0.2079
-6	-0.011422833	0.080144	-1.606217	0.1107
-5	-0.009085818	0.085574	-1.196536	0.2337
-4	-0.001347947	0.08484	-0.179049	0.8582
-3	-0.003326662	0.086387	-0.433971	0.6651
-2	0.004396808	0.088489	0.559949	0.5765
-1	0.010702437	0.097176	1.241157	0.2169
0	0.011427963	0.104879	1.227953	0.2218
1	0.015134831	0.115919	1.471376	0.1437
2	0.025715562	0.120965	2.395725	0.0181 **

续表

date	*CAAR*	*se*	t 值	p 值
3	0. 026107886	0. 122793	2. 396074	0. 0180 * *
4	0. 038593723	0. 132596	3. 280105	0. 0013 * * *
5	0. 036219121	0. 134617	3. 032064	0. 0029 * * *
6	0. 044719199	0. 141151	3. 570369	0. 0005 * * *
7	0. 048973131	0. 149364	3. 695004	0. 0003 * * *
8	0. 043866617	0. 145522	3. 397086	0. 0009 * * *
9	0. 049839118	0. 146807	3. 825827	0. 0002 * * *
10	0. 048917163	0. 149503	3. 687335	0. 0003 * * *
11	0. 057343423	0. 155057	4. 167674	0. 0001 * * *
12	0. 060479111	0. 164567	4. 141575	0. 0001 * * *
13	0. 057941391	0. 170244	3. 835465	0. 0002 * * *
14	0. 054727571	0. 169361	3. 641611	0. 0004 * * *
15	0. 059037491	0. 171386	3. 881997	0. 0002 * * *
16	0. 051019615	0. 174604	3. 292941	0. 0013 * * *
17	0. 050039475	0. 175318	3. 216525	0. 0016 * * *
18	0. 055426935	0. 175047	3. 568353	0. 0005 * * *
19	0. 06195869	0. 180843	3. 861021	0. 0002 * * *
20	0. 062294791	0. 184674	3. 801434	0. 0002 * * *

注：*、**、***分别代表回归系数在 10%、5%、1% 的水平上显著。

表 8 - 1 给出了全样本在新房贷利率政策发布前后 20 日的平均累计超额收益率的计算值及显著性指标。在事件发生前［ - 13， - 9］，平均累计超额收益率变动出现负值且有下降趋势，而后出现上升趋势，说明此段时间可能存在信息泄露，投资者还未充分了解信息内容便做出了预判行为，导致了收益率的短暂下降。但总体上看，新政策对房地产市场产生了积极的影响。从表中可以看出政策发布前第 2 日开始 *CAAR* 值由负变正，在央行发布《关于新发放商业性个人住房贷款利率调整的公告》前就使 *CAAR* 发生变化，究其原因，可能是在 2019 年 8 月 20 日国务院新闻办公室举办了政策例行吹风会。人民银行副行长刘国强在当日的吹风会上表示，新 LPR 形成机制使房贷利率下降的可能性不大；对降准、降息均有一定余地，但具体情况还要看经济增长和物价形势。由此投资者们做出反应，使其发生变化。由负变正则说明，房

贷利率挂钩 LPR 这一新政策对房地产市场是一利好信息，并且在政策发布后 20 日内持续为正，多数时间均在 1% 的水平上显著。自新房贷利率政策出台以来，市场上投资者对信息进行了判断，认为利率放开会使购房需求增加，会在一定程度上提升房地产公司的业绩，原因是新的房贷利率政策短期内并不会使房贷利率出现明显下降，而从长期看可能会出现利率下降的趋势，随着当前我国经济发展的高质量运行和物价相对稳定，投资者对房地产市场仍然持积极态度。图形描述如图 8－1 所示。

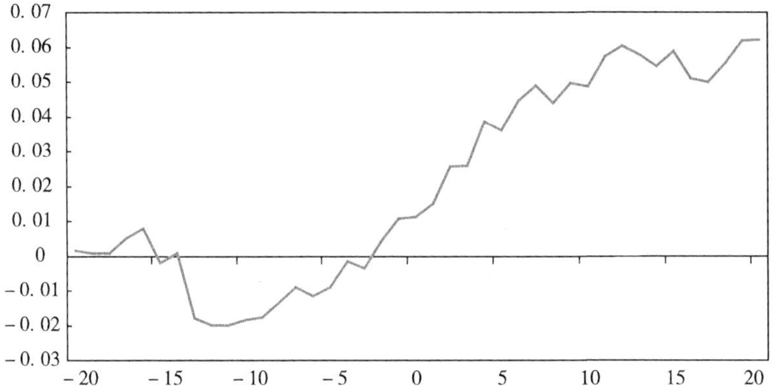

图 8－1　事件窗口期内平均累计超额收益率走势

从图中可以清晰地看出，平均累计超额收益率大体为正值，在事件发布前期出现负值。事件发生前第 2 个交易日，平均累计超额收益率由负转正并持续上涨，说明新房贷利率的出台推动了房地产公司股票收益率的上涨，对房地产行业利大于弊。而投资者也认为在一定时期内，房地产行业发展势头仍然强劲，对其股票持看好态度，且上涨幅度大于此前下降幅度，在市场表现上可能存在投资者追涨的“羊群效应”。

8.3.4.2　不同公司规模结果分析

一般来说，公司规模的大小不同，对新政策出台的反应也是不尽相同的。本章将沪、深两市房地产公司的市值求取平均数，设定若样本公司市值大于平均值则为规模较大型房地产公司，反之则视为规模较小型房地产公司。整理数据得出样本中含有规模较大型公司 31 家，较小型公司 96 家。

图 8－2 表示规模较大型房地产公司在事件前后 20 个交易日中平均累计

超额收益率的变化，可以明显看出，平均累计超额收益率基本是负值，仅当新政策发布前 15 天左右出现短暂的正值，但很接近 0。除此之外，整体平均累计超额收益率下降幅度减缓且呈现略微上升的趋势，由此可以看出，新房贷利率政策的发布对于大型房地产公司是一个利好信息，但影响十分有限。这可能是因为大型房地产公司拥有的土地资源较多，资产规模较大，业务辐射范围较大，其抗外界干扰能力较强，所以当新政策出台时，大型公司往往要先观察市场情绪，再对新政策做具体业务部署，因此导致其对新政策的反应稍微滞后。投资者对其持消极态度，降低了相应的关注，所以规模较大型房地产公司在事件窗口期内股票表现不佳。

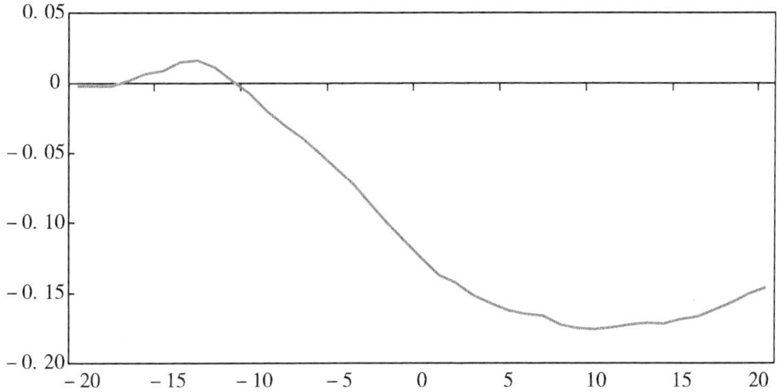

图 8-2　规模较大公司在事件窗口期的平均累计超额收益率

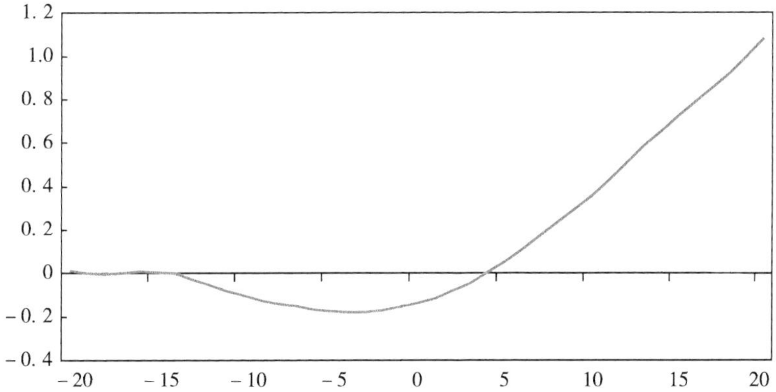

图 8-3　规模较小公司在事件窗口期的平均累计超额收益率

图8－3为规模较小型房地产公司在事件前后20个交易日中平均累计超额收益率的变化，从中可以看出，事件发布前第12个交易日平均累计超额收益率出现较小幅度的下降，且小于0。但在事件发布后发生变化，平均累计超额收益率由负转正，且有上涨势头。这表明新房贷利率政策对规模较小型房地产公司是一个利好信息。规模较小型公司通常对市场行情高度关注，且应对新政策时往往会及时做出积极举动来扩大自身业务规模。投资者对政策的解读往往根据宏观背景得出结论，因此投资者们对规模较小型公司持积极态度，这使得规模较小型公司的股票出现了短期上涨，由于小公司数量占比很大，所以从整体上看，小公司带动了全行业股价的变动。

8.3.4.3　不同交易市场结果分析

我国内地有两大股票交易场所，一个是上海证券交易所，另一个则是深圳证券交易所。1990年12月26日，经国务院授权、人民银行批准，上海证券交易所成立。上海证券交易所以电子竞价为交易方式，市场中的股票需要经过公开申报竞价，再以价格优先和时间优先原则确定交易。1993—1998年，上海证券交易所出台了大量的政策举措和法律法规，这些举动也保证了上海证券交易所的健康发展。如今，上海证券交易所的交易量在世界范围内的交易所中也是不多的，是名副其实的亚洲第一。深圳证券交易所是伴随着改革开放而成立的，起初由深圳市人民银行管辖。随着体量的不断壮大，后国务院决定由证监会管理。深圳证券交易所在2004年设立了中小板，此举是逐渐推动创业板市场建设的重要一步。随后，深圳证券交易所在2009年推出创投板。截至2019年年底，深圳证券交易所中的上市公司超过2200家，已成为世界上最重要的市场之一，为我国经济建设做出了卓越贡献。本部分将样本公司按所处市场不同划分为两类，样本中上海证券交易所公司共有70家，深圳证券交易所公司共有57家。通过分离沪、深两市样本来研究同一政策对各市场是否存在影响，有何影响。

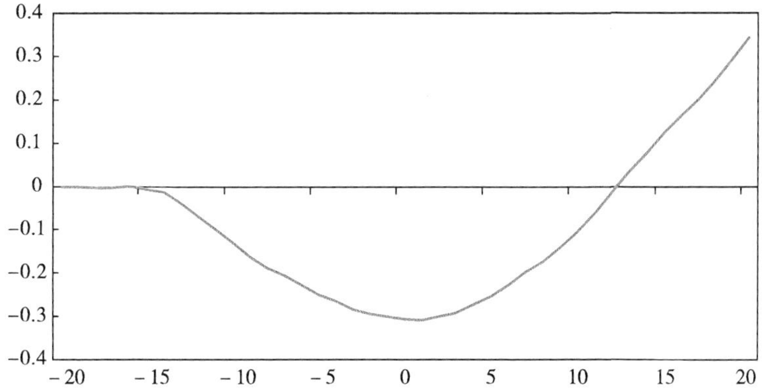

图 8－4　上海证券交易所公司在事件窗口期的平均累计超额收益率

从图 8－4 中可以看出，曲线整体呈“U”形，在政策发布前第 14 天左右平均累计超额收益率开始下降且为负值，但政策发布后平均累计超额收益率开始上升，这说明新房贷利率政策对沪市的房地产公司是个利好信息。

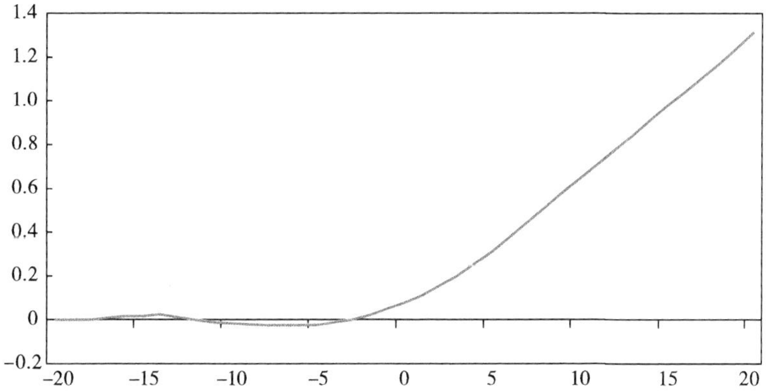

图 8－5　深圳证券交易所公司在事件窗口期的平均累计超额收益率

从图 8－5 中可以看出，在政策发布前，整个行业处于较为稳定的阶段，在此期间略有涨跌。在政策发布后，市场开始上涨且上涨趋势明显。这说明新政策的发布对深圳证券交易所房地产公司股票也是利好信息，并且深圳证券交易所对新政策的反应要略快且强于上海证券交易所。

结合两市的平均累计超额收益率趋势图，可以得出房贷利率挂钩 LPR 政策对沪、深两市房地产公司都是利好信息。

8.3.4.4 不同企业性质结果分析

将样本公司按照企业性质分为国有控股企业和民营企业，其中，国有企业 69 家，民营企业 58 家。通过分析两类公司的具体数据得出如图 8-6 和图 8-7 所示的结论。

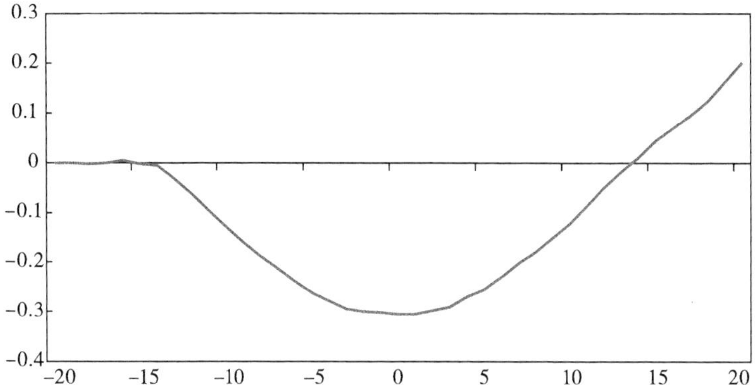

图 8-6 国有控股企业在事件窗口期的平均累计超额收益率

从图 8-6 中可以看出，政策发布前，平均累计超额收益率呈现下降趋势。但在政策发布后，房地产业中的国有腔股企业市场表现出反弹势头且趋势向好，可以认为新房贷政策对于房地产国有企业是一个利好信息。

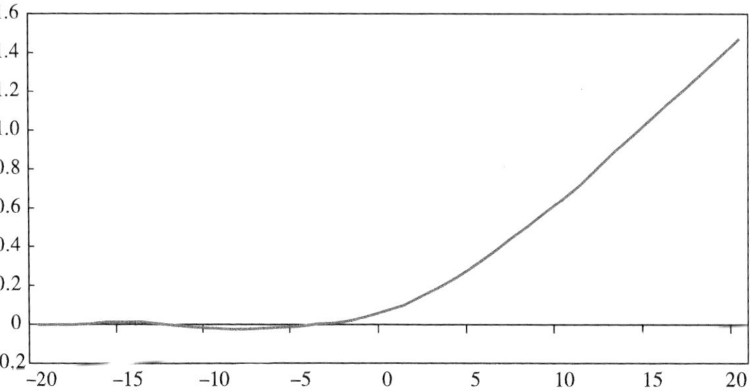

图 8-7 民营企业在事件窗口期的平均累计超额收益率

从图 8-7 中可以看出，民营企业平均累计超额收益率在政策发布前处于平稳阶段，在政策发布后出现了明显的上升，几乎呈现出直线上升趋势。

从企业性质来讲，新政策的发布对房地产国有控股企业和民营企业都是一个利好信息，并且国有控股企业和民营企业对新政策的反应时间基本一致；国有控股企业对新政策的反应幅度稍小。从受影响结果看，民营企业要强于国有控股企业。种种分析结果验证了房贷利率挂钩 LPR 对于房地产行业是一个利好信息。

根据上述研究结果，并且对 127 家样本公司在房贷利率挂钩 LPR 政策出台期间事件窗口期内的平均累计超额收益率和 t 值进行了详细计算之后，得出以下结论：

①房贷利率挂钩 LPR 政策的出台，使平均累计超额收益率在事件窗口期内总体为正，且在事件发生后有较强的上涨趋势，由此得出房贷利率挂钩 LPR 对于房地产上市公司是一个利好信息。

②房贷利率挂钩 LPR 政策对于规模较大的房地产公司正向作用相对较弱，但是对于规模较小的房地产公司来说，它的正向作用比较大，且作用效果很明显。一方面，可以认为，规模较大的公司对新出现的不确定政策的反应可能弱于规模较小的公司，小公司在面对不确定的新政策时具有快速的反应能力；另一方面，市场投资者在新政策发布后对规模较小的公司持有积极肯定的态度，使得小公司在新政策发布后易于获得积极的影响。

③房贷利率挂钩 LPR 政策对沪、深两市都表现出了积极作用，对两个交易所市场的房地产公司均是一个利好信息，且两市的上市公司对于新政策的反应时间相近，都是在政策发布后即出现平均累计超额收益率的上涨。但就作用效果而言，深圳证券交易所的房地产公司上涨幅度要远大于上海证券交易所的房地产公司。这说明深圳证券交易所的公司对于利好信息更加敏感。

④房贷利率挂钩 LPR 政策对房地产国有控股企业和民营企业均有积极、正向作用，无论哪种企业性质，新出台的房贷政策对它们来说都是利好信息。其中，民营企业受新政策的影响要大于国有控股企业。其原因可能是民营企业的内部控制、经营方式、业绩情况等与市场联系紧密且态度积极，因此出现了民营企业对利好信息的反应大于国有控股企业的现象。

8.4 房贷利率挂钩贷款基础利率对房地产股票价格影响因素的实证研究

前文通过运用事件研究法，来分析我国房地产股票价格受到新房贷利率政策即房贷利率挂钩 LPR 的影响如何，经过多方面的研究得出新房贷利率政策的出台对于房地产上市公司是利好信息，影响了房地产上市公司股票的收益率变化。当然经济变化的因素是来自多方面的，股票收益率的变化也同样受到其他因素的干扰，本节选择一些可能对股票收益率产生影响的因素建模进行回归分析，具体地研究影响房地产股票价格变动的因素，从微观层面分析股价变动的原因。

8.4.1 变量设计与选取

本节实证所包含的变量有被解释变量、解释变量和控制变量。

（1）被解释变量

本章研究政策对上市公司股票价格的影响，而股票价格的变动根据以往众多学者的研究采取对数收益率的形式，也有另一些学者采用股票的累计超额收益率作为被解释变量。本节采用 127 个样本公司的累计超额收益率作为本次实证研究的被解释变量。

（2）解释变量

本节借鉴了辛宇和李天钰（2014）的研究，对影响股票价格的因素从市场、行业、公司特征三个方面进行综合考量。具体变量如下：

①市场因素：市盈率（*PE*）。在基本面分析中，市盈率是由上市公司的股票价格除以公司年度每股净资产得出的证券的相对估值指标，在评估高风险企业、企业资产大量为固定资产的企业和投资的安全边际时得到广泛运用。市场中，大多数投资者都很重视这一指标。王春峰等（2016）的研究发现，投资者对市场行情的分析大多通过市盈率来实现。从长期来看，市盈率变化会引起股价显著波动。

②公司特征因素：本节选用账面市值比（*BM*）及换手率（*LIQ*）来描述公司特征。

账面市值比（*BM*）即每股净资产与股票市场价格之比。1992 年 Farna 和

French 在《财务学杂志》上发表了他们的研究成果，并提出了“账面市值比效应”的存在。他们的研究差不多囊括了美国三大股市的全部股票，得出高 *BM* 股票的风险较小，低 *BM* 股票的风险较大，*BM* 基本上能够解释股票报酬率的一部分变化。

换手率（*LIQ*）就是投资者常提起的“周转率”，指在一定时期内，市场中股票交易的频率。它可以看出一只股票流动性的快慢。换手率越高说明股票越受欢迎，因此常用换手率描述投资者情绪，同时观察股票的换手率也能了解一个公司的价值。文凤华等（2014）认为，换手率可以较好地描述投资者情绪，发现其与股票价格同向变动。陈其安和雷小燕（2017）发现投资者情绪对股市有积极的影响。

③行业因素：政策哑变量即新房贷利率政策。本小节将其以虚拟变量表示。在新房贷利率政策发布时取为1，其他时间取为0。

（3）控制变量

①公司规模（*SIZE*）：大公司与小公司受同一事件的影响程度是不一致的。本节在计算全样本的平均资产总额之后，将样本分为两组，其中资产总额比全样本平均值大的公司为较大型公司，而比平均值小的公司为较小型公司。Brandt 等（2010）通过对美国三大股市的公司规模做出分类，发现小型公司的股票价格更容易发生变化。刘仁和等（2015）发现，我国股市确实存在着规模效应。

②交易所：所处市场的不同，使各市场中的公司受政策冲击的程度也不一样。为了探究房贷利率挂钩 LPR 政策对不同市场的房地产股票有何影响，将对沪市和深市分别进行数据分析，研究不同市场中，政策带来的影响是否也有差异。

③企业性质：按照企业前十大股东性质将样本分为国有控股企业和民营企业，企业性质的不同可能引起同一政策对各类企业的影响的不同。魏成龙和张添丁（2009）发现，拥有国企背景的上市公司受政策冲击较小。在我国，国有控股企业是国民经济的命脉，民营企业更是为国民经济的发展带来了活力和竞争力。本章就新房贷利率政策的发布对房地产上市公司中的国有控股企业和民营企业进行分析。

8.4.2 研究假设

假设1：市盈率与累计超额收益率呈现正相关性。

市盈率也称“本益比”，是股票估值中最常用的指标之一。股票价格与反映公司增长机会预期的行业市盈率在股票市场高涨时显著正相关[43]。

假设2：换手率与累计超额收益率呈现正相关性。

换手率是指股票在一段时间的转手次数，用来反映投资者情绪。如果投资者看好一只股票，则它的流转性就很强，表明该股票在市场中很受欢迎。受欢迎意味着在交易中很容易出手，投机性比较强。相反，如果一只股票换手率很低，说明其在市场上认可度较低，投机机会也有限，可能带来的收益也有限。因此，换手率与股票收益率正相关。

假设3：账面市值比与累计超额收益率呈现负相关性。

将每股净资产和股票的市场价值进行比较即可得到账面市值比。尹力博等（2017）发现，创业板市场存在账面市值比效应，但规模效应不显著；账面市值比因子与创业板股票预期收益率呈负相关。较小的账面市值比能促进股价攀升，同时还能增加预期收益率。

假设4：房贷利率挂钩 LPR 政策与累计超额收益率呈现正相关性。

通过前文事件研究法的分析，我们得知无论是全样本还是分规模、市场、性质，房地产公司对于政策都有一种反应趋势，即房贷利率挂钩 LPR 对房地产公司是利好的。因此，提出该假设。

8.4.3 变量的描述性统计

在数据回归之前，对回归中所需变量做描述性统计，如表 8－2 所示，并对各个变量做出适当解释。

表 8－2 各变量描述性统计

变量	Obs	mean	med	Std	min	max
PE	127	19.3540	9.57	5.82291	－1307.41	422.73
LIQ	127	0.75335	0.4684	1.0594	0.006	14.748
BM	127	0.8007	0.8264	0.3894	0.0631	2.1739
SIZE	127	22.3266	22.2854	1.3171	1.31705	25.6560

从表 8－2 中可以看出，有效样本 127 个，各变量的平均值在中位数附

近，偏差不大，符合统计分布。

市盈率的标准差较大，表明不同房地产公司之间的盈利能力、经营状况存在比较大的差异，这也比较符合该行业的特点。而原因可能是随着社会的发展，人们以房地产作为资产的需求导致有些房地产公司的经营业绩特别好，而有些业务规模较小的公司业绩则相对一般。换手率的平均值与中位数相差不大，由最高值和最低值可以看出投资者对房地产公司是有一定的喜好的，平均值大于中位数说明房地产股票整体流动性较好。账面市值比的样本均值与中位数接近，最大值和最小值之间差距不大，这表明样本数据的差异较小，可以接受。公司规模的样本均值是 22.3266，接近中位数，说明房地产行业中公司规模差距不是很大。

8.4.4　单位根检验

为了避免伪回归，本小节对各变量做 ADF 检验，如表 8 -3 所示。

表 8 -3　各变量的 ADF 值及显著性

变量	统计量	p 值	平稳性
PE	-9.744933	0.0000	平稳
LIQ	-11.80626	0.0000	平稳
BM	-8.70801	0.0000	平稳
CAR	-10.49813	0.0000	平稳
AR	-45.50063	0.0001	平稳

表 8 -3 记录了各变量的检验结果，从表中可以清晰地看出，所有变量都在 1% 的水平下显著。综合来看，各变量都是平稳的，可以用于后续的模型回归。

8.4.5　模型选定

在进行数据回归之前，需要对所要采用的固定效应模型进行检验，来确定模型选用是否得当，如表 8 -4 所示。

表 8 -4　模型 Hausman 检验

检验总结	卡方检验	p 值
截面随机样本	82.317544	0.0000

通过表 8 -4 的结果可知，在随机效应的 Hausman 检验的结果中，p 值为

0，说明应该选用固定效应模型。

8.4.6 固定效应回归

借鉴 Hsiao 等（2012）提出的一种面板数据政策效应评估方法，为了尽量避免内生性问题而设计了固定效应回归模型，对各个变量与公司累计超额收益率进行回归。变量中虽包含哑变量，但其随时间变化，根据以往众多学者的研究结论，采用固定效应模型是可取的。具体方程如下：

$$Y = c + a_1 X_1 + a_2 X_2 + a_3 X_3 + a_4 X_4 + \varepsilon$$

其中，X_1为市盈率；X_2为换手率；X_3为账面市值比；X_4为政策哑变量；Y为累计超额收益率。

8.4.7 内生性检验

换手率影响股票价格可能是因为投资者出于企业的市净率（*PB*）做出的操作判断。市净率与股价没有双向影响，最新的市净率往往在半年报、年报中披露。本次研究时间跨度未到更新期限，同一时期内二者无关联，有理由认为 *PB* 与股价外生。而投资者的学识、经验各不相同，对财务指标的分析能力也有差异，*PB* 体现出来的信息可能会影响一部分投资者的决策，这便影响到换手率，所以认为 *PB* 是一个工具变量。因此为了防止内生性给回归结果带来稳定性的问题，需要做豪斯曼检验来排除这个变量可能带来的内生性问题。

表 8－5 豪斯曼检验

累计超额收益率（Y）	系数	Robust Std. Err.	t	p>|t|
市盈率（X_1）	0.0000329	0.0000085	3.86	0.000
换手率（X_2）	0.0453908	0.0083215	5.45	0.000
账面市值比（X_3）	－0.0021206	0.0012171	－1.73	0.084
政策哑变量（X_4）	0.0382313	0.0038975	9.81	0.000
残差（RES）	－0.0066328	0.008675	－0.76	0.445
cons	－0.0346837	0.0066563	－5.21	0.000

从表 8－5 中 Hausman 检验结果可以看出残差项的 p 值为 0.445，并不显著。这说明市净率这一变量不是内生变量，而是外生变量。原则上该变量可以直接用于 OLS 估计模型，但为了尽量控制遗漏变量可能带来内生性的错误估计，后文采用固定效应模型对不同市场、企业规模、企业性质分别进行实证分析。

8.4.8　回归结果分析

8.4.8.1　全样本分析

从表8-6中可以看出，累计超额收益率与账面市值比呈负相关，与其他变量呈正相关，与市盈率的相关关系在10%的水平上显著。这说明市盈率对收益的影响较其他指标较小，也可以从侧面反映出市场中的房地产公司有可能存在被高估的现象。与换手率在1%的水平上高度显著，二者正相关，意味着累计超额收益率受到其正向影响，换手率越高，该股票市场表现越好。累计超额收益率与账面市值比呈负相关，通过了1%的显著性检验，也是高度显著的，可以看出账面市值比对投资收益率有反向影响。与新房贷利率政策的相关关系通过了1%水平上的显著性检验，二者呈正相关，说明在事件窗口期内，房贷利率挂钩LPR政策对房地产公司是一个利好信息，因此，房地产公司的累计超额收益率在事件窗口期内为正值，并有上涨的势头。回归系数是被解释变量因解释变量变动而变动的百分比。从表8-6中的回归系数能够得知，政策变量的回归系数在这几个变量中是比较大的，能够看出股票收益率在事件窗口期内很大程度上受新房贷利率政策的影响，所以，新政策对于房地产公司来说是一个利好信息，这一点与事件研究法的结果高度一致。

表8-6　全样本回归结果

变量	系数	es	t值	p值
C	0.057228	0.007191	7.958669	0.0000***
市盈率（X_1）	0.000480	0.000276	1.793442	0.0730*
换手率（X_2）	0.027517	0.001215	22.63955	0.0000***
账面市值比（X_3）	-0.074255	0.005992	-12.39331	0.0000***
政策哑变量（X_4）	0.026173	0.001764	14.83531	0.0000***

注：*、**、***分别代表回归系数在10%、5%、1%的水平上显著。

根据回归结果分析可以得到以下结论：

①与前文假设一致，市盈率和累计超额收益率呈正相关关系。市盈率是股票的价格和每股收益的比值，从该变量能够看出一个公司的运营能力和盈利能力，反映投资者愿意为公司每股净利润支付的价格。市盈率可以在很大程度上反映一个公司的股票价值，投资者比较重视该市场因素。

②账面市值比也与前文假设一致。账面市值比可以很好地体现出投资者从公司得到的回报，可以度量股票的投资价值。一般来说，低账面市值比股票我们常称为“成长型股票”，而账面市值比较高的股票则称为“价值型股票”。投资者一般更会关注账面市值比较低的公司，且对这类公司表现得更为青睐。为得到更高的收益率，投资者会将手中资金投向那些成长型公司，以谋求未来更丰厚的收益。

③换手率与累计超额收益率的回归结果与前文的假设也一致。换手率反映了一只股票的流动性快慢。被投资者看好的股票，往往其换手率也比较高，也就说明该公司在市场中被大量的投资者认可，因此投资者在进行投资时更喜欢买进高换手率的股票。一般情况下，换手率给予累计超额收益率正向刺激，投资者更倾向于此类公司，使得该类股票双向交易都很快捷。

④政策哑变量与累计超额收益率的回归结果符合研究假设，说明房贷利率挂钩 LPR 政策对房地产股票有提升、拉动作用。从侧面也可以看出投资者十分关注房地产新政策，并对其持积极乐观态度。

8.4.8.2　不同规模房地产公司比较分析

按市值大小将样本公司分为规模较大公司和规模较小公司，得出如表 8－7 和表 8－8 所示的结果。

表 8－7　规模较大房地产公司回归结果

变量	系数	*se*	t 值	p 值
C	－0.389272	0.033969	－11.45977	0.0000＊＊＊
市盈率（X_1）	0.055418	0.003374	16.42687	0.0000＊＊＊
换手率（X_2）	－0.008034	0.005383	－1.492492	0.1358
账面市值比（X_3）	－0.086832	0.010798	－8.041506	0.0000＊＊＊
政策哑变量（X_4）	0.002447	0.002613	0.936566	0.3492

注：＊、＊＊、＊＊＊分别代表回归系数在 10%、5%、1% 的水平上显著。

从表 8－7 中可以看出，累计超额收益率与市盈率正相关，并且达到了 1% 的高度显著性水平。累计超额收益率与换手率则是负相关的，但不显著。所以，对规模较大的公司来说，其股票换手率的高低对市场表现的说服力较为一般。账面市值比对累计超额收益率具有负向影响，且在 1% 的水平上显著。新房贷利率政策的发布对房地产公司累计超额收益率的影响虽然是正向的，但是未通过显著性检验，说明新房贷利率政策对规模较大的房地产公司的影响力有限。这一部分的实证分析结果与事件研究法过程中得到的结论相一致，表明房贷利率挂钩 LPR 对规模较大的房地产公司股票价格变化的影响程度比较有限。

表 8-8　规模较小房地产公司回归结果

变量	系数	*se*	t 值	p 值
C	0.123929	0.012362	10.02473	0.0000***
市盈率（X_1）	0.000810	0.000163	4.959294	0.0000***
换手率（X_2）	0.031122	0.001057	29.44031	0.0000***
账面市值比（X_3）	-0.128811	0.009703	-13.27510	0.0000***
政策哑变量（X_4）	0.049224	0.002083	23.63642	0.0000***

注：***表示回归系数在 1% 的水平上显著。

从表 8-8 中可以看出，累计超额收益率与市盈率呈正相关关系，并且在 1% 的水平上显著，说明市盈率对规模较小的房地产公司累计超额收益率的正向影响程度较好。累计超额收益率与换手率呈正相关关系，在 1% 的水平上显著，说明对于规模较小的房地产公司，换手率是投资者做出投资决策的较好指标。累计超额收益率与账面市值比呈负相关关系，且在 1% 的水平上显著，表明投资者为了更高的收益会尽量选择那些账面市值相对较小的公司，投资者如若投资规模小的公司，过大的账面市值比不是很好的投资选择。新政策对规模较小的房地产公司是一个利好信息。新政策发布后，累计超额收益率持续走高且为正值，并且根据回归系数的绝对值可以看出，新政策这一哑变量对于规模较小的房地产公司来说，带来的影响是比较大的，即规模较小公司的股票收益率走高与新政策关联性较强、受政策影响较大。另外，对于规模较小的公司来说，换手率是投资者较为关注的指标，在观察小型公司时，换手率能够大致反映它们的经营情况。一家公司股票的换手率数值比较高，说明该公司受投资者追捧，股票流动性很强，投资者认为其值得投资，且相应的投资机会也大。

通过比较企业规模大小，来分析各变量给相应公司带来的影响，我们可以得出结论，房贷利率挂钩 LPR 政策的出台对于规模较大的公司来说，作用比较有限；而对于规模较小的公司来说，其带来的正向影响比较明显。这也与前文的假设十分吻合。

8.4.8.3 根据交易市场不同进行比较分析

本部分将样本中的所有房地产公司按照所在交易市场的不同进行了统一分类。其中，上海证券交易所的样本公司一共 70 家，深圳证券交易所的公司有 57 家。具体分析如表 8-9 和表 8-10 所示。

表 8-9 上海证券交易所的房地产公司回归结果

变量	系数	*se*	t 值	p 值
C	0.114492	0.012473	9.179527	0.0000***
市盈率（X_1）	0.000600	0.000150	3.989598	0.0001***
换手率（X_2）	0.025056	0.002235	11.21314	0.0006***
账面市值比（X_3）	-0.108323	0.008804	-12.30435	0.0000***
政策哑变量（X_4）	0.024880	0.002111	11.78380	0.0000***

注：***表示回归系数在 1% 的水平上显著。

从表 8-9 中可以看出，累计超额收益率与市盈率呈正相关关系，并且在 1% 的水平上高度显著。累计超额收益率与换手率呈正相关关系，在 1% 的水平上显著。累计超额收益率与账面市值比呈负相关关系，在 1% 的水平上显著。累计超额收益率与政策哑变量呈正相关关系，也在 1% 的水平上显著。从技术指标分析，换手率对于沪市的投资者是一个不错的投资关注指标，能够较好地反映该公司的市场行情。通过对各个变量系数的比较，可以看出房贷利率挂钩 LPR 政策对上海证券交易所的房地产公司影响较大，而且对投资者是一个利好信息。

表 8-10 深圳证券交易所的房地产公司回归结果

变量	系数	*se*	t 值	p 值
C	0.015528	0.013520	1.148540	0.2509
市盈率（X_1）	0.005961	0.000486	12.25554	0.0000***
换手率（X_2）	0.018817	0.001283	14.66726	0.0000***
账面市值比（X_3）	0.133951	0.012091	-11.07843	0.0000***
政策哑变量（X_4）	0.033444	0.002428	13.77290	0.0000***

注：***表示回归系数在 1% 的水平上显著。

从表 8-10 中可以看出，累计超额收益率与市盈率呈正相关关系，显著性也在 1% 的水平上，可以看出市盈率带给投资收益率正向刺激。累计超额收益率与换手率呈正相关关系，显著性同样在 1% 的水平上，可以看出换手率对深圳证券交易所房地产公司收益率的影响是积极的。账面市值比与累计超额收益率呈负相关关系，并在 1% 的水平上显著。新房贷利率政策与累计超额收益率呈正相关关系，且通过 1% 水平上的显著性检验。这说明在事件窗口期内，房贷利率挂钩 LPR 政策对于深圳证券交易所房地产公司是一个利好信息。通过对比系数分析，深圳证券交易所房地产公司的股票投资收益率受账面市值比这一指标影响最大，其次便是新政策的发布。

最后比较两个交易所的政策哑变量系数绝对值，可以分析出新政策的出台对于两个交易市场而言都是利好信息，但是政策对深圳证券交易所的影响要大于上海证券交易所。这一点也符合前文的假设。

8.4.8.4　根据企业性质的回归结果分析

本部分将全样本公司按企业性质不同，分为国有企业和民营企业。其中，国有房地产公司 69 家，民营房地产公司 58 家，具体结果如表 8－11 和表 8－12 所示。

表 8－11　国有房地产公司回归结果

变量	系数	*se*	t 值	p 值
C	－0.087132	0.014371	－6.062870	0.0000***
市盈率（X_1）	0.006523	0.000353	18.50356	0.0000***
换手率（X_2）	0.020639	0.001547	13.34046	0.0007***
账面市值比（X_3）	－0.073215	0.008861	－8.262846	0.0000***
政策哑变量（X_4）	0.029150	0.002121	13.74260	0.0000***

注：＊＊＊表示回归系数在 1% 的水平上显著。

从表 8－11 中可以看出，累计超额收益率仅和账面市值比呈负相关性，与其他指标均呈正相关性，且均在 1% 的水平上显著。各个变量当中，换手率仍然是一个较为显著的投资关注指标。通过对全部变量的系数进行比较，发现政策哑变量是所有变量中对国有企业房地产公司累计超额收益率正向影响最强的指标，也可以得出房贷利率挂钩 LPR 政策对于国有房地产公司是一个利好信息的结论。

表 8-12　民营房地产公司回归结果

变量	系数	*se*	t 值	p 值
C	0.173206	0.014561	11.89484	0.0000***
市盈率（X_1）	0.000184	0.000189	0.973154	0.3306
换手率（X_2）	0.034529	0.001338	25.80800	0.0000***
账面市值比（X_3）	-0.168055	0.012286	-13.67897	0.0000***
政策哑变量（X_4）	0.045974	0.002844	16.16644	0.0000***

注：***表示回归系数在1%的水平上显著。

从表8-12中可以看出，市盈率与累计超额收益率正相关，但不显著，说明对于民营房地产公司，以市盈率作为投资的指标并不是一个好的选择。换手率与累计超额收益率正相关，在1%的水平上高度显著，说明换手率对于解释民营房地产公司累计超额收益率的能力较强。累计超额收益率与账面市值比呈负相关关系，也在1%的水平上显著。通过观察，政策哑变量对累计超额收益率有正向影响，并且在1%的水平上显著。这说明新政策的发布对于民营房地产公司也是一个利好信息。

通过比较企业性质的不同，分析发现房贷利率挂钩LPR政策的发布无论对国有房地产公司还是民营房地产公司都是利好信息，都给各类房地产公司的股票收益率带来了积极有利的推动作用。通过比较两类企业的系数发现，政策给民营房地产公司带来的效果更加强烈。这一点，与之前的研究假设相符合。

8.4.9　回归结果对比

综上所述，对各种情况下政策哑变量与累计超额收益率的关系进行综合分析，结果如表8-13所示。

表 8-13　政策事件回归结果分析

变量	系数	*se*	t 值	p 值
全样本政策事件	0.026173	0.001764	14.83531	0.0000***
规模较大政策事件	0.002447	0.002613	0.936566	0.3492
规模较小政策事件	0.049224	0.002083	23.63642	0.0000***
上海证券交易所政策事件	0.024880	0.002111	11.78380	0.0000***
深圳证券交易所政策事件	0.033444	0.002428	13.77290	0.0000***

续表

变量	系数	*se*	t 值	p 值
国有企业政策事件	0.029150	0.002121	13.74260	0.0000***
民营企业政策事件	0.045974	0.002844	16.16644	0.0000***

注：***表示回归系数在1%的水平上显著。

新房贷利率政策即房贷利率挂钩 LPR 对于房地产公司来说，是一个积极有利的信号，它对房地产公司的累计超额收益率产生了正向影响。

从表 8－13 中可以看出，全样本系数是 0.026173，规模较大公司的系数为 0.002447，规模较小公司的系数为 0.049224。无论房地产公司规模大小，新政策的发布都是一个利好信息，其中，新政策的影响对小型公司尤为明显，对较大的公司影响有限。这可能是因为规模较大的公司业务范围广，资金实力强劲，对新政策的出台有很强的抗风险能力，所以当新政策出台时并不急于做出反应。因此，投资者并不青睐大公司且对于该类公司做出的投资举动也稍稍滞后。小型公司往往积极寻求扩大自身业务范围，努力将自身做大做强，所以对新出台的政策也会更加积极地做出回应。正是由于小公司对于利好政策的积极应对和对利空信息所带来风险的努力规避，所以当有利好信息出现时，投资者更加青睐规模较小的公司。

比较不同交易所时，上海证券交易所公司的系数是 0.024880，深圳证券交易所公司的系数是 0.033444，对于两个市场而言这都是一个利好信息，深圳证券交易所公司的反应略强于上海证券交易所公司。这可能是因为深圳证券交易所的公司资金较充足、项目较多、总体实力较为强劲，引发投资者关注的程度也更高，使得利好效果也更强。此外，从结构上看，深圳证券交易所中规模较小的公司比较多，因此受政策影响程度也更深。

比较企业性质时，研究发现新房贷利率政策对房地产国有企业和民营企业都是起积极作用的，无论国有企业还是民营企业，新出台的房贷政策对这两类企业都是利好信息。通过二者系数可以看出，民营房地产公司受新政策的影响要大于国有房地产公司。其原因可能是民营房地产公司对待新政策的态度和发展前景都是较好的，所以对利好信息的反应也更为强烈。

8.4.10 稳健性检验

为了使本节的实证结果更加可靠，对本节的实证分析进行稳定性检验，将累计超额收益率（*CAR*）替换为超额收益率（*AR*），由于单位根检验已经在本节前文有所描述，故直接进行回归分析。结果如表 8－14 所示。

表 8－14　稳健性检验回归结果

变量	系数	*se*	t 值	p 值
C	0.004080	0.002083	1.959081	0.0502 *
市盈率（X_1）	－0.000018	0.000074	－0.229004	0.8189
换手率（X_2）	0.001519	0.000352	4.313837	0.0000 * * *
账面市值比（X_3）	－0.004261	0.001735	－2.455760	0.0141 * *
政策哑变量（X_4）	0.001359	0.000511	2.658699	0.0079 * * *

注：*、**、***分别代表回归系数在 10%、5%、1% 的水平上显著。

通过稳健性检验发现，新房贷利率政策的系数是正数，在 1% 的水平上高度显著，说明了房贷利率挂钩 LPR 政策对房地产公司超额收益率的影响是正向且显著的。这一点与之前的实证结果一致，可以说明本节的实证分析整体是比较稳健的，所得结果具有一定的可靠性。

8.5 研究结论与政策建议

8.5.1 研究结论

探究股票价格对政策的反应及其产生的原因有助于对投资者进入金融市场进行前瞻性指引。

本章运用事件研究法，通过研究沪深两市 127 家样本公司的平均累计超额收益率及相应的财务指标来探究新房贷利率政策的发布对房地产股票市场是否利好。通过设置估计窗口期和事件窗口期对政策发布前后的平均累计超额收益率进行了详细比对分析，得出房贷利率挂钩 LPR 对房地产行业是一个利好信号。然后再建立回归模型，考虑从几个不同方面选择变量做回归分析，例如，市场方面采用市盈率指标，而公司特征方面则用的是账面市值比。本章在实证研究前，考虑到不同的交易市场、不同规模体量以及不同的企业性质可能会有不同的结果，因此，在实证研究开始前，使用资产总价值的平均数来度量样本规模的大小，后续将规模、所处市场即沪深交易所和企业性质设置为控制变量：其中规模较大公司 31 家，较小公司 96 家；沪市有 70 家，深市有 57 家；国有企业 69 家，民营企业 58 家。将累计超额收益率设为被解释变量，解释变量采用市盈率、换手率、账面市值比和新房贷利率政策这一哑变量。将各变量代入固定效应模型做回归分析，以微观视角更加深入地研究新房贷利率政策给房地产公司带来的影响，最后结合这两种方法得出以下结论：

第一，房贷利率挂钩 LPR 政策为房地产公司带来了正向影响。在事件研究法中，累计超额收益率在房贷新政策的这段事件窗口期内总体为正值，并且上涨趋势很明显，可以看出，该政策的出台对房地产公司是利好信号。而在固定效应回归中，政策事件的系数总体上为正值且高度显著，该结论也通过了稳健性检验，表明新政策对房地产公司是利好信号。对这两个模型的研究分析，都可以说明新房贷利率政策对房地产公司是利好信号。

第二，房贷利率挂钩 LPR 政策对于规模较大的房地产公司影响有限，但是对于规模较小的房地产公司来说，它的正向作用效果很明显。一方面，可以认为规模较大的公司体量大、资源多、业务范围广，往往不急于对新出现的不确定政策做出反应，而小公司在面对不确定的新政策时具有快速的反应能力以寻求市场机遇。另一方面，市场投资者在新政策发布后出于观察两类公司的反应，对规模较小的公司持有积极肯定的态度，使小公司在新政策发布后便获得积极的影响。在比对大型房地产公司和小型房地产公司的回归数据时，可以看出政策哑变量的系数是正值中较大的，也就是说无论规模大小，该政策的出台都是对其股票价格变动影响较大的因素，并且对于二者都是一个利好信息。

第三，房贷利率挂钩 LPR 政策对沪、深两市的房地产公司来讲都是利好信号，但是两市的具体表现不太一样，深市房地产公司对政策的反应要强于沪市。这可能是因为行业因素，深圳证券交易所上市的房地产企业大部分分布于珠三角等地区，而这些地区住宅、基建等项目相对较多。而且这一地区又是改革开放先行区，经过改革开放 40 多年的蓬勃发展，这些地区的房地产公司大多都具有较强的综合实力。随着互联网科技的高速发展，这些房地产公司结合互联网发掘长尾市场，拓宽营销渠道，提高了自身业绩。因此投资者对深圳证券交易所的公司的关注程度可能更大，使得深圳证券交易所的房地产公司对该政策的反应程度大于上海证券交易所的公司。

第四，房贷利率挂钩 LPR 政策给房地产国有企业和民营企业带来的都是积极影响，对于二者而言，新出台的房贷政策是利好信息。其中，房地产民营企业受新政策的影响要大于国有企业，其原因可能是房地产行业相对其他行业较为特殊，房地产行业的兴起与改革开放有一定的关联，那时应运而生的房地产企业大多是民营企业，且现在属于发展势头相对较好、企业资源相对丰富、业务经验也累积较多的公司。正因如此，新政策的出台对民营房地产企业的利好作用稍强于国企。

本章采用事件研究法和固定效应回归所得结果基本一致，且均符合研究假设。可以认为，使用该方法进行研究是比较科学合理的，所得结果虽然证实新政策的出台对于房地产股票市场是利好信息，但这并不违背国家坚决贯彻落实“房子是用来住的，不是用来炒的”定位。股票市场的利好表现更多地旨在说明该行业的市场行情与投资者信心。相信在国家“房住不炒”和“不将房地产作为短期刺激经济的手段”的指导下，房地产行业会随着国民经济发展而健康有序地向前发展。

8.5.2 政策建议

本小节将向投资者、房地产行业提出相应的建议。

8.5.2.1 对投资者的建议

股市起着市场中“晴雨表”的作用，而股市自身也是变化无常的。投资者在投资前，应对目标股票做出认真分析而不是盲目跟从。只有做到头脑清醒，才可以降低自身的风险。虽然目前来看，房贷利率挂钩 LPR 政策对于房地产业是利好信号，但是面对投资机会时仍然需要做到谨慎，要正确理解新政内容，不盲目、片面解读，要看到此次房贷利率改革是在我国利率市场化进程中顺势而为的，可以有效解决之前行政干预基准利率定价而造成的资源错配、效率低下、不能及时反映市场波动的问题。商业银行发放住房贷款本来就应该遵循市场规律，由市场起决定性作用。此外，LPR 市场利率可以充分反映金融服务实体经济的能力，加之因城施策、利率重定等，与改革前相比，个人申请住房贷款的利息与之前变动不大。房贷利率的总体水平基本上